招标投标

常用法律法规便查手册

本书编委会 编

中国电力出版社
CHINA ELECTRIC POWER PRESS

图书在版编目（CIP）数据

招标投标常用法律法规便查手册/《招标投标常用法律法规便查手册》编委会编. —北京：中国电力出版社，2016.6（2021.6 重印）

ISBN 978-7-5123-8250-3

Ⅰ．①招… Ⅱ．①招… Ⅲ．①招标投标法—中国—手册 Ⅳ．①D922.297-62

中国版本图书馆 CIP 数据核字（2015）第 215442 号

出版发行：中国电力出版社
地　　址：北京市东城区北京站西街 19 号（邮政编码 100005）
网　　址：http://www.cepp.sgcc.com.cn
责任编辑：赵　鹏（010-63412555）
责任校对：黄　蓓　常燕昆
装帧设计：张俊霞
责任印制：钱兴根

印　　刷：北京天宇星印刷有限公司
版　　次：2016 年 6 月第一版
印　　次：2021 年 6 月北京第四次印刷
开　　本：710 毫米×980 毫米　16 开本
印　　张：27.75
字　　数：572 千字
印　　数：7001—8000 册
定　　价：65.00 元

本书编委会

主　编　白如银

副主编　朱迦迪　　沈　磊　　王重阳

成　员　李　扬　　殷珊珊　　姚　芳　　孙　逊

　　　　　陈家庚　　杨　扬　　高正平　　王　赟

　　　　　游福兴　　傅　林　　翟季青　　张学飞

　　　　　岳增武　　李　鹏　　黄　治　　谢先明

　　　　　吴进伟　　杨海光　　苏　静　　武丽莎

　　　　　曾雪芳　　解志新

编者说明

　　本书按照择要精选、实用够用、方便携带的原则，收录了 2021 年 3 月 31 日前国家颁布且招标投标工作中常用的 64 件法律、行政法规、部门规章和规范性文件。限于篇幅，一些关联的部门规章和规范性文件未予收录，仅以脚注形式列出其名录，读者可自行延伸查阅。

　　在《中华人民共和国招标投标法》各条款项下，将一些法规、规章或规范性文件中与其相关联的条文序号一一列明，方便读者"按图索骥"查阅相关规定。

　　本书主要供招标投标、政府采购管理人员、监督人员、评标专家、招标代理机构工作人员以及从事招标投标工作的法律顾问和律师等查阅使用，也可作为研究招标采购专业知识的工具书。

　　凡收录的法律法规都可能被修改或废止，请读者随时关注国家招标采购立法的最新变化，在工作中注意适用最新的法律条文。

　　对本书的修订意见，请反馈至编者 E-mail:449076137@qq.com。

本书编委会

2021 年 4 月

目　录

编者说明

一　综合

二 工程建设项目招标

三 机电产品国际招标

四 政府采购

五　其他项目招标

六 招标监督管理

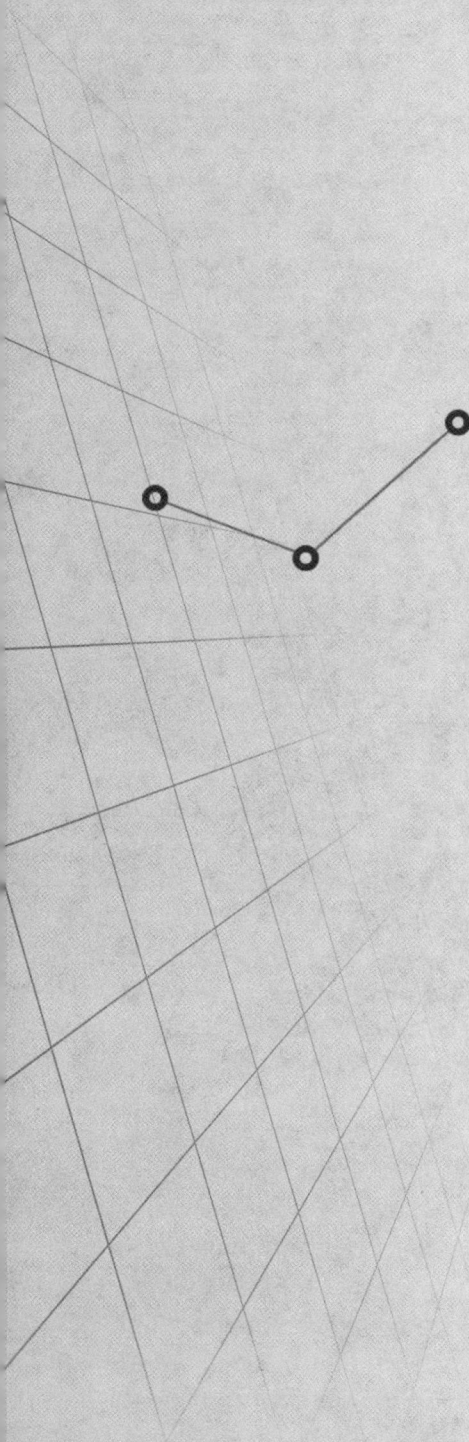

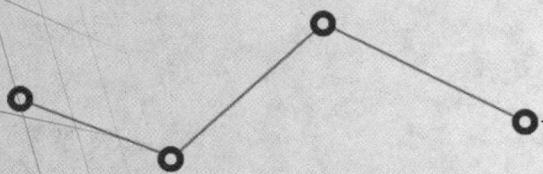

一

综　合

中华人民共和国招标投标法

（1999 年 8 月 30 日第九届全国人民代表大会常务委员会第十一次会议通过，根据 2017 年 12 月 27 日第十二届全国人民代表大会常务委员会第三十一次会议《关于修改〈中华人民共和国招标投标法〉、〈中华人民共和国计量法〉的决定》修正）

第一章 总　　则

第一条 【立法目的】*为了规范招标投标活动，保护国家利益、社会公共利益和招标投标活动当事人的合法权益，提高经济效益，保证项目质量，制定本法。

第二条 【适用范围】在中华人民共和国境内进行招标投标活动，适用本法。

第三条 【依法必须进行招标的项目】在中华人民共和国境内进行下列工程建设项目包括项目的勘察、设计、施工、监理以及与工程建设有关的重要设备、材料等的采购，必须进行招标：

（一）大型基础设施、公用事业等关系社会公共利益、公众安全的项目；

（二）全部或者部分使用国有资金投资或者国家融资的项目；

（三）使用国际组织或者外国政府贷款、援助资金的项目。

前款所列项目的具体范围和规模标准，由国务院发展计划部门会同国务院有关部门制订，报国务院批准。

法律或者国务院对必须进行招标的其他项目的范围有规定的，依照其规定。

关联法条：《招标投标法实施条例》第 2、3、7、29 条，《必须招标的工程项目规定》，《必须招标的基础设施和公用事业项目范围规定》，《工程建设项目施工招标投标办法》第 3 条，《工程建设项目勘察设计招标投标办法》第 3 条，《工程建设项目货物招标投标办法》第 3、61 条，《机电产品国际招标投标实施办法（试行）》第 6 条。

第四条 【禁止规避招标】任何单位和个人不得将依法必须进行招标的项目化整为零或者以其他任何方式规避招标。

第五条 【招投标活动的原则】招标投标活动应当遵循公开、公平、公正和诚实信用的原则。

关联法条：《招标投标法实施条例》第 79 条、《招标投标违法行为记录公告暂行办法》。

第六条 【招投标活动不受地区或部门的限制】依法必须进行招标的项目，其招标投标活动不受地区或者部门的限制。任何单位和个人不得违法限制或者排斥本

---

* 条文主旨为编者所加，下同。

地区、本系统以外的法人或者其他组织参加投标，不得以任何方式非法干涉招标投标活动。

关联法条：《招标投标法实施条例》第 33 条，《国务院关于禁止在市场经济活动中实行地区封锁的规定》，《工程建设项目施工招标投标办法》第 5 条，《工程建设项目勘察设计招标投标办法》第 5 条，《工程建设项目货物招标投标办法》第 4 条，《房屋建筑和市政基础设施工程施工招标投标管理办法》第 4、6 条。

第七条 【对招投标活动的监督】招标投标活动及其当事人应当接受依法实施的监督。

有关行政监督部门依法对招标投标活动实施监督，依法查处招标投标活动中的违法行为。

对招标投标活动的行政监督及有关部门的具体职权划分，由国务院规定。❶

关联法条：《工程建设项目招标投标活动投诉处理办法》，《招标投标法实施条例》第 4 条，《工程建设项目施工招标投标办法》第 6 条，《工程建设项目勘察设计招标投标办法》第 6 条，《工程建设项目货物招标投标办法》第 6 条，《房屋建筑和市政基础设施工程施工招标投标管理办法》第 3、5、12 条，《机电产品国际招标投标实施办法（试行）》第 4 条，《电子招标投标办法》第 46～52 条。

第二章　招　　　标

第八条 【招标人】招标人是依照本法规定提出招标项目、进行招标的法人或者其他组织。

第九条 【招标项目应具备的条件】招标项目按照国家有关规定需要履行项目审批手续的，应当先履行审批手续，取得批准。

---

❶ 《国务院办公厅印发国务院有关部门实施招标投标活动行政监督的职责分工意见的通知》（国办发〔2000〕34 号）规定："一、国家发展计划委员会指导和协调全国招标投标工作，会同有关行政主管部门拟定《招标投标法》配套法规、综合性政策和必须进行招标的项目的具体范围、规模标准以及不适宜进行招标的项目，报国务院批准；指定发布招标公告的报刊、信息网络或其他媒介。有关行政主管部门根据《招标投标法》和国家有关法规、政策，可联合或分别制定具体实施办法"；"三、对于招投标过程（包括招标、投标、开标、评标、中标）中泄露保密资料、泄露标底、串通招标、串通投标、歧视排斥投标等违法活动的监督执法，按现行的职责分工，分别由有关行政主管部门负责并受理投标人和其他利害关系人的投诉。按照这一原则，工业（含内贸）、水利、交通、铁道、民航、信息产业等行业和产业项目的招投标活动的监督执法，分别由经贸、水利、交通、铁道、民航、信息产业等行政主管部门负责；各类房屋建筑及其附属设施的建造和与其配套的线路、管道、设备的安装项目和市政工程项目的招投标活动的监督执法，由建设行政主管部门负责；进口机电设备采购项目的招投标活动的监督执法，由外经贸行政主管部门负责。有关行政主管部门须将监督过程中发现的问题，及时通知项目审批部门，项目审批部门根据情况依法暂停项目执行或者暂停资金拨付。"《中央机构编制委员会办公室关于招投标工作职责的复函》（中央编办函〔2003〕82 号）规定，原国家计委和原国家经贸委承担的"指导和协调全国招标投标工作"以及监督有关招投标活动（不含内贸）的职责由国家发展和改革委员会承担。另，2003 年第十届全国人民代表大会第一次会议决定把原国家经济贸易委员会内负责贸易的部门和原对外贸易经济合作部合并成"商务部"，统一负责国内外经贸事务。

招标人应当有进行招标项目的相应资金或者资金来源已经落实，并应当在招标文件中如实载明。

关联法条：《企业投资项目核准和备案管理条例》《国务院关于投资体制改革的决定》，《招标投标法实施条例》第 7 条，《工程建设项目申报材料增加招标内容和核准招标事项暂行规定》，《国家发展改革委关于改进和完善报请国务院审批或核准的投资项目管理办法》、《中央预算内直接投资项目管理办法》、《企业投资项目核准和备案管理办法》、《外商投资项目核准和备案管理办法》、《国家发展改革委关于审批地方政府投资项目的有关规定（暂行）》，《工程建设项目施工招标投标办法》第 8、10 条，《工程建设项目勘察设计招标投标办法》第 9 条，《工程建设项目货物招标投标办法》第 8、9 条，《房屋建筑和市政基础设施工程施工招标投标管理办法》第 7 条，《工程建设项目自行招标试行办法》第 3～13 条，《机电产品国际招标投标实施办法（试行）》第 9 条。

第十条 【招标方式】招标分为公开招标和邀请招标。

公开招标，是指招标人以招标公告的方式邀请不特定的法人或者其他组织投标。

邀请招标，是指招标人以投标邀请书的方式邀请特定的法人或者其他组织投标。

第十一条 【适用邀请招标的情形】国务院发展计划部门确定的国家重点项目和省、自治区、直辖市人民政府确定的地方重点项目不适宜公开招标的，经国务院发展计划部门或者省、自治区、直辖市人民政府批准，可以进行邀请招标。

关联法条：《招标投标法实施条例》第 8 条，《工程建设项目施工招标投标办法》第 11 条，《工程建设项目勘察设计招标投标办法》第 11 条，《工程建设项目货物招标投标办法》第 11 条，《机电产品国际招标投标实施办法（试行）》第 10 条。

第十二条 【自行招标和代理招标】招标人有权自行选择招标代理机构，委托其办理招标事宜。任何单位和个人不得以任何方式为招标人指定招标代理机构。

招标人具有编制招标文件和组织评标能力的，可以自行办理招标事宜。任何单位和个人不得强制其委托招标代理机构办理招标事宜。

依法必须进行招标的项目，招标人自行办理招标事宜的，应当向有关行政监督部门备案。

关联法条：《招标投标法实施条例》第 10 条，《工程建设项目自行招标试行办法》，《房屋建筑和市政基础设施工程施工招标投标管理办法》第 10、11 条，《机电产品国际招标投标实施办法（试行）》第 11 条。

第十三条 【招标代理机构及条件】招标代理机构是依法设立、从事招标代理业务并提供相关服务的社会中介组织。

招标代理机构应当具备下列条件：

（一）有从事招标代理业务的营业场所和相应资金；

（二）有能够编制招标文件和组织评标的相应专业力量。

关联法条:《招标投标法实施条例》第12条

第十四条 【招标代理机构独立性】招标代理机构与行政机关和其他国家机关不得存在隶属关系或者其他利益关系。

第十五条 【招标代理机构的代理范围】招标代理机构应当在招标人委托的范围内办理招标事宜,并遵守本法关于招标人的规定。

关联法条:《招标投标法实施条例》第13、14条,《工程建设项目施工招标投标办法》第22、23条。

第十六条 【招标公告】招标人采用公开招标方式的,应当发布招标公告。依法必须进行招标的项目的招标公告,应当通过国家指定的报刊、信息网络或者其他媒介发布。

招标公告应当载明招标人的名称和地址、招标项目的性质、数量、实施地点和时间以及获取招标文件的办法等事项。

关联法条:《招标投标法实施条例》第15条,《招标公告和公示信息发布管理办法》,《工程建设项目施工招标投标办法》第13、14条,《工程建设项目货物招标投标办法》第12、13条,《房屋建筑和市政基础设施工程施工招标投标管理办法》第13条,《机电产品国际招标投标实施办法(试行)》第13~15、25条,《电子招标投标办法》第17条。

第十七条 【投标邀请书】招标人采用邀请招标方式的,应当向三个以上具备承担招标项目的能力、资信良好的特定的法人或者其他组织发出投标邀请书。

投标邀请书应当载明本法第十六条第二款规定的事项。

关联法条:《工程建设项目施工招标投标办法》第13、14条,《工程建设项目勘察设计招标投标办法》第11条,《工程建设项目货物招标投标办法》第12、13条,《房屋建筑和市政基础设施工程施工招标投标管理办法》第14条。

第十八条 【资格审查】招标人可以根据招标项目本身的要求,在招标公告或者投标邀请书中,要求潜在投标人提供有关资质证明文件和业绩情况,并对潜在投标人进行资格审查;国家对投标人的资格条件有规定的,依照其规定。

招标人不得以不合理的条件限制或者排斥潜在投标人,不得对潜在投标人实行歧视待遇。

关联法条:《招标投标法实施条例》第16~24、32、43条,《〈标准施工招标资格预审文件〉和〈标准施工招标文件〉暂行规定》,《工程建设项目施工招标投标办法》第15~20条,《工程建设项目勘察设计招标投标办法》第13、14条,《工程建设项目货物招标投标办法》第14~20条,《房屋建筑和市政基础设施工程施工招标投标管理办法》第15、16条,《机电产品国际招标投标实施办法(试行)》第16条。

第十九条 【招标文件】招标人应当根据招标项目的特点和需要编制招标文件。招标文件应当包括招标项目的技术要求、对投标人资格审查的标准、投标报价要求和评标标准等所有实质性要求和条件以及拟签订合同的主要条款。

国家对招标项目的技术、标准有规定的，招标人应当按照其规定在招标文件中提出相应要求。

招标项目需要划分标段、确定工期的，招标人应当合理划分标段、确定工期，并在招标文件中载明。

关联法条：《招标投标法实施条例》第25～27、30条，《〈标准施工招标资格预审文件〉和〈标准施工招标文件〉暂行规定》，《工程建设项目施工招标投标办法》第24～31、37条，《工程建设项目勘察设计招标投标办法》第15、24条，《工程建设项目货物招标投标办法》第21～28条，《房屋建筑和市政基础设施工程施工招标投标管理办法》第17、18条，《机电产品国际招标投标实施办法（试行）》第19～23条。

第二十条 【招标文件的限制】招标文件不得要求或者标明特定的生产供应者以及含有倾向或者排斥潜在投标人的其他内容。

第二十一条 【踏勘现场】招标人根据招标项目的具体情况，可以组织潜在投标人踏勘项目现场。

关联法条：《招标投标法实施条例》第28条，《工程建设项目施工招标投标办法》第32、33条，《工程建设项目勘察设计招标投标办法》第17条。

第二十二条 【招标人的保密义务】招标人不得向他人透露已获取招标文件的潜在投标人的名称、数量以及可能影响公平竞争的有关招标投标的其他情况。

招标人设有标底的，标底必须保密。

关联法条：《招标投标法实施条例》第27条，《房屋建筑和市政基础设施工程施工招标投标管理办法》第21条，《电子招标投标办法》第21条。

第二十三条 【招标文件的澄清或修改】招标人对已发出的招标文件进行必要的澄清或者修改的，应当在招标文件要求提交投标文件截止时间至少十五日前，以书面形式通知所有招标文件收受人。该澄清或者修改的内容为招标文件的组成部分。

关联法条：《招标投标法实施条例》第21条，《工程建设项目施工招标投标办法》第33条，《工程建设项目勘察设计招标投标办法》第17条，《工程建设项目货物招标投标办法》第29条，《房屋建筑和市政基础设施工程施工招标投标管理办法》第19、23条，《机电产品国际招标投标实施办法（试行）》第29、30条，《电子招标投标办法》第22条。

第二十四条 【编制投标文件的时间】招标人应当确定投标人编制投标文件所需要的合理时间；但是，依法必须进行招标的项目，自招标文件开始发出之日起至投标人提交投标文件截止之日止，最短不得少于二十日。

关联法条：《工程建设项目施工招标投标办法》第31条，《工程建设项目勘察设计招标投标办法》第19条，《工程建设项目货物招标投标办法》第30条，《机电产品国际招标投标实施办法（试行）》第26条。

第三章 投 标

第二十五条 【投标人】投标人是响应招标、参加投标竞争的法人或者其他组织。

依法招标的科研项目允许个人参加投标的，投标的个人适用本法有关投标人的规定。

第二十六条 【投标人的资格条件】投标人应当具备承担招标项目的能力；国家有关规定对投标人资格条件或者招标文件对投标人资格条件有规定的，投标人应当具备规定的资格条件。

关联法条：《招标投标法实施条例》第34条，《工程建设项目施工招标投标办法》第35条，《工程建设项目勘察设计招标投标办法》第21条，《工程建设项目货物招标投标办法》第32条，《房屋建筑和市政基础设施工程施工招标投标管理办法》第22条，《机电产品国际招标投标实施办法（试行）》第32条，《电子招标投标办法》第23条。

第二十七条 【投标文件的编制】投标人应当按照招标文件的要求编制投标文件。投标文件应当对招标文件提出的实质性要求和条件作出响应。

招标项目属于建设施工的，投标文件的内容应当包括拟派出的项目负责人与主要技术人员的简历、业绩和拟用于完成招标项目的机械设备等。

关联法条：《工程建设项目施工招标投标办法》第36条，《工程建设项目勘察设计招标投标办法》第22、23条，《工程建设项目货物招标投标办法》第33条，《房屋建筑和市政基础设施工程施工招标投标管理办法》第24~26条，《机电产品国际招标投标实施办法（试行）》第33、34条。

第二十八条 【投标文件的送达】投标人应当在招标文件要求提交投标文件的截止时间前，将投标文件送达投标地点。招标人收到投标文件后，应当签收保存，不得开启。投标人少于三个的，招标人应当依照本法重新招标。

在招标文件要求提交投标文件的截止时间后送达的投标文件，招标人应当拒收。

关联法条：《招标投标法实施条例》第36条，《工程建设项目施工招标投标办法》第38条，《工程建设项目勘察设计招标投标办法》第26条，《工程建设项目货物招标投标办法》第34条，《房屋建筑和市政基础设施工程施工招标投标管理办法》第27条，《机电产品国际招标投标实施办法（试行）》第38~41条，《电子招标投标办法》第25、26条。

第二十九条 【投标文件的补充、修改、撤回】投标人在招标文件要求提交投标文件的截止时间前，可以补充、修改或者撤回已提交的投标文件，并书面通知招标人。补充、修改的内容为投标文件的组成部分。

关联法条：《招标投标法实施条例》第35条，《工程建设项目施工招标投标办法》

第39～41条，《工程建设项目勘察设计招标投标办法》第25条，《工程建设项目货物招标投标办法》第35、36条，《房屋建筑和市政基础设施工程施工招标投标管理办法》第28条，《机电产品国际招标投标实施办法（试行）》第39条，《电子招标投标办法》第27、28条。

第三十条 【投标文件载明拟分包项目】投标人根据招标文件载明的项目实际情况，拟在中标后将中标项目的部分非主体、非关键性工作进行分包的，应当在投标文件中载明。

关联法条：《建筑法》第28、29条，《工程建设项目施工招标投标办法》第36条，《工程建设项目货物招标投标办法》第33条。

第三十一条 【联合体投标】两个以上法人或者其他组织可以组成一个联合体，以一个投标人的身份共同投标。

联合体各方均应当具备承担招标项目的相应能力；国家有关规定或者招标文件对投标人资格条件有规定的，联合体各方均应当具备规定的相应资格条件。由同一专业的单位组成的联合体，按照资质等级较低的单位确定资质等级。

联合体各方应当签订共同投标协议，明确约定各方拟承担的工作和责任，并将共同投标协议连同投标文件一并提交招标人。联合体中标的，联合体各方应当共同与招标人签订合同，就中标项目向招标人承担连带责任。

招标人不得强制投标人组成联合体共同投标，不得限制投标人之间的竞争。

关联法条：《招标投标法实施条例》第37条，《工程建设项目施工招标投标办法》第42～45条，《工程建设项目勘察设计招标投标办法》第27、28条，《工程建设项目货物招标投标办法》第38、39条，《机电产品国际招标投标实施办法（试行）》第42条，《房屋建筑和市政基础设施工程施工招标投标管理办法》第29条。

第三十二条 【禁止串通投标】投标人不得相互串通投标报价，不得排挤其他投标人的公平竞争，损害招标人或者其他投标人的合法权益。

投标人不得与招标人串通投标，损害国家利益、社会公共利益或者他人的合法权益。

禁止投标人以向招标人或者评标委员会成员行贿的手段谋取中标。

关联法条：《招标投标法实施条例》第39～41条，《刑法》第223、231条，《工程建设项目施工招标投标办法》第46、47条，《房屋建筑和市政基础设施工程施工招标投标管理办法》第30条，《机电产品国际招标投标实施办法（试行）》第45条。

第三十三条 【禁止以低于成本的报价竞标与骗取中标】投标人不得以低于成本的报价竞标，也不得以他人名义投标或者以其他方式弄虚作假，骗取中标。

关联法条：本法第54条，《招标投标法实施条例》第42条，《工程建设项目施工招标投标办法》第48条，《工程建设项目勘察设计招标投标办法》第29条，《房屋建筑和市政基础设施工程施工招标投标管理办法》第31条，《机电产品国际招标投标实施施办法（试行）》第 45 条。

第四章 开标、评标和中标

第三十四条 【开标的时间与地点】开标应当在招标文件确定的提交投标文件截止时间的同一时间公开进行；开标地点应当为招标文件中预先确定的地点。

第三十五条 【开标参加人】开标由招标人主持，邀请所有投标人参加。

第三十六条 【开标方式】开标时，由投标人或者其推选的代表检查投标文件的密封情况，也可以由招标人委托的公证机构检查并公证❶；经确认无误后，由工作人员当众拆封，宣读投标人名称、投标价格和投标文件的其他主要内容。

招标人在招标文件要求提交投标文件的截止时间前收到的所有投标文件，开标时都应当当众予以拆封、宣读。

开标过程应当记录，并存档备查。

关联法条：《招标投标法实施条例》第 44 条，《工程建设项目施工招标投标办法》第 49 条，《工程建设项目勘察设计招标投标办法》第 31 条，《工程建设项目货物招标投标办法》第 40 条，《房屋建筑和市政基础设施工程施工招标投标管理办法》第 33、34 条，《机电产品国际招标投标实施办法（试行）》第 46～49 条，《电子招标投标办法》第 29～32 条。

第三十七条 【评标委员会】评标由招标人依法组建的评标委员会负责。

依法必须进行招标的项目，其评标委员会由招标人的代表和有关技术、经济等方面的专家组成，成员人数为五人以上单数，其中技术、经济等方面的专家不得少于成员总数的三分之二。

前款专家应当从事相关领域工作满八年并具有高级职称或者具有同等专业水平，由招标人从国务院有关部门或者省、自治区、直辖市人民政府有关部门提供的专家名册或者招标代理机构的专家库内的相关专业的专家名单中确定；一般招标项目可以采取随机抽取方式，特殊招标项目可以由招标人直接确定。

与投标人有利害关系的人不得进入相关项目的评标委员会；已经进入的应当更换。

评标委员会成员的名单在中标结果确定前应当保密。

关联法条：《招标投标法实施条例》第 45～48 条，《评标委员会和评标方法暂行规定》第 7～12 条，《房屋建筑和市政基础设施工程施工招标投标管理办法》第 35、36 条，《机电产品国际招标投标实施办法（试行）》第 50～53 条。

第三十八条 【评标的保密】招标人应当采取必要的措施，保证评标在严格保密的情况下进行。

任何单位和个人不得非法干预、影响评标的过程和结果。

---

❶ 参见《招标投标公证程序细则》（司法通〔1992〕101 号，1992 年 10 月 19 日司法部发布）。

第三十九条 【投标人对投标文件的澄清或说明】评标委员会可以要求投标人对投标文件中含义不明确的内容作必要的澄清或者说明，但是澄清或者说明不得超出投标文件的范围或者改变投标文件的实质性内容。

关联法条：《招标投标法实施条例》第 52 条，《评标委员会和评标方法暂行规定》第 7～12 条，第 19、21、22、26 条，《工程建设项目施工招标投标办法》第 51～53 条，《工程建设项目勘察设计招标投标办法》第 34 条，《工程建设项目货物招标投标办法》第 42、43 条，《房屋建筑和市政基础设施工程施工招标投标管理办法》第 38、42 条，《机电产品国际招标投标实施办法（试行）》第 64 条。

第四十条 【评标】评标委员会应当按照招标文件确定的评标标准和方法，对投标文件进行评审和比较；设有标底的，应当参考标底。评标委员会完成评标后，应当向招标人提出书面评标报告，并推荐合格的中标候选人。

招标人根据评标委员会提出的书面评标报告和推荐的中标候选人确定中标人。招标人也可以授权评标委员会直接确定中标人。

国务院对特定招标项目的评标有特别规定的，从其规定。

关联法条：《招标投标法实施条例》第 49～56 条，《评标委员会和评标方法暂行规定》第 15～45、48 条，《工程建设项目施工招标投标办法》第 54～58 条，《工程建设项目勘察设计招标投标办法》第 35～41 条，《工程建设项目货物招标投标办法》第 44～48 条，《房屋建筑和市政基础设施工程施工招标投标管理办法》第 37、40、41 条，《机电产品国际招标投标实施办法（试行）》第 54、55、60～62、66～70 条，《机电产品国际招标综合评价法实施规范（试行）》，《电子招标投标办法》第 33～35 条。

第四十一条 【中标条件】中标人的投标应当符合下列条件之一：

（一）能够最大限度地满足招标文件中规定的各项综合评价标准；

（二）能够满足招标文件的实质性要求，并且经评审的投标价格最低；但是投标价格低于成本的除外。

第四十二条 【否决所有投标】评标委员会经评审，认为所有投标都不符合招标文件要求的，可以否决所有投标。

依法必须进行招标的项目的所有投标被否决的，招标人应当依照本法重新招标。

关联法条：《招标投标法实施条例》第 51 条，《评标委员会和评标方法暂行规定》第 25、27 条，《工程建设项目施工招标投标办法》第 50 条，《工程建设项目勘察设计招标投标办法》第 36～38 条，《工程建设项目货物招标投标办法》第 41 条，《机电产品国际招标投标实施办法（试行）》第 57～59、63、65 条，《房屋建筑和市政基础设施工程施工招标投标管理办法》第 39 条。

第四十三条 【禁止与投标人进行实质性谈判】在确定中标人前，招标人不得与投标人就投标价格、投标方案等实质性内容进行谈判。

关联法条：《评标委员会和评标方法暂行规定》第 47 条，《工程建设项目施工招标投标办法》第59条,《工程建设项目货物招标投标办法》第49条。

第四十四条　【评标委员会成员的义务】评标委员会成员应当客观、公正地履行职务,遵守职业道德,对所提出的评审意见承担个人责任。

评标委员会成员不得私下接触投标人,不得收受投标人的财物或者其他好处。

评标委员会成员和参与评标的有关工作人员不得透露对投标文件的评审和比较、中标候选人的推荐情况以及与评标有关的其他情况。

关联法条:《招标投标法实施条例》第48、49条,《评标委员会和评标方法暂行规定》第13、14条,《评标专家和评标专家库管理暂行办法》第14~17条。

第四十五条　【中标通知书】中标人确定后,招标人应当向中标人发出中标通知书,并同时将中标结果通知所有未中标的投标人。

中标通知书对招标人和中标人具有法律效力。中标通知书发出后,招标人改变中标结果的,或者中标人放弃中标项目的,应当依法承担法律责任。

关联法条:《招标投标法实施条例》第55条,《工程建设项目货物招标投标办法》第50条,《房屋建筑和市政基础设施工程施工招标投标管理办法》第45条,《机电产品国际招标投标实施办法(试行)》第72~75条,《电子招标投标办法》第36条。

第四十六条　【订立书面合同和提交履约保证金】招标人和中标人应当自中标通知书发出之日起三十日内,按照招标文件和中标人的投标文件订立书面合同。招标人和中标人不得再行订立背离合同实质性内容的其他协议。

招标文件要求中标人提交履约保证金的,中标人应当提交。

关联法条:《招标投标法实施条例》第57、58条,《房屋建筑和市政基础设施工程施工招标投标管理办法》第46、47条,《工程建设项目施工招标办法》第61条,《工程建设项目勘察设计招标投标办法》第42~44条,《工程建设项目货物招标投标办法》第51条,《机电产品国际招标投标实施办法(试行)》第76、77条。

第四十七条　【书面报告招标投标情况】依法必须进行招标的项目,招标人应当自确定中标人之日起十五日内,向有关行政监督部门提交招标投标情况的书面报告。

关联法条:《工程建设项目自行招标试行办法》第10条,《工程建设项目施工招标投标办法》第65条,《工程建设项目勘察设计招标投标办法》第47条,《工程建设项目货物招标投标办法》第54条,《房屋建筑和市政基础设施工程施工招标投标管理办法》第44条。

第四十八条　【禁止转包和有条件分包】中标人应当按照合同约定履行义务,完成中标项目。中标人不得向他人转让中标项目,也不得将中标项目肢解后分别向他人转让。

中标人按照合同约定或者经招标人同意,可以将中标项目的部分非主体、非关键性工作分包给他人完成。接受分包的人应当具备相应的资格条件,并不得再次分包。

中标人应当就分包项目向招标人负责,接受分包的人就分包项目承担连带责任。

关联法条：《民法典》第 791 条，《建筑法》第 28、29 条，《建筑工程施工发包与承包违法行为认定查处管理办法》，《招标投标法实施条例》第 59 条，《机电产品国际招标投标实施办法（试行）》第 79 条。

第五章　法　律　责　任

第四十九条　【必须进行招标的项目不招标的责任】违反本法规定，必须进行招标的项目而不招标的，将必须进行招标的项目化整为零或者以其他任何方式规避招标的，责令限期改正，可以处项目合同金额千分之五以上千分之十以下的罚款；对全部或者部分使用国有资金的项目，可以暂停项目执行或者暂停资金拨付；对单位直接负责的主管人员和其他直接责任人员依法给予处分。

关联法条：《招标投标法实施条例》第 63 条，《工程建设项目施工招标投标办法》第 68 条，《房屋建筑和市政基础设施工程施工招标投标管理办法》第 50 条，《机电产品国际招标投标实施办法（试行）》第 93 条。

第五十条　【招标代理机构的责任】招标代理机构违反本法规定，泄露应当保密的与招标投标活动有关的情况和资料的，或者与招标人、投标人串通损害国家利益、社会公共利益或者他人合法权益的，处五万元以上二十五万元以下的罚款，对单位直接负责的主管人员和其他直接责任人员处单位罚款数额百分之五以上百分之十以下的罚款；有违法所得的，并处没收违法所得；情节严重的，禁止其一年至二年内代理依法必须进行招标的项目并予以公告，直至由工商行政管理机关吊销营业执照；构成犯罪的，依法追究刑事责任。给他人造成损失的，依法承担赔偿责任。

前款所列行为影响中标结果的，中标无效。

关联法条：《刑法》第 219、220、398 条，《招标投标法实施条例》第 65 条，《工程建设项目施工招标投标办法》第 69 条，《工程建设项目货物招标投标办法》第 55 条，《机电产品国际招标投标实施办法（试行）》第 99、100 条。

第五十一条　【限制或排斥潜在投标人的责任】招标人以不合理的条件限制或者排斥潜在投标人的，对潜在投标人实行歧视待遇的，强制要求投标人组成联合体共同投标的，或者限制投标人之间竞争的，责令改正，可以处一万元以上五万元以下的罚款。

关联法条：《招标投标法实施条例》第 63、64 条，《工程建设项目施工招标投标办法》第 70、72、73 条，《工程建设项目勘察设计招标投标办法》第 50、51、53 条，《工程建设项目货物招标投标办法》第 55、56 条，《机电产品国际招标投标实施办法（试行）》第 94 条，《电子招标投标办法》第 54 条。

第五十二条　【泄露招投标活动有关秘密的责任】依法必须进行招标的项目的招标

人向他人透露已获取招标文件的潜在投标人的名称、数量或者可能影响公平竞争的有关招标投标的其他情况的，或者泄露标底的，给予警告，可以并处一万元以上十万元以下的罚款；对单位直接负责的主管人员和其他直接责任人员依法给予处分；构成犯罪的，依法追究刑事责任。

前款所列行为影响中标结果的，中标无效。

关联法条：《刑法》第219、220条，《工程建设项目施工招标投标办法》第71条，《电子招标投标办法》第56条。

第五十三条 【串通投标的责任】投标人相互串通投标或者与招标人串通投标的，投标人以向招标人或者评标委员会成员行贿的手段谋取中标的，中标无效，处中标项目金额千分之五以上千分之十以下的罚款，对单位直接负责的主管人员和其他直接责任人员处单位罚款数额百分之五以上百分之十以下的罚款；有违法所得的，并处没收违法所得；情节严重的，取消其一年至二年内参加依法必须进行招标的项目的投标资格并予以公告，直至由工商行政管理机关吊销营业执照；构成犯罪的，依法追究刑事责任。给他人造成损失的，依法承担赔偿责任。

关联法条：《刑法》第163、223、231、382、383、386～388条，《招标投标法实施条例》第67条，《工程建设项目施工招标投标办法》第74条，《电子招标投标办法》第57条，《机电产品国际招标投标实施办法（试行）》第96条。

第五十四条 【骗取中标的责任】投标人以他人名义投标或者以其他方式弄虚作假，骗取中标的，中标无效，给招标人造成损失的，依法承担赔偿责任；构成犯罪的，依法追究刑事责任。

依法必须进行招标的项目的投标人有前款所列行为尚未构成犯罪的，处中标项目金额千分之五以上千分之十以下的罚款，对单位直接负责的主管人员和其他直接责任人员处单位罚款数额百分之五以上百分之十以下的罚款；有违法所得的，并处没收违法所得；情节严重的，取消其一年至三年内参加依法必须进行招标的项目的投标资格并予以公告，直至由工商行政管理机关吊销营业执照。

关联法条：《刑法》第224、231条，《招标投标法实施条例》第68、69条，《建筑法》第66条、《工程建设项目施工招标投标办法》第75条，《工程建设项目勘察设计招标投标办法》第52条，《机电产品国际招标投标实施办法（试行）》第96条，《电子招标投标办法》第58条。

第五十五条 【招标人违规谈判的责任】依法必须进行招标的项目，招标人违反本法规定，与投标人就投标价格、投标方案等实质性内容进行谈判的，给予警告，对单位直接负责的主管人员和其他直接责任人员依法给予处分。

前款所列行为影响中标结果的，中标无效。

第五十六条 【评标委员会违法的责任】评标委员会成员收受投标人的财物或者其他好处的，评标委员会成员或者参加评标的有关工作人员向他人透露对投标文件的评审和比较、中标候选人的推荐以及与评标有关的其他情况的，给予警告，没收收受的财物，可以并处三千元以上五万元以下的罚款，对有所列违法行为的评标委员会成员取消担任评标委员会成员的资格，不得再参加任何依法必须进行招标的项目的评标；构成犯罪的，依法追究刑事责任。

关联法条：《刑法》第163条、《招标投标法实施条例》第71、72条，《评标专家和评标专家库管理暂行办法》第15条，《工程建设项目施工招标投标办法》第77~79条，《工程建设项目勘察设计招标投标办法》第54条，《工程建设项目货物招标投标办法》第57条，《机电产品国际招标投标实施办法（试行）》第101~103条。

第五十七条 【招标人在中标候选人以外确定中标人的责任】招标人在评标委员会依法推荐的中标候选人以外确定中标人的，依法必须进行招标的项目在所有投标被评标委员会否决后自行确定中标人的，中标无效。责令改正，可以处中标项目金额千分之五以上千分之十以下的罚款；对单位直接负责的主管人员和其他直接责任人员依法给予处分。

关联法条：《招标投标法实施条例》第73条，《工程建设项目施工招标投标办法》第80条，《工程建设项目货物招标投标办法》第58条。

第五十八条 【中标人违法转包、分包的责任】中标人将中标项目转让给他人的，将中标项目肢解后分别转让给他人的，违反本法规定将中标项目的部分主体、关键性工作分包给他人的，或者分包人再次分包的，转让、分包无效，处转让、分包项目金额千分之五以上千分之十以下的罚款；有违法所得的，并处没收违法所得；可以责令停业整顿；情节严重的，由工商行政管理机关吊销营业执照。

关联法条：《民法典》第791条，《建筑法》第29、67条，《招标投标法实施条例》第76条。

第五十九条 【不按招投标文件订立合同的责任】招标人与中标人不按照招标文件和中标人的投标文件订立合同的，或者招标人、中标人订立背离合同实质性内容的协议的，责令改正；可以处中标项目金额千分之五以上千分之十以下的罚款。

关联法条：《招标投标法实施条例》第74、75条，《工程建设项目施工招标投标办法》第81、83条，《工程建设项目货物招标投标办法》第58条。

第六十条 【中标人不履行合同的责任】中标人不履行与招标人订立的合同的，履约保证金不予退还，给招标人造成的损失超过履约保证金数额的，还应当对超过部分予以赔偿；没有提交履约保证金的，应当对招标人的损失承担赔偿责任。

中标人不按照与招标人订立的合同履行义务，情节严重的，取消其二年至五年内参加依法必须进行招标的项目的投标资格并予以公告，直至由工商行政管理机关吊销营业执照。

因不可抗力不能履行合同的，不适用前两款规定。

关联法条：《民法典》第577、584、585条，《最高人民法院关于审理建设工程施工合同纠纷案件适用法律问题的解释》，《工程建设项目施工招标投标办法》第84条，《机电产品国际招标投标实施办法（试行）》第98条。

第六十一条 【行政处罚的决定】本章规定的行政处罚，由国务院规定的有关行政监督部门决定。本法已对实施行政处罚的机关作出规定的除外。

第六十二条 【干涉招标活动的责任】任何单位违反本法规定，限制或者排斥本地区、本系统以外的法人或者其他组织参加投标的，为招标人指定招标代理机构的，强制招标人委托招标代理机构办理招标事宜的，或者以其他方式干涉招标投标活动的，责令改正；对单位直接负责的主管人员和其他直接责任人员依法给予警告、记过、记大过的处分，情节较重的，依法给予降级、撤职、开除的处分。

个人利用职权进行前款违法行为的，依照前款规定追究责任。

关联法条：《招标投标法实施条例》第 70、80 条，《电子招标投标办法》第 60 条，《违反规定插手干预工程建设领域行为处分规定》第 5 条。

第六十三条 【国家机关工作人员的违法责任】对招标投标活动依法负有行政监督职责的国家机关工作人员徇私舞弊、滥用职权或者玩忽职守，构成犯罪的，依法追究刑事责任；不构成犯罪的，依法给予行政处分。

关联法条：《刑法》第 166、168、397 条，《招标投标法实施条例》第 79、80 条，《公务员法》第 12 条、第九章，《工程建设项目施工招标投标办法》第 87、88 条，《机电产品国际招标投标实施办法（试行）》第 106 条。

第六十四条 【中标无效的处理】依法必须进行招标的项目违反本法规定，中标无效的，应当依照本法规定的中标条件从其余投标人中重新确定中标人或者依照本法重新进行招标。

关联法条：《招标投标法实施条例》第 81 条，《工程建设项目施工招标投标办法》第 86 条。

第六章　附　则

第六十五条 【异议或投诉】投标人和其他利害关系人认为招标投标活动不符合本法有关规定的，有权向招标人提出异议或者依法向有关行政监督部门投诉。❶

---

❶ 《国家发展改革委办公厅关于中标结果公示异议和投诉问题的复函》（发改办法规〔2018〕465 号）规定："一、《招标投标法》第四十五条规定，中标人确定后，招标人应当向中标人发出中标通知书，并同时将中标结果通知所有未中标的投标人。《招标投标法实施条例》第五十三条规定，依法必须进行招标的项目，招标人应当自收到评标报告之日起 3 日内公示中标候选人，公示期不得少于 3 日。投标人或者其他利害关系人对依法必须进行招标的评标结果有异议的，应当在中标候选人公示期间提出。《招标公告和公示信息发布管理办法》（国家发展改革委第 10 号令）第六条进一步规定了中标候选人公示应当载明的内容，以及中标结果公示应当载明中标人名称。根据以上规定，由于在中标候选人公示环节已经充分公布了中标候选人的信息，并保障了投标人或者其他利害关系人提出异议的权利，因此中标结果公示的性质为告知性公示，即向社会公布中标结果，《招标投标法》、《招标投标法实施条例》及 10 号令均未规定投标人或者其他利害关系人有权对中标结果公示提出异议。二、《招标投标法实施条例》第六十条规定，投标人或者其他利害关系人认为招标投标活动不符合法律、行政法规规定的，可以自知道或者应当知道之日起 10 日内向有关行政监督部门投诉。据此，投标人或者其他利害关系人认为中标结果公示，以及有关招标投标活动存在违法违规行为的，可以依法向有关行政监督部门投诉。"

关联法条：《招标投标法实施条例》第22、44、54、60～62、77条，《工程建设项目招标投标活动投诉处理办法》，《工程建设项目施工招标投标办法》第89条，《机电产品国际招标投标实施办法（试行）》第36、48、69、71、82～92条，《电子招标投标办法》第39、51、52条。

第六十六条 【不进行招标的项目】涉及国家安全、国家秘密、抢险救灾或者属于利用扶贫资金实行以工代赈、需要使用农民工等特殊情况，不适宜进行招标的项目，按照国家有关规定可以不进行招标。

关联法条：《招标投标法实施条例》第9条，《工程建设项目可行性研究报告增加招标内容和核准招标事项暂行规定》第5条，《工程建设项目施工招标投标办法》第12条，《工程建设项目勘察设计招标投标办法》第4条，《房屋建筑和市政基础设施工程施工招标投标管理办法》第9、56条，《机电产品国际招标投标实施办法（试行）》第7条。

第六十七条 【适用除外】使用国际组织或者外国政府贷款、援助资金的项目进行招标，贷款方、资金提供方对招标投标的具体条件和程序有不同规定的，可以适用其规定，但违背中华人民共和国的社会公共利益的除外。

第六十八条 【生效日期】本法自2000年1月1日起施行。

中华人民共和国招标投标法实施条例

（2011年12月20日国务院令第613号公布，根据2017年3月1日国务院令第676号《关于修改和废止部分行政法规的决定》第一次修订，根据2018年3月19日国务院令第698号《关于修改和废止部分行政法规的决定》第二次修订，根据2019年3月2日国务院令第709号《国务院关于修改部分行政法规的规定》第三次修订）

第一章 总 则

第一条 【立法目的和依据】为了规范招标投标活动，根据《中华人民共和国招标投标法》（以下简称招标投标法），制定本条例。

第二条 【"工程建设项目"定义】招标投标法第三条所称工程建设项目，是指工程以及与工程建设有关的货物和服务。

前款所称工程，是指建设工程，包括建筑物和构筑物的新建、改建、扩建及其相关的装修、拆除、修缮等；所称与工程建设有关的货物，是指构成工程不可分割的组成部分，且为实现工程基本功能所必需的设备、材料等；所称与工程建设有关的服务，

是指为完成工程所需的勘察、设计、监理等服务。❶

第三条 【依法必须进行招标项目的范围和规模标准】依法必须进行招标的工程建设项目的具体范围和规模标准，由国务院发展改革部门会同国务院有关部门制订，报国务院批准后公布施行。

第四条 【行政监督职责分工】国务院发展改革部门指导和协调全国招标投标工作，对国家重大建设项目的工程招标投标活动实施监督检查。国务院工业和信息化、住房城乡建设、交通运输、铁道、水利、商务等部门，按照规定的职责分工对有关招标投标活动实施监督。

县级以上地方人民政府发展改革部门指导和协调本行政区域的招标投标工作。县级以上地方人民政府有关部门按照规定的职责分工，对招标投标活动实施监督，依法查处招标投标活动中的违法行为。县级以上地方人民政府对其所属部门有关招标投标活动的监督职责分工另有规定的，从其规定。

财政部门依法对实行招标投标的政府采购工程建设项目的预算执行情况和政府采购政策执行情况实施监督。

监察机关依法对与招标投标活动有关的监察对象实施监察。

第五条 【招标投标交易场所及电子招标】设区的市级以上地方人民政府可以根据实际需要，建立统一规范的招标投标交易场所，为招标投标活动提供服务。招标投标交易场所不得与行政监督部门存在隶属关系，不得以营利为目的。

国家鼓励利用信息网络进行电子招标投标。

第六条 【禁止干预招投标】禁止国家工作人员以任何方式非法干涉招标投标活动。

第二章 招　　标

第七条 【招标内容的审批、核准】按照国家有关规定需要履行项目审批、核准手续的依法必须进行招标的项目，其招标范围、招标方式、招标组织形式应当报项目审批、核准部门审批、核准。项目审批、核准部门应当及时将审批、核准确定的招标范

---

❶ 国务院法制办秘书行政司《对政府采购工程项目法律适用及申领施工许可证问题的答复》（国法秘财函〔2015〕736号）规定："按照招标投标法实施条例第二条的规定，建筑物和构筑物的新建、改建、扩建及其相关的装修、拆除、修缮属于依法必须进行招标的项目。据此，与建筑物和构筑物的新建、改建、扩建无关的单独的装修、拆除、修缮不属于依法必须进行招标的项目。政府采购此类项目时，应当按照政府采购法实施条例第二十五条的规定，采用竞争性谈判或者单一来源方式进行采购。依法通过竞争性谈判或者单一来源方式确定供应商的政府采购建设工程项目，符合建筑法规定的申请领取施工许可证条件的，应当颁发施工许可证，不应当以未进入有形市场进行招标为由拒绝颁发施工许可证。"《住房城乡建设部办公厅关于工程总承包项目和政府采购工程建设项目办理施工许可手续有关事项的通知》（建办市〔2017〕46号）规定："对依法通过竞争性谈判或单一来源方式确定供应商的政府采购工程建设项目，应严格执行建筑法、《建筑工程施工许可管理办法》等规定，对符合申请条件的，应当颁发施工许可证。"

围、招标方式、招标组织形式通报有关行政监督部门。

第八条 【可以邀请招标的情形】国有资金占控股或者主导地位的依法必须进行招标的项目，应当公开招标；但有下列情形之一的，可以邀请招标：

（一）技术复杂、有特殊要求或者受自然环境限制，只有少量潜在投标人可供选择；

（二）采用公开招标方式的费用占项目合同金额的比例过大。

有前款第二项所列情形，属于本条例第七条规定的项目，由项目审批、核准部门在审批、核准项目时作出认定；其他项目由招标人申请有关行政监督部门作出认定。

第九条 【可以不招标的情形】除招标投标法第六十六条规定的可以不进行招标的特殊情况外，有下列情形之一的，可以不进行招标：

（一）需要采用不可替代的专利或者专有技术；

（二）采购人依法能够自行建设、生产或者提供；

（三）已通过招标方式选定的特许经营项目投资人依法能够自行建设、生产或者提供；

（四）需要向原中标人采购工程、货物或者服务，否则将影响施工或者功能配套要求；

（五）国家规定的其他特殊情形。

招标人为适用前款规定弄虚作假的，属于招标投标法第四条规定的规避招标。

第十条 【自行招标的能力】招标投标法第十二条第二款规定的招标人具有编制招标文件和组织评标能力，是指招标人具有与招标项目规模和复杂程度相适应的技术、经济等方面的专业人员。

第十一条 【对招标代理机构的监管】国务院住房城乡建设、商务、发展改革、工业和信息化等部门，按照规定的职责分工对招标代理机构依法实施监督管理。

第十二条 【招标从业人员资格】招标代理机构应当拥有一定数量的具备编制招标文件、组织评标等相应能力的专业人员。

第十三条 【招标代理业务】招标代理机构在招标人委托的范围内开展招标代理业务，任何单位和个人不得非法干涉。

招标代理机构代理招标业务，应当遵守招标投标法和本条例关于招标人的规定。招标代理机构不得在所代理的招标项目中投标或者代理投标，也不得为所代理的招标项目的投标人提供咨询。

第十四条 【招标代理合同】招标人应当与被委托的招标代理机构签订书面委托合同。合同约定的收费标准应当符合国家有关规定。

第十五条 【公告与文件标准文本】公开招标的项目，应当依照招标投标法和本条例的规定发布招标公告、编制招标文件。

招标人采用资格预审办法对潜在投标人进行资格审查的,应当发布资格预审公告、编制资格预审文件。

依法必须进行招标的项目的资格预审公告和招标公告,应当在国务院发展改革部门依法指定的媒介发布。在不同媒介发布的同一招标项目的资格预审公告或者招标公告的内容应当一致。指定媒介发布依法必须进行招标的项目的境内资格预审公告、招标公告,不得收取费用。

编制依法必须进行招标的项目的资格预审文件和招标文件,应当使用国务院发展改革部门会同有关行政监督部门制定的标准文本。❶

第十六条 【文件发售】招标人应当按照资格预审公告、招标公告或者投标邀请书规定的时间、地点发售资格预审文件或者招标文件。资格预审文件或者招标文件的发售期不得少于5日。

招标人发售资格预审文件、招标文件收取的费用应当限于补偿印刷、邮寄的成本支出,不得以营利为目的。

第十七条 【资格预审文件提交时间】招标人应当合理确定提交资格预审申请文件的时间。依法必须进行招标的项目提交资格预审申请文件的时间,自资格预审文件停止发售之日起不得少于5日。

第十八条 【资格预审主体和依据】资格预审应当按照资格预审文件载明的标准和方法进行。

国有资金占控股或者主导地位的依法必须进行招标的项目,招标人应当组建资格审查委员会审查资格预审申请文件。资格审查委员会及其成员应当遵守招标投标法和本条例有关评标委员会及其成员的规定。

---

❶ 现行标准文本主要有《标准施工招标资格预审文件》和《标准施工招标文件》(国家发展改革委等九部委令第56号)、《简明标准施工招标文件》和《标准设计施工总承包招标文件》(发改法规〔2011〕3018号)、《标准设备采购招标文件》《标准材料采购招标文件》《标准勘察招标文件》《标准设计招标文件》《标准监理招标文件》(发改法规〔2017〕1606号)、《通信建设项目施工招标文件范本(试行)》和《通信建设项目货物招标文件范本(试行)》(工信部通〔2009〕194号)、《房屋建筑和市政工程标准施工招标资格预审文件》和《房屋建筑和市政工程标准施工招标文件》(建市〔2010〕88号)、《公路工程标准施工招标资格预审文件(2018年版)》和《公路工程标准施工招标文件(2018年版)》(交通运输部公告2017年第51号)、《公路工程标准勘察设计招标资格预审文件(2018年版)》和《公路工程标准勘察设计招标文件(2018年版)》(交通运输部公路第26号)、《铁路工程标准施工招标资格预审文件》和《铁路工程标准施工招标文件》(国铁工程监〔2020〕50号)、《水利水电工程标准施工招标资格预审文件》和《水利水电工程标准施工招标文件》(水建管〔2009〕629号)、《民航专业工程标准施工招标资格预审文件》和《民航专业工程标准施工招标文件》(民航发〔2010〕73号,根据民航发〔2016〕7号《民航局关于发布〈民航专业工程标准施工招标文件〉(2010年版)第一修订案的通知》修订)、《经营性公路建设项目投资人招标资格预审文件示范文本》和《经营性公路建设项目投资人招标文件示范文本》(交公路发〔2011〕135号)、《水运工程标准施工监理招标文件》(交通运输部公告2012年第68)、《公路工程施工监理招标文件范本》(交质监发〔2008〕557号)、《水利工程施工监理招标文件示范文本》(水建管〔2007〕165号)、《国际金融组织项目国内竞争性招标文件范本》(财预〔2012〕67号)、《机电产品国际招标标准招标文件(试行)》(2014年版)《水运工程标准施工监理招标文件》(交通运输部公告2012年第68号)等。

第十九条 【资格预审结果】资格预审结束后，招标人应当及时向资格预审申请人发出资格预审结果通知书。未通过资格预审的申请人不具有投标资格。

通过资格预审的申请人少于 3 个的，应当重新招标。

第二十条 【资格后审】招标人采用资格后审办法对投标人进行资格审查的，应当在开标后由评标委员会按照招标文件规定的标准和方法对投标人的资格进行审查。

第二十一条 【文件的澄清和修改】招标人可以对已发出的资格预审文件或者招标文件进行必要的澄清或者修改。澄清或者修改的内容可能影响资格预审申请文件或者投标文件编制的，招标人应当在提交资格预审申请文件截止时间至少 3 日前，或者投标截止时间至少 15 日前，以书面形式通知所有获取资格预审文件或者招标文件的潜在投标人；不足 3 日或者 15 日的，招标人应当顺延提交资格预审申请文件或者投标文件的截止时间。

第二十二条 【对文件的异议】潜在投标人或者其他利害关系人对资格预审文件有异议的，应当在提交资格预审申请文件截止时间 2 日前提出；对招标文件有异议的，应当在投标截止时间 10 日前提出。招标人应当自收到异议之日起 3 日内作出答复；作出答复前，应当暂停招标投标活动。

第二十三条 【文件的合法性】招标人编制的资格预审文件、招标文件的内容违反法律、行政法规的强制性规定，违反公开、公平、公正和诚实信用原则，影响资格预审结果或者潜在投标人投标的，依法必须进行招标的项目的招标人应当在修改资格预审文件或者招标文件后重新招标。

第二十四条 【标段划分】招标人对招标项目划分标段的，应当遵守招标投标法的有关规定，不得利用划分标段限制或者排斥潜在投标人。依法必须进行招标的项目的招标人不得利用划分标段规避招标。

第二十五条 【投标有效期】招标人应当在招标文件中载明投标有效期。投标有效期从提交投标文件的截止之日起算。

第二十六条 【投标保证金】招标人在招标文件中要求投标人提交投标保证金的，投标保证金不得超过招标项目估算价的 2%。投标保证金有效期应当与投标有效期一致。

依法必须进行招标的项目的境内投标单位，以现金或者支票形式提交的投标保证金应当从其基本账户转出。

招标人不得挪用投标保证金。

第二十七条 【标底和投标限价】招标人可以自行决定是否编制标底。一个招标项目只能有一个标底。标底必须保密。

接受委托编制标底的中介机构不得参加受托编制标底项目的投标，也不得为该项目的投标人编制投标文件或者提供咨询。

招标人设有最高投标限价的，应当在招标文件中明确最高投标限价或者最高投标限价的计算方法。招标人不得规定最低投标限价。

第二十八条 【踏勘现场】招标人不得组织单个或者部分潜在投标人踏勘项目现场。

第二十九条 【总承包招标】招标人可以依法对工程以及与工程建设有关的货物、服务全部或者部分实行总承包招标。以暂估价形式包括在总承包范围内的工程、货物、服务属于依法必须进行招标的项目范围且达到国家规定规模标准的，应当依法进行招标。

前款所称暂估价，是指总承包招标时不能确定价格而由招标人在招标文件中暂时估定的工程、货物、服务的金额。

第三十条 【两阶段招标】对技术复杂或者无法精确拟定技术规格的项目，招标人可以分两阶段进行招标。

第一阶段，投标人按照招标公告或者投标邀请书的要求提交不带报价的技术建议，招标人根据投标人提交的技术建议确定技术标准和要求，编制招标文件。

第二阶段，招标人向在第一阶段提交技术建议的投标人提供招标文件，投标人按照招标文件的要求提交包括最终技术方案和投标报价的投标文件。

招标人要求投标人提交投标保证金的，应当在第二阶段提交。

第三十一条 【终止招标】招标人终止招标的，应当及时发布公告，或者以书面形式通知被邀请的或者已经获取资格预审文件、招标文件的潜在投标人。已经发售资格预审文件、招标文件或者已经收取投标保证金的，招标人应当及时退还所收取的资格预审文件、招标文件的费用，以及所收取的投标保证金及银行同期存款利息。

第三十二条 【限制或者排斥投标】招标人不得以不合理的条件限制、排斥潜在投标人或者投标人。

招标人有下列行为之一的，属于以不合理条件限制、排斥潜在投标人或者投标人：

（一）就同一招标项目向潜在投标人或者投标人提供有差别的项目信息；

（二）设定的资格、技术、商务条件与招标项目的具体特点和实际需要不相适应或者与合同履行无关；

（三）依法必须进行招标的项目以特定行政区域或者特定行业的业绩、奖项作为加分条件或者中标条件；

（四）对潜在投标人或者投标人采取不同的资格审查或者评标标准；

（五）限定或者指定特定的专利、商标、品牌、原产地或者供应商；

（六）依法必须进行招标的项目非法限定潜在投标人或者投标人的所有制形式或者组织形式；

（七）以其他不合理条件限制、排斥潜在投标人或者投标人。

第三章 投 标

第三十三条 【投标活动不受地区或者部门限制】投标人参加依法必须进行招标的

项目的投标,不受地区或者部门的限制,任何单位和个人不得非法干涉。

第三十四条 【对投标人的限制】与招标人存在利害关系可能影响招标公正性的法人、其他组织或者个人,不得参加投标。

单位负责人为同一人或者存在控股、管理关系的不同单位,不得参加同一标段投标或者未划分标段的同一招标项目投标。

违反前两款规定的,相关投标均无效。

第三十五条 【投标文件的撤回与撤销】投标人撤回已提交的投标文件,应当在投标截止时间前书面通知招标人。招标人已收取投标保证金的,应当自收到投标人书面撤回通知之日起 5 日内退还。

投标截止后投标人撤销投标文件的,招标人可以不退还投标保证金。

第三十六条 【投标文件的拒收】未通过资格预审的申请人提交的投标文件,以及逾期送达或者不按照招标文件要求密封的投标文件,招标人应当拒收。

招标人应当如实记载投标文件的送达时间和密封情况,并存档备查。

第三十七条 【联合体投标】招标人应当在资格预审公告、招标公告或者投标邀请书中载明是否接受联合体投标。

招标人接受联合体投标并进行资格预审的,联合体应当在提交资格预审申请文件前组成。资格预审后联合体增减、更换成员的,其投标无效。

联合体各方在同一招标项目中以自己名义单独投标或者参加其他联合体投标的,相关投标均无效。

第三十八条 【投标人变化】投标人发生合并、分立、破产等重大变化的,应当及时书面告知招标人。投标人不再具备资格预审文件、招标文件规定的资格条件或者其投标影响招标公正性的,其投标无效。

第三十九条 【投标人串通投标】禁止投标人相互串通投标。

有下列情形之一的,属于投标人相互串通投标:

(一)投标人之间协商投标报价等投标文件的实质性内容;

(二)投标人之间约定中标人;

(三)投标人之间约定部分投标人放弃投标或者中标;

(四)属于同一集团、协会、商会等组织成员的投标人按照该组织要求协同投标;

(五)投标人之间为谋取中标或者排斥特定投标人而采取的其他联合行动。

第四十条 【视为投标人串通投标】有下列情形之一的,视为投标人相互串通投标:

(一)不同投标人的投标文件由同一单位或者个人编制;

(二)不同投标人委托同一单位或者个人办理投标事宜;

(三)不同投标人的投标文件载明的项目管理成员为同一人;

(四)不同投标人的投标文件异常一致或者投标报价呈规律性差异;

(五)不同投标人的投标文件相互混装;

（六）不同投标人的投标保证金从同一单位或者个人的账户转出。

第四十一条 【招标人与投标人串通投标】禁止招标人与投标人串通投标。

有下列情形之一的，属于招标人与投标人串通投标：

（一）招标人在开标前开启投标文件并将有关信息泄露给其他投标人；

（二）招标人直接或者间接向投标人泄露标底、评标委员会成员等信息；

（三）招标人明示或者暗示投标人压低或者抬高投标报价；

（四）招标人授意投标人撤换、修改投标文件；

（五）招标人明示或者暗示投标人为特定投标人中标提供方便；

（六）招标人与投标人为谋求特定投标人中标而采取的其他串通行为。

第四十二条 【弄虚作假投标】使用通过受让或者租借等方式获取的资格、资质证书投标的，属于招标投标法第三十三条规定的以他人名义投标。

投标人有下列情形之一的，属于招标投标法第三十三条规定的以其他方式弄虚作假的行为：

（一）使用伪造、变造的许可证件；

（二）提供虚假的财务状况或者业绩；

（三）提供虚假的项目负责人或者主要技术人员简历、劳动关系证明；

（四）提供虚假的信用状况；

（五）其他弄虚作假的行为。

第四十三条 【资格预审申请人应遵守投标人的规定】提交资格预审申请文件的申请人应当遵守招标投标法和本条例有关投标人的规定。

第四章　开标、评标和中标

第四十四条 【开标】招标人应当按照招标文件规定的时间、地点开标。

投标人少于 3 个的，不得开标；招标人应当重新招标。

投标人对开标有异议的，应当在开标现场提出，招标人应当当场作出答复，并制作记录。

第四十五条 【评标专家库】国家实行统一的评标专家专业分类标准和管理办法。具体标准和办法由国务院发展改革部门会同国务院有关部门制定。

省级人民政府和国务院有关部门应当组建综合评标专家库。

第四十六条 【评标委员会】除招标投标法第三十七条第三款规定的特殊招标项目外，依法必须进行招标的项目，其评标委员会的专家成员应当从评标专家库内相关专业的专家名单中以随机抽取方式确定。任何单位和个人不得以明示、暗示等任何方式指定或者变相指定参加评标委员会的专家成员。

依法必须进行招标的项目的招标人非因招标投标法和本条例规定的事由，不得更换依法确定的评标委员会成员。更换评标委员会的专家成员应当依照前款规定进行。

评标委员会成员与投标人有利害关系的，应当主动回避。

有关行政监督部门应当按照规定的职责分工，对评标委员会成员的确定方式、评标专家的抽取和评标活动进行监督。行政监督部门的工作人员不得担任本部门负责监督项目的评标委员会成员。

第四十七条 【直接确定评标专家】招标投标法第三十七条第三款所称特殊招标项目，是指技术复杂、专业性强或者国家有特殊要求，采取随机抽取方式确定的专家难以保证胜任评标工作的项目。

第四十八条 【对招标人在评标中的要求】招标人应当向评标委员会提供评标所必需的信息，但不得明示或者暗示其倾向或者排斥特定投标人。

招标人应当根据项目规模和技术复杂程度等因素合理确定评标时间。超过三分之一的评标委员会成员认为评标时间不够的，招标人应当适当延长。

评标过程中，评标委员会成员有回避事由、擅离职守或者因健康等原因不能继续评标的，应当及时更换。被更换的评标委员会成员作出的评审结论无效，由更换后的评标委员会成员重新进行评审。

第四十九条 【对评标委员会成员评标的要求】评标委员会成员应当依照招标投标法和本条例的规定，按照招标文件规定的评标标准和方法，客观、公正地对投标文件提出评审意见。招标文件没有规定的评标标准和方法不得作为评标的依据。

评标委员会成员不得私下接触投标人，不得收受投标人给予的财物或者其他好处，不得向招标人征询确定中标人的意向，不得接受任何单位或者个人明示或者暗示提出的倾向或者排斥特定投标人的要求，不得有其他不客观、公正履行职务的行为。

第五十条 【标底】招标项目设有标底的，招标人应当在开标时公布。标底只能作为评标的参考，不得以投标报价是否接近标底作为中标条件，也不得以投标报价超过标底上下浮动范围作为否决投标的条件。

第五十一条 【否决投标】有下列情形之一的，评标委员会应当否决其投标：

（一）投标文件未经投标单位盖章和单位负责人签字；

（二）投标联合体没有提交共同投标协议；

（三）投标人不符合国家或者招标文件规定的资格条件；

（四）同一投标人提交两个以上不同的投标文件或者投标报价，但招标文件要求提交备选投标的除外；

（五）投标报价低于成本或者高于招标文件设定的最高投标限价；

（六）投标文件没有对招标文件的实质性要求和条件作出响应；

（七）投标人有串通投标、弄虚作假、行贿等违法行为。

第五十二条 【投标文件的澄清】投标文件中有含义不明确的内容、明显文字或者计算错误，评标委员会认为需要投标人作出必要澄清、说明的，应当书面通知该投标人。投标人的澄清、说明应当采用书面形式，并不得超出投标文件的范围或者改变投标文件的实质性内容。

评标委员会不得暗示或者诱导投标人作出澄清、说明，不得接受投标人主动提出的澄清、说明。

第五十三条 【评标报告】评标完成后，评标委员会应当向招标人提交书面评标报告和中标候选人名单。中标候选人应当不超过3个，并标明排序。

评标报告应当由评标委员会全体成员签字。对评标结果有不同意见的评标委员会成员应当以书面形式说明其不同意见和理由，评标报告应当注明该不同意见。评标委员会成员拒绝在评标报告上签字又不书面说明其不同意见和理由的，视为同意评标结果。

第五十四条 【中标候选人公示】依法必须进行招标的项目，招标人应当自收到评标报告之日起3日内公示中标候选人，公示期不得少于3日。

投标人或者其他利害关系人对依法必须进行招标的项目的评标结果有异议的，应当在中标候选人公示期间提出。招标人应当自收到异议之日起3日内作出答复；作出答复前，应当暂停招标投标活动。

第五十五条 【确定中标人】国有资金占控股或者主导地位的依法必须进行招标的项目，招标人应当确定排名第一的中标候选人为中标人。排名第一的中标候选人放弃中标、因不可抗力不能履行合同、不按照招标文件要求提交履约保证金，或者被查实存在影响中标结果的违法行为等情形，不符合中标条件的，招标人可以按照评标委员会提出的中标候选人名单排序依次确定其他中标候选人为中标人，也可以重新招标。

第五十六条 【履约能力审查】中标候选人的经营、财务状况发生较大变化或者存在违法行为，招标人认为可能影响其履约能力的，应当在发出中标通知书前由原评标委员会按照招标文件规定的标准和方法审查确认。

第五十七条 【签订合同和退还投标保证金】招标人和中标人应当依照招标投标法和本条例的规定签订书面合同，合同的标的、价款、质量、履行期限等主要条款应当与招标文件和中标人的投标文件的内容一致。招标人和中标人不得再行订立背离合同实质性内容的其他协议。

招标人最迟应当在书面合同签订后5日内向中标人和未中标的投标人退还投标保证金及银行同期存款利息。

第五十八条 【履约保证金】招标文件要求中标人提交履约保证金的，中标人应当按照招标文件的要求提交。履约保证金不得超过中标合同金额的10%。

第五十九条 【禁止转包和违法分包】中标人应当按照合同约定履行义务，完成中标项目。中标人不得向他人转让中标项目，也不得将中标项目肢解后分别向他人转让。

中标人按照合同约定或者经招标人同意，可以将中标项目的部分非主体、非关键性工作分包给他人完成。接受分包的人应当具备相应的资格条件，并不得再次分包。

中标人应当就分包项目向招标人负责，接受分包的人就分包项目承担连带责任。

第五章　投　诉　与　处　理

第六十条　【投诉时间】 投标人或者其他利害关系人认为招标投标活动不符合法律、行政法规规定的，可以自知道或者应当知道之日起 10 日内向有关行政监督部门投诉。投诉应当有明确的请求和必要的证明材料。

就本条例第二十二条、第四十四条、第五十四条规定事项投诉的，应当先向招标人提出异议，异议答复期间不计算在前款规定的期限内。

第六十一条　【投诉的处理】 投诉人就同一事项向两个以上有权受理的行政监督部门投诉的，由最先收到投诉的行政监督部门负责处理。

行政监督部门应当自收到投诉之日起 3 个工作日内决定是否受理投诉，受理投诉之日起 30 个工作日内作出书面处理决定；需要检验、检测、鉴定、专家评审的，所需时间不计算在内。

投诉人捏造事实、伪造材料或者以非法手段取得证明材料进行投诉的，行政监督部门应当予以驳回。

第六十二条　【行政监督措施】 行政监督部门处理投诉，有权查阅、复制有关文件、资料，调查有关情况，相关单位和人员应当予以配合。必要时，行政监督部门可以责令暂停招标投标活动。

行政监督部门的工作人员对监督检查过程中知悉的国家秘密、商业秘密，应当依法予以保密。

第六章　法　律　责　任

第六十三条　【违法发布公告的责任】 招标人有下列限制或者排斥潜在投标人行为之一的，由有关行政监督部门依照招标投标法第五十一条的规定处罚：

（一）依法应当公开招标的项目不按照规定在指定媒介发布资格预审公告或者招标公告；

（二）在不同媒介发布的同一招标项目的资格预审公告或者招标公告的内容不一致，影响潜在投标人申请资格预审或者投标。

依法必须进行招标的项目的招标人不按照规定发布资格预审公告或者招标公告，构成规避招标的，依照招标投标法第四十九条规定处罚。

第六十四条　【违法招标的责任】 招标人有下列情形之一的，由有关行政监督部门责令改正，可以处 10 万元以下的罚款：

（一）依法应当公开招标而采用邀请招标；

（二）招标文件、资格预审文件的发售、澄清、修改的时限，或者确定的提交资格预审申请文件、投标文件的时限不符合招标投标法和本条例规定；

（三）接受未通过资格预审的单位或者个人参加投标；

（四）接受应当拒收的投标文件。

招标人有前款第一项、第三项、第四项所列行为之一的，对单位直接负责的主管人员和其他直接责任人员依法给予处分。

第六十五条　**【招标代理机构与中介机构的违法责任】**招标代理机构在所代理的招标项目中投标、代理投标或者向该项目投标人提供咨询的，接受委托编制标底的中介机构参加受托编制标底项目的投标或者为该项目的投标人编制投标文件、提供咨询的，依照招标投标法第五十条的规定追究法律责任。

第六十六条　**【违规收取和退还保证金的责任】**招标人超过本条例规定的比例收取投标保证金、履约保证金或者不按照规定退还投标保证金及银行同期存款利息的，由有关行政监督部门责令改正，可以处 5 万元以下的罚款；给他人造成损失的，依法承担赔偿责任。

第六十七条　**【串通投标的责任】**投标人相互串通投标或者与招标人串通投标的，投标人向招标人或者评标委员会成员行贿谋取中标的，中标无效；构成犯罪的，依法追究刑事责任；尚不构成犯罪的，依照招标投标法第五十三条的规定处罚。投标人未中标的，对单位的罚款金额按照招标项目合同金额依照招标投标法规定的比例计算。

投标人有下列行为之一的，属于招标投标法第五十三条规定的情节严重行为，由有关行政监督部门取消其 1 年至 2 年内参加依法必须进行招标的项目的投标资格：

（一）以行贿谋取中标；

（二）3 年内 2 次以上串通投标；

（三）串通投标行为损害招标人、其他投标人或者国家、集体、公民的合法利益，造成直接经济损失 30 万元以上；

（四）其他串通投标情节严重的行为。

投标人自本条第二款规定的处罚执行期限届满之日起 3 年内又有该款所列违法行为之一的，或者串通投标、以行贿谋取中标情节特别严重的，由工商行政管理机关吊销营业执照。

法律、行政法规对串通投标报价行为的处罚另有规定的，从其规定。

第六十八条　**【骗取中标的责任】**投标人以他人名义投标或者以其他方式弄虚作假骗取中标的，中标无效；构成犯罪的，依法追究刑事责任；尚不构成犯罪的，依照招标投标法第五十四条的规定处罚。依法必须进行招标的项目的投标人未中标的，对单位的罚款金额按照招标项目合同金额依照招标投标法规定的比例计算。

投标人有下列行为之一的，属于招标投标法第五十四条规定的情节严重行为，由有关行政监督部门取消其 1 年至 3 年内参加依法必须进行招标的项目的投标资格：

（一）伪造、变造资格、资质证书或者其他许可证件骗取中标；

（二）3年内2次以上使用他人名义投标；

（三）弄虚作假骗取中标给招标人造成直接经济损失30万元以上；

（四）其他弄虚作假骗取中标情节严重的行为。

投标人自本条第二款规定的处罚执行期限届满之日起3年内又有该款所列违法行为之一的，或者弄虚作假骗取中标情节特别严重的，由工商行政管理机关吊销营业执照。

第六十九条 【出让出租资格、资质证书的责任】出让或者出租资格、资质证书供他人投标的，依照法律、行政法规的规定给予行政处罚；构成犯罪的，依法追究刑事责任。

第七十条 【违法组建评标委员会的责任】依法必须进行招标的项目的招标人不按照规定组建评标委员会，或者确定、更换评标委员会成员违反招标投标法和本条例规定的，由有关行政监督部门责令改正，可以处10万元以下的罚款，对单位直接负责的主管人员和其他直接责任人员依法给予处分；违法确定或者更换的评标委员会成员作出的评审结论无效，依法重新进行评审。

国家工作人员以任何方式非法干涉选取评标委员会成员的，依照本条例第八十条的规定追究法律责任。

第七十一条 【评标委员会成员违法行为的责任】评标委员会成员有下列行为之一的，由有关行政监督部门责令改正；情节严重的，禁止其在一定期限内参加依法必须进行招标的项目的评标；情节特别严重的，取消其担任评标委员会成员的资格：

（一）应当回避而不回避；

（二）擅离职守；

（三）不按照招标文件规定的评标标准和方法评标；

（四）私下接触投标人；

（五）向招标人征询确定中标人的意向或者接受任何单位或者个人明示或者暗示提出的倾向或者排斥特定投标人的要求；

（六）对依法应当否决的投标不提出否决意见；

（七）暗示或者诱导投标人作出澄清、说明或者接受投标人主动提出的澄清、说明；

（八）其他不客观、不公正履行职务的行为。

第七十二条 【评标委员会成员受贿的责任】评标委员会成员收受投标人的财物或者其他好处的，没收收受的财物，处3000元以上5万元以下的罚款，取消担任评标委员会成员的资格，不得再参加依法必须进行招标的项目的评标；构成犯罪的，依法追究刑事责任。

第七十三条 【不依法确定中标人的责任】依法必须进行招标的项目的招标人有

下列情形之一的，由有关行政监督部门责令改正，可以处中标项目金额10‰以下的罚款；给他人造成损失的，依法承担赔偿责任；对单位直接负责的主管人员和其他直接责任人员依法给予处分：

（一）无正当理由不发出中标通知书；

（二）不按照规定确定中标人；

（三）中标通知书发出后无正当理由改变中标结果；

（四）无正当理由不与中标人订立合同；

（五）在订立合同时向中标人提出附加条件。

第七十四条　**【中标人不签订合同的责任】**中标人无正当理由不与招标人订立合同，在签订合同时向招标人提出附加条件，或者不按照招标文件要求提交履约保证金的，取消其中标资格，投标保证金不予退还。对依法必须进行招标的项目的中标人，由有关行政监督部门责令改正，可以处中标项目金额10‰以下的罚款。

第七十五条　**【违法签订合同的责任】**招标人和中标人不按照招标文件和中标人的投标文件订立合同，合同的主要条款与招标文件、中标人的投标文件的内容不一致，或者招标人、中标人订立背离合同实质性内容的协议的，由有关行政监督部门责令改正，可以处中标项目金额5‰以上10‰以下的罚款。

第七十六条　**【违法转包、分包的责任】**中标人将中标项目转让给他人的，将中标项目肢解后分别转让给他人的，违反招标投标法和本条例规定将中标项目的部分主体、关键性工作分包给他人的，或者分包人再次分包的，转让、分包无效，处转让、分包项目金额5‰以上10‰以下的罚款；有违法所得的，并处没收违法所得；可以责令停业整顿；情节严重的，由工商行政管理机关吊销营业执照。

第七十七条　**【违法投诉和处理异议的责任】**投标人或者其他利害关系人捏造事实、伪造材料或者以非法手段取得证明材料进行投诉，给他人造成损失的，依法承担赔偿责任。

招标人不按照规定对异议作出答复，继续进行招标投标活动的，由有关行政监督部门责令改正，拒不改正或者不能改正并影响中标结果的，依照本条例第八十一条的规定处理。

第七十八条　**【招投标信用制度】**国家建立招标投标信用制度。有关行政监督部门应当依法公告对招标人、招标代理机构、投标人、评标委员会成员等当事人违法行为的行政处理决定。

第七十九条　**【项目审批、核准和行政监督部门的责任】**项目审批、核准部门不依法审批、核准项目招标范围、招标方式、招标组织形式的，对单位直接负责的主管人员和其他直接责任人员依法给予处分。

有关行政监督部门不依法履行职责，对违反招标投标法和本条例规定的行为不依法查处，或者不按照规定处理投诉、不依法公告对招标投标当事人违法行为的行政处理决定的，对直接负责的主管人员和其他直接责任人员依法给予处分。

项目审批、核准部门和有关行政监督部门的工作人员徇私舞弊、滥用职权、玩忽职守，构成犯罪的，依法追究刑事责任。

第八十条 【非法干涉招标投标的责任】国家工作人员利用职务便利，以直接或者间接、明示或者暗示等任何方式非法干涉招标投标活动，有下列情形之一的，依法给予记过或者记大过处分；情节严重的，依法给予降级或者撤职处分；情节特别严重的，依法给予开除处分；构成犯罪的，依法追究刑事责任：

（一）要求对依法必须进行招标的项目不招标，或者要求对依法应当公开招标的项目不公开招标；

（二）要求评标委员会成员或者招标人以其指定的投标人作为中标候选人或者中标人，或者以其他方式非法干涉评标活动，影响中标结果；

（三）以其他方式非法干涉招标投标活动。

第八十一条 【招标、评标、中标无效的处理】依法必须进行招标的项目的招标投标活动违反招标投标法和本条例的规定，对中标结果造成实质性影响，且不能采取补救措施予以纠正的，招标、投标、中标无效，应当依法重新招标或者评标。

第七章 附 则

第八十二条 【招标投标协会】招标投标协会按照依法制定的章程开展活动，加强行业自律和服务。

第八十三条 【政府采购法律法规特别规定】政府采购的法律、行政法规对政府采购货物、服务的招标投标另有规定的，从其规定。

第八十四条 【施行时间】本条例自 2012 年 2 月 1 日起施行。

中华人民共和国政府采购法

（2002 年 6 月 29 日第九届全国人民代表大会常务委员会第二十八次会议通过，根据 2014 年 8 月 31 日第十二届全国人民代表大会常务委员会《关于修改〈中华人民共和国保险法〉等五部法律的决定》修正）

第一章 总 则

第一条 为了规范政府采购行为，提高政府采购资金的使用效益，维护国家利益和社会公共利益，保护政府采购当事人的合法权益，促进廉政建设，制定本法。

第二条 在中华人民共和国境内进行的政府采购适用本法。

本法所称政府采购，是指各级国家机关、事业单位和团体组织，使用财政性资金采购依法制定的集中采购目录以内的或者采购限额标准以上的货物、工程和服务的行为。

政府集中采购目录和采购限额标准依照本法规定的权限制定。

本法所称采购，是指以合同方式有偿取得货物、工程和服务的行为，包括购买、租赁、委托、雇用等。

本法所称货物，是指各种形态和种类的物品，包括原材料、燃料、设备、产品等。

本法所称工程，是指建设工程，包括建筑物和构筑物的新建、改建、扩建、装修、拆除、修缮等。

本法所称服务，是指除货物和工程以外的其他政府采购对象。

第三条 政府采购应当遵循公开透明原则、公平竞争原则、公正原则和诚实信用原则。

第四条 政府采购工程进行招标投标的，适用招标投标法。

第五条 任何单位和个人不得采用任何方式，阻挠和限制供应商自由进入本地区和本行业的政府采购市场。

第六条 政府采购应当严格按照批准的预算执行。

第七条 政府采购实行集中采购和分散采购相结合。集中采购的范围由省级以上人民政府公布的集中采购目录确定。

属于中央预算的政府采购项目，其集中采购目录由国务院确定并公布；属于地方预算的政府采购项目，其集中采购目录由省、自治区、直辖市人民政府或者其授权的机构确定并公布。

纳入集中采购目录的政府采购项目，应当实行集中采购。

第八条 政府采购限额标准，属于中央预算的政府采购项目，由国务院确定并公布；属于地方预算的政府采购项目，由省、自治区、直辖市人民政府或者其授权的机构确定并公布。

第九条 政府采购应当有助于实现国家的经济和社会发展政策目标，包括保护环境，扶持不发达地区和少数民族地区，促进中小企业发展等。

第十条 政府采购应当采购本国货物、工程和服务。但有下列情形之一的除外：

（一）需要采购的货物、工程或者服务在中国境内无法获取或者无法以合理的商业条件获取的；

（二）为在中国境外使用而进行采购的；

（三）其他法律、行政法规另有规定的。

前款所称本国货物、工程和服务的界定，依照国务院有关规定执行。

第十一条 政府采购的信息应当在政府采购监督管理部门指定的媒体上及时向社会公开发布，但涉及商业秘密的除外。

第十二条 在政府采购活动中，采购人员及相关人员与供应商有利害关系的，必须回避。供应商认为采购人员及相关人员与其他供应商有利害关系的，可以申请其回避。

前款所称相关人员，包括招标采购中评标委员会的组成人员，竞争性谈判采购中谈判小组的组成人员，询价采购中询价小组的组成人员等。

第十三条 各级人民政府财政部门是负责政府采购监督管理的部门，依法履行对政府采购活动的监督管理职责。

各级人民政府其他有关部门依法履行与政府采购活动有关的监督管理职责。

第二章　政府采购当事人

第十四条 政府采购当事人是指在政府采购活动中享有权利和承担义务的各类主体，包括采购人、供应商和采购代理机构等。

第十五条 采购人是指依法进行政府采购的国家机关、事业单位、团体组织。

第十六条 集中采购机构为采购代理机构。设区的市、自治州以上人民政府根据本级政府采购项目组织集中采购的需要设立集中采购机构。

集中采购机构是非营利事业法人，根据采购人的委托办理采购事宜。

第十七条 集中采购机构进行政府采购活动，应当符合采购价格低于市场平均价格、采购效率更高、采购质量优良和服务良好的要求。

第十八条 采购人采购纳入集中采购目录的政府采购项目，必须委托集中采购机构代理采购；采购未纳入集中采购目录的政府采购项目，可以自行采购，也可以委托集中采购机构在委托的范围内代理采购。

纳入集中采购目录属于通用的政府采购项目的，应当委托集中采购机构代理采购；属于本部门、本系统有特殊要求的项目，应当实行部门集中采购；属于本单位有特殊要求的项目，经省级以上人民政府批准，可以自行采购。

第十九条 采购人可以委托集中采购机构以外的采购代理机构，在委托的范围内办理政府采购事宜。

采购人有权自行选择采购代理机构，任何单位和个人不得以任何方式为采购人指定采购代理机构。

第二十条 采购人依法委托采购代理机构办理采购事宜的，应当由采购人与采购代理机构签订委托代理协议，依法确定委托代理的事项，约定双方的权利义务。

第二十一条 供应商是指向采购人提供货物、工程或者服务的法人、其他组织或者自然人。

第二十二条 供应商参加政府采购活动应当具备下列条件：

（一）具有独立承担民事责任的能力；

（二）具有良好的商业信誉和健全的财务会计制度；

（三）具有履行合同所必需的设备和专业技术能力；

（四）有依法缴纳税收和社会保障资金的良好记录；

（五）参加政府采购活动前三年内，在经营活动中没有重大违法记录；

（六）法律、行政法规规定的其他条件。

采购人可以根据采购项目的特殊要求，规定供应商的特定条件，但不得以不合理的条件对供应商实行差别待遇或者歧视待遇。

第二十三条　采购人可以要求参加政府采购的供应商提供有关资质证明文件和业绩情况，并根据本法规定的供应商条件和采购项目对供应商的特定要求，对供应商的资格进行审查。

第二十四条　两个以上的自然人、法人或者其他组织可以组成一个联合体，以一个供应商的身份共同参加政府采购。

以联合体形式进行政府采购的，参加联合体的供应商均应当具备本法第二十二条规定的条件，并应当向采购人提交联合协议，载明联合体各方承担的工作和义务。联合体各方应当共同与采购人签订采购合同，就采购合同约定的事项对采购人承担连带责任。

第二十五条　政府采购当事人不得相互串通损害国家利益、社会公共利益和其他当事人的合法权益；不得以任何手段排斥其他供应商参与竞争。

供应商不得以向采购人、采购代理机构、评标委员会的组成人员、竞争性谈判小组的组成人员、询价小组的组成人员行贿或者采取其他不正当手段谋取中标或者成交。

采购代理机构不得以向采购人行贿或者采取其他不正当手段谋取非法利益。

第三章　政府采购方式

第二十六条　政府采购采用以下方式：

（一）公开招标；

（二）邀请招标；

（三）竞争性谈判；

（四）单一来源采购；

（五）询价；

（六）国务院政府采购监督管理部门认定的其他采购方式。

公开招标应作为政府采购的主要采购方式。

第二十七条　采购人采购货物或者服务应当采用公开招标方式的，其具体数额标准，属于中央预算的政府采购项目，由国务院规定；属于地方预算的政府采购项目，由省、自治区、直辖市人民政府规定；因特殊情况需要采用公开招标以外的采购方式

的，应当在采购活动开始前获得设区的市、自治州以上人民政府采购监督管理部门的批准。❶

第二十八条 采购人不得将应当以公开招标方式采购的货物或者服务化整为零或者以其他任何方式规避公开招标采购。❷

第二十九条 符合下列情形之一的货物或者服务，可以依照本法采用邀请招标方式采购：

（一）具有特殊性，只能从有限范围的供应商处采购的；

（二）采用公开招标方式的费用占政府采购项目总价值的比例过大的。

第三十条 符合下列情形之一的货物或者服务，可以依照本法采用竞争性谈判方式采购：

（一）招标后没有供应商投标或者没有合格标的或者重新招标未能成立的；

（二）技术复杂或者性质特殊，不能确定详细规格或者具体要求的；

（三）采用招标所需时间不能满足用户紧急需要的；

（四）不能事先计算出价格总额的。

第三十一条 符合下列情形之一的货物或者服务，可以依照本法采用单一来源方式采购：

（一）只能从唯一供应商处采购的；

（二）发生了不可预见的紧急情况不能从其他供应商处采购的；

（三）必须保证原有采购项目一致性或者服务配套的要求，需要继续从原供应商处添购，且添购资金总额不超过原合同采购金额百分之十的。

第三十二条 采购的货物规格、标准统一、现货货源充足且价格变化幅度小的政府采购项目，可以依照本法采用询价方式采购。

---

❶ 《关于未达到公开招标数额标准政府采购项目采购方式适用等问题的函》（财办库〔2015〕111 号，财政部办公厅 2015 年 5 月 28 日印发）答复山西财政厅："根据《中华人民共和国政府采购法》第二十七条规定，未达到公开招标数额标准符合政府采购法第三十一条第一项规定情形只能从唯一供应商处采购的政府采购项目，可以依法采用单一来源采购方式。此类项目在采购活动开始前，无需获得设区的市、自治州以上人民政府采购监督管理部门的批准，也不用按照政府采购法实施条例第三十八条的规定在省级以上财政部门指定媒体上公示。对于此类采购项目，采购人、采购代理机构应当严格按照《政府采购非招标采购方式管理办法》（财政部令第 74 号）的有关规定，组织具有相关经验的专业人员与供应商商定合理的成交价格并保证采购项目质量，做好协商情况记录。对于未达到公开招标数额标准的政府采购项目，采购人要建立和完善内部管理制度，强化采购、财务和业务部门（岗位）责任，结合采购项目具体情况，依法选择适用的采购方式，防止随意采用和滥用采购方式。"

❷ 《关于〈中华人民共和国政府采购法实施条例〉第十八条第二款法律适用的函》（财办库〔2015〕295 号，财政部办公厅 2015 年 9 月 7 日印发）答复深圳市财政委员会："为促进政府采购公平竞争，加强采购项目的实施监管，《中华人民共和国政府采购法实施条例》第十八条规定，'除单一来源采购项目外，为采购项目提供整体设计、规范编制或者项目管理、监理、检测等服务的供应商，不得再参加该采购项目的其他采购活动。'其中，'其他采购活动'指为采购项目提供整体设计、规范编制和项目管理、监理、检测等服务之外的采购活动。因此，同一供应商可以同时承担项目的整体设计、规范编制和项目管理、监理、检测等服务。"

第四章　政府采购程序

第三十三条　负有编制部门预算职责的部门在编制下一财政年度部门预算时，应当将该财政年度政府采购的项目及资金预算列出，报本级财政部门汇总。部门预算的审批，按预算管理权限和程序进行。

第三十四条　货物或者服务项目采取邀请招标方式采购的，采购人应当从符合相应资格条件的供应商中，通过随机方式选择三家以上的供应商，并向其发出投标邀请书。

第三十五条　货物和服务项目实行招标方式采购的，自招标文件开始发出之日起至投标人提交投标文件截止之日止，不得少于二十日。

第三十六条　在招标采购中，出现下列情形之一的，应予废标：

（一）符合专业条件的供应商或者对招标文件作实质响应的供应商不足三家的；

（二）出现影响采购公正的违法、违规行为的；

（三）投标人的报价均超过了采购预算，采购人不能支付的；

（四）因重大变故，采购任务取消的。

废标后，采购人应当将废标理由通知所有投标人。

第三十七条　废标后，除采购任务取消情形外，应当重新组织招标；需要采取其他方式采购的，应当在采购活动开始前获得设区的市、自治州以上人民政府采购监督管理部门或者政府有关部门批准。

第三十八条　采用竞争性谈判方式采购的，应当遵循下列程序：

（一）成立谈判小组。谈判小组由采购人的代表和有关专家共三人以上的单数组成，其中专家的人数不得少于成员总数的三分之二。

（二）制定谈判文件。谈判文件应当明确谈判程序、谈判内容、合同草案的条款以及评定成交的标准等事项。

（三）确定邀请参加谈判的供应商名单。谈判小组从符合相应资格条件的供应商名单中确定不少于三家的供应商参加谈判，并向其提供谈判文件。

（四）谈判。谈判小组所有成员集中与单一供应商分别进行谈判。在谈判中，谈判的任何一方不得透露与谈判有关的其他供应商的技术资料、价格和其他信息。谈判文件有实质性变动的，谈判小组应当以书面形式通知所有参加谈判的供应商。

（五）确定成交供应商。谈判结束后，谈判小组应当要求所有参加谈判的供应商在规定时间内进行最后报价，采购人从谈判小组提出的成交候选人中根据符合采购需求、质量和服务相等且报价最低的原则确定成交供应商，并将结果通知所有参加谈判的未成交的供应商。

第三十九条　采取单一来源方式采购的，采购人与供应商应当遵循本法规定的原则，在保证采购项目质量和双方商定合理价格的基础上进行采购。

第四十条　采取询价方式采购的，应当遵循下列程序：

（一）成立询价小组。询价小组由采购人的代表和有关专家共三人以上的单数组成，其中专家的人数不得少于成员总数的三分之二。询价小组应当对采购项目的价格构成和评定成交的标准等事项作出规定。

（二）确定被询价的供应商名单。询价小组根据采购需求，从符合相应资格条件的供应商名单中确定不少于三家的供应商，并向其发出询价通知书让其报价。

（三）询价。询价小组要求被询价的供应商一次报出不得更改的价格。

（四）确定成交供应商。采购人根据符合采购需求、质量和服务相等且报价最低的原则确定成交供应商，并将结果通知所有被询价的未成交的供应商。

第四十一条　采购人或者其委托的采购代理机构应当组织对供应商履约的验收。大型或者复杂的政府采购项目，应当邀请国家认可的质量检测机构参加验收工作。验收方成员应当在验收书上签字，并承担相应的法律责任。

第四十二条　采购人、采购代理机构对政府采购项目每项采购活动的采购文件应当妥善保存，不得伪造、变造、隐匿或者销毁。采购文件的保存期限为从采购结束之日起至少保存十五年。

采购文件包括采购活动记录、采购预算、招标文件、投标文件、评标标准、评估报告、定标文件、合同文本、验收证明、质疑答复、投诉处理决定及其他有关文件、资料。

采购活动记录至少应当包括下列内容：

（一）采购项目类别、名称；

（二）采购项目预算、资金构成和合同价格；

（三）采购方式，采用公开招标以外的采购方式的，应当载明原因；

（四）邀请和选择供应商的条件及原因；

（五）评标标准及确定中标人的原因；

（六）废标的原因；

（七）采用招标以外采购方式的相应记载。

第五章　政府采购合同

第四十三条　政府采购合同适用合同法。采购人和供应商之间的权利和义务，应当按照平等、自愿的原则以合同方式约定。

采购人可以委托采购代理机构代表其与供应商签订政府采购合同。由采购代理机构以采购人名义签订合同的，应当提交采购人的授权委托书，作为合同附件。

第四十四条　政府采购合同应当采用书面形式。

第四十五条　国务院政府采购监督管理部门应当会同国务院有关部门，规定政府采购合同必须具备的条款。

第四十六条　采购人与中标、成交供应商应当在中标、成交通知书发出之日起三十日内，按照采购文件确定的事项签订政府采购合同。

中标、成交通知书对采购人和中标、成交供应商均具有法律效力。中标、成交通知书发出后，采购人改变中标、成交结果的，或者中标、成交供应商放弃中标、成交项目的，应当依法承担法律责任。

第四十七条　政府采购项目的采购合同自签订之日起七个工作日内，采购人应当将合同副本报同级政府采购监督管理部门和有关部门备案。

第四十八条　经采购人同意，中标、成交供应商可以依法采取分包方式履行合同。

政府采购合同分包履行的，中标、成交供应商就采购项目和分包项目向采购人负责，分包供应商就分包项目承担责任。

第四十九条　政府采购合同履行中，采购人需追加与合同标的相同的货物、工程或者服务的，在不改变合同其他条款的前提下，可以与供应商协商签订补充合同，但所有补充合同的采购金额不得超过原合同采购金额的百分之十。

第五十条　政府采购合同的双方当事人不得擅自变更、中止或者终止合同。

政府采购合同继续履行将损害国家利益和社会公共利益的，双方当事人应当变更、中止或者终止合同。有过错的一方应当承担赔偿责任，双方都有过错的，各自承担相应的责任。

第六章　质　疑　与　投　诉

第五十一条　供应商对政府采购活动事项有疑问的，可以向采购人提出询问，采购人应当及时作出答复，但答复的内容不得涉及商业秘密。

第五十二条　供应商认为采购文件、采购过程和中标、成交结果使自己的权益受到损害的，可以在知道或者应知其权益受到损害之日起七个工作日内，以书面形式向采购人提出质疑。

第五十三条　采购人应当在收到供应商的书面质疑后七个工作日内作出答复，并以书面形式通知质疑供应商和其他有关供应商，但答复的内容不得涉及商业秘密。

第五十四条　采购人委托采购代理机构采购的，供应商可以向采购代理机构提出询问或者质疑，采购代理机构应当依照本法第五十一条、第五十三条的规定就采购人委托授权范围内的事项作出答复。

第五十五条　质疑供应商对采购人、采购代理机构的答复不满意或者采购人、采购代理机构未在规定的时间内作出答复的，可以在答复期满后十五个工作日内向同级政府采购监督管理部门投诉。

第五十六条　政府采购监督管理部门应当在收到投诉后三十个工作日内，对投诉事项作出处理决定，并以书面形式通知投诉人和与投诉事项有关的当事人。

第五十七条 政府采购监督管理部门在处理投诉事项期间，可以视具体情况书面通知采购人暂停采购活动，但暂停时间最长不得超过三十日。

第五十八条 投诉人对政府采购监督管理部门的投诉处理决定不服或者政府采购监督管理部门逾期未作处理的，可以依法申请行政复议或者向人民法院提起行政诉讼。

第七章 监 督 检 查

第五十九条 政府采购监督管理部门应当加强对政府采购活动及集中采购机构的监督检查。

监督检查的主要内容是：

（一）有关政府采购的法律、行政法规和规章的执行情况；

（二）采购范围、采购方式和采购程序的执行情况；

（三）政府采购人员的职业素质和专业技能。

第六十条 政府采购监督管理部门不得设置集中采购机构，不得参与政府采购项目的采购活动。

采购代理机构与行政机关不得存在隶属关系或者其他利益关系。

第六十一条 集中采购机构应当建立健全内部监督管理制度。采购活动的决策和执行程序应当明确，并相互监督、相互制约。经办采购的人员与负责采购合同审核、验收人员的职责权限应当明确，并相互分离。

第六十二条 集中采购机构的采购人员应当具有相关职业素质和专业技能，符合政府采购监督管理部门规定的专业岗位任职要求。

集中采购机构对其工作人员应当加强教育和培训；对采购人员的专业水平、工作实绩和职业道德状况定期进行考核。采购人员经考核不合格的，不得继续任职。

第六十三条 政府采购项目的采购标准应当公开。

采用本法规定的采购方式的，采购人在采购活动完成后，应当将采购结果予以公布。

第六十四条 采购人必须按照本法规定的采购方式和采购程序进行采购。

任何单位和个人不得违反本法规定，要求采购人或者采购工作人员向其指定的供应商进行采购。

第六十五条 政府采购监督管理部门应当对政府采购项目的采购活动进行检查，政府采购当事人应当如实反映情况，提供有关材料。

第六十六条 政府采购监督管理部门应当对集中采购机构的采购价格、节约资金效果、服务质量、信誉状况、有无违法行为等事项进行考核，并定期如实公布考核结果。

第六十七条 依照法律、行政法规的规定对政府采购负有行政监督职责的政府有关部门，应当按照其职责分工，加强对政府采购活动的监督。

第六十八条　审计机关应当对政府采购进行审计监督。政府采购监督管理部门、政府采购各当事人有关政府采购活动，应当接受审计机关的审计监督。

第六十九条　监察机关应当加强对参与政府采购活动的国家机关、国家公务员和国家行政机关任命的其他人员实施监察。

第七十条　任何单位和个人对政府采购活动中的违法行为，有权控告和检举，有关部门、机关应当依照各自职责及时处理。

第八章　法　律　责　任

第七十一条　采购人、采购代理机构有下列情形之一的，责令限期改正，给予警告，可以并处罚款，对直接负责的主管人员和其他直接责任人员，由其行政主管部门或者有关机关给予处分，并予通报：

（一）应当采用公开招标方式而擅自采用其他方式采购的；

（二）擅自提高采购标准的；

（三）以不合理的条件对供应商实行差别待遇或者歧视待遇的；

（四）在招标采购过程中与投标人进行协商谈判的；

（五）中标、成交通知书发出后不与中标、成交供应商签订采购合同的；

（六）拒绝有关部门依法实施监督检查的。

第七十二条　采购人、采购代理机构及其工作人员有下列情形之一，构成犯罪的，依法追究刑事责任；尚不构成犯罪的，处以罚款，有违法所得的，并处没收违法所得，属于国家机关工作人员的，依法给予行政处分：

（一）与供应商或者采购代理机构恶意串通的；

（二）在采购过程中接受贿赂或者获取其他不正当利益的；

（三）在有关部门依法实施的监督检查中提供虚假情况的；

（四）开标前泄露标底的。

第七十三条　有前两条违法行为之一影响中标、成交结果或者可能影响中标、成交结果的，按下列情况分别处理：

（一）未确定中标、成交供应商的，终止采购活动；

（二）中标、成交供应商已经确定但采购合同尚未履行的，撤销合同，从合格的中标、成交候选人中另行确定中标、成交供应商；

（三）采购合同已经履行的，给采购人、供应商造成损失的，由责任人承担赔偿责任。

第七十四条　采购人对应当实行集中采购的政府采购项目，不委托集中采购机构实行集中采购的，由政府采购监督管理部门责令改正；拒不改正的，停止按预算向其支付资金，由其上级行政主管部门或者有关机关依法给予其直接负责的主管人员和其他直接责任人员处分。

第七十五条　采购人未依法公布政府采购项目的采购标准和采购结果的，责令改正，对直接负责的主管人员依法给予处分。

第七十六条　采购人、采购代理机构违反本法规定隐匿、销毁应当保存的采购文件或者伪造、变造采购文件的，由政府采购监督管理部门处以二万元以上十万元以下的罚款，对其直接负责的主管人员和其他直接责任人员依法给予处分；构成犯罪的，依法追究刑事责任。

第七十七条　供应商有下列情形之一的，处以采购金额千分之五以上千分之十以下的罚款，列入不良行为记录名单，在一至三年内禁止参加政府采购活动，有违法所得的，并处没收违法所得，情节严重的，由工商行政管理机关吊销营业执照；构成犯罪的，依法追究刑事责任：

（一）提供虚假材料谋取中标、成交的；

（二）采取不正当手段诋毁、排挤其他供应商的；

（三）与采购人、其他供应商或者采购代理机构恶意串通的；

（四）向采购人、采购代理机构行贿或者提供其他不正当利益的；

（五）在招标采购过程中与采购人进行协商谈判的；

（六）拒绝有关部门监督检查或者提供虚假情况的。

供应商有前款第（一）至（五）项情形之一的，中标、成交无效。

第七十八条　采购代理机构在代理政府采购业务中有违法行为的，按照有关法律规定处以罚款，可以在一至三年内禁止其代理政府采购业务，构成犯罪的，依法追究刑事责任。

第七十九条　政府采购当事人有本法第七十一条、第七十二条、第七十七条违法行为之一，给他人造成损失的，并应依照有关民事法律规定承担民事责任。

第八十条　政府采购监督管理部门的工作人员在实施监督检查中违反本法规定滥用职权，玩忽职守，徇私舞弊的，依法给予行政处分；构成犯罪的，依法追究刑事责任。

第八十一条　政府采购监督管理部门对供应商的投诉逾期未作处理的，给予直接负责的主管人员和其他直接责任人员行政处分。

第八十二条　政府采购监督管理部门对集中采购机构业绩的考核，有虚假陈述，隐瞒真实情况的，或者不作定期考核和公布考核结果的，应当及时纠正，由其上级机关或者监察机关对其负责人进行通报，并对直接负责的人员依法给予行政处分。

集中采购机构在政府采购监督管理部门考核中，虚报业绩，隐瞒真实情况的，处以二万元以上二十万元以下的罚款，并予以通报；情节严重的，取消其代理采购的资格。

第八十三条　任何单位或者个人阻挠和限制供应商进入本地区或者本行业政府采购市场的，责令限期改正；拒不改正的，由该单位、个人的上级行政主管部门或者有关机关给予单位责任人或者个人处分。

第九章　附　　则

第八十四条　使用国际组织和外国政府贷款进行的政府采购，贷款方、资金提供方与中方达成的协议对采购的具体条件另有规定的，可以适用其规定，但不得损害国家利益和社会公共利益。

第八十五条　对因严重自然灾害和其他不可抗力事件所实施的紧急采购和涉及国家安全和秘密的采购，不适用本法。

第八十六条　军事采购法规由中央军事委员会另行制定。

第八十七条　本法实施的具体步骤和办法由国务院规定。

第八十八条　本法自 2003 年 1 月 1 日起施行。

中华人民共和国政府采购法实施条例

（2015 年 1 月 30 日国务院令第 658 号公布）

第一章　总　　则

第一条　根据《中华人民共和国政府采购法》（以下简称政府采购法），制定本条例。

第二条　政府采购法第二条所称财政性资金是指纳入预算管理的资金。

以财政性资金作为还款来源的借贷资金，视同财政性资金。

国家机关、事业单位和团体组织的采购项目既使用财政性资金又使用非财政性资金的，使用财政性资金采购的部分，适用政府采购法及本条例；财政性资金与非财政性资金无法分割采购的，统一适用政府采购法及本条例。

政府采购法第二条所称服务，包括政府自身需要的服务和政府向社会公众提供的公共服务。

第三条　集中采购目录包括集中采购机构采购项目和部门集中采购项目。

技术、服务等标准统一，采购人普遍使用的项目，列为集中采购机构采购项目；采购人本部门、本系统基于业务需要有特殊要求，可以统一采购的项目，列为部门集中采购项目。

第四条　政府采购法所称集中采购，是指采购人将列入集中采购目录的项目委托集中采购机构代理采购或者进行部门集中采购的行为；所称分散采购，是指采购人将采购限额标准以上的未列入集中采购目录的项目自行采购或者委托采购代理机构代理采购的行为。

第五条 省、自治区、直辖市人民政府或者其授权的机构根据实际情况，可以确定分别适用于本行政区域省级、设区的市级、县级的集中采购目录和采购限额标准。

第六条 国务院财政部门应当根据国家的经济和社会发展政策，会同国务院有关部门制定政府采购政策，通过制定采购需求标准、预留采购份额、价格评审优惠、优先采购等措施，实现节约能源、保护环境、扶持不发达地区和少数民族地区、促进中小企业发展等目标。

第七条 政府采购工程以及与工程建设有关的货物、服务，采用招标方式采购的，适用《中华人民共和国招标投标法》及其实施条例；采用其他方式采购的，适用政府采购法及本条例。

前款所称工程，是指建设工程，包括建筑物和构筑物的新建、改建、扩建及其相关的装修、拆除、修缮等；所称与工程建设有关的货物，是指构成工程不可分割的组成部分，且为实现工程基本功能所必需的设备、材料等；所称与工程建设有关的服务，是指为完成工程所需的勘察、设计、监理等服务。

政府采购工程以及与工程建设有关的货物、服务，应当执行政府采购政策。

第八条 政府采购项目信息应当在省级以上人民政府财政部门指定的媒体上发布。采购项目预算金额达到国务院财政部门规定标准的，政府采购项目信息应当在国务院财政部门指定的媒体上发布。

第九条 在政府采购活动中，采购人员及相关人员与供应商有下列利害关系之一的，应当回避：

（一）参加采购活动前3年内与供应商存在劳动关系；

（二）参加采购活动前3年内担任供应商的董事、监事；

（三）参加采购活动前3年内是供应商的控股股东或者实际控制人；

（四）与供应商的法定代表人或者负责人有夫妻、直系血亲、三代以内旁系血亲或者近姻亲关系；

（五）与供应商有其他可能影响政府采购活动公平、公正进行的关系。

供应商认为采购人员及相关人员与其他供应商有利害关系的，可以向采购人或者采购代理机构书面提出回避申请，并说明理由。采购人或者采购代理机构应当及时询问被申请回避人员，有利害关系的被申请回避人员应当回避。

第十条 国家实行统一的政府采购电子交易平台建设标准，推动利用信息网络进行电子化政府采购活动。

第二章 政府采购当事人

第十一条 采购人在政府采购活动中应当维护国家利益和社会公共利益，公正廉洁，诚实守信，执行政府采购政策，建立政府采购内部管理制度，厉行节约，科学合理确定采购需求。

采购人不得向供应商索要或者接受其给予的赠品、回扣或者与采购无关的其他商品、服务。

第十二条　政府采购法所称采购代理机构，是指集中采购机构和集中采购机构以外的采购代理机构。

集中采购机构是设区的市级以上人民政府依法设立的非营利事业法人，是代理集中采购项目的执行机构。集中采购机构应当根据采购人委托制定集中采购项目的实施方案，明确采购规程，组织政府采购活动，不得将集中采购项目转委托。集中采购机构以外的采购代理机构，是从事采购代理业务的社会中介机构。

第十三条　采购代理机构应当建立完善的政府采购内部监督管理制度，具备开展政府采购业务所需的评审条件和设施。

采购代理机构应当提高确定采购需求，编制招标文件、谈判文件、询价通知书，拟订合同文本和优化采购程序的专业化服务水平，根据采购人委托在规定的时间内及时组织采购人与中标或者成交供应商签订政府采购合同，及时协助采购人对采购项目进行验收。

第十四条　采购代理机构不得以不正当手段获取政府采购代理业务，不得与采购人、供应商恶意串通操纵政府采购活动。

采购代理机构工作人员不得接受采购人或者供应商组织的宴请、旅游、娱乐，不得收受礼品、现金、有价证券等，不得向采购人或者供应商报销应当由个人承担的费用。

第十五条　采购人、采购代理机构应当根据政府采购政策、采购预算、采购需求编制采购文件。

采购需求应当符合法律法规以及政府采购政策规定的技术、服务、安全等要求。政府向社会公众提供的公共服务项目，应当就确定采购需求征求社会公众的意见。除因技术复杂或者性质特殊，不能确定详细规格或者具体要求外，采购需求应当完整、明确。必要时，应当就确定采购需求征求相关供应商、专家的意见。

第十六条　政府采购法第二十条规定的委托代理协议，应当明确代理采购的范围、权限和期限等具体事项。

采购人和采购代理机构应当按照委托代理协议履行各自义务，采购代理机构不得超越代理权限。

第十七条　参加政府采购活动的供应商应当具备政府采购法第二十二条第一款规定的条件，提供下列材料：

（一）法人或者其他组织的营业执照等证明文件，自然人的身份证明；

（二）财务状况报告，依法缴纳税收和社会保障资金的相关材料；

（三）具备履行合同所必需的设备和专业技术能力的证明材料；

（四）参加政府采购活动前3年内在经营活动中没有重大违法记录的书面声明；

（五）具备法律、行政法规规定的其他条件的证明材料。

采购项目有特殊要求的，供应商还应当提供其符合特殊要求的证明材料或者情况说明。

第十八条 单位负责人为同一人或者存在直接控股、管理关系的不同供应商，不得参加同一合同项下的政府采购活动。

除单一来源采购项目外，为采购项目提供整体设计、规范编制或者项目管理、监理、检测等服务的供应商，不得再参加该采购项目的其他采购活动。

第十九条 政府采购法第二十二条第一款第五项所称重大违法记录，是指供应商因违法经营受到刑事处罚或者责令停产停业、吊销许可证或者执照、较大数额罚款等行政处罚。

供应商在参加政府采购活动前3年内因违法经营被禁止在一定期限内参加政府采购活动，期限届满的，可以参加政府采购活动。

第二十条 采购人或者采购代理机构有下列情形之一的，属于以不合理的条件对供应商实行差别待遇或者歧视待遇：

（一）就同一采购项目向供应商提供有差别的项目信息；

（二）设定的资格、技术、商务条件与采购项目的具体特点和实际需要不相适应或者与合同履行无关；

（三）采购需求中的技术、服务等要求指向特定供应商、特定产品；

（四）以特定行政区域或者特定行业的业绩、奖项作为加分条件或者中标、成交条件；

（五）对供应商采取不同的资格审查或者评审标准；

（六）限定或者指定特定的专利、商标、品牌或者供应商；

（七）非法限定供应商的所有制形式、组织形式或者所在地；

（八）以其他不合理条件限制或者排斥潜在供应商。

第二十一条 采购人或者采购代理机构对供应商进行资格预审的，资格预审公告应当在省级以上人民政府财政部门指定的媒体上发布。已进行资格预审的，评审阶段可以不再对供应商资格进行审查。资格预审合格的供应商在评审阶段资格发生变化的，应当通知采购人和采购代理机构。

资格预审公告应当包括采购人和采购项目名称、采购需求、对供应商的资格要求以及供应商提交资格预审申请文件的时间和地点。提交资格预审申请文件的时间自公告发布之日起不得少于5个工作日。

第二十二条 联合体中有同类资质的供应商按照联合体分工承担相同工作的，应当按照资质等级较低的供应商确定资质等级。

以联合体形式参加政府采购活动的，联合体各方不得再单独参加或者与其他供应商另外组成联合体参加同一合同项下的政府采购活动。

第三章 政府采购方式

第二十三条 采购人采购公开招标数额标准以上的货物或者服务，符合政府采购法第二十九条、第三十条、第三十一条、第三十二条规定情形或者有需要执行政府采购政策等特殊情况的，经设区的市级以上人民政府财政部门批准，可以依法采用公开招标以外的采购方式。

第二十四条 列入集中采购目录的项目，适合实行批量集中采购的，应当实行批量集中采购，但紧急的小额零星货物项目和有特殊要求的服务、工程项目除外。

第二十五条 政府采购工程依法不进行招标的，应当依照政府采购法和本条例规定的竞争性谈判或者单一来源采购方式采购。

第二十六条 政府采购法第三十条第三项规定的情形，应当是采购人不可预见的或者非因采购人拖延导致的；第四项规定的情形，是指因采购艺术品或者因专利、专有技术或者因服务的时间、数量事先不能确定等导致不能事先计算出价格总额。

第二十七条 政府采购法第三十一条第一项规定的情形，是指因货物或者服务使用不可替代的专利、专有技术，或者公共服务项目具有特殊要求，导致只能从某一特定供应商处采购。

第二十八条 在一个财政年度内，采购人将一个预算项目下的同一品目或者类别的货物、服务采用公开招标以外的方式多次采购，累计资金数额超过公开招标数额标准的，属于以化整为零方式规避公开招标，但项目预算调整或者经批准采用公开招标以外方式采购除外。

第四章 政府采购程序

第二十九条 采购人应当根据集中采购目录、采购限额标准和已批复的部门预算编制政府采购实施计划，报本级人民政府财政部门备案。

第三十条 采购人或者采购代理机构应当在招标文件、谈判文件、询价通知书中公开采购项目预算金额。

第三十一条 招标文件的提供期限自招标文件开始发出之日起不得少于5个工作日。

采购人或者采购代理机构可以对已发出的招标文件进行必要的澄清或者修改。澄清或者修改的内容可能影响投标文件编制的，采购人或者采购代理机构应当在投标截止时间至少15日前，以书面形式通知所有获取招标文件的潜在投标人；不足15日的，采购人或者采购代理机构应当顺延提交投标文件的截止时间。

第三十二条 采购人或者采购代理机构应当按照国务院财政部门制定的招标文件标准文本编制招标文件。

招标文件应当包括采购项目的商务条件、采购需求、投标人的资格条件、投标报价要求、评标方法、评标标准以及拟签订的合同文本等。

第三十三条　招标文件要求投标人提交投标保证金的，投标保证金不得超过采购项目预算金额的 2%。投标保证金应当以支票、汇票、本票或者金融机构、担保机构出具的保函等非现金形式提交。投标人未按照招标文件要求提交投标保证金的，投标无效。

采购人或者采购代理机构应当自中标通知书发出之日起 5 个工作日内退还未中标供应商的投标保证金，自政府采购合同签订之日起 5 个工作日内退还中标供应商的投标保证金。

竞争性谈判或者询价采购中要求参加谈判或者询价的供应商提交保证金的，参照前两款的规定执行。

第三十四条　政府采购招标评标方法分为最低评标价法和综合评分法。

最低评标价法，是指投标文件满足招标文件全部实质性要求且投标报价最低的供应商为中标候选人的评标方法。综合评分法，是指投标文件满足招标文件全部实质性要求且按照评审因素的量化指标评审得分最高的供应商为中标候选人的评标方法。

技术、服务等标准统一的货物和服务项目，应当采用最低评标价法。

采用综合评分法的，评审标准中的分值设置应当与评审因素的量化指标相对应。

招标文件中没有规定的评标标准不得作为评审的依据。

第三十五条　谈判文件不能完整、明确列明采购需求，需要由供应商提供最终设计方案或者解决方案的，在谈判结束后，谈判小组应当按照少数服从多数的原则投票推荐 3 家以上供应商的设计方案或者解决方案，并要求其在规定时间内提交最后报价。

第三十六条　询价通知书应当根据采购需求确定政府采购合同条款。在询价过程中，询价小组不得改变询价通知书所确定的政府采购合同条款。

第三十七条　政府采购法第三十八条第五项、第四十条第四项所称质量和服务相等，是指供应商提供的产品质量和服务均能满足采购文件规定的实质性要求。

第三十八条　达到公开招标数额标准，符合政府采购法第三十一条第一项规定情形，只能从唯一供应商处采购的，采购人应当将采购项目信息和唯一供应商名称在省级以上人民政府财政部门指定的媒体上公示，公示期不得少于 5 个工作日。

第三十九条　除国务院财政部门规定的情形外，采购人或者采购代理机构应当从政府采购评审专家库中随机抽取评审专家。

第四十条　政府采购评审专家应当遵守评审工作纪律，不得泄露评审文件、评审情况和评审中获悉的商业秘密。

评标委员会、竞争性谈判小组或者询价小组在评审过程中发现供应商有行贿、提供虚假材料或者串通等违法行为的，应当及时向财政部门报告。

政府采购评审专家在评审过程中受到非法干预的，应当及时向财政、监察等部门举报。

第四十一条　评标委员会、竞争性谈判小组或者询价小组成员应当按照客观、公正、审慎的原则，根据采购文件规定的评审程序、评审方法和评审标准进行独立评审。采购文件内容违反国家有关强制性规定的，评标委员会、竞争性谈判小组或者询价小组应当停止评审并向采购人或者采购代理机构说明情况。

评标委员会、竞争性谈判小组或者询价小组成员应当在评审报告上签字，对自己的评审意见承担法律责任。对评审报告有异议的，应当在评审报告上签署不同意见，并说明理由，否则视为同意评审报告。

第四十二条　采购人、采购代理机构不得向评标委员会、竞争性谈判小组或者询价小组的评审专家作倾向性、误导性的解释或者说明。

第四十三条　采购代理机构应当自评审结束之日起2个工作日内将评审报告送交采购人。采购人应当自收到评审报告之日起5个工作日内在评审报告推荐的中标或者成交候选人中按顺序确定中标或者成交供应商。

采购人或者采购代理机构应当自中标、成交供应商确定之日起2个工作日内，发出中标、成交通知书，并在省级以上人民政府财政部门指定的媒体上公告中标、成交结果，招标文件、竞争性谈判文件、询价通知书随中标、成交结果同时公告。

中标、成交结果公告内容应当包括采购人和采购代理机构的名称、地址、联系方式，项目名称和项目编号，中标或者成交供应商名称、地址和中标或者成交金额，主要中标或者成交标的的名称、规格型号、数量、单价、服务要求以及评审专家名单。

第四十四条　除国务院财政部门规定的情形外，采购人、采购代理机构不得以任何理由组织重新评审。采购人、采购代理机构按照国务院财政部门的规定组织重新评审的，应当书面报告本级人民政府财政部门。

采购人或者采购代理机构不得通过对样品进行检测、对供应商进行考察等方式改变评审结果。

第四十五条　采购人或者采购代理机构应当按照政府采购合同规定的技术、服务、安全标准组织对供应商履约情况进行验收，并出具验收书。验收书应当包括每一项技术、服务、安全标准的履约情况。

政府向社会公众提供的公共服务项目，验收时应当邀请服务对象参与并出具意见，验收结果应当向社会公告。

第四十六条　政府采购法第四十二条规定的采购文件，可以用电子档案方式保存。

第五章　政府采购合同

第四十七条　国务院财政部门应当会同国务院有关部门制定政府采购合同标准文本。

第四十八条 采购文件要求中标或者成交供应商提交履约保证金的，供应商应当以支票、汇票、本票或者金融机构、担保机构出具的保函等非现金形式提交。履约保证金的数额不得超过政府采购合同金额的 10%。

第四十九条 中标或者成交供应商拒绝与采购人签订合同的，采购人可以按照评审报告推荐的中标或者成交候选人名单排序，确定下一候选人为中标或者成交供应商，也可以重新开展政府采购活动。

第五十条 采购人应当自政府采购合同签订之日起 2 个工作日内，将政府采购合同在省级以上人民政府财政部门指定的媒体上公告，但政府采购合同中涉及国家秘密、商业秘密的内容除外。

第五十一条 采购人应当按照政府采购合同规定，及时向中标或者成交供应商支付采购资金。

政府采购项目资金支付程序，按照国家有关财政资金支付管理的规定执行。

第六章　质　疑　与　投　诉

第五十二条 采购人或者采购代理机构应当在 3 个工作日内对供应商依法提出的询问作出答复。

供应商提出的询问或者质疑超出采购人对采购代理机构委托授权范围的，采购代理机构应当告知供应商向采购人提出。

政府采购评审专家应当配合采购人或者采购代理机构答复供应商的询问和质疑。

第五十三条 政府采购法第五十二条规定的供应商应知其权益受到损害之日，是指：

（一）对可以质疑的采购文件提出质疑的，为收到采购文件之日或者采购文件公告期限届满之日；

（二）对采购过程提出质疑的，为各采购程序环节结束之日；

（三）对中标或者成交结果提出质疑的，为中标或者成交结果公告期限届满之日。

第五十四条 询问或者质疑事项可能影响中标、成交结果的，采购人应当暂停签订合同，已经签订合同的，应当中止履行合同。

第五十五条 供应商质疑、投诉应当有明确的请求和必要的证明材料。供应商投诉的事项不得超出已质疑事项的范围。

第五十六条 财政部门处理投诉事项采用书面审查的方式，必要时可以进行调查取证或者组织质证。

对财政部门依法进行的调查取证，投诉人和与投诉事项有关的当事人应当如实反映情况，并提供相关材料。

第五十七条 投诉人捏造事实、提供虚假材料或者以非法手段取得证明材料进行投诉的，财政部门应当予以驳回。

财政部门受理投诉后，投诉人书面申请撤回投诉的，财政部门应当终止投诉处理程序。

第五十八条 财政部门处理投诉事项，需要检验、检测、鉴定、专家评审以及需要投诉人补正材料的，所需时间不计算在投诉处理期限内。

财政部门对投诉事项作出的处理决定，应当在省级以上人民政府财政部门指定的媒体上公告。

第七章 监 督 检 查

第五十九条 政府采购法第六十三条所称政府采购项目的采购标准，是指项目采购所依据的经费预算标准、资产配置标准和技术、服务标准等。

第六十条 除政府采购法第六十六条规定的考核事项外，财政部门对集中采购机构的考核事项还包括：

（一）政府采购政策的执行情况；

（二）采购文件编制水平；

（三）采购方式和采购程序的执行情况；

（四）询问、质疑答复情况；

（五）内部监督管理制度建设及执行情况；

（六）省级以上人民政府财政部门规定的其他事项。

财政部门应当制定考核计划，定期对集中采购机构进行考核，考核结果有重要情况的，应当向本级人民政府报告。

第六十一条 采购人发现采购代理机构有违法行为的，应当要求其改正。采购代理机构拒不改正的，采购人应当向本级人民政府财政部门报告，财政部门应当依法处理。

采购代理机构发现采购人的采购需求存在以不合理条件对供应商实行差别待遇、歧视待遇或者其他不符合法律、法规和政府采购政策规定内容，或者发现采购人有其他违法行为的，应当建议其改正。采购人拒不改正的，采购代理机构应当向采购人的本级人民政府财政部门报告，财政部门应当依法处理。

第六十二条 省级以上人民政府财政部门应当对政府采购评审专家库实行动态管理，具体管理办法由国务院财政部门制定。

采购人或者采购代理机构应当对评审专家在政府采购活动中的职责履行情况予以记录，并及时向财政部门报告。

第六十三条 各级人民政府财政部门和其他有关部门应当加强对参加政府采购活动的供应商、采购代理机构、评审专家的监督管理，对其不良行为予以记录，并纳入

统一的信用信息平台。❶

第六十四条　各级人民政府财政部门对政府采购活动进行监督检查，有权查阅、复制有关文件、资料，相关单位和人员应当予以配合。

第六十五条　审计机关、监察机关以及其他有关部门依法对政府采购活动实施监督，发现采购当事人有违法行为的，应当及时通报财政部门。

第八章　法　律　责　任

第六十六条　政府采购法第七十一条规定的罚款，数额为 10 万元以下。

政府采购法第七十二条规定的罚款，数额为 5 万元以上 25 万元以下。

第六十七条　采购人有下列情形之一的，由财政部门责令限期改正，给予警告，对直接负责的主管人员和其他直接责任人员依法给予处分，并予以通报：

（一）未按照规定编制政府采购实施计划或者未按照规定将政府采购实施计划报本级人民政府财政部门备案；

（二）将应当进行公开招标的项目化整为零或者以其他任何方式规避公开招标；

（三）未按照规定在评标委员会、竞争性谈判小组或者询价小组推荐的中标或者成交候选人中确定中标或者成交供应商；

（四）未按照采购文件确定的事项签订政府采购合同；

（五）政府采购合同履行中追加与合同标的相同的货物、工程或者服务的采购金额超过原合同采购金额 10%；

（六）擅自变更、中止或者终止政府采购合同；

（七）未按照规定公告政府采购合同；

（八）未按照规定时间将政府采购合同副本报本级人民政府财政部门和有关部门备案。

第六十八条　采购人、采购代理机构有下列情形之一的，依照政府采购法第七十一条、第七十八条的规定追究法律责任：

（一）未依照政府采购法和本条例规定的方式实施采购；

（二）未依法在指定的媒体上发布政府采购项目信息；

（三）未按照规定执行政府采购政策；

---

❶ 《财政部关于规范政府采购行政处罚有关问题的通知》（财库〔2015〕150 号）规定："二、各级人民政府财政部门依法对参加政府采购活动的供应商、采购代理机构、评审专家作出的禁止参加政府采购活动、禁止代理政府采购业务、禁止参加政府采购评审活动等行政处罚决定，要严格按照相关法律法规条款的规定进行处罚，相关行政处罚决定在全国范围内生效。三、各级人民政府财政部门要依法公开对政府采购供应商、采购代理机构、评审专家的行政处罚决定，并按规定将相关信息上传至中国政府采购网开设的'政府采购严重违法失信行为记录名单'，推动建立政府采购供应商、采购代理机构、评审专家不良行为记录制度，加强对政府采购违法失信行为的曝光和惩戒。"

（四）违反本条例第十五条的规定导致无法组织对供应商履约情况进行验收或者国家财产遭受损失；

（五）未依法从政府采购评审专家库中抽取评审专家；

（六）非法干预采购评审活动；

（七）采用综合评分法时评审标准中的分值设置未与评审因素的量化指标相对应；

（八）对供应商的询问、质疑逾期未作处理；

（九）通过对样品进行检测、对供应商进行考察等方式改变评审结果；

（十）未按照规定组织对供应商履约情况进行验收。

第六十九条 集中采购机构有下列情形之一的，由财政部门责令限期改正，给予警告，有违法所得的，并处没收违法所得，对直接负责的主管人员和其他直接责任人员依法给予处分，并予以通报：

（一）内部监督管理制度不健全，对依法应当分设、分离的岗位、人员未分设、分离；

（二）将集中采购项目委托其他采购代理机构采购；

（三）从事营利活动。

第七十条 采购人员与供应商有利害关系而不依法回避的，由财政部门给予警告，并处 2000 元以上 2 万元以下的罚款。

第七十一条 有政府采购法第七十一条、第七十二条规定的违法行为之一，影响或者可能影响中标、成交结果的，依照下列规定处理：

（一）未确定中标或者成交供应商的，终止本次政府采购活动，重新开展政府采购活动。

（二）已确定中标或者成交供应商但尚未签订政府采购合同的，中标或者成交结果无效，从合格的中标或者成交候选人中另行确定中标或者成交供应商；没有合格的中标或者成交候选人的，重新开展政府采购活动。

（三）政府采购合同已签订但尚未履行的，撤销合同，从合格的中标或者成交候选人中另行确定中标或者成交供应商；没有合格的中标或者成交候选人的，重新开展政府采购活动。

（四）政府采购合同已经履行，给采购人、供应商造成损失的，由责任人承担赔偿责任。

政府采购当事人有其他违反政府采购法或者本条例规定的行为，经改正后仍然影响或者可能影响中标、成交结果或者依法被认定为中标、成交无效的，依照前款规定处理。

第七十二条 供应商有下列情形之一的，依照政府采购法第七十七条第一款的规定追究法律责任：

（一）向评标委员会、竞争性谈判小组或者询价小组成员行贿或者提供其他不正当利益；

（二）中标或者成交后无正当理由拒不与采购人签订政府采购合同；

（三）未按照采购文件确定的事项签订政府采购合同；

（四）将政府采购合同转包；

（五）提供假冒伪劣产品；

（六）擅自变更、中止或者终止政府采购合同。

供应商有前款第一项规定情形的，中标、成交无效。评审阶段资格发生变化，供应商未依照本条例第二十一条的规定通知采购人和采购代理机构的，处以采购金额5‰的罚款，列入不良行为记录名单，中标、成交无效。

第七十三条 供应商捏造事实、提供虚假材料或者以非法手段取得证明材料进行投诉的，由财政部门列入不良行为记录名单，禁止其1至3年内参加政府采购活动。

第七十四条 有下列情形之一的，属于恶意串通，对供应商依照政府采购法第七十七条第一款的规定追究法律责任，对采购人、采购代理机构及其工作人员依照政府采购法第七十二条的规定追究法律责任：

（一）供应商直接或者间接从采购人或者采购代理机构处获得其他供应商的相关情况并修改其投标文件或者响应文件；

（二）供应商按照采购人或者采购代理机构的授意撤换、修改投标文件或者响应文件；

（三）供应商之间协商报价、技术方案等投标文件或者响应文件的实质性内容；

（四）属于同一集团、协会、商会等组织成员的供应商按照该组织要求协同参加政府采购活动；

（五）供应商之间事先约定由某一特定供应商中标、成交；

（六）供应商之间商定部分供应商放弃参加政府采购活动或者放弃中标、成交；

（七）供应商与采购人或者采购代理机构之间、供应商相互之间，为谋求特定供应商中标、成交或者排斥其他供应商的其他串通行为。

第七十五条 政府采购评审专家未按照采购文件规定的评审程序、评审方法和评审标准进行独立评审或者泄露评审文件、评审情况的，由财政部门给予警告，并处2000元以上2万元以下的罚款；影响中标、成交结果的，处2万元以上5万元以下的罚款，禁止其参加政府采购评审活动。

政府采购评审专家与供应商存在利害关系未回避的，处2万元以上5万元以下的罚款，禁止其参加政府采购评审活动。

政府采购评审专家收受采购人、采购代理机构、供应商贿赂或者获取其他不正当利益，构成犯罪的，依法追究刑事责任；尚不构成犯罪的，处2万元以上5万元以下的罚款，禁止其参加政府采购评审活动。

政府采购评审专家有上述违法行为的，其评审意见无效，不得获取评审费；有违法所得的，没收违法所得；给他人造成损失的，依法承担民事责任。

第七十六条 政府采购当事人违反政府采购法和本条例规定，给他人造成损失的，依法承担民事责任。

第七十七条 财政部门在履行政府采购监督管理职责中违反政府采购法和本条例规定，滥用职权、玩忽职守、徇私舞弊的，对直接负责的主管人员和其他直接责任人员依法给予处分；直接负责的主管人员和其他直接责任人员构成犯罪的，依法追究刑事责任。

第九章　附　　则

第七十八条 财政管理实行省直接管理的县级人民政府可以根据需要并报经省级人民政府批准，行使政府采购法和本条例规定的设区的市级人民政府批准变更采购方式的职权。

第七十九条 本条例自 2015 年 3 月 1 日起施行。

必须招标的工程项目规定

（2018 年 3 月 8 日国函〔2018〕56 号《国务院关于〈必须招标的工程项目规定〉的批复》批准，2018 年 3 月 27 日国家发展和改革委员会令第 16 号公布）

第一条 为了确定必须招标的工程项目，规范招标投标活动，提高工作效率、降低企业成本、预防腐败，根据《中华人民共和国招标投标法》第三条的规定，制定本规定。

第二条 全部或者部分使用国有资金投资或者国家融资的项目包括：

（一）使用预算资金 200 万元人民币以上，并且该资金占投资额 10%以上的项目；

（二）使用国有企业事业单位资金，并且该资金占控股或者主导地位的项目。

第三条 使用国际组织或者外国政府贷款、援助资金的项目包括：

（一）使用世界银行、亚洲开发银行等国际组织贷款、援助资金的项目；

（二）使用外国政府及其机构贷款、援助资金的项目。

第四条 不属于本规定第二条、第三条规定情形的大型基础设施、公用事业等关系社会公共利益、公众安全的项目，必须招标的具体范围由国务院发展改革部门会同国务院有关部门按照确有必要、严格限定的原则制订，报国务院批准。

第五条 本规定第二条至第四条规定范围内的项目，其勘察、设计、施工、监理以及与工程建设有关的重要设备、材料等的采购达到下列标准之一的，必须招标：

（一）施工单项合同估算价在 400 万元人民币以上；

（二）重要设备、材料等货物的采购，单项合同估算价在 200 万元人民币以上；

（三）勘察、设计、监理等服务的采购，单项合同估算价在 100 万元人民币以上。

同一项目中可以合并进行的勘察、设计、施工、监理以及与工程建设有关的重要设备、材料等的采购，合同估算价合计达到前款规定标准的，必须招标。

第六条　本规定自 2018 年 6 月 1 日起施行。

必须招标的基础设施和公用事业项目范围规定

（发改法规规〔2018〕843 号，2018 年 6 月 6 日国家发展和改革委员会发布）

第一条　为明确必须招标的大型基础设施和公用事业项目范围，根据《中华人民共和国招标投标法》和《必须招标的工程项目规定》，制定本规定。

第二条　不属于《必须招标的工程项目规定》第二条、第三条规定情形的大型基础设施、公用事业等关系社会公共利益、公众安全的项目，必须招标的具体范围包括：

（一）煤炭、石油、天然气、电力、新能源等能源基础设施项目；

（二）铁路、公路、管道、水运，以及公共航空和 A1 级通用机场等交通运输基础设施项目；

（三）电信枢纽、通信信息网络等通信基础设施项目；

（四）防洪、灌溉、排涝、引（供）水等水利基础设施项目；

（五）城市轨道交通等城建项目。

第三条　本规定自 2018 年 6 月 6 日起施行。

国家发展改革委办公厅关于进一步做好《必须招标的工程项目规定》和《必须招标的基础设施和公用事业项目范围规定》实施工作的通知

（发改办法规〔2020〕770 号，2020 年 10 月 19 日国家发展改革委办公厅发布）

各省、自治区、直辖市、新疆生产建设兵团发展改革委、公共资源交易平台整合牵头部门：

为加强政策指导，进一步做好《必须招标的工程项目规定》（国家发展改革委 2018 年第 16 号令，以下简称"16 号令"）和《必须招标的基础设施和公用事业项目范围规定》（发改法规规〔2018〕843 号，以下简称"843 号文"）实施工作，现就有关事项通知如下：

一、准确理解依法必须招标的工程建设项目范围

（一）关于使用国有资金的项目。16 号令第二条第（一）项中"预算资金"，是指《预算法》规定的预算资金，包括一般公共预算资金、政府性基金预算资金、国有资本经营预算资金、社会保险基金预算资金。第（二）项中"占控股或者主导地位"，参照《公司法》第二百一十六条关于控股股东和实际控制人的理解执行，即"其出资额占有限责任公司资本总额百分之五十以上或者其持有的股份占股份有限公司股本总额百分之五十以上的股东；出资额或者持有股份的比例虽然不足百分之五十，但依其出资额或者持有的股份所享有的表决权已足以对股东会、股东大会的决议产生重大影响的股东"；国有企业事业单位通过投资关系、协议或者其他安排，能够实际支配项目建设的，也属于占控股或者主导地位。项目中国有资金的比例，应当按照项目资金来源中所有国有资金之和计算。

（二）关于项目与单项采购的关系。16 号令第二条至第四条及 843 号文第二条规定范围的项目，其勘察、设计、施工、监理以及与工程建设有关的重要设备、材料等的单项采购分别达到 16 号令第五条规定的相应单项合同价估算标准的，该单项采购必须招标；该项目中未达到前述相应标准的单项采购，不属于 16 号令规定的必须招标范畴。

（三）关于招标范围列举事项。依法必须招标的工程建设项目范围和规模标准，应当严格执行《招标投标法》第三条和 16 号令、843 号文规定；法律、行政法规或者国务院对必须进行招标的其他项目范围有规定的，依照其规定。没有法律、行政法规或者国务院规定依据的，对 16 号令第五条第一款第（三）项中没有明确列举规定的服务事项、843 号文第二条中没有明确列举规定的项目，不得强制要求招标。

（四）关于同一项目中的合并采购。16 号令第五条规定的"同一项目中可以合并进行的勘察、设计、施工、监理以及与工程建设有关的重要设备、材料等的采购，合同估算价合计达到前款规定标准的，必须招标"，目的是防止发包方通过化整为零方式规避招标。其中"同一项目中可以合并进行"，是指根据项目实际，以及行业标准或行业惯例，符合科学性、经济性、可操作性要求，同一项目中适宜放在一起进行采购的同类采购项目。

（五）关于总承包招标的规模标准。对于 16 号令第二条至第四条规定范围内的项目，发包人依法对工程以及与工程建设有关的货物、服务全部或者部分实行总承包发包的，总承包中施工、货物、服务等各部分的估算价中，只要有一项达到 16 号令第五条规定相应标准，即施工部分估算价达到 400 万元以上，或者货物部分达到 200 万元以上，或者服务部分达到 100 万元以上，则整个总承包发包应当招标。

二、规范规模标准以下工程建设项目的采购

16 号令第二条至第四条及 843 号文第二条规定范围的项目，其施工、货物、服务采购的单项合同估算价未达到 16 号令第五条规定规模标准的，该单项采购由采购人依法自主选择采购方式，任何单位和个人不得违法干涉；其中，涉及政府采购的，按照

政府采购法律法规规定执行。国有企业可以结合实际，建立健全规模标准以下工程建设项目采购制度，推进采购活动公开透明。

三、严格执行依法必须招标制度

各地方应当严格执行 16 号令和 843 号文规定的范围和规模标准，不得另行制定必须进行招标的范围和规模标准，也不得作出与 16 号令、843 号文和本通知相抵触的规定，持续深化招标投标领域"放管服"改革，努力营造良好市场环境。

国家发展改革委办公厅

2020 年 10 月 19 日

工程建设项目申报材料增加招标内容和核准招标事项暂行规定

（2001 年 6 月 18 日国家发展计划委员会令第 9 号公布，根据 2013 年 3 月 11 日国家发展改革委等九部委令第 23 号❶修订）

第一条 为了规范工程建设项目的招标活动，依据《中华人民共和国招标投标法》、《中华人民共和国招标投标法实施条例》，制定本规定。

第二条 本规定适用于《工程建设项目招标范围和规模标准规定》❷（国家发展计划委员会令第 3 号）中规定的依法必须进行招标且按照国家有关规定需要履行项目审批、核准手续的各类工程建设项目。

第三条 本规定第二条包括的工程建设项目，必须在报送的项目可行性研究报告或者资金申请报告、项目申请报告中增加有关招标的内容。

第四条 增加的招标内容包括：

（一）建设项目的勘察、设计、施工、监理以及重要设备、材料等采购活动的具体招标范围（全部或者部分招标）；

（二）建设项目的勘察、设计、施工、监理以及重要设备、材料等采购活动拟采用的招标组织形式（委托招标或者自行招标）；拟自行招标的，还应按照《工程建设项目自行招标试行办法》（国家发展计划委员会令第 5 号）规定报送书面材料；

（三）建设项目的勘察、设计、施工、监理以及重要设备、材料等采购活动拟采

---

❶ "国家发展改革委等九部委令第 23 号"指 2013 年 3 月 11 日国家发展改革委、工业和信息化部、财政部、住房城乡建设部、交通运输部、铁道部、水利部、国家广播电影电视总局、中国民用航空局令第 23 号《关于废止和修改部分招标投标规章和规范性文件的决定》，下同。

❷ 该规定已废止，现在执行 2018 年 3 月 27 日国家发展和改革委员会令第 16 号公布的《必须招标的工程项目规定》和 2018 年 6 月 6 日国家发展和改革委员会发布的《必须招标的基础设施和公用事业项目范围规定》（发改法规〔2018〕843 号）。

用的招标方式（公开招标或者邀请招标）；国家发展改革委确定的国家重点项目和省、自治区、直辖市人民政府确定的地方重点项目，拟采用邀请招标的，应对采用邀请招标的理由作出说明；

（四）其他有关内容。

报送招标内容时应附招标基本情况表（表式见附表一）。

第五条 属于下列情况之一的，建设项目可以不进行招标。但在报送可行性研究报告或者资金申请报告、项目申请报告中须提出不招标申请，并说明不招标原因：

（一）涉及国家安全、国家秘密、抢险救灾或者属于利用扶贫资金实行以工代赈、需要使用农民工等特殊情况，不适宜进行招标；

（二）建设项目的勘察、设计，采用不可替代的专利或者专有技术，或者其建筑艺术造型有特殊要求；

（三）承包商、供应商或者服务提供者少于三家，不能形成有效竞争；

（四）采购人依法能够自行建设、生产或者提供；

（五）已通过招标方式选定的特许经营项目投资人依法能够自行建设、生产或者提供；

（六）需要向原中标人采购工程、货物或者服务，否则将影响施工或者配套要求；

（七）国家规定的其他特殊情形。

第六条 经项目审批、核准部门审批、核准，工程建设项目因特殊情况可以在报送可行性研究报告或者资金申请报告、项目申请报告前先行开展招标活动，但应在报送的可行性研究报告或者资金申请报告、项目申请报告中予以说明。项目审批、核准部门认定先行开展的招标活动中有违背法律、法规的情形的，应要求其纠正。

第七条 在项目可行性研究报告或者资金申请报告、项目申请报告中增加的招标内容，作为附件与可行性研究报告或者资金申请报告、项目申请报告一同报送。

第八条 项目审批、核准部门应依据法律、法规规定的权限，对项目建设单位拟定的招标范围、招标组织形式、招标方式等内容提出是否予以审批、核准的意见。项目审批、核准部门对招标事项审批、核准意见格式见附表二。

第九条 审批、核准招标事项，按以下分工办理：

（一）应报送国家发展改革委审批和国家发展改革委核报国务院审批的建设项目，由国家发展改革委审批；

（二）应报送国务院行业主管部门审批的建设项目，由国务院行业主管部门审批；

（三）应报送地方人民政府发展改革部门审批和地方人民政府发展改革部门核报地方人民政府审批的建设项目，由地方人民政府发展改革部门审批；

（四）按照规定应报送国家发展改革委核准的建设项目，由国家发展改革委核准；❶

（五）按照规定应报送地方人民政府发展改革部门核准的建设项目，由地方人民

---

❶ 《国家发展改革委办公厅印发关于我委办理工程建设项目审批（核准）时核准招标内容的意见的通知》（发改办法规〔2005〕824号）规定了国家发展改革委核准招标内容的职责分工、项目范围、方式及程序等内容。

政府发展改革部门核准。

第十条 使用国际金融组织或者外国政府资金的建设项目，资金提供方对建设项目报送招标内容有规定的，从其规定。

第十一条 项目建设单位在招标活动中对审批、核准的招标范围、招标组织形式、招标方式等作出改变的，应向原审批、核准部门重新办理有关审批、核准手续。

第十二条 项目审批、核准部门应将审批、核准建设项目招标内容的意见抄送有关行政监督部门。

第十三条 项目建设单位在报送招标内容中弄虚作假，或者在招标活动中违背项目审批、核准部门审批、核准事项，由项目审批、核准部门和有关行政监督部门依法处罚。

第十四条 本规定由国家发展改革委解释。

第十五条 本规定自发布之日起施行。

附表一 招标基本情况表（略）

附表二 审批部门核准意见（略）

招标公告和公示信息发布管理办法

（2017年11月23日国家发展和改革委员会令第10号公布）

第一条 为规范招标公告和公示信息发布活动，保证各类市场主体和社会公众平等、便捷、准确地获取招标信息，根据《中华人民共和国招标投标法》《中华人民共和国招标投标法实施条例》等有关法律法规规定，制定本办法。

第二条 本办法所称招标公告和公示信息，是指招标项目的资格预审公告、招标公告、中标候选人公示、中标结果公示等信息。

第三条 依法必须招标项目的招标公告和公示信息，除依法需要保密或者涉及商业秘密的内容外，应当按照公益服务、公开透明、高效便捷、集中共享的原则，依法向社会公开。

第四条 国家发展改革委根据招标投标法律法规规定，对依法必须招标项目招标公告和公示信息发布媒介的信息发布活动进行监督管理。

省级发展改革部门对本行政区域内招标公告和公示信息发布活动依法进行监督管理。省级人民政府另有规定的，从其规定。

第五条 依法必须招标项目的资格预审公告和招标公告，应当载明以下内容：

（一）招标项目名称、内容、范围、规模、资金来源；

（二）投标资格能力要求，以及是否接受联合体投标；

（三）获取资格预审文件或招标文件的时间、方式；

（四）递交资格预审文件或投标文件的截止时间、方式；

（五）招标人及其招标代理机构的名称、地址、联系人及联系方式；

（六）采用电子招标投标方式的，潜在投标人访问电子招标投标交易平台的网址和方法；

（七）其他依法应当载明的内容。

第六条 依法必须招标项目的中标候选人公示应当载明以下内容：

（一）中标候选人排序、名称、投标报价、质量、工期（交货期），以及评标情况；

（二）中标候选人按照招标文件要求承诺的项目负责人姓名及其相关证书名称和编号；

（三）中标候选人响应招标文件要求的资格能力条件；

（四）提出异议的渠道和方式；

（五）招标文件规定公示的其他内容。

依法必须招标项目的中标结果公示应当载明中标人名称。

第七条 依法必须招标项目的招标公告和公示信息应当根据招标投标法律法规，以及国家发展改革委会同有关部门制定的标准文件编制，实现标准化、格式化。

第八条 依法必须招标项目的招标公告和公示信息应当在"中国招标投标公共服务平台"或者项目所在地省级电子招标投标公共服务平台（以下统一简称"发布媒介"）发布。

第九条 省级电子招标投标公共服务平台应当与"中国招标投标公共服务平台"对接，按规定同步交互招标公告和公示信息。对依法必须招标项目的招标公告和公示信息，发布媒介应当与相应的公共资源交易平台实现信息共享。

"中国招标投标公共服务平台"应当汇总公开全国招标公告和公示信息，以及本办法第八条规定的发布媒介名称、网址、办公场所、联系方式等基本信息，及时维护更新，与全国公共资源交易平台共享，并归集至全国信用信息共享平台，按规定通过"信用中国"网站向社会公开。

第十条 拟发布的招标公告和公示信息文本应当由招标人或其招标代理机构盖章，并由主要负责人或其授权的项目负责人签名。采用数据电文形式的，应当按规定进行电子签名。

招标人或其招标代理机构发布招标公告和公示信息，应当遵守招标投标法律法规关于时限的规定。

第十一条 依法必须招标项目的招标公告和公示信息鼓励通过电子招标投标交易平台录入后交互至发布媒介核验发布，也可以直接通过发布媒介录入并核验发布。

按照电子招标投标有关数据规范要求交互招标公告和公示信息文本的，发布媒介应当自收到起 12 小时内发布。采用电子邮件、电子介质、传真、纸质文本等其他形式提交或者直接录入招标公告和公示信息文本的，发布媒介应当自核验确认起 1 个工作日内发布。核验确认最长不得超过 3 个工作日。

招标人或其招标代理机构应当对其提供的招标公告和公示信息的真实性、准确性、合法性负责。发布媒介和电子招标投标交易平台应当对所发布的招标公告和公示信息的及时性、完整性负责。

发布媒介应当按照规定采取有效措施，确保发布招标公告和公示信息的数据电文不被篡改、不遗漏和至少 10 年内可追溯。

第十二条 发布媒介应当免费提供依法必须招标项目的招标公告和公示信息发布服务，并允许社会公众和市场主体免费、及时查阅前述招标公告和公示的完整信息。

第十三条 发布媒介应当通过专门栏目发布招标公告和公示信息，并免费提供信息归类和检索服务，对新发布的招标公告和公示信息作醒目标识，方便市场主体和社会公众查阅。

发布媒介应当设置专门栏目，方便市场主体和社会公众就其招标公告和公示信息发布工作反映情况、提出意见，并及时反馈。

第十四条 发布媒介应当实时统计本媒介招标公告和公示信息发布情况，及时向社会公布，并定期报送相应的省级以上发展改革部门或省级以上人民政府规定的其他部门。

第十五条 依法必须招标项目的招标公告和公示信息除在发布媒介发布外，招标人或其招标代理机构也可以同步在其他媒介公开，并确保内容一致。

其他媒介可以依法全文转载依法必须招标项目的招标公告和公示信息，但不得改变其内容，同时必须注明信息来源。

第十六条 依法必须招标项目的招标公告和公示信息有下列情形之一的，潜在投标人或者投标人可以要求招标人或其招标代理机构予以澄清、改正、补充或调整：

（一）资格预审公告、招标公告载明的事项不符合本办法第五条规定，中标候选人公示载明的事项不符合本办法第六条规定；

（二）在两家以上媒介发布的同一招标项目的招标公告和公示信息内容不一致；

（三）招标公告和公示信息内容不符合法律法规规定。

招标人或其招标代理机构应当认真核查，及时处理，并将处理结果告知提出意见的潜在投标人或者投标人。

第十七条 任何单位和个人认为招标人或其招标代理机构在招标公告和公示信息发布活动中存在违法违规行为的，可以依法向有关行政监督部门投诉、举报；认为发布媒介在招标公告和公示信息发布活动中存在违法违规行为的，根据有关规定可以向相应的省级以上发展改革部门或其他有关部门投诉、举报。

第十八条 招标人或其招标代理机构有下列行为之一的，由有关行政监督部门责令改正，并视情形依照《中华人民共和国招标投标法》第四十九条、第五十一条及有关规定处罚：

（一）依法必须公开招标的项目不按照规定在发布媒介发布招标公告和公示信息；

（二）在不同媒介发布的同一招标项目的资格预审公告或者招标公告的内容不一致，影响潜在投标人申请资格预审或者投标；

（三）资格预审公告或者招标公告中有关获取资格预审文件或者招标文件的时限不符合招标投标法律法规规定；

（四）资格预审公告或者招标公告中以不合理的条件限制或者排斥潜在投标人。

第十九条 发布媒介在发布依法必须招标项目的招标公告和公示信息活动中有下列情形之一的，由相应的省级以上发展改革部门或其他有关部门根据有关法律法规规定，责令改正；情节严重的，可以处 1 万元以下罚款：

（一）违法收取费用；

（二）无正当理由拒绝发布或者拒不按规定交互信息；

（三）无正当理由延误发布时间；

（四）因故意或重大过失导致发布的招标公告和公示信息发生遗漏、错误；

（五）违反本办法的其他行为。

其他媒介违规发布或转载依法必须招标项目的招标公告和公示信息的，由相应的省级以上发展改革部门或其他有关部门根据有关法律法规规定，责令改正；情节严重的，可以处 1 万元以下罚款。

第二十条 对依法必须招标项目的招标公告和公示信息进行澄清、修改，或者暂停、终止招标活动，采取公告形式向社会公布的，参照本办法执行。

第二十一条 使用国际组织或者外国政府贷款、援助资金的招标项目，贷款方、资金提供方对招标公告和公示信息的发布另有规定的，适用其规定。

第二十二条 本办法所称以上、以下包含本级或本数。

第二十三条 本办法由国家发展改革委负责解释。

第二十四条 本办法自 2018 年 1 月 1 日起施行。《招标公告发布暂行办法》（国家发展计划委第 4 号令）和《国家计委关于指定发布依法必须招标项目招标公告的媒介的通知》（计政策〔2000〕868 号）同时废止。

工程建设项目自行招标试行办法

（2000 年 7 月 1 日国家发展计划委员会令第 5 号公布，根据 2013 年 3 月 11 日
国家发展改革委等九部委令第 23 号修订）

第一条 为了规范工程建设项目招标人自行招标行为，加强对招标投标活动的监督，根据《中华人民共和国招标投标法》（以下简称招标投标法）、《中华人民共和国招标投标法实施条例》（以下简称招标投标法实施条例）和《国务院办公厅印发国务院有关部门实施招标投标活动行政监督的职责分工意见的通知》（国办发〔2000〕34 号），制定本办法。

第二条 本办法适用于经国家发展改革委审批、核准（含经国家发展改革委初审后报国务院审批）依法必须进行招标的工程建设项目的自行招标活动。

前款工程建设项目的招标范围和规模标准，适用《工程建设项目招标范围和规模

标准规定》（国家计委第 3 号令）。

第三条　招标人是指依照法律规定进行工程建设项目的勘察、设计、施工、监理以及与工程建设有关的重要设备、材料等招标的法人。

第四条　招标人自行办理招标事宜，应当具有编制招标文件和组织评标的能力，具体包括：

（一）具有项目法人资格（或者法人资格）；

（二）具有与招标项目规模和复杂程度相适应的工程技术、概预算、财务和工程管理等方面专业技术力量；

（三）有从事同类工程建设项目招标的经验；

（四）拥有 3 名以上取得招标职业资格的专职招标业务人员；

（五）熟悉和掌握招标投标法及有关法规规章。

第五条　招标人自行招标的，项目法人或者组建中的项目法人应当在国家发展改革委上报可行性研究报告或者资金申请报告、项目申请报告时，一并报送符合本办法第四条规定的书面材料。

书面材料应当至少包括：

（一）项目法人营业执照、法人证书或者项目法人组建文件；

（二）与招标项目相适应的专业技术力量情况；

（三）取得招标职业资格的专职招标业务人员的基本情况；

（四）拟使用的专家库情况；

（五）以往编制的同类工程建设项目招标文件和评标报告，以及招标业绩的证明材料；

（六）其他材料。

在报送可行性研究报告或者资金申请报告、项目申请报告前，招标人确需通过招标方式或者其他方式确定勘察、设计单位开展前期工作的，应当在前款规定的书面材料中说明。

第六条　国家发展改革委审查招标人报送的书面材料，核准招标人符合本办法规定的自行招标条件的，招标人可以自行办理招标事宜。任何单位和个人不得限制其自行办理招标事宜，也不得拒绝办理工程建设有关手续。

第七条　国家发展改革委审查招标报送的书面材料，认定招标人不符合本办法规定的自行招标条件的，在批复、核准可行性研究报告或者资金申请报告、项目申请报告时，要求招标人委托招标代理机构办理招标事宜。

第八条　一次核准手续仅适用于一个工程建设项目。

第九条　招标人不具备自行招标条件，不影响国家发展改革委对项目的审批或者核准。

第十条　招标人自行招标的，应当自确定中标人之日起十五日内，向国家发展改革委提交招标投标情况的书面报告。书面报告至少应包括下列内容：

（一）招标方式和发布资格预审公告、招标公告的媒介；

（二）招标文件中投标人须知、技术规格、评标标准和方法、合同主要条款等内容；

（三）评标委员会的组成和评标报告；

（四）中标结果。

第十一条 招标人不按本办法规定要求履行自行招标核准手续的或者报送的书面材料有遗漏的，国家发展改革委要求其补正；不及时补正的，视同不具备自行招标条件。

招标人履行核准手续中有弄虚作假情况的，视同不具备自行招标条件。

第十二条 招标人不按本办法提交招标投标情况的书面报告的，国家发展改革委要求补正；拒不补正的，给予警告，并视招标人是否有招标投标法第五章以及招标投标法实施条例第六章规定的违法行为，给予相应的处罚。

第十三条 任何单位和个人非法强制招标人委托招标代理机构或者其他组织办理招标事宜的，非法拒绝办理工程建设有关手续的，或者以其他任何方式非法干预招标人自行招标活动的，由国家发展改革委依据招标投标法以及招标投标法实施条例的有关规定处罚或者向有关行政监督部门提出处理建议。

第十四条 本办法自发布之日起施行。

评标委员会和评标方法暂行规定

（2001 年 7 月 5 日国家发展计划委员会、国家经济贸易委员会、建设部、铁道部、交通部、信息产业部、水利部令第 12 号公布，根据 2013 年 3 月 11 日国家发展改革委等九部委令第 23 号修订）

第一章 总 则

第一条 为了规范评标活动，保证评标的公平、公正，维护招标投标活动当事人的合法权益，依照《中华人民共和国招标投标法》、《中华人民共和国招标投标法实施条例》，制定本规定。

第二条 本规定适用于依法必须招标项目的评标活动。

第三条 评标活动遵循公平、公正、科学、择优的原则。

第四条 评标活动依法进行，任何单位和个人不得非法干预或者影响评标过程和结果。

第五条 招标人应当采取必要措施，保证评标活动在严格保密的情况下进行。

第六条 评标活动及其当事人应当接受依法实施的监督。

有关行政监督部门依照国务院或者地方政府的职责分工，对评标活动实施监督，依法查处评标活动中的违法行为。

第二章 评标委员会

第七条 评标委员会依法组建，负责评标活动，向招标人推荐中标候选人或者根据招标人的授权直接确定中标人。

第八条 评标委员会由招标人负责组建。

评标委员会成员名单一般应于开标前确定。评标委员会成员名单在中标结果确定前应当保密。

第九条 评标委员会由招标人或其委托的招标代理机构熟悉相关业务的代表，以及有关技术、经济等方面的专家组成，成员人数为五人以上单数，其中技术、经济等方面的专家不得少于成员总数的三分之二。

评标委员会设负责人的，评标委员会负责人由评标委员会成员推举产生或者由招标人确定。评标委员会负责人与评标委员会的其他成员有同等的表决权。

第十条 评标委员会的专家成员应当从依法组建的专家库内的相关专家名单中确定。

按前款规定确定评标专家，可以采取随机抽取或者直接确定的方式。一般项目，可以采取随机抽取的方式；技术复杂、专业性强或者国家有特殊要求的招标项目，采取随机抽取方式确定的专家难以保证胜任的，可以由招标人直接确定。

第十一条 评标专家应符合下列条件：

（一）从事相关专业领域工作满八年并具有高级职称或者同等专业水平；

（二）熟悉有关招标投标的法律法规，并具有与招标项目相关的实践经验；

（三）能够认真、公正、诚实、廉洁地履行职责。

第十二条 有下列情形之一的，不得担任评标委员会成员：

（一）投标人或者投标人主要负责人的近亲属；

（二）项目主管部门或者行政监督部门的人员；

（三）与投标人有经济利益关系，可能影响对投标公正评审的；

（四）曾因在招标、评标以及其他与招标投标有关活动中从事违法行为而受过行政处罚或刑事处罚的。

评标委员会成员有前款规定情形之一的，应当主动提出回避。

第十三条 评标委员会成员应当客观、公正地履行职责，遵守职业道德，对所提出的评审意见承担个人责任。

评标委员会成员不得与任何投标人或者与招标结果有利害关系的人进行私下接触，不得收受投标人、中介人、其他利害关系人的财物或者其他好处，不得向招标人征询其确定中标人的意向，不得接受任何单位或者个人明示或者暗示提出的倾向或者排斥特定投标人的要求，不得有其他不客观、不公正履行职务的行为。

第十四条　评标委员会成员和与评标活动有关的工作人员不得透露对投标文件的评审和比较、中标候选人的推荐情况以及与评标有关的其他情况。

前款所称与评标活动有关的工作人员，是指评标委员会成员以外的因参与评标监督工作或者事务性工作而知悉有关评标情况的所有人员。

第三章　评标的准备与初步评审

第十五条　评标委员会成员应当编制供评标使用的相应表格，认真研究招标文件，至少应了解和熟悉以下内容：

（一）招标的目标；

（二）招标项目的范围和性质；

（三）招标文件中规定的主要技术要求、标准和商务条款；

（四）招标文件规定的评标标准、评标方法和在评标过程中考虑的相关因素。

第十六条　招标人或者其委托的招标代理机构应当向评标委员会提供评标所需的重要信息和数据，但不得带有明示或者暗示倾向或者排斥特定投标人的信息。

招标人设有标底的，标底在开标前应当保密，并在评标时作为参考。

第十七条　评标委员会应当根据招标文件规定的评标标准和方法，对投标文件进行系统地评审和比较。招标文件中没有规定的标准和方法不得作为评标的依据。

招标文件中规定的评标标准和评标方法应当合理，不得含有倾向或者排斥潜在投标人的内容，不得妨碍或者限制投标人之间的竞争。

第十八条　评标委员会应当按照投标报价的高低或者招标文件规定的其他方法对投标文件排序。以多种货币报价的，应当按照中国银行在开标日公布的汇率中间价换算成人民币。

招标文件应当对汇率标准和汇率风险作出规定。未作规定的，汇率风险由投标人承担。

第十九条　评标委员会可以书面方式要求投标人对投标文件中含义不明确、对同类问题表述不一致或者有明显文字和计算错误的内容作必要的澄清、说明或者补正。澄清、说明或者补正应以书面方式进行并不得超出投标文件的范围或者改变投标文件的实质性内容。

投标文件中的大写金额和小写金额不一致的，以大写金额为准；总价金额与单价金额不一致的，以单价金额为准，但单价金额小数点有明显错误的除外；对不同文字文本投标文件的解释发生异议的，以中文文本为准。

第二十条　在评标过程中，评标委员会发现投标人以他人的名义投标、串通投标、以行贿手段谋取中标或者以其他弄虚作假方式投标的，应当否决该投标人的投标。

第二十一条　在评标过程中，评标委员会发现投标人的报价明显低于其他投标报价或者在设有标底时明显低于标底，使得其投标报价可能低于其个别成本的，应当要求该投标人作出书面说明并提供相关证明材料。投标人不能合理说明或者不能提供相关证明材料的，由评标委员会认定该投标人以低于成本报价竞标，应当否决其投标。

第二十二条 投标人资格条件不符合国家有关规定和招标文件要求的，或者拒不按照要求对投标文件进行澄清、说明或者补正的，评标委员会可以否决其投标。

第二十三条 评标委员会应当审查每一投标文件是否对招标文件提出的所有实质性要求和条件作出响应。未能在实质上响应的投标，应当予以否决。

第二十四条 评标委员会应当根据招标文件，审查并逐项列出投标文件的全部投标偏差。

投标偏差分为重大偏差和细微偏差。

第二十五条 下列情况属于重大偏差：

（一）没有按照招标文件要求提供投标担保或者所提供的投标担保有瑕疵；

（二）投标文件没有投标人授权代表签字和加盖公章；

（三）投标文件载明的招标项目完成期限超过招标文件规定的期限；

（四）明显不符合技术规格、技术标准的要求；

（五）投标文件载明的货物包装方式、检验标准和方法等不符合招标文件的要求；

（六）投标文件附有招标人不能接受的条件；

（七）不符合招标文件中规定的其他实质性要求。

投标文件有上述情形之一的，为未能对招标文件作出实质性响应，并按本规定第二十三条规定作否决投标处理。招标文件对重大偏差另有规定的，从其规定。

第二十六条 细微偏差是指投标文件在实质上响应招标文件要求，但在个别地方存在漏项或者提供了不完整的技术信息和数据等情况，并且补正这些遗漏或者不完整不会对其他投标人造成不公平的结果。细微偏差不影响投标文件的有效性。

评标委员会应当书面要求存在细微偏差的投标人在评标结束前予以补正。拒不补正的，在详细评审时可以对细微偏差作不利于该投标人的量化，量化标准应当在招标文件中规定。

第二十七条 评标委员会根据本规定第二十条、第二十一条、第二十二条、第二十三条、第二十五条的规定否决不合格投标后，因有效投标不足三个使得投标明显缺乏竞争的，评标委员会可以否决全部投标。

投标人少于三个或者所有投标被否决的，招标人在分析招标失败的原因并采取相应措施后，应当依法重新招标。

第四章 详 细 评 审

第二十八条 经初步评审合格的投标文件，评标委员会应当根据招标文件确定的评标标准和方法，对其技术部分和商务部分作进一步评审、比较。

第二十九条 评标方法包括经评审的最低投标价法、综合评估法或者法律、行政法规允许的其他评标方法。

第三十条 经评审的最低投标价法一般适用于具有通用技术、性能标准或者招标人对其技术、性能没有特殊要求的招标项目。

第三十一条 根据经评审的最低投标价法，能够满足招标文件的实质性要求，并且经评审的最低投标价的投标，应当推荐为中标候选人。

第三十二条 采用经评审的最低投标价法的，评标委员会应当根据招标文件中规定的评标价格调整方法，以所有投标人的投标报价以及投标文件的商务部分作必要的价格调整。

采用经评审的最低投标价法的，中标人的投标应当符合招标文件规定的技术要求和标准，但评标委员会无需对投标文件的技术部分进行价格折算。

第三十三条 根据经评审的最低投标价法完成详细评审后，评标委员会应当拟定一份"标价比较表"，连同书面评标报告提交招标人。"标价比较表"应当载明投标人的投标报价、对商务偏差的价格调整和说明以及经评审的最终投标价。

第三十四条 不宜采用经评审的最低投标价法的招标项目，一般应当采取综合评估法进行评审。

第三十五条 根据综合评估法，最大限度地满足招标文件中规定的各项综合评价标准的投标，应当推荐为中标候选人。

衡量投标文件是否最大限度地满足招标文件中规定的各项评价标准，可以采取折算为货币的方法、打分的方法或者其他方法。需量化的因素及其权重应当在招标文件中明确规定。

第三十六条 评标委员会对各个评审因素进行量化时，应当将量化指标建立在同一基础或者同一标准上，使各投标文件具有可比性。

对技术部分和商务部分进行量化后，评标委员会应当对这两部分的量化结果进行加权，计算出每一投标的综合评估价或者综合评估分。

第三十七条 根据综合评估法完成评标后，评标委员会应当拟定一份"综合评估比较表"，连同书面评标报告提交招标人。"综合评估比较表"应当载明投标人的投标报价、所作的任何修正、对商务偏差的调整、对技术偏差的调整、对各评审因素的评估以及对每一投标的最终评审结果。

第三十八条 根据招标文件的规定，允许投标人投备选标的，评标委员会可以对中标人所投的备选标进行评审，以决定是否采纳备选标。不符合中标条件的投标人的备选标不予考虑。

第三十九条 对于划分有多个单项合同的招标项目，招标文件允许投标人为获得整个项目合同而提出优惠的，评标委员会可以对投标人提出的优惠进行审查，以决定是否将招标项目作为一个整体合同授予中标人。将招标项目作为一个整体合同授予的，整体合同中标人的投标应当最有利于招标人。

第四十条 评标和定标应当在投标有效期内完成。不能在投标有效期内完成评标和定标的，招标人应当通知所有投标人延长投标有效期。拒绝延长投标有效期的投标人有权收回投标保证金。同意延长投标有效期的投标人应当相应延长其投标担保的有效期，但不得修改投标文件的实质性内容。因延长投标有效期造成投标人损失的，招标人应当给予补偿，但因不可抗力需延长投标有效期的除外。

招标文件应当载明投标有效期。投标有效期从提交投标文件截止日起计算。

第五章 推荐中标候选人与定标

第四十一条 评标委员会在评标过程中发现的问题，应当及时作出处理或者向招标人提出处理建议，并作书面记录。

第四十二条 评标委员会完成评标后，应当向招标人提出书面评标报告，并抄送有关行政监督部门。评标报告应当如实记载以下内容：

（一）基本情况和数据表；

（二）评标委员会成员名单；

（三）开标记录；

（四）符合要求的投标一览表；

（五）否决投标的情况说明；

（六）评标标准、评标方法或者评标因素一览表；

（七）经评审的价格或者评分比较一览表；

（八）经评审的投标人排序；

（九）推荐的中标候选人名单与签订合同前要处理的事宜；

（十）澄清、说明、补正事项纪要。

第四十三条 评标报告由评标委员会全体成员签字。对评标结论持有异议的评标委员会成员可以书面方式阐述其不同意见和理由。评标委员会成员拒绝在评标报告上签字且不陈述其不同意见和理由的，视为同意评标结论。评标委员会应当对此作出书面说明并记录在案。

第四十四条 向招标人提交书面评标报告后，评标委员会应将评标过程中使用的文件、表格以及其他资料应当即时归还招标人。

第四十五条 评标委员会推荐的中标候选人应当限定在一至三人，并标明排列顺序。

第四十六条 中标人的投标应当符合下列条件之一：

（一）能够最大限度满足招标文件中规定的各项综合评价标准；

（二）能够满足招标文件的实质性要求，并且经评审的投标价格最低；但是投标价格低于成本的除外。

第四十七条　招标人不得与投标人就投标价格、投标方案等实质性内容进行谈判。

第四十八条　国有资金占控股或者主导地位的项目，招标人应当确定排名第一的中标候选人为中标人。排名第一的中标候选人放弃中标、因不可抗力提出不能履行合同，或者招标文件规定应当提交履约保证金而在规定的期限内未能提交，或者被查实存在影响中标结果的违法行为等情形，不符合中标条件的，招标人可以按照评标委员会提出的中标候选人名单排序依次确定其他中标候选人为中标人。依次确定其他中标候选人与招标人预期差距较大，或者对招标人明显不利的，招标人可以重新招标。

招标人可以授权评标委员会直接确定中标人。

国务院对中标人的确定另有规定的，从其规定。

第四十九条　中标人确定后，招标人应当向中标人发出中标通知书，同时通知未中标人，并与中标人在投标有效期内以及中标通知书发出之日起 30 日之内签订合同。

第五十条　中标通知书对招标人和中标人具有法律约束力。中标通知书发出后，招标人改变中标结果或者中标人放弃中标的，应当承担法律责任。

第五十一条　招标人应当与中标人按照招标文件和中标人的投标文件订立书面合同。招标人与中标人不得再行订立背离合同实质性内容的其他协议。

第五十二条　招标人与中标人签订合同后 5 日内，应当向中标人和未中标的投标人退还投标保证金。

第六章　罚　　则

第五十三条　评标委员会成员有下列行为之一的，由有关行政监督部门责令改正；情节严重的，禁止其在一定期限内参加依法必须进行招标的项目的评标；情节特别严重的，取消其担任评标委员会成员的资格：

（一）应当回避而不回避；

（二）擅离职守；

（三）不按照招标文件规定的评标标准和方法评标；

（四）私下接触投标人；

（五）向招标人征询确定中标人的意向或者接受任何单位或者个人明示或者暗示提出的倾向或者排斥特定投标人的要求；

（六）对依法应当否决的投标不提出否决意见；

（七）暗示或者诱导投标人作出澄清、说明或者接受投标人主动提出的澄清、说明；

（八）其他不客观、不公正履行职务的行为。

第五十四条 评标委员会成员收受投标人的财物或者其他好处的，评标委员会成员或者与评标活动有关的工作人员向他人透露对投标文件的评审和比较、中标候选人的推荐以及与评标有关的其他情况的，给予警告，没收收受的财物，可以并处三千元以上五万元以下的罚款；对有所列违法行为的评标委员会成员取消担任评标委员会成员的资格，不得再参加任何依法必须进行招标项目的评标；构成犯罪的，依法追究刑事责任。

第五十五条 招标人有下列情形之一的，责令改正，可以处中标项目金额千分之十以下的罚款；给他人造成损失的，依法承担赔偿责任；对单位直接负责的主管人员和其他直接责任人员依法给予处分：

（一）无正当理由不发出中标通知书；

（二）不按照规定确定中标人；

（三）中标通知书发出后无正当理由改变中标结果；

（四）无正当理由不与中标人订立合同；

（五）在订立合同时向中标人提出附加条件。

第五十六条 招标人与中标人不按照招标文件和中标人的投标文件订立合同的，合同的主要条款与招标文件、中标人的投标文件的内容不一致，或者招标人、中标人订立背离合同实质性内容的协议的，由有关行政监督部门责令改正，可以处中标项目金额千分之五以上千分之十以下的罚款。

第五十七条 中标人无正当理由不与招标人订立合同，在签订合同时向招标人提出附加条件，或者不按照招标文件要求提交履约保证金的，取消其中标资格，投标保证金不予退还。对依法必须进行招标的项目的中标人，由有关行政监督部门责令改正，可以处中标项目金额千分之十以下的罚款。

第七章　附　　则

第五十八条 依法必须招标项目以外的评标活动，参照本规定执行。

第五十九条 使用国际组织或者外国政府贷款、援助资金的招标项目的评标活动，贷款方、资金提供方对评标委员会与评标方法另有规定的，适用其规定，但违背中华人民共和国的社会公共利益的除外。

第六十条 本规定颁布前有关评标机构和评标方法的规定与本规定不一致的，以本规定为准。法律或者行政法规另有规定的，从其规定。

第六十一条 本规定由国家发展改革委会同有关部门负责解释。

第六十二条 本规定自发布之日起施行。

评标专家和评标专家库管理暂行办法

（2003 年 2 月 22 日国家发展计划委员会令第 29 号公布，根据 2013 年 3 月 11 日国家发展改革委等九部委令第 23 号修订）

第一条　为加强对评标专家的监督管理，健全评标专家库制度，保证评标活动的公平、公正，提高评标质量，根据《中华人民共和国招标投标法》（简称为《招标投标法》）、《中华人民共和国招标投标法实施条例》（简称《招标投标法实施条例》），制定本办法。

第二条　本办法适用于评标专家的资格认定、入库及评标专家库的组建、使用、管理活动。

第三条　评标专家库由省级（含，下同）以上人民政府有关部门或者依法成立的招标代理机构依照《招标投标法》、《招标投标法实施条例》以及国家统一的评标专家专业分类标准❶和管理办法的规定自主组建。

评标专家库的组建活动应当公开，接受公众监督。

第四条　省级人民政府、省级以上人民政府有关部门、招标代理机构应当加强对其所建评标专家库及评标专家的管理，但不得以任何名义非法控制、干预或者影响评标专家的具体评标活动。

第五条　政府投资项目的评标专家，必须从政府或者政府有关部门组建的评标专家库中抽取。

第六条　省级人民政府、省级以上人民政府有关部门组建评标专家库，应当有利于打破地区封锁，实现评标专家资源共享。

省级人民政府和国务院有关部门应当组建跨部门、跨地区的综合评标专家库。

第七条　入选评标专家库的专家，必须具备如下条件：

（一）从事相关专业领域工作满八年并具有高级职称或同等专业水平；

（二）熟悉有关招标投标的法律法规；

（三）能够认真、公正、诚实、廉洁地履行职责；

（四）身体健康，能够承担评标工作；

（五）法规规章规定的其他条件。

第八条　评标专家库应当具备下列条件：

（一）具有符合本办法第七条规定条件的评标专家，专家总数不得少于 500 人；

---

❶　国家发展改革委、工业和信息化部、监察部、财政部、住房和城乡建设部、交通运输部、铁道部、水利部、商务部、国务院法制办于 2010 年 7 月 15 日印发了《评标专家专业分类标准（试行）》（发改法规〔2010〕1538 号）。

（二）有满足评标需要的专业分类；

（三）有满足异地抽取、随机抽取评标专家需要的必要设施和条件；

（四）有负责日常维护管理的专门机构和人员。

第九条　专家入选评标专家库，采取个人申请和单位推荐两种方式。采取单位推荐方式的，应事先征得被推荐人同意。

个人申请书或单位推荐书应当存档备查。个人申请书或单位推荐书应当附有符合本办法第七条规定条件的证明材料。

第十条　组建评标专家库的省级人民政府、政府部门或者招标代理机构，应当对申请人或被推荐人进行评审，决定是否接受申请或者推荐，并向符合本办法第七条规定条件的申请人或被推荐人颁发评标专家证书。

评审过程及结果应做成书面记录，并存档备查。

组建评标专家库的政府部门，可以对申请人或者被推荐人进行必要的招标投标业务和法律知识培训。

第十一条　组建评标专家库的省级人民政府、政府部门或者招标代理机构，应当为每位入选专家建立档案，详细记载评标专家评标的具体情况。

第十二条　组建评标专家库的省级人民政府、政府部门或者招标代理机构，应当建立年度考核制度，对每位入选专家进行考核。评标专家因身体健康、业务能力及信誉等原因不能胜任评标工作的，停止担任评标专家，并从评标专家库中除名。

第十三条　评标专家享有下列权利：

（一）接受招标人或其招标代理机构聘请，担任评标委员会成员；

（二）依法对投标文件进行独立评审，提出评审意见，不受任何单位或者个人的干预；

（三）接受参加评标活动的劳务报酬；

（四）国家规定的其他权利。

第十四条　评标专家负有下列义务：

（一）有《招标投标法》第三十七条、《招标投标法实施条例》第四十六条和《评标委员会和评标方法暂行规定》第十二条规定情形之一的，应当主动提出回避；

（二）遵守评标工作纪律，不得私下接触投标人，不得收受投标人或者其他利害关系人的财物或者其他好处，不得透露对投标文件的评审和比较、中标候选人的推荐情况以及与评标有关的其他情况；

（三）客观公正地进行评标；

（四）协助、配合有关行政监督部门的监督、检查；

（五）国家规定的其他义务。

第十五条　评标专家有下列情形之一的，由有关行政监督部门责令改正；情节严重的，禁止其在一定期限内参加依法必须进行招标的项目的评标；情节特别严重的，取消其担任评标委员会成员的资格：

（一）应当回避而不回避；

（二）擅离职守；

（三）不按照招标文件规定的评标标准和方法评标；

（四）私下接触投标人；

（五）向招标人征询确定中标人的意向或者接受任何单位或者个人明示或者暗示提出的倾向或者排斥特定投标人的要求；

（六）对依法应当否决的投标不提出否决意见；

（七）暗示或者诱导投标人作出澄清、说明或者接受投标人主动提出的澄清、说明；

（八）其他不客观、不公正履行职务的行为。

评标委员会成员收受投标人的财物或者其他好处的，评标委员会成员或者与评标活动有关的工作人员向他人透露对投标文件的评审和比较、中标候选人的推荐以及与评标有关的其他情况的，给予警告，没收收受的财物，可以并处三千元以上五万元以下的罚款；对有所列违法行为的评标委员会成员取消担任评标委员会成员的资格，不得再参加任何依法必须进行招标项目的评标；构成犯罪的，依法追究刑事责任。

第十六条　组建评标专家库的政府部门或者招标代理机构有下列情形之一的，由有关行政监督部门给予警告；情节严重的，暂停直至取消招标代理机构相应的招标代理资格：

（一）组建的评标专家库不具备本办法规定条件的；

（二）未按本办法规定建立评标专家档案或对评标专家档案作虚假记载的；

（三）以管理为名，非法干预评标专家的评标活动的。

法律法规对前款规定的行为处罚另有规定的，从其规定。

第十七条　依法必须进行招标的项目的招标人不按照规定组建评标委员会，或者确定、更换评标委员会成员违反《招标投标法》和《招标投标法实施条例》规定的，由有关行政监督部门责令改正，可以处十万元以下的罚款，对单位直接负责的主管人员和其他直接责任人员依法给予处分；违法确定或者更换的评标委员会成员作出的评审结论无效，依法重新进行评审。

政府投资项目的招标人或其委托的招标代理机构不遵守本办法第五条的规定，不从政府或者政府有关部门组建的评标专家库中抽取专家的，评标无效；情节严重的，由政府有关部门依法给予警告。

第十八条　本办法由国家发展改革委负责解释。

第十九条　本办法自二〇〇三年四月一日起实施。

国家综合评标专家库试运行管理办法

（发改办法规〔2012〕857号，2012年4月9日国家发展改革委办公厅发布）

第一章　总　　则

第一条　为规范国家综合评标专家库（以下简称国家库）试运行期间的使用和管理，保障国家库有序运行，根据《招标投标法》、《招标投标法实施条例》，制定本办法。

第二条　本办法适用于国家库试运行期间的使用、维护、管理。

第三条　试运行期间，国家库提供石油天然气、城市轨道交通、电力、新能源、煤炭（含煤层气）、气象等领域的评标专家抽取服务。

国家库将逐步扩大专家抽取领域和专家数量。

第四条　国家库网址为 http://zhuanjiaku.ndrc.gov.cn/。

第二章　专 家 入 库 管 理

第五条　在相关专业领域内具有一定影响力，并具备下列条件的专家，可入选国家库：

（一）能够公正、认真、诚实、廉洁地履行职责；

（二）熟悉与招投标有关的法律、法规和规章；

（三）从事相关专业领域工作满8年，具有高级职称或同等专业水平，并满足规定的专业业绩要求；

（四）身体健康，年龄一般不超过65岁；

（五）未曾因违法、违纪被取消评标资格，未曾在招标、评标以及其他与招投标有关活动中从事违法行为而受过行政处罚或者刑事处罚的；

（六）符合法律法规规定的其他条件。

国家库专家各专业业绩具体要求另行公布。

特殊专业或有突出贡献的专家入选条件可适当放宽。

第六条　专家入选国家库，采取个人申请或者单位推荐的方式。采取推荐方式的，推荐单位应当事先征得被推荐人同意。

第七条　申请人应按要求在网上填写、上传申请表，并按照申请表要求，报送各项证明材料。

申请人应依据所学专业、工作经历和评标业绩，按照《评标专家专业分类标准》（发改法规〔2010〕1538号）规定的专业划分，填报专业类别和专业代码。每位申请人最多可填报 5 个专业。

第八条　国家发展改革委会同有关行业管理部门组织成立专家评审委员会，对申请人的入库资格进行审查。

通过审查的人员，应接受招标投标法律、法规和专业知识的培训与考核，考试合格者成为国家库评标专家。

第九条　评标专家依据《评标专家和评标专家库管理暂行办法》（国家发展计划委员会令第 29 号），享有相应权利、承担相应义务。

第十条　评标专家两年内参加过招投标行政监督部门或地方综合评标专家库管理部门组织的评标专家培训，可不再参加国家库同类科目的继续教育培训。

第三章　国家库的使用和运行

第十一条　试运行期间，国家库按照自愿原则，提供评标专家抽取服务。
网络终端不得收取或变相收取任何费用。

第十二条　国家库网络终端应具备下列条件：

（一）有健全的网络终端工作流程、工作制度、安全管理制度；

（二）具有相对独立的评标专家抽取用房，配有计算机、打印机、互联网等网络终端抽取所需的硬件设备与网络运行环境；

（三）具有相对稳定的管理单位，以及经过专业培训的专职操作人员和维护人员；

（四）国家发展改革委规定的其他条件。

第十三条　试运行期间，网络抽取终端单位应定期对试运行项目评标专家抽取、系统运行及其他有关情况进行汇总，反馈至国家发展改革委（法规司）。

第十四条　招标人或其委托的招标代理机构需要在国家库抽取专家的，应登录国家库网站，进行招标项目登记。

第十五条　网络终端按照以下程序办理评标专家抽取事宜：

（一）核验经办人身份证件和授权委托书；委托招标代理机构办理评标专家抽取事宜的，还应同时查验招标代理机构营业执照和委托代理协议，并留存复印件存档备查；

（二）按招标人或其委托的招标代理机构填写的《国家综合评标专家库专家抽取条件表》和《国家综合评标专家库专家抽取回避单位表》，随机抽取评标专家；

（三）打印专家抽取确认材料，并由网络终端工作人员、招标人或者其委托的招标代理机构人员签字后存档备查。

招标人未按照本办法第十四条要求完成招标项目登记或未提供前款第（一）项材料的，不予办理评标专家抽取事宜。

第十六条 评标专家名单确定后，发生评标专家不能到场或需要回避等特殊情况的，由网络终端记录原因，并进行补抽。

第十七条 有下列事项之一的，经网络终端确认后，招标人可以依据需要依法从其他专家库确定评标专家：

（一）补抽失败；

（二）因不可抗力导致网络中断，无法抽取专家；

网络终端应当在事后及时提交书面报告。

第四章 国家库的管理

第十八条 国家发展改革委负责国家库试运行管理工作，并对国家库网络终端的运行情况实施监督。

有关行政监督部门依照规定的职责分工，对评标专家评标活动进行监督。

第十九条 招标人或招标人委托的招标代理机构可以对评标专家在评标过程中的综合表现进行履职评议，及时将评议结果上传至国家库系统。履职评议情况作为专家年度考核的参考。

第二十条 试运行期满，评标专家经培训及考核合格的，可以续聘。

第二十一条 建立评标专家个人档案，主要包括下列内容：

（一）专家个人情况，包括个人申请书或推荐书以及有关证明材料，入选国家库的审查过程以及结果的书面记录；

（二）专家履职评议情况；

（三）信用情况；

（四）参加培训情况；

（五）年度考核情况。

第二十二条 专家有下列情形的，可暂停或者终止其评标资格：

（一）提供虚假申请材料，骗取国家库评标专家资格；

（二）未按要求参加培训或考核不合格；

（三）在一个年度内，无正当理由不参加评标达到五次并超过抽中次数三分之一；

（四）因身体健康状况、工作调动等不适宜继续参与评标活动；

（五）在评标活动中有违法行为而受到行政处罚；

（六）本人申请不再担任评标专家；

（七）以国家库评标专家名义从事有损国家库形象的活动；

（八）法律法规规定的需要终止其评标资格的其他情形。

第二十三条 评标专家出现违法违纪行为的，依据《招标投标违法行为记录公告暂行办法》（发改法规〔2008〕1531号）规定，对其予以公示。

第五章　罚　　则

第二十四条　试运行期间，网络抽取终端单位存在下列情形之一的，国家发展改革委责令其限期改正，情节严重或者逾期不改正的，可暂停或者取消该抽取终端。

（一）配置的设备、设施及人员不能满足试运行要求；

（二）要求招标人或者其委托的招标代理机构支付抽取费用；

（三）对于符合抽取条件的申请无正当理由予以拒绝；

（四）违反本办法规定的抽取程序办理抽取事宜；

（五）不按规定上报试运行项目评标专家抽取、系统运行及其他有关情况；

（六）有其他不符合法律、法规规定的行为。

第二十五条　评标专家有《中华人民共和国招标投标法实施条例》第 71 条、72 条规定行为的，依法予以处罚，构成犯罪的，依法追究刑事责任。

第二十六条　国家库工作人员在运行管理维护、抽取评标专家工作中，违反操作要求予以指定或进行暗箱操作的，或故意对外泄露被抽取评标专家有关姓名、单位、联系方式等内容的，可根据具体情况，依法给予相应的行政处分；构成犯罪的，依法追究刑事责任。

第六章　附　　则

第二十七条　本办法由国家发展改革委负责解释。

第二十八条　本办法自颁布之日起实施。

电子招标投标办法

（2013 年 2 月 4 日国家发展和改革委员会、工业和信息化部、监察部、住房和城乡建设部、交通运输部、铁道部、水利部、商务部令第 20 号公布）

第一章　总　　则

第一条　为了规范电子招标投标活动，促进电子招标投标健康发展，根据《中华人民共和国招标投标法》、《中华人民共和国招标投标法实施条例》（以下分别简称招标投标法、招标投标法实施条例），制定本办法。

第二条　在中华人民共和国境内进行电子招标投标活动，适用本办法。

本办法所称电子招标投标活动是指以数据电文形式，依托电子招标投标系统完成的全部或者部分招标投标交易、公共服务和行政监督活动。

数据电文形式与纸质形式的招标投标活动具有同等法律效力。

第三条 电子招标投标系统根据功能的不同，分为交易平台、公共服务平台和行政监督平台。

交易平台是以数据电文形式完成招标投标交易活动的信息平台。公共服务平台是满足交易平台之间信息交换、资源共享需要，并为市场主体、行政监督部门和社会公众提供信息服务的信息平台。行政监督平台是行政监督部门和监察机关在线监督电子招标投标活动的信息平台。

电子招标投标系统的开发、检测、认证、运营应当遵守本办法及所附《电子招标投标系统技术规范》（以下简称技术规范）❶。

第四条 国务院发展改革部门负责指导协调全国电子招标投标活动，各级地方人民政府发展改革部门负责指导协调本行政区域内电子招标投标活动。各级人民政府发展改革、工业和信息化、住房城乡建设、交通运输、铁道、水利、商务等部门，按照规定的职责分工，对电子招标投标活动实施监督，依法查处电子招标投标活动中的违法行为。

依法设立的招标投标交易场所的监管机构负责督促、指导招标投标交易场所推进电子招标投标工作，配合有关部门对电子招标投标活动实施监督。

省级以上人民政府有关部门对本行政区域内电子招标投标系统的建设、运营，以及相关检测、认证活动实施监督。

监察机关依法对与电子招标投标活动有关的监察对象实施监察。

第二章　电子招标投标交易平台

第五条 电子招标投标交易平台按照标准统一、互联互通、公开透明、安全高效的原则以及市场化、专业化、集约化方向建设和运营。

第六条 依法设立的招标投标交易场所、招标人、招标代理机构以及其他依法设立的法人组织可以按行业、专业类别，建设和运营电子招标投标交易平台。国家鼓励电子招标投标交易平台平等竞争。

第七条 电子招标投标交易平台应当按照本办法和技术规范规定，具备下列主要功能：

（一）在线完成招标投标全部交易过程；

（二）编辑、生成、对接、交换和发布有关招标投标数据信息；

（三）提供行政监督部门和监察机关依法实施监督和受理投诉所需的监督通道；

---

❶ 另参见《电子招标投标系统检测认证管理办法（试行）》（国认证联〔2015〕53号，2015年8月4日国家认监委、发展改革委、工业和信息化部、住房城乡建设部、交通运输部、水利部、商务部发布）。

（四）本办法和技术规范规定的其他功能。

第八条 电子招标投标交易平台应当按照技术规范规定，执行统一的信息分类和编码标准，为各类电子招标投标信息的互联互通和交换共享开放数据接口、公布接口要求。

电子招标投标交易平台接口应当保持技术中立，与各类需要分离开发的工具软件相兼容对接，不得限制或者排斥符合技术规范规定的工具软件与其对接。

第九条 电子招标投标交易平台应当允许社会公众、市场主体免费注册登录和获取依法公开的招标投标信息，为招标投标活动当事人、行政监督部门和监察机关按各自职责和注册权限登录使用交易平台提供必要条件。

第十条 电子招标投标交易平台应当依照《中华人民共和国认证认可条例》等有关规定进行检测、认证，通过检测、认证的电子招标投标交易平台应当在省级以上电子招标投标公共服务平台上公布。

电子招标投标交易平台服务器应当设在中华人民共和国境内。

第十一条 电子招标投标交易平台运营机构应当是依法成立的法人，拥有一定数量的专职信息技术、招标专业人员。

第十二条 电子招标投标交易平台运营机构应当根据国家有关法律法规及技术规范，建立健全电子招标投标交易平台规范运行和安全管理制度，加强监控、检测，及时发现和排除隐患。

第十三条 电子招标投标交易平台运营机构应当采用可靠的身份识别、权限控制、加密、病毒防范等技术，防范非授权操作，保证交易平台的安全、稳定、可靠。

第十四条 电子招标投标交易平台运营机构应当采取有效措施，验证初始录入信息的真实性，并确保数据电文不被篡改、不遗漏和可追溯。

第十五条 电子招标投标交易平台运营机构不得以任何手段限制或者排斥潜在投标人，不得泄露依法应当保密的信息，不得弄虚作假、串通投标或者为弄虚作假、串通投标提供便利。

第三章 电子招标

第十六条 招标人或者其委托的招标代理机构应当在其使用的电子招标投标交易平台注册登记，选择使用除招标人或招标代理机构之外第三方运营的电子招标投标交易平台的，还应当与电子招标投标交易平台运营机构签订使用合同，明确服务内容、服务质量、服务费用等权利和义务，并对服务过程中相关信息的产权归属、保密责任、存档等依法作出约定。

电子招标投标交易平台运营机构不得以技术和数据接口配套为由，要求潜在投标人购买指定的工具软件。

第十七条　招标人或者其委托的招标代理机构应当在资格预审公告、招标公告或者投标邀请书中载明潜在投标人访问电子招标投标交易平台的网络地址和方法。依法必须进行公开招标项目的上述相关公告应当在电子招标投标交易平台和国家指定的招标公告媒介同步发布。

第十八条　招标人或者其委托的招标代理机构应当及时将数据电文形式的资格预审文件、招标文件加载至电子招标投标交易平台，供潜在投标人下载或者查阅。

第十九条　数据电文形式的资格预审公告、招标公告、资格预审文件、招标文件等应当标准化、格式化，并符合有关法律法规以及国家有关部门颁发的标准文本的要求。

第二十条　除本办法和技术规范规定的注册登记外，任何单位和个人不得在招标投标活动中设置注册登记、投标报名等前置条件限制潜在投标人下载资格预审文件或者招标文件。

第二十一条　在投标截止时间前，电子招标投标交易平台运营机构不得向招标人或者其委托的招标代理机构以外的任何单位和个人泄露下载资格预审文件、招标文件的潜在投标人名称、数量以及可能影响公平竞争的其他信息。

第二十二条　招标人对资格预审文件、招标文件进行澄清或者修改的，应当通过电子招标投标交易平台以醒目的方式公告澄清或者修改的内容，并以有效方式通知所有已下载资格预审文件或者招标文件的潜在投标人。

第四章　电　子　投　标

第二十三条　电子招标投标交易平台的运营机构，以及与该机构有控股或者管理关系可能影响招标公正性的任何单位和个人，不得在该交易平台进行的招标项目中投标和代理投标。

第二十四条　投标人应当在资格预审公告、招标公告或者投标邀请书载明的电子招标投标交易平台注册登记，如实递交有关信息，并经电子招标投标交易平台运营机构验证。

第二十五条　投标人应当通过资格预审公告、招标公告或者投标邀请书载明的电子招标投标交易平台递交数据电文形式的资格预审申请文件或者投标文件。

第二十六条　电子招标投标交易平台应当允许投标人离线编制投标文件，并且具备分段或者整体加密、解密功能。

投标人应当按照招标文件和电子招标投标交易平台的要求编制并加密投标文件。

投标人未按规定加密的投标文件，电子招标投标交易平台应当拒收并提示。

第二十七条　投标人应当在投标截止时间前完成投标文件的传输递交，并可以补充、修改或者撤回投标文件。投标截止时间前未完成投标文件传输的，视为撤回投标文件。投标截止时间后送达的投标文件，电子招标投标交易平台应当拒收。

电子招标投标交易平台收到投标人送达的投标文件，应当即时向投标人发出确认回执通知，并妥善保存投标文件。在投标截止时间前，除投标人补充、修改或者撤回投标文件外，任何单位和个人不得解密、提取投标文件。

第二十八条　资格预审申请文件的编制、加密、递交、传输、接收确认等，适用本办法关于投标文件的规定。

第五章　电子开标、评标和中标

第二十九条　电子开标应当按照招标文件确定的时间，在电子招标投标交易平台上公开进行，所有投标人均应当准时在线参加开标。

第三十条　开标时，电子招标投标交易平台自动提取所有投标文件，提示招标人和投标人按招标文件规定方式按时在线解密。解密全部完成后，应当向所有投标人公布投标人名称、投标价格和招标文件规定的其他内容。

第三十一条　因投标人原因造成投标文件未解密的，视为撤销其投标文件；因投标人之外的原因造成投标文件未解密的，视为撤回其投标文件，投标人有权要求责任方赔偿因此遭受的直接损失。部分投标文件未解密的，其他投标文件的开标可以继续进行。

招标人可以在招标文件中明确投标文件解密失败的补救方案，投标文件应按照招标文件的要求作出响应。

第三十二条　电子招标投标交易平台应当生成开标记录并向社会公众公布，但依法应当保密的除外。

第三十三条　电子评标应当在有效监控和保密的环境下在线进行。

根据国家规定应当进入依法设立的招标投标交易场所的招标项目，评标委员会成员应当在依法设立的招标投标交易场所登录招标项目所使用的电子招标投标交易平台进行评标。

评标中需要投标人对投标文件澄清或者说明的，招标人和投标人应当通过电子招标投标交易平台交换数据电文。

第三十四条　评标委员会完成评标后，应当通过电子招标投标交易平台向招标人提交数据电文形式的评标报告。

第三十五条　依法必须进行招标的项目中标候选人和中标结果应当在电子招标投标交易平台进行公示和公布。

第三十六条　招标人确定中标人后，应当通过电子招标投标交易平台以数据电文形式向中标人发出中标通知书，并向未中标人发出中标结果通知书。

招标人应当通过电子招标投标交易平台，以数据电文形式与中标人签订合同。

第三十七条　鼓励招标人、中标人等相关主体及时通过电子招标投标交易平台递交和公布中标合同履行情况的信息。

第三十八条　资格预审申请文件的解密、开启、评审、发出结果通知书等，适用本办法关于投标文件的规定。

第三十九条　投标人或者其他利害关系人依法对资格预审文件、招标文件、开标和评标结果提出异议，以及招标人答复，均应当通过电子招标投标交易平台进行。

第四十条　招标投标活动中的下列数据电文应当按照《中华人民共和国电子签名法》和招标文件的要求进行电子签名并进行电子存档：

（一）资格预审公告、招标公告或者投标邀请书；

（二）资格预审文件、招标文件及其澄清、补充和修改；

（三）资格预审申请文件、投标文件及其澄清和说明；

（四）资格审查报告、评标报告；

（五）资格预审结果通知书和中标通知书；

（六）合同；

（七）国家规定的其他文件。

第六章　信息共享与公共服务

第四十一条　电子招标投标交易平台应当依法及时公布下列主要信息：

（一）招标人名称、地址、联系人及联系方式；

（二）招标项目名称、内容范围、规模、资金来源和主要技术要求；

（三）招标代理机构名称、资格、项目负责人及联系方式；

（四）投标人名称、资质和许可范围、项目负责人；

（五）中标人名称、中标金额、签约时间、合同期限；

（六）国家规定的公告、公示和技术规范规定公布和交换的其他信息。

鼓励招标投标活动当事人通过电子招标投标交易平台公布项目完成质量、期限、结算金额等合同履行情况。

第四十二条　各级人民政府有关部门应当按照《中华人民共和国政府信息公开条例》等规定，在本部门网站及时公布并允许下载下列信息：

（一）有关法律法规规章及规范性文件；

（二）取得相关工程、服务资质证书或货物生产、经营许可证的单位名称、营业范围及年检情况；

（三）取得有关职称、职业资格的从业人员的姓名、电子证书编号；

（四）对有关违法行为作出的行政处理决定和招标投标活动的投诉处理情况；

（五）依法公开的工商、税务、海关、金融等相关信息。

第四十三条　设区的市级以上人民政府发展改革部门会同有关部门，按照政府主导、共建共享、公益服务的原则，推动建立本地区统一的电子招标投标公共服务平台，为电子招标投标交易平台、招标投标活动当事人、社会公众和行政监督部门、监察机关提供信息服务。

第四十四条　电子招标投标公共服务平台应当按照本办法和技术规范规定，具备下列主要功能：

（一）链接各级人民政府及其部门网站，收集、整合和发布有关法律法规规章及规范性文件、行政许可、行政处理决定、市场监管和服务的相关信息；

（二）连接电子招标投标交易平台、国家规定的公告媒介，交换、整合和发布本办法第四十一条规定的信息；

（三）连接依法设立的评标专家库，实现专家资源共享；

（四）支持不同电子认证服务机构数字证书的兼容互认；

（五）提供行政监督部门和监察机关依法实施监督、监察所需的监督通道；

（六）整合分析相关数据信息，动态反映招标投标市场运行状况、相关市场主体业绩和信用情况。

属于依法必须公开的信息，公共服务平台应当无偿提供。

公共服务平台应同时遵守本办法第八条至第十五条规定。

第四十五条　电子招标投标交易平台应当按照本办法和技术规范规定，在任一电子招标投标公共服务平台注册登记，并向电子招标投标公共服务平台及时提供本办法第四十一条规定的信息，以及双方协商确定的其他信息。

电子招标投标公共服务平台应当按照本办法和技术规范规定，开放数据接口、公布接口要求，与电子招标投标交易平台及时交换招标投标活动所必需的信息，以及双方协商确定的其他信息。

电子招标投标公共服务平台应当按照本办法和技术规范规定，开放数据接口、公布接口要求，与上一层级电子招标投标公共服务平台连接并注册登记，及时交换本办法第四十四条规定的信息，以及双方协商确定的其他信息。

电子招标投标公共服务平台应当允许社会公众、市场主体免费注册登录和获取依法公开的招标投标信息，为招标人、投标人、行政监督部门和监察机关按各自职责和注册权限登录使用公共服务平台提供必要条件。

第七章　监　督　管　理

第四十六条　电子招标投标活动及相关主体应当自觉接受行政监督部门、监察机关依法实施的监督、监察。

第四十七条　行政监督部门、监察机关结合电子政务建设，提升电子招标投标监督能力，依法设置并公布有关法律法规规章、行政监督的依据、职责权限、监督环节、程序和时限、信息交换要求和联系方式等相关内容。

第四十八条　电子招标投标交易平台和公共服务平台应当按照本办法和技术规范规定，向行政监督平台开放数据接口、公布接口要求，按有关规定及时对接交换和公布有关招标投标信息。

行政监督平台应当开放数据接口，公布数据接口要求，不得限制和排斥已通过检测认证的电子招标投标交易平台和公共服务平台与其对接交换信息，并参照执行本办法第八条至第十五条的有关规定。

第四十九条　电子招标投标交易平台应当依法设置电子招标投标工作人员的职责权限，如实记录招标投标过程、数据信息来源，以及每一操作环节的时间、网络地址和工作人员，并具备电子归档功能。

电子招标投标公共服务平台应当记录和公布相关交换数据信息的来源、时间并进行电子归档备份。

任何单位和个人不得伪造、篡改或者损毁电子招标投标活动信息。

第五十条　行政监督部门、监察机关及其工作人员，除依法履行职责外，不得干预电子招标投标活动，并遵守有关信息保密的规定。

第五十一条　投标人或者其他利害关系人认为电子招标投标活动不符合有关规定的，通过相关行政监督平台进行投诉。

第五十二条　行政监督部门和监察机关在依法监督检查招标投标活动或者处理投诉时，通过其平台发出的行政监督或者行政监察指令，招标投标活动当事人和电子招标投标交易平台、公共服务平台的运营机构应当执行，并如实提供相关信息，协助调查处理。

第八章　法　律　责　任

第五十三条　电子招标投标系统有下列情形的，责令改正；拒不改正的，不得交付使用，已经运营的应当停止运营。

（一）不具备本办法及技术规范规定的主要功能；

（二）不向行政监督部门和监察机关提供监督通道；

（三）不执行统一的信息分类和编码标准；

（四）不开放数据接口、不公布接口要求；

（五）不按照规定注册登记、对接、交换、公布信息；

（六）不满足规定的技术和安全保障要求；

（七）未按照规定通过检测和认证。

第五十四条　招标人或者电子招标投标系统运营机构存在以下情形的，视为限制或者排斥潜在投标人，依照招标投标法第五十一条规定处罚。

（一）利用技术手段对享有相同权限的市场主体提供有差别的信息；

（二）拒绝或者限制社会公众、市场主体免费注册并获取依法必须公开的招标投标信息；

（三）违规设置注册登记、投标报名等前置条件；

（四）故意与各类需要分离开发并符合技术规范规定的工具软件不兼容对接；

（五）故意对递交或者解密投标文件设置障碍。

第五十五条 电子招标投标交易平台运营机构有下列情形的，责令改正，并按照有关规定处罚。

（一）违反规定要求投标人注册登记、收取费用；

（二）要求投标人购买指定的工具软件；

（三）其他侵犯招标投标活动当事人合法权益的情形。

第五十六条 电子招标投标系统运营机构向他人透露已获取招标文件的潜在投标人的名称、数量、投标文件内容或者对投标文件的评审和比较以及其他可能影响公平竞争的招标投标信息，参照招标投标法第五十二条关于招标人泄密的规定予以处罚。

第五十七条 招标投标活动当事人和电子招标投标系统运营机构协助招标人、投标人串通投标的，依照招标投标法第五十三条和招标投标法实施条例第六十七条规定处罚。

第五十八条 招标投标活动当事人和电子招标投标系统运营机构伪造、篡改、损毁招标投标信息，或者以其他方式弄虚作假的，依照招标投标法第五十四条和招标投标法实施条例第六十八条规定处罚。

第五十九条 电子招标投标系统运营机构未按照本办法和技术规范规定履行初始录入信息验证义务，造成招标投标活动当事人损失的，应当承担相应的赔偿责任。

第六十条 有关行政监督部门及其工作人员不履行职责，或者利用职务便利非法干涉电子招标投标活动的，依照有关法律法规处理。

第九章 附　　则

第六十一条 招标投标协会应当按照有关规定，加强电子招标投标活动的自律管理和服务。

第六十二条 电子招标投标某些环节需要同时使用纸质文件的，应当在招标文件中明确约定；当纸质文件与数据电文不一致时，除招标文件特别约定外，以数据电文为准。

第六十三条 本办法未尽事宜，按照有关法律、法规、规章执行。

第六十四条　本办法由国家发展和改革委员会会同有关部门负责解释。

第六十五条　技术规范作为本办法的附件，与本办法具有同等效力。

第六十六条　本办法自 2013 年 5 月 1 日起施行。

附件：《电子招标投标系统技术规范　第 1 部分》（略）

公平竞争审查制度实施细则（暂行）

（发改价监〔2017〕1849 号，2017 年 10 月 23 日国家发展改革委、财政部、商务部、工商总局、国务院法制办发布）

第一章　总　　　则

第一条　为保障公平竞争审查工作顺利开展，推动公平竞争审查制度有效实施，根据《中华人民共和国反垄断法》、《国务院关于在市场体系建设中建立公平竞争审查制度的意见》（国发〔2016〕34 号，以下简称《意见》），制定本细则。

第二条　行政机关以及法律法规授权的具有管理公共事务职能的组织（以下统称政策制定机关），在制定市场准入、产业发展、招商引资、招标投标、政府采购、经营行为规范、资质标准等涉及市场主体经济活动的规章、规范性文件和其他政策措施（以下统称政策措施）时，应当进行公平竞争审查，评估对市场竞争的影响，防止排除、限制市场竞争。

经审查认为不具有排除、限制竞争效果的，可以实施；具有排除、限制竞争效果的，应当不予出台或者调整至符合相关要求后出台；未经公平竞争审查的，不得出台。

以多个部门名义联合制定出台的政策措施，由牵头部门负责公平竞争审查，其他部门在各自职责范围内参与公平竞争审查。

第三条　对行政法规和国务院制定的政策措施、政府部门负责起草的地方性法规，由起草部门在起草过程中参照本细则规定进行公平竞争审查。未经公平竞争审查不得提交审议。

第四条　国家发展改革委、国务院法制办、财政部、商务部、工商总局会同有关部门，建立公平竞争审查工作部际联席会议制度，统筹协调推进公平竞争审查相关工作，对实施公平竞争审查制度进行宏观指导。地方各级人民政府建立的公平竞争审查联席会议或者相应的工作协调机制（以下统称联席会议），负责统筹协调本地区公平竞争审查工作。

各级公平竞争审查联席会议应当每年向上级公平竞争审查联席会议报告本地区公平竞争审查制度实施情况。

第二章　审查机制和程序

第五条　政策制定机关应当建立健全自我审查机制，明确责任机构和审查程序。自我审查可以由政策制定机关的具体业务机构负责，或者由政策制定机关指定特定机构统一负责，也可以采取其他方式实施。

第六条　政策制定机关开展公平竞争审查应当遵循审查基本流程，并形成明确的书面审查结论。书面审查结论由政策制定机关存档。

未形成书面审查结论出台政策措施的，视为未进行公平竞争审查。

第七条　政策制定机关开展公平竞争审查，应当征求利害关系人意见或者向社会公开征求意见，并在书面审查结论中说明征求意见情况。对出台前需要保密的政策措施，由政策制定机关按照相关法律法规处理。

利害关系人指参与相关市场竞争的经营者、上下游经营者、消费者以及政策措施可能影响其公平参与市场竞争的其他市场主体。

第八条　政策制定机关开展公平竞争审查，可以征求专家学者、法律顾问、专业机构的意见。征求上述方面意见的，应当在书面审查结论中说明有关情况。

第九条　政策制定机关可以就公平竞争审查中遇到的具体问题，向履行相应职责的反垄断执法机构提出咨询。反垄断执法机构基于政策制定机关提供的材料，提出咨询意见。

第十条　政策制定机关开展公平竞争审查时，对存在较大争议或者部门意见难以协调一致的问题，可以提请同级公平竞争审查联席会议协调。联席会议认为确有必要的，可以根据相关工作规则召开会议进行协调。仍无法协调一致的，由政策制定机关提交上级机关决定。

第十一条　政策制定机关应当每年对开展公平竞争审查情况进行总结，于次年 1 月 31 日前将书面总结报告报送同级公平竞争审查联席会议办公室。

第十二条　对经公平竞争审查后出台的政策措施，政策制定机关应当对其影响全国统一市场和公平竞争的情况进行定期评估。经评估认为妨碍全国统一市场和公平竞争的，应当及时废止或者修改完善。

定期评估可以每三年进行一次，也可以由政策制定机关根据实际情况自行决定。自行决定评估时限的，政策制定机关应当在出台政策措施时予以明确。

政策制定机关可以建立专门的定期评估机制，也可以在定期清理本地区、本部门规章和规范性文件时一并评估。

第十三条　鼓励各地区、各部门委托第三方专业机构，协助对政策措施进行公平竞争审查和定期评估。

第三章 审查标准

第十四条 市场准入和退出标准。

（一）不得设置不合理和歧视性的准入和退出条件，包括但不限于：

1. 设置明显不必要或者超出实际需要的准入和退出条件，排斥或者限制经营者参与市场竞争；

2. 没有法律法规依据或者国务院规定，对不同所有制、地区、组织形式的经营者实施差别化待遇，设置不平等的市场准入和退出条件；

3. 没有法律法规依据或者国务院规定，以备案、登记、注册、名录、年检、监制、认定、认证、审定、指定、配号、换证、要求设立分支机构等形式，设定或者变相设定市场准入障碍；

4. 没有法律法规依据或者国务院规定，设置消除或者减少经营者之间竞争的市场准入或者退出条件。

（二）未经公平竞争不得授予经营者特许经营权，包括但不限于：

1. 在一般竞争性领域实施特许经营或者以特许经营为名增设行政许可；

2. 未明确特许经营权期限或者未经法定程序延长特许经营权期限；

3. 未采取招标投标、竞争性谈判等竞争方式，直接将特许经营权授予特定经营者；

4. 设置歧视性条件，使经营者无法公平参与特许经营权竞争。

（三）不得限定经营、购买、使用特定经营者提供的商品和服务，包括但不限于：

1. 以明确要求、暗示、拒绝或者拖延行政审批、重复检查、不予接入平台或者网络等方式，限定或者变相限定经营、购买、使用特定经营者提供的商品和服务；

2. 在招标投标中限定投标人所在地、所有制、组织形式，排斥或者限制潜在投标人参与招标投标活动；

3. 没有法律法规依据，通过设置项目库、名录库等方式，排斥或者限制潜在经营者提供商品和服务。

（四）不得设置没有法律法规依据的审批或者具有行政审批性质的事前备案程序，包括但不限于：

1. 没有法律法规依据增设行政审批事项，增加行政审批环节、条件和程序；

2. 没有法律法规依据设置具有行政审批性质的前置性备案程序。

（五）不得对市场准入负面清单以外的行业、领域、业务等设置审批程序，主要指没有法律法规依据或者国务院决定，采取禁止进入、限制市场主体资质、限制股权比例、限制经营范围和商业模式等方式，直接或者变相限制市场准入。

第十五条 商品和要素自由流动标准。

（一）不得对外地和进口商品、服务实行歧视性价格和歧视性补贴政策，包括但不限于：

1. 制定政府定价或者政府指导价时，对外地和进口同类商品、服务制定歧视性价格；

2. 对相关商品、服务进行补贴时，对外地同类商品、服务和进口同类商品不予补贴或者给予较低补贴。

（二）不得限制外地和进口商品、服务进入本地市场或者阻碍本地商品运出、服务输出，包括但不限于：

1. 对外地商品、服务规定与本地同类商品、服务不同的技术要求、检验标准，或者采取重复检验、重复认证等歧视性技术措施；

2. 对进口商品规定与本地同类商品不同的技术要求、检验标准，或者采取重复检验、重复认证等歧视性技术措施；

3. 没有法律法规依据或者国务院规定，对进口服务规定与本地同类服务不同的技术要求、检验标准，或者采取重复检验、重复认证等歧视性技术措施；

4. 没有法律法规依据，设置专门针对外地和进口商品、服务的专营、专卖、审批、许可；

5. 没有法律法规依据，在道路、车站、港口、航空港或者本行政区域边界设置关卡，阻碍外地和进口商品、服务进入本地市场或者本地商品运出和服务输出；

6. 没有法律法规依据，通过软件或者互联网设置屏蔽以及采取其他手段，阻碍外地和进口商品、服务进入本地市场或者本地商品运出和服务输出。

（三）不得排斥或者限制外地经营者参加本地招标投标活动，包括但不限于：

1. 不依法及时有效地发布招标信息；

2. 直接明确外地经营者不能参与本地特定的招标投标活动；

3. 对外地经营者设定明显高于本地经营者的资质要求或者评审标准；

4. 通过设定与招标项目的具体特点和实际需要不相适应或者与合同履行无关的资格、技术和商务条件，变相限制外地经营者参加本地招标投标活动。

（四）不得排斥、限制或者强制外地经营者在本地投资或者设立分支机构，包括但不限于：

1. 直接拒绝外地经营者在本地投资或者设立分支机构；

2. 没有法律法规依据或者国务院规定，对外地经营者在本地投资的规模、方式以及设立分支机构的地址、模式等进行限制；

3. 没有法律法规依据，直接强制外地经营者在本地投资或者设立分支机构；

4. 没有法律法规依据，将在本地投资或者设立分支机构作为参与本地招标投标、享受补贴和优惠政策等的必要条件，变相强制外地经营者在本地投资或者设立分支机构。

（五）不得对外地经营者在本地的投资或者设立的分支机构实行歧视性待遇，包括但不限于：

1. 对外地经营者在本地的投资不给予与本地经营者同等的政策待遇；

2. 对外地经营者在本地设立的分支机构在经营规模、经营方式、税费缴纳等方面规定与本地经营者不同的要求；

3. 在节能环保、安全生产、健康卫生、工程质量、市场监管等方面，对外地经营者在本地设立的分支机构规定歧视性监管标准和要求。

第十六条 影响生产经营成本标准。

（一）不得违法给予特定经营者优惠政策，包括但不限于：

1. 没有法律法规依据或者国务院规定，给予特定经营者财政奖励和补贴；

2. 没有法律法规依据或者未经国务院批准，减免特定经营者应当缴纳的税款；

3. 没有法律法规依据或者国务院规定，以优惠价格或者零地价向特定经营者出让土地，或者以划拨、作价出资方式向特定经营者供应土地；

4. 没有法律法规依据或者国务院规定，在环保标准、排污权限等方面给予特定经营者特殊待遇；

5. 没有法律法规依据或者国务院规定，对特定经营者减免、缓征或停征行政事业性收费、政府性基金、住房公积金等。

（二）安排财政支出一般不得与企业缴纳的税收或非税收入挂钩，主要指根据企业缴纳的税收或者非税收入情况，采取列收列支或者违法违规采取先征后返、即征即退等形式，对企业进行返还，或者给予企业财政奖励或补贴、减免土地出让收入等优惠政策。

（三）不得违法违规减免或者缓征特定经营者应当缴纳的社会保险费用，主要指没有法律法规依据或者国务院规定，根据经营者规模、所有制形式、组织形式、地区等因素，减免或者缓征特定经营者需要缴纳的基本养老保险费、基本医疗保险费、失业保险费、工伤保险费、生育保险费等。

（四）不得在法律规定之外要求经营者提供或扣留经营者各类保证金，包括但不限于：

1. 没有法律法规或者国务院规定，要求经营者交纳各类保证金；

2. 在经营者履行相关程序或者完成相关事项后，不及时退还经营者交纳的保证金。

第十七条 影响生产经营行为标准。

（一）不得强制经营者从事《中华人民共和国反垄断法》规定的垄断行为，主要指以行政命令、行政授权、行政指导或者通过行业协会等方式，强制、组织或者引导经营者达成、实施垄断协议或者实施滥用市场支配地位行为。

（二）不得违法披露或者违法要求经营者披露生产经营敏感信息，为经营者实施垄断行为提供便利条件。生产经营敏感信息是指除依据法律法规或者国务院规定需要公开之外，生产经营者未主动公开，通过公开渠道无法采集的生产经营数据。主要包括：拟定价格、成本、生产数量、销售数量、生产销售计划、经销商信息、终端客户信息等。

（三）不得超越定价权限进行政府定价，包括但不限于：

1. 对实行政府指导价的商品、服务进行政府定价；

2. 对不属于本级政府定价目录范围内的商品、服务制定政府定价或者政府指导价；

3. 违反《中华人民共和国价格法》等法律法规采取价格干预措施。

（四）不得违法干预实行市场调节价的商品和服务的价格水平，包括但不限于：

1. 制定公布商品和服务的统一执行价、参考价；

2. 规定商品和服务的最高或者最低限价；

3. 干预影响商品和服务价格水平的手续费、折扣或者其他费用。

第四章 例 外 规 定

第十八条 政策制定机关对政策措施进行公平竞争审查时，认为虽然具有一定限制竞争的效果，但属于《意见》规定的为维护国家经济安全、文化安全、涉及国防建设，为实现扶贫开发、救灾救助等社会保障目的，为实现节约能源资源、保护生态环境等社会公共利益以及法律、行政法规规定的例外情形，在同时符合以下条件的情况下可以实施：

（一）对实现政策目的不可或缺，即为实现相关目标必须实施此项政策措施；

（二）不会严重排除和限制市场竞争；

（三）明确实施期限。

第十九条 政策制定机关应当在书面审查结论中说明政策措施是否适用例外规定。认为适用例外规定的，应当对符合适用例外规定的情形和条件进行详细说明。

第二十条 政策制定机关应当逐年评估适用例外规定的政策措施的实施效果，形成书面评估报告。实施期限到期或者未达到预期效果的政策措施，应当及时停止执行或者进行调整。

第五章 社会监督和责任追究

第二十一条 政策制定机关涉嫌未进行公平竞争审查或者违反审查标准出台政策措施的，任何单位和个人可以向政策制定机关反映，政策制定机关应当核实有关情况。

第二十二条 政策制定机关未进行公平竞争审查出台政策措施的，应当及时补做审查。发现存在违反审查标准问题的，应当按照相关程序停止执行或者调整相关政策措施。停止执行或者调整相关政策措施的，应当按照《中华人民共和国政府信息公开条例》要求向社会公开。

第二十三条　政策制定机关涉嫌未进行公平竞争审查或者违反审查标准出台政策措施的，任何单位和个人可以向政策制定机关的上级机关或者反垄断执法机构举报。举报采用书面形式并提供相关事实和证据的，上级机关应当核实有关情况；涉嫌违反《中华人民共和国反垄断法》的，反垄断执法机构应当进行必要的调查。

第二十四条　政策制定机关未进行公平竞争审查或者违反审查标准出台政策措施的，由上级机关责令改正；拒不改正或者不及时改正的，对直接负责的主管人员和其他直接责任人员依据《中华人民共和国公务员法》、《行政机关公务员处分条例》等法律法规给予处分。违反《中华人民共和国反垄断法》的，反垄断执法机构可以向政策制定机关或者其上级机关提出停止执行或者调整政策措施的建议。相关处理决定和建议依据法律法规向社会公开。

第六章　附　　则

第二十五条　各级公平竞争审查联席会议可以根据实际工作需要，建立公平竞争审查工作专家支持体系。

第二十六条　本细则自公布之日起实施。

附件：一、公平竞争审查基本流程（略）

　　　二、公平竞争审查表（略）

二

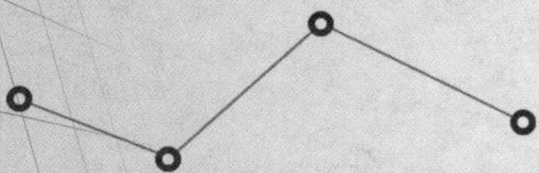

工程建设项目招标

工程建设项目勘察设计招标投标办法

（2003 年 6 月 12 日国家发展和改革委员会、建设部、铁道部、交通部、信息产业部、水利部、中国民用航空总局、国家广播电影电视总局令第 2 号公布，根据 2013 年 3 月 11 日国家发展改革委等九部委令第 23 号修订）

第一章　总　　则

第一条　为规范工程建设项目勘察设计招标投标活动，提高投资效益，保证工程质量，根据《中华人民共和国招标投标法》、《中华人民共和国招标投标法实施条例》制定本办法。

第二条　在中华人民共和国境内进行工程建设项目勘察设计招标投标活动，适用本办法。

第三条　工程建设项目符合《工程建设项目招标范围和规模标准规定》（国家计委令第 3 号）规定的范围和标准的，必须依据本办法进行招标。

任何单位和个人不得将依法必须进行招标的项目化整为零或者以其他任何方式规避招标。

第四条　按照国家规定需要履行项目审批、核准手续的依法必须进行招标的项目，有下列情形之一的，经项目审批、核准部门审批、核准，项目的勘察设计可以不进行招标：

（一）涉及国家安全、国家秘密、抢险救灾或者属于利用扶贫资金实行以工代赈、需要使用农民工等特殊情况，不适宜进行招标；

（二）主要工艺、技术采用不可替代的专利或者专有技术，或者其建筑艺术造型有特殊要求；

（三）采购人依法能够自行勘察、设计；

（四）已通过招标方式选定的特许经营项目投资人依法能够自行勘察、设计；

（五）技术复杂或专业性强，能够满足条件的勘察设计单位少于三家，不能形成有效竞争；

（六）已建成项目需要改、扩建或者技术改造，由其他单位进行设计影响项目功能配套性；

（七）国家规定其他特殊情形。

第五条　勘察设计招标工作由招标人负责。任何单位和个人不得以任何方式非法干涉招标投标活动。

第六条　各级发展改革、工业和信息化、住房城乡建设、交通运输、铁道、水利、商务、广电、民航等部门依照《国务院办公厅印发国务院有关部门实施招标投标活动行政监督的职责分工意见的通知》（国办发〔2000〕34 号）和各地规定的职责分工，对工程建设项目勘察设计招标投标活动实施监督，依法查处招标投标活动中的违法行为。

第二章 招　　标

第七条　招标人可以依据工程建设项目的不同特点，实行勘察设计一次性总体招标；也可以在保证项目完整性、连续性的前提下，按照技术要求实行分段或分项招标。

招标人不得利用前款规定限制或者排斥潜在投标人或者投标。依法必须进行招标的项目的招标人不得利用前款规定规避招标。

第八条　依法必须招标的工程建设项目，招标人可以对项目的勘察、设计、施工以及与工程建设有关的重要设备、材料的采购，实行总承包招标。

第九条　依法必须进行勘察设计招标的工程建设项目，在招标时应当具备下列条件：

（一）招标人已经依法成立；

（二）按照国家有关规定需要履行项目审批、核准或者备案手续的，已经审批、核准或者备案；

（三）勘察设计有相应资金或者资金来源已经落实；

（四）所必需的勘察设计基础资料已经收集完成；

（五）法律法规规定的其他条件。

第十条　工程建设项目勘察设计招标分为公开招标和邀请招标。

国有资金投资占控股或者主导地位的工程建设项目，以及国务院发展和改革部门确定的国家重点项目和省、自治区、直辖市人民政府确定的地方重点项目，除符合本办法第十一条规定条件并依法获得批准外，应当公开招标。

第十一条　依法必须进行公开招标的项目，在下列情况下可以进行邀请招标：

（一）技术复杂、有特殊要求或者受自然环境限制，只有少量潜在投标人可供选择；

（二）采用公开招标方式的费用占项目合同金额的比例过大。

有前款第二项所列情形，属于按照国家有关规定需要履行项目审批、核准手续的项目，由项目审批、核准部门在审批、核准项目时作出认定；其他项目由招标人申请有关行政监督部门作出认定。

招标人采用邀请招标方式的，应保证有三个以上具备承担招标项目勘察设计的能力，并具有相应资质的特定法人或者其他组织参加投标。

第十二条　招标人应当按照资格预审公告、招标公告或者投标邀请书规定的时间、地点出售招标文件或者资格预审文件。自招标文件或者资格预审文件出售之日起至停止出售之日止，最短不得少于五日。

第十三条 进行资格预审的，招标人只向资预审合格的潜在投标人发售招标文件，并同时向资格预审不合格的潜在投标人告知资格预审结果。

第十四条 凡是资格预审合格的潜在投标人都应被允许参加投标。

招标人不得以抽签、摇号等不合理条件限制或者排斥资格预审合格的潜在投标人参加投标。

第十五条 招标人应当根据招标项目的特点和需要编制招标文件。

勘察设计招标文件应当包括下列内容：

（一）投标须知；

（二）投标文件格式及主要合同条款；

（三）项目说明书，包括资金来源情况；

（四）勘察设计范围，对勘察设计进度、阶段和深度要求；

（五）勘察设计基础资料；

（六）勘察设计费用支付方式，对未中标人是否给予补偿及补偿标准；

（七）投标报价要求；

（八）对投标人资格审查的标准；

（九）评标标准和方法；

（十）投标有效期。

投标有效期，从提交投标文件截止日起计算。

对招标文件的收费应仅限于补偿印刷、邮寄的成本支出，招标人不得通过出售招标文件谋取利益。

第十六条 招标人负责提供与招标项目有关的基础资料，并保证所提供资料的真实性、完整性。涉及国家秘密的除外。

第十七条 对于潜在投标人在阅读招标文件和现场踏勘中提出的疑问，招标人可以书面形式或召开投标预备会的方式解答，但需同时将解答以书面方式通知所有招标文件收受人。该解答的内容为招标文件的组成部分。

第十八条 招标人可以要求投标人在提交符合招标文件规定要求的投标文件外，提交备选投标文件，但应当在招标文件中做出说明，并提出相应的评审和比较办法。

第十九条 招标人应当确定潜在投标人编制投标文件所需要的合理时间。

依法必须进行勘察设计招标的项目，自招标文件开始发出之日起至投标人提交投标文件截止之日止，最短不得少于二十日。

第二十条 除不可抗力原因外，招标人在发布招标公告或者发出投标邀请书后不得终止招标，也不得在出售招标文件后终止招标。

第三章 投　　标

第二十一条　投标人是响应招标、参加投标竞争的法人或者其他组织。

在其本国注册登记，从事建筑、工程服务的国外设计企业参加投标的，必须符合中华人民共和国缔结或者参加的国际条约、协定中所作的市场准入承诺以及有关勘察设计市场准入的管理规定。

投标人应当符合国家规定的资质条件。

第二十二条　投标人应当按照招标文件或者投标邀请书的要求编制投标文件。投标文件中的勘察设计收费报价，应当符合国务院价格主管部门制定的工程勘察设计收费标准。

第二十三条　投标人在投标文件有关技术方案和要求中不得指定与工程建设项目有关的重要设备、材料的生产供应者，或者含有倾向或者排斥特定生产供应者的内容。

第二十四条　招标文件要求投标人提交投标保证金的，保证金数额不得超过勘察设计估算费用的百分之二，最多不超过十万元人民币。

依法必须进行招标的项目的境内投标单位，以现金或者支票形式提交的投标保证金应当从其基本账户转出。

第二十五条　在提交投标文件截止时间后到招标文件规定的投标有效期终止之前，投标人不得撤销其投标文件，否则招标人可以不退还投标保证金。

第二十六条　投标人在投标截止时间前提交的投标文件，补充、修改或撤回投标文件的通知，备选投标文件等，都必须加盖所在单位公章，并且由其法定代表人或授权代表签字，但招标文件另有规定的除外。

招标人在接收上述材料时，应检查其密封或签章是否完好，并向投标人出具标明签收人和签收时间的回执。

第二十七条　以联合体形式投标的，联合体各方应签订共同投标协议，连同投标文件一并提交招标人。

联合体各方不得再单独以自己名义，或者参加另外的联合体投同一个标。

招标人接受联合体投标并进行资格预审的，联合体应当在提交资格预审申请文件前组成。资格预审后联合体增减、更换成员的，其投标无效。

第二十八条　联合体中标的，应指定牵头人或代表，授权其代表所有联合体成员与招标人签订合同，负责整个合同实施阶段的协调工作。但是，需要向招标人提交由所有联合体成员法定代表人签署的授权委托书。

第二十九条　投标人不得以他人名义投标，也不得利用伪造、转让、无效或者租借的资质证书参加投标，或者以任何方式请其他单位在自己编制的投标文件代为签字盖章，损害国家利益、社会公共利益和招标人的合法权益。

第三十条　投标人不得通过故意压低投资额、降低施工技术要求、减少占地面积，或者缩短工期等手段弄虚作假，骗取中标。

第四章　开标、评标和中标

第三十一条　开标应当在招标文件确定的提交投标文件截止时间的同一时间公开进行；除不可抗力原因外，招标人不得以任何理由拖延开标，或者拒绝开标。

投标人对开标有异议的，应当在开标现场提出，招标人应当当场作出答复，并制作记录。

第三十二条　评标工作由评标委员会负责。评标委员会的组成方式及要求，按《中华人民共和国招标投标法》、《中华人民共和国招标投标法实施条例》及《评标委员会和评标方法暂行规定》（国家计委等七部委联合令第 12 号）的有关规定执行。

第三十三条　勘察设计评标一般采取综合评估法进行。评标委员会应当按照招标文件确定的评标标准和方法，结合经批准的项目建议书、可行性研究报告或者上阶段设计批复文件，对投标人的业绩、信誉和勘察设计人员的能力以及勘察设计方案的优劣进行综合评定。

招标文件中没有规定的标准和方法，不得作为评标的依据。

第三十四条　评标委员会可以要求投标人对其技术文件进行必要的说明或介绍，但不得提出带有暗示性或诱导性的问题，也不得明确指出其投标文件中的遗漏和错误。

第三十五条　根据招标文件的规定，允许投标人投备选标的，评标委员会可以对中标人所提交的备选标进行评审，以决定是否采纳备选标。不符合中标条件的投标人的备选标不予考虑。

第三十六条　投标文件有下列情况之一的，评标委员会应当否决其投标：

（一）未经投标单位盖章和单位负责人签字；

（二）投标报价不符合国家颁布的勘察设计取费标准，或者低于成本，或者高于招标文件设定的最高投标限价；

（三）未响应招标文件的实质性要求和条件。

第三十七条　投标人有下列情况之一的，评标委员会应当否决其投标：

（一）不符合国家或者招标文件规定的资格条件；

（二）与其他投标人或者与招标人串通投标；

（三）以他人名义投标，或者以其他方式弄虚作假；

（四）以向招标人或者评标委员会成员行贿的手段谋取中标；

（五）以联合体形式投标，未提交共同投标协议；

（六）提交两个以上不同的投标文件或者投标报价，但招标文件要求提交备选标的除外。

第三十八条　评标委员会完成评标后，应当向招标人提出书面评标报告，推荐合格的中标候选人。

评标报告的内容应当符合《评标委员会和评标方法暂行规定》第四十二条的规定。但是，评标委员会决定否决所有投标的，应在评标报告中详细说明理由。

第三十九条　评标委员会推荐的中标候选人应当限定在一至三人，并标明排列顺序。

能够最大限度地满足招标文件中规定的各项综合评价标准的投标人，应当推荐为中标候选人。

第四十条　国有资金占控股或者主导地位的依法必须招标的项目，招标人应当确定排名第一的中标候选人为中标人。

排名第一的中标候选人放弃中标、因不可抗力提出不能履行合同，不按照招标文件要求提交履约保证金，或者被查实存在影响中标结果的违法行为等情形，不符合中标条件的，招标人可以按照评标委员会提出的中标候选人名单排序依次确定其他中标候选人为中标人。依次确定其他中标候选人与招标人预期差距较大，或者对招标人明显不利的，招标人可以重新招标。

招标人可以授权评标委员会直接确定中标人。

国务院对中标人的确定另有规定的，从其规定。

第四十一条　招标人应在接到评标委员会的书面评标报告之日起三日内公示中标候选人，公示期不少于三日。

第四十二条　招标人和中标人应当在投标有效期内并在自中标通知书发出之日起三十日内，按照招标文件和中标人的投标文件订立书面合同。

中标人履行合同应当遵守《合同法》以及《建设工程勘察设计管理条例》中勘察设计文件编制实施的有关规定。

第四十三条　招标人不得以压低勘察设计费、增加工作量、缩短勘察设计周期等作为发出中标通知书的条件，也不得与中标人再行订立背离合同实质性内容的其他协议。

第四十四条　招标人与中标人签订合同后五日内，应当向中标人和未中标人一次性退还投标保证金及银行同期存款利息。招标文件中规定给予未中标人经济补偿的，也应在此期限内一并给付。

招标文件要求中标人提交履约保证金的，中标人应当提交；经中标人同意，可将其投标保证金抵作履约保证金。

第四十五条　招标人或者中标人采用其他未中标人投标文件中技术方案的，应当征得未中标人的书面同意，并支付合理的使用费。

第四十六条　评标定标工作应当在投标有效期内完成，不能如期完成的，招标人应当通知所有投标人延长投标有效期。

同意延长投标有效期的投标人应当相应延长其投标担保的有效期，但不得修改投标文件的实质性内容。

拒绝延长投标有效期的投标人有权收回投标保证金。招标文件中规定给予未中标人补偿的，拒绝延长的投标人有权获得补偿。

第四十七条 依法必须进行勘察设计招标的项目，招标人应当在确定中标人之日起十五日内，向有关行政监督部门提交招标投标情况的书面报告。

书面报告一般应包括以下内容：

（一）招标项目基本情况；

（二）投标人情况；

（三）评标委员会成员名单；

（四）开标情况；

（五）评标标准和方法；

（六）否决投标情况；

（七）评标委员会推荐的经排序的中标候选人名单；

（八）中标结果；

（九）未确定排名第一的中标候选人为中标人的原因；

（十）其他需说明的问题。

第四十八条 在下列情况下，依法必须招标项目的招标人在分析招标失败的原因并采取相应措施后，应当依照本办法重新招标：

（一）资格预审合格的潜在投标人不足三个的；

（二）在投标截止时间前提交投标文件的投标人少于三个的；

（三）所有投标均被否决的；

（四）评标委员会否决不合格投标后，因有效投标不足三个使得投标明显缺乏竞争，评标委员会决定否决全部投标的；

（五）根据第四十六条规定，同意延长投标有效期的投标人少于三个的。

第四十九条 招标人重新招标后，发生本办法第四十八条情形之一的，属于按照国家规定需要政府审批、核准的项目，报经原项目审批、核准部门审批、核准后可以不再进行招标；其他工程建设项目，招标人可自行决定不再进行招标。

第五章 罚 则

第五十条 招标人有下列限制或者排斥潜在投标人行为之一的，由有关行政监督部门依照招标投标法第五十一条的规定处罚；其中，构成依法必须进行勘察设计招标的项目的招标人规避招标的，依照招标投标法第四十九条的规定处罚：

（一）依法必须公开招标的项目不按照规定在指定媒介发布资格预审公告或者招

标公告；

（二）在不同媒介发布的同一招标项目的资格预审公告或者招标公告的内容不一致，影响潜在投标人申请资格预审或者投标。

第五十一条 招标人有下列情形之一的，由有关行政监督部门责令改正，可以处10万元以下的罚款：

（一）依法应当公开招标而采用邀请招标；

（二）招标文件、资格预审文件的发售、澄清、修改的时限，或者确定的提交资格预审申请文件、投标文件的时限不符合招标投标法和招标投标法实施条例规定；

（三）接受未通过资格预审的单位或者个人参加投标；

（四）接受应当拒收的投标文件。

招标人有前款第一项、第三项、第四项所列行为之一的，对单位直接负责的主管人员和其他直接责任人员依法给予处分。

第五十二条 依法必须进行招标的项目的投标人以他人名义投标，利用伪造、转让、租借、无效的资质证书参加投标，或者请其他单位在自己编制的投标文件上代为签字盖章，弄虚作假，骗取中标的，中标无效。尚未构成犯罪的，处中标项目金额千分之五以上千分之十以下的罚款，对单位直接负责的主管人员和其他直接责任人员处单位罚款数额百分之五以上百分之十以下的罚款；有违法所得的，并处没收违法所得；情节严重的，取消其一年至三年内参加依法必须进行招标的项目的投标资格并予以公告，直至由工商行政管理机关吊销营业执照。

第五十三条 招标人以抽签、摇号等不合理的条件限制或者排斥资格预审合格的潜在投标人参加投标，对潜在投标人实行歧视待遇的，强制要求投标人组成联合体共同投标的，或者限制投标人之间竞争的，责令改正，可以处一万元以上五万元以下的罚款。

依法必须进行招标的项目的招标人不按照规定组建评标委员会，或者确定、更换评标委员会成员违反招标投标法和招标投标法实施条例规定的，由有关行政监督部门责令改正，可以处10万元以下的罚款，对单位直接负责的主管人员和其他直接责任人员依法给予处分；违法确定或者更换的评标委员会成员作出的评审结论无效，依法重新进行评审。

第五十四条 评标委员会成员有下列行为之一的，由有关行政监督部门责令改正；情节严重的，禁止其在一定期限内参加依法必须进行招标的项目的评标；情节特别严重的，取消其担任评标委员会成员的资格：

（一）不按照招标文件规定的评标标准和方法评标；

（二）应当回避而不回避；

（三）擅离职守；

（四）私下接触投标人；

（五）向招标人征询确定中标人的意向或者接受任何单位或者个人明示或者暗示提出的倾向或者排斥特定投标人的要求；

（六）对依法应当否决的投标不提出否决意见；

（七）暗示或者诱导投标人作出澄清、说明或者接受投标人主动提出的澄清、说明；

（八）其他不客观、不公正履行职务的行为。

第五十五条 招标人与中标人不按照招标文件和中标人的投标文件订立合同，责令改正，可以处中标项目金额千分之五以上千分之十以下的罚款。

第五十六条 本办法对违法行为及其处罚措施未做规定的，依据《中华人民共和国招标投标法》、《中华人民共和国招标投标法实施条例》和有关法律、行政法规的规定执行。

第六章　附　　则

第五十七条 使用国际组织或者外国政府贷款、援助资金的项目进行招标，贷款方、资金提供方对工程勘察设计招标投标的条件和程序另有规定的，可以适用其规定，但违背中华人民共和国社会公共利益的除外。

第五十八条 本办法发布之前有关勘察设计招标投标的规定与本办法不一致的，以本办法为准。法律或者行政法规另有规定的，从其规定。

第五十九条 本办法由国家发展和改革委员会会同有关部门负责解释。

第六十条 本办法自 2003 年 8 月 1 日起施行。

工程建设项目施工招标投标办法

（2003 年 3 月 8 日国家发展计划委员会、建设部、铁道部、交通部、信息产业部、水利部、中国民用航空总局令第 30 号公布，根据 2013 年 3 月 11 日国家发展改革委等九部委令第 23 号修订）

第一章　总　　则

第一条 为规范工程建设项目施工（以下简称工程施工）招标投标活动，根据《中华人民共和国招标投标法》、《中华人民共和国招标投标法实施条例》和国务院有关部门的职责分工，制定本办法。

第二条 在中华人民共和国境内进行工程施工招标投标活动，适用本办法。

第三条 工程建设项目符合《工程建设项目招标范围和规模标准规定》（国家计委

令第 3 号）规定的范围和标准的，必须通过招标选择施工单位。

　　任何单位和个人不得将依法必须进行招标的项目化整为零或者以其他任何方式规避招标。

　　第四条　工程施工招标投标活动应当遵循公开、公平、公正和诚实信用的原则。

　　第五条　工程施工招标投标活动，依法由招标人负责。任何单位和个人不得以任何方式非法干涉工程施工招标投标活动。

　　施工招标投标活动不受地区或者部门的限制。

　　第六条　各级发展改革、工业和信息化、住房城乡建设、交通运输、铁道、水利、商务、民航等部门依照《国务院办公厅印发国务院有关部门实施招标投标活动行政监督的职责分工意见的通知》（国办发〔2000〕34 号）和各地规定的职责分工，对工程施工招标投标活动实施监督，依法查处工程施工招标投标活动中的违法行为。

第二章　招　　标

　　第七条　工程施工招标人是依法提出施工招标项目、进行招标的法人或者其他组织。

　　第八条　依法必须招标的工程建设项目，应当具备下列条件才能进行施工招标：

　　（一）招标人已经依法成立；

　　（二）初步设计及概算应当履行审批手续的，已经批准；

　　（三）有相应资金或资金来源已经落实；

　　（四）有招标所需的设计图纸及技术资料。

　　第九条　工程施工招标分为公开招标和邀请招标。

　　第十条　按照国家有关规定需要履行项目审批、核准手续的依法必须进行施工招标的工程建设项目，其招标范围、招标方式、招标组织形式应当报项目审批部门审批、核准。项目审批、核准部门应当及时将审批、核准确定的招标内容通报有关行政监督部门。

　　第十一条　依法必须进行公开招标的项目，有下列情形之一的，可以邀请招标：

　　（一）项目技术复杂或有特殊要求，或者受自然地域环境限制，只有少量潜在投标人可供选择；

　　（二）涉及国家安全、国家秘密或者抢险救灾，适宜招标但不宜公开招标；

　　（三）采用公开招标方式的费用占项目合同金额的比例过大。

　　有前款第二项所列情形，属于本办法第十条规定的项目，由项目审批、核准部门在审批、核准项目时作出认定；其他项目由招标人申请有关行政监督部门作出认定。

　　全部使用国有资金投资或者国有资金投资占控股或者主导地位的并需要审批的工程建设项目的邀请招标，应当经项目审批部门批准，但项目审批部门只审批立项的，由有关行政监督部门批准。

第十二条 依法必须进行施工招标的工程建设项目有下列情形之一的，可以不进行施工招标：

（一）涉及国家安全、国家秘密、抢险救灾或者属于利用扶贫资金实行以工代赈需要使用农民工等特殊情况，不适宜进行招标；

（二）施工主要技术采用不可替代的专利或者专有技术；

（三）已通过招标方式选定的特许经营项目投资人依法能够自行建设；

（四）采购人依法能够自行建设；

（五）在建工程追加的附属小型工程或者主体加层工程，原中标人仍具备承包能力，并且其他人承担将影响施工或者功能配套要求；

（六）国家规定的其他情形。

第十三条 采用公开招标方式的，招标人应当发布招标公告，邀请不特定的法人或者其他组织投标。依法必须进行施工招标项目的招标公告，应当在国家指定的报刊和信息网络上发布。

采用邀请招标方式的，招标人应当向三家以上具备承担施工招标项目的能力、资信良好的特定的法人或者其他组织发出投标邀请书。

第十四条 招标公告或者投标邀请书应当至少载明下列内容：

（一）招标人的名称和地址；

（二）招标项目的内容、规模、资金来源；

（三）招标项目的实施地点和工期；

（四）获取招标文件或者资格预审文件的地点和时间；

（五）对招标文件或者资格预审文件收取的费用；

（六）对招标人的资质等级的要求。

第十五条 招标人应当按招标公告或者投标邀请书规定的时间、地点出售招标文件或资格预审文件。自招标文件或者资格预审文件出售之日起至停止出售之日止，最短不得少于五日。

招标人可以通过信息网络或者其他媒介发布招标文件，通过信息网络或者其他媒介发布的招标文件与书面招标文件具有同等法律效力，出现不一致时以书面招标文件为准，国家另有规定的除外。

对招标文件或者资格预审文件的收费应当限于补偿印刷、邮寄的成本支出，不得以营利为目的。对于所附的设计文件，招标人可以向投标人酌收押金；对于开标后投标人退还设计文件的，招标人应当向投标人退还押金。

招标文件或者资格预审文件售出后，不予退还。除不可抗力原因外，招标人在发布招标公告、发出投标邀请书后或者售出招标文件或资格预审文件后不得终止招标。

第十六条 招标人可以根据招标项目本身的特点和需要，要求潜在投标人或者投标人提供满足其资格要求的文件，对潜在投标人或者投标人进行资格审查；国家对潜在投标人或者投标人的资格条件有规定的，依照其规定。

第十七条　资格审查分为资格预审和资格后审。

资格预审，是指在投标前对潜在投标人进行的资格审查。

资格后审，是指在开标后对投标人进行的资格审查。

进行资格预审的，一般不再进行资格后审，但招标文件另有规定的除外。

第十八条　采取资格预审的，招标人应当发布资格预审公告。资格预审公告适用本办法第十三条、第十四条有关招标公告的规定。

采取资格预审的，招标人应当在资格预审文件中载明资格预审的条件、标准和方法；采取资格后审的，招标人应当在招标文件中载明对投标人资格要求的条件、标准和方法。

招标人不得改变载明的资格条件或者以没有载明的资格条件对潜在投标人或者投标人进行资格审查。

第十九条　经资格预审后，招标人应当向资格预审合格的潜在投标人发出资格预审合格通知书，告知获取招标文件的时间、地点和方法，并同时向资格预审不合格的潜在投标人告知资格预审结果。资格预审不合格的潜在投标人不得参加投标。

经资格后审不合格的投标人的投标应予否决。

第二十条　资格审查应主要审查潜在投标人或者投标人是否符合下列条件：

（一）具有独立订立合同的权利；

（二）具有履行合同的能力，包括专业、技术资格和能力，资金、设备和其他物质设施状况，管理能力，经验、信誉和相应的从业人员；

（三）没有处于被责令停业，投标资格被取消，财产被接管、冻结，破产状态；

（四）在最近三年内没有骗取中标和严重违约及重大工程质量问题；

（五）国家规定的其他资格条件。

资格审查时，招标人不得以不合理的条件限制、排斥潜在投标人或者投标人，不得对潜在投标人或者投标人实行歧视待遇。任何单位和个人不得以行政手段或者其他不合理方式限制投标人的数量。

第二十一条　招标人符合法律规定的自行招标条件的，可以自行办理招标事宜。任何单位和个人不得强制其委托招标代理机构办理招标事宜。

第二十二条　招标代理机构应当在招标人委托的范围内承担招标事宜。招标代理机构可以在其资格等级范围内承担下列招标事宜：

（一）拟订招标方案，编制和出售招标文件、资格预审文件；

（二）审查投标人资格；

（三）编制标底；

（四）组织投标人踏勘现场；

（五）组织开标、评标，协助招标人定标；

（六）草拟合同；

（七）招标人委托的其他事项。

招标代理机构不得无权代理、越权代理，不得明知委托事项违法而进行代理。

招标代理机构不得在所代理的招标项目中投标或者代理投标，也不得为所代理的招标项目的投标人提供咨询；未经招标人同意，不得转让招标代理业务。

第二十三条　工程招标代理机构与招标人应当签订书面委托合同，并按双方约定的标准收取代理费；国家对收费标准有规定的，依照其规定。

第二十四条　招标人根据施工招标项目的特点和需要编制招标文件。招标文件一般包括下列内容：

（一）招标公告或投标邀请书；

（二）投标人须知；

（三）合同主要条款；

（四）投标文件格式；

（五）采用工程量清单招标的，应当提供工程量清单；

（六）技术条款；

（七）设计图纸；

（八）评标标准和方法；

（九）投标辅助材料。

招标人应当在招标文件中规定实质性要求和条件，并用醒目的方式标明。

第二十五条　招标人可以要求投标人在提交符合招标文件规定要求的投标文件外，提交备选投标方案，但应当在招标文件中做出说明，并提出相应的评审和比较办法。

第二十六条　招标文件规定的各项技术标准应符合国家强制性标准。

招标文件中规定的各项技术标准均不得要求或标明某一特定的专利、商标、名称、设计、原产地或生产供应者，不得含有倾向或者排斥潜在投标人的其他内容。如果必须引用某一生产供应者的技术标准才能准确或清楚地说明拟招标项目的技术标准时，则应当在参照后面加上"或相当于"的字样。

第二十七条　施工招标项目需要划分标段、确定工期的，招标人应当合理划分标段、确定工期，并在招标文件中载明。对工程技术上紧密相连、不可分割的单位工程不得分割标段。

招标人不得以不合理的标段或工期限制或者排斥潜在投标人或者投标人。依法必须进行施工招标的项目的招标人不得利用划分标段规避招标。

第二十八条　招标文件应当明确规定所有评标因素，以及如何将这些因素量化或者据以进行评估。

在评标过程中，不得改变招标文件中规定的评标标准、方法和中标条件。

第二十九条　招标文件应当规定一个适当的投标有效期，以保证招标人有足够的时间完成评标和与中标人签订合同。投标有效期从投标人提交投标文件截止之日起计算。

在原投标有效期结束前，出现特殊情况的，招标人可以书面形式要求所有投标人延长投标有效期。投标人同意延长的，不得要求或被允许修改其投标文件的实质性内容，但应当相应延长其投标保证金的有效期；投标人拒绝延长的，其投标失效，但投标人有权收回其投标保证金。因延长投标有效期造成投标人损失的，招标人应当给予补偿，但因不可抗力需要延长投标有效期的除外。

第三十条　施工招标项目工期较长的，招标文件中可以规定工程造价指数体系、价格调整因素和调整方法。

第三十一条　招标人应当确定投标人编制投标文件所需要的合理时间；但是，依法必须进行招标的项目，自招标文件开始发出之日起至投标人提交投标文件截止之日止，最短不得少于二十日。

第三十二条　招标人根据招标项目的具体情况，可以组织潜在投标人踏勘项目现场，向其介绍工程场地和相关环境的有关情况。潜在投标人依据招标人介绍情况作出的判断和决策，由投标人自行负责。

招标人不得单独或者分别组织任何一个投标人进行现场踏勘。

第三十三条　对于潜在投标人在阅读招标文件和现场踏勘中提出的疑问，招标人可以书面形式或召开投标预备会的方式解答，但需同时将解答以书面方式通知所有购买招标文件的潜在投标人。该解答的内容为招标文件的组成部分。

第三十四条　招标人可根据项目特点决定是否编制标底。编制标底的，标底编制过程和标底在开标前必须保密。

招标项目编制标底的，应根据批准的初步设计、投资概算，依据有关计价办法，参照有关工程定额，结合市场供求状况，综合考虑投资、工期和质量等方面的因素合理确定。

标底由招标人自行编制或委托中介机构编制。一个工程只能编制一个标底。

任何单位和个人不得强制招标人编制或报审标底，或干预其确定标底。

招标项目可以不设标底，进行无标底招标。

招标人设有最高投标限价的，应当在招标文件中明确最高投标限价或者最高投标限价的计算方法。招标人不得规定最低投标限价。

第三章　投　　标

第三十五条　投标人是响应招标、参加投标竞争的法人或者其他组织。招标人的任何不具独立法人资格的附属机构（单位），或者为招标项目的前期准备或者监理工作提供设计、咨询服务的任何法人及其任何附属机构（单位），都无资格参加该招标项目的投标。

第三十六条　投标人应当按照招标文件的要求编制投标文件。投标文件应当对招标文件提出的实质性要求和条件作出响应。

投标文件一般包括下列内容：

（一）投标函；

（二）投标报价；

（三）施工组织设计；

（四）商务和技术偏差表。

投标人根据招标文件载明的项目实际情况，拟在中标后将中标项目的部分非主体、非关键性工作进行分包的，应当在投标文件中载明。

第三十七条　招标人可以在招标文件中要求投标人提交投标保证金。投标保证金除现金外，可以是银行出具的银行保函、保兑支票、银行汇票或现金支票。

投标保证金不得超过项目估算价的百分之二，但最高不得超过八十万元人民币。投标保证金有效期应当与投标有效期一致。

投标人应当按照招标文件要求的方式和金额，将投标保证金随投标文件提交给招标人或其委托的招标代理机构。

依法必须进行施工招标的项目的境内投标单位，以现金或者支票形式提交的投标保证金应当从其基本账户转出。

第三十八条　投标人应当在招标文件要求提交投标文件的截止时间前，将投标文件密封送达投标地点。招标人收到投标文件后，应当向投标人出具标明签收人和签收时间的凭证，在开标前任何单位和个人不得开启投标文件。

在招标文件要求提交投标文件的截止时间后送达的投标文件，招标人应当拒收。

依法必须进行施工招标的项目提交投标文件的投标人少于三个的，招标人在分析招标失败的原因并采取相应措施后，应当依法重新招标。重新招标后投标人仍少于三个的，属于必须审批、核准的工程建设项目，报经原审批、核准部门审批、核准后可以不再进行招标；其他工程建设项目，招标人可自行决定不再进行招标。

第三十九条　投标人在招标文件要求提交投标文件的截止时间前，可以补充、修改、替代或者撤回已提交的投标文件，并书面通知招标人。补充、修改的内容为投标文件的组成部分。

第四十条　在提交投标文件截止时间后到招标文件规定的投标有效期终止之前，投标人不得撤销其投标文件，否则招标人可以不退还其投标保证金。

第四十一条　在开标前，招标人应妥善保管好已接收的投标文件、修改或撤回通知、备选投标方案等投标资料。

第四十二条 两个以上法人或者其他组织可以组成一个联合体，以一个投标人的身份共同投标。

联合体各方签订共同投标协议后，不得再以自己名义单独投标，也不得组成新的联合体或参加其他联合体在同一项目中投标。

第四十三条 招标人接受联合体投标并进行资格预审的，联合体应当在提交资格预审申请文件前组成。资格预审后联合体增减、更换成员的，其投标无效。

第四十四条 联合体各方应当指定牵头人，授权其代表所有联合体成员负责投标和合同实施阶段的主办、协调工作，并应当向招标人提交由所有联合体成员法定代表人签署的授权书。

第四十五条 联合体投标的，应当以联合体各方或者联合体中牵头人的名义提交投标保证金。以联合体中牵头人名义提交的投标保证金，对联合体各成员具有约束力。

第四十六条 下列行为均属投标人串通投标报价：

（一）投标人之间相互约定抬高或压低投标报价；

（二）投标人之间相互约定，在招标项目中分别以高、中、低价位报价；

（三）投标人之间先进行内部竞价，内定中标人，然后再参加投标；

（四）投标人之间其他串通投标报价的行为。

第四十七条 下列行为均属招标人与投标人串通投标：

（一）招标人在开标前开启投标文件并将有关信息泄露给其他投标人，或者授意投标人撤换、修改投标文件；

（二）招标人向投标人泄露标底、评标委员会成员等信息；

（三）招标人明示或者暗示投标人压低或抬高投标报价；

（四）招标人明示或者暗示投标人为特定投标人中标提供方便；

（五）招标人与投标人为谋求特定中标人中标而采取的其他串通行为。

第四十八条 投标人不得以他人名义投标。

前款所称以他人名义投标，指投标人挂靠其他施工单位，或从其他单位通过受让或租借的方式获取资格或资质证书，或者由其他单位及其法定代表人在自己编制的投标文件上加盖印章和签字等行为。

第四章 开标、评标和定标

第四十九条 开标应当在招标文件确定的提交投标文件截止时间的同一时间公开进行；开标地点应当为招标文件中确定的地点。

投标人对开标有异议的，应当在开标现场提出，招标人应当当场作出答复，并制作记录。

第五十条 投标文件有下列情形之一的，招标人应当拒收：

（一）逾期送达；

（二）未按招标文件要求密封。

有下列情形之一的，评标委员会应当否决其投标：

（一）投标文件未经投标单位盖章和单位负责人签字；

（二）投标联合体没有提交共同投标协议；

（三）投标人不符合国家或者招标文件规定的资格条件；

（四）同一投标人提交两个以上不同的投标文件或者投标报价，但招标文件要求提交备选投标的除外；

（五）投标报价低于成本或者高于招标文件设定的最高投标限价；

（六）投标文件没有对招标文件的实质性要求和条件作出响应；

（七）投标人有串通投标、弄虚作假、行贿等违法行为。

第五十一条 评标委员会可以书面方式要求投标人对投标文件中含义不明确、对同类问题表述不一致或者有明显文字和计算错误的内容作必要的澄清、说明或补正。评标委员会不得向投标人提出带有暗示性或诱导性的问题，或向其明确投标文件中的遗漏和错误。

第五十二条 投标文件不响应招标文件的实质性要求和条件的，评标委员会不得允许投标人通过修正或撤销其不符合要求的差异或保留，使之成为具有响应性的投标。

第五十三条 评标委员会在对实质上响应招标文件要求的投标进行报价评估时，除招标文件另有约定外，应当按下述原则进行修正：

（一）用数字表示的数额与用文字表示的数额不一致时，以文字数额为准；

（二）单价与工程量的乘积与总价之间不一致时，以单价为准。若单价有明显的小数点错位，应以总价为准，并修改单价。

按前款规定调整后的报价经投标人确认后产生约束力。

投标文件中没有列入的价格和优惠条件在评标时不予考虑。

第五十四条 对于投标人提交的优越于招标文件中技术标准的备选投标方案所产生的附加收益，不得考虑进评标价中。符合招标文件的基本技术要求且评标价最低或综合评分最高的投标人，其所提交的备选方案方可以考虑。

第五十五条 招标人设有标底的，标底在评标中应当作为参考，但不得作为评标的唯一依据。

第五十六条 评标委员会完成评标后，应向招标人提出书面评标报告。评标报告由评标委员会全体成员签字。

依法必须进行招标的项目，招标人应当自收到评标报告之日起三日内公示中标候选人，公示期不得少于三日。

中标通知书由招标人发出。

第五十七条 评标委员会推荐的中标候选人应当限定在一至三人，并标明排列顺序。招标人应当接受评标委员会推荐的中标候选人，不得在评标委员会推荐的中标候选人之外确定中标人。

第五十八条　国有资金占控股或者主导地位的依法必须进行招标的项目，招标人应当确定排名第一的中标候选人为中标人。排名第一的中标候选人放弃中标、因不可抗力提出不能履行合同、不按照招标文件的要求提交履约保证金，或者被查实存在影响中标结果的违法行为等情形，不符合中标条件的，招标人可以按照评标委员会提出的中标候选人名单排序依次确定其他中标候选人为中标人。依次确定其他中标候选人与招标人预期差距较大，或者对招标人明显不利，招标人可以重新招标。

招标人可以授权评标委员会直接确定中标人。

国务院对中标人的确定另有规定的，从其规定。

第五十九条　招标人不得向中标人提出压低报价、增加工作量、缩短工期或其他违背中标人意愿的要求，以此作为发出中标通知书和签订合同的条件。

第六十条　中标通知书对招标人和中标人具有法律效力。中标通知书发出后，招标人改变中标结果的，或者中标人放弃中标项目的，应当依法承担法律责任。

第六十一条　招标人全部或者部分使用非中标单位投标文件中的技术成果或技术方案时，需征得其书面同意，并给予一定的经济补偿。

第六十二条　招标人和中标人应当在投标有效期内并在自中标通知书发出之日起三十日内，按照招标文件和中标人的投标文件订立书面合同。招标人和中标人不得再行订立背离合同实质性内容的其他协议。

招标人要求中标人提供履约保证金或其他形式履约担保的，招标人应当同时向中标人提供工程款支付担保。

招标人不得擅自提高履约保证金，不得强制要求中标人垫付中标项目建设资金。

第六十三条　招标人最迟应当在与中标人签订合同后五日内，向中标人和未中标的投标人退还投标保证金及银行同期存款利息。

第六十四条　合同中确定的建设规模、建设标准、建设内容、合同价格应当控制在批准的初步设计及概算文件范围内；确需超出规定范围的，应当在中标合同签订前，报原项目审批部门审查同意。凡应报经审查而未报的，在初步设计及概算调整时，原项目审批部门一律不予承认。

第六十五条　依法必须进行施工招标的项目，招标人应当自发出中标通知书之日起十五日内，向有关行政监督部门提交招标投标情况的书面报告。

前款所称书面报告至少应包括下列内容：

（一）招标范围；

（二）招标方式和发布招标公告的媒介；

（三）招标文件中投标人须知、技术条款、评标标准和方法、合同主要条款等内容；

（四）评标委员会的组成和评标报告；

（五）中标结果。

第六十六条　招标人不得直接指定分包人。

第六十七条　对于不具备分包条件或者不符合分包规定的，招标人有权在签订合同或者中标人提出分包要求时予以拒绝。发现中标人转包或违法分包时，可要求其改正；拒不改正的，可终止合同，并报请有关行政监督部门查处。

监理人员和有关行政部门发现中标人违反合同约定进行转包或违法分包的，应当要求中标人改正，或者告知招标人要求其改正；对于拒不改正的，应当报请有关行政监督部门查处。

第五章　法　律　责　任

第六十八条　依法必须进行招标的项目而不招标的，将必须进行招标的项目化整为零或者以其他任何方式规避招标的，有关行政监督部门责令限期改正，可以处项目合同金额千分之五以上千分之十以下的罚款；对全部或者部分使用国有资金的项目，项目审批部门可以暂停项目执行或者暂停资金拨付；对单位直接负责的主管人员和其他直接责任人员依法给予处分。

第六十九条　招标代理机构违法泄露应当保密的与招标投标活动有关的情况和资料的，或者与招标人、投标人串通损害国家利益、社会公共利益或者他人合法权益的，由有关行政监督部门处五万元以上二十五万元以下罚款，对单位直接负责的主管人员和其他直接责任人员处单位罚款数额百分之五以上百分之十以下罚款；有违法所得的，并处没收违法所得；情节严重的，有关行政监督部门可停止其一定时期内参与相关领域的招标代理业务，资格认定部门可暂停直至取消招标代理资格；构成犯罪的，由司法部门依法追究刑事责任。给他人造成损失的，依法承担赔偿责任。

前款所列行为影响中标结果，并且中标人为前款所列行为的受益人的，中标无效。

第七十条　招标人以不合理的条件限制或者排斥潜在投标人的，对潜在投标人实行歧视待遇的，强制要求投标人组成联合体共同投标的，或者限制投标人之间竞争的，有关行政监督部门责令改正，可处一万元以上五万元以下罚款。

第七十一条　依法必须进行招标项目的招标人向他人透露已获取招标文件的潜在投标人的名称、数量或者可能影响公平竞争的有关招标投标的其他情况的，或者泄露标底的，有关行政监督部门给予警告，可以并处一万元以上十万元以下的罚款；对单位直接负责的主管人员和其他直接责任人员依法给予处分；构成犯罪的，依法追究刑事责任。

前款所列行为影响中标结果的，中标无效。

第七十二条　招标人在发布招标公告、发出投标邀请书或者售出招标文件或资格预审文件后终止招标的，应当及时退还所收取的资格预审文件、招标文件的费用，以及所收取的投标保证金及银行同期存款利息。给潜在投标人或者投标人造成损失的，应当赔偿损失。

第七十三条　招标人有下列限制或者排斥潜在投标人行为之一的，由有关行政监督部门依照招标投标法第五十一条的规定处罚；其中，构成依法必须进行施工招标的项目的招标人规避招标的，依照招标投标法第四十九条的规定处罚：

（一）依法应当公开招标的项目不按照规定在指定媒介发布资格预审公告或者招标公告；

（二）在不同媒介发布的同一招标项目的资格预审公告或者招标公告的内容不一致，影响潜在投标人申请资格预审或者投标。

招标人有下列情形之一的，由有关行政监督部门责令改正，可以处 10 万元以下的罚款：

（一）依法应当公开招标而采用邀请招标；

（二）招标文件、资格预审文件的发售、澄清、修改的时限，或者确定的提交资格预审申请文件、投标文件的时限不符合招标投标法和招标投标法实施条例规定；

（三）接受未通过资格预审的单位或者个人参加投标；

（四）接受应当拒收的投标文件。

招标人有前款第一项、第三项、第四项所列行为之一的，对单位直接负责的主管人员和其他直接责任人员依法给予处分。

第七十四条　投标人相互串通投标或者与招标人串通投标的，投标人以向招标人或者评标委员会成员行贿的手段谋取中标的，中标无效，由有关行政监督部门处中标项目金额千分之五以上千分之十以下的罚款，对单位直接负责的主管人员和其他直接责任人员处单位罚款数额百分之五以上百分之十以下的罚款；有违法所得的，并处没收违法所得；情节严重的，取消其一至二年的投标资格，并予以公告，直至由工商行政管理机关吊销营业执照；构成犯罪的，依法追究刑事责任。给他人造成损失的，依法承担赔偿责任。投标人未中标的，对单位的罚款金额按照招标项目合同金额依照招标投标法规定的比例计算。

第七十五条　投标人以他人名义投标或者以其他方式弄虚作假，骗取中标的，中标无效，给招标人造成损失的，依法承担赔偿责任；构成犯罪的，依法追究刑事责任。

依法必须进行招标项目的投标人有前款所列行为尚未构成犯罪的，有关行政监督部门处中标项目金额千分之五以上千分之十以下的罚款，对单位直接负责的主管人员和其他直接责任人员处单位罚款数额百分之五以上百分之十以下的罚款；有违法所得的，并处没收违法所得；情节严重的，取消其一至三年投标资格，并予以公告，直至由工商行政管理机关吊销营业执照。投标人未中标的，对单位的罚款金额按照招标项目合同金额依照招标投标法规定的比例计算。

第七十六条　依法必须进行招标的项目，招标人违法与投标人就投标价格、投标方案等实质性内容进行谈判的，有关行政监督部门给予警告，对单位直接负责的主管人员和其他直接责任人员依法给予处分。

前款所列行为影响中标结果的，中标无效。

第七十七条　评标委员会成员收受投标人的财物或者其他好处的，没收收受的财物，可以并处三千元以上五万元以下的罚款，取消担任评标委员会成员的资格并予以公告，不得再参加依法必须进行招标的项目的评标；构成犯罪的，依法追究刑事责任。

第七十八条　评标委员会成员应当回避而不回避，擅离职守，不按照招标文件规定的评标标准和方法评标，私下接触投标人，向招标人征询确定中标人的意向或者接受任何单位或者个人明示或者暗示提出的倾向或者排斥特定投标人的要求，对依法应当否决的投标不提出否决意见，暗示或者诱导投标人作出澄清、说明或者接受投标人主动提出的澄清、说明，或者有其他不能客观公正地履行职责行为的，有关行政监督部门责令改正；情节严重的，禁止其在一定期限内参加依法必须进行招标的项目的评标；情节特别严重的，取消其担任评标委员会成员的资格。

第七十九条　依法必须进行招标的项目的招标人不按照规定组建评标委员会，或者确定、更换评标委员会成员违反招标投标法和招标投标法实施条例规定的，由有关行政监督部门责令改正，可以处10万元以下的罚款，对单位直接负责的主管人员和其他直接责任人员依法给予处分；违法确定或者更换的评标委员会成员作出的评审决定无效，依法重新进行评审。

第八十条　依法必须进行招标的项目的招标人有下列情形之一的，由有关行政监督部门责令改正，可以处中标项目金额千分之十以下的罚款；给他人造成损失的，依法承担赔偿责任；对单位直接负责的主管人员和其他直接责任人员依法给予处分：

（一）无正当理由不发出中标通知书；

（二）不按照规定确定中标人；

（三）中标通知书发出后无正当理由改变中标结果；

（四）无正当理由不与中标人订立合同；

（五）在订立合同时向中标人提出附加条件。

第八十一条　中标通知书发出后，中标人放弃中标项目的，无正当理由不与招标人签订合同的，在签订合同时向招标人提出附加条件或者更改合同实质性内容的，或者拒不提交所要求的履约保证金的，取消其中标资格，投标保证金不予退还；给招标人的损失超过投标保证金数额的，中标人应当对超过部分予以赔偿；没有提交投标保证金的，应当对招标人的损失承担赔偿责任。对依法必须进行施工招标的项目的中标人，由有关行政监督部门责令改正，可以处中标金额千分之十以下罚款。

第八十二条　中标人将中标项目转让给他人的，将中标项目肢解后分别转让给他人的，违法将中标项目的部分主体、关键性工作分包给他人的，或者分包人再次分包的，转让、分包无效，有关行政监督部门处转让、分包项目金额千分之五以上千分之十以下的罚款；有违法所得的，并处没收违法所得；可以责令停业整顿；情节严重的，由工商行政管理机关吊销营业执照。

第八十三条 招标人与中标人不按照招标文件和中标人的投标文件订立合同的，合同的主要条款与招标文件、中标人的投标文件的内容不一致，或者招标人、中标人订立背离合同实质性内容的协议的，有关行政监督部门责令改正；可以处中标项目金额千分之五以上千分之十以下的罚款。

第八十四条 中标人不履行与招标人订立的合同的，履约保证金不予退还，给招标人造成的损失超过履约保证金数额的，还应当对超过部分予以赔偿；没有提交履约保证金的，应当对招标人的损失承担赔偿责任。

中标人不按照与招标人订立的合同履行义务，情节严重的，有关行政监督部门取消其二至五年参加招标项目的投标资格并予以公告，直至由工商行政管理机关吊销营业执照。

因不可抗力不能履行合同的，不适用前两款规定。

第八十五条 招标人不履行与中标人订立的合同的，应当返还中标人的履约保证金，并承担相应的赔偿责任；没有提交履约保证金的，应当对中标人的损失承担赔偿责任。

因不可抗力不能履行合同的，不适用前款规定。

第八十六条 依法必须进行施工招标的项目违反法律规定，中标无效的，应当依照法律规定的中标条件从其余投标人中重新确定中标人或者依法重新进行招标。

中标无效的，发出的中标通知书和签订的合同自始没有法律约束力，但不影响合同中独立存在的有关解决争议方法的条款的效力。

第八十七条 任何单位违法限制或者排斥本地区、本系统以外的法人或者其他组织参加投标的，为招标人指定招标代理机构的，强制招标人委托招标代理机构办理招标事宜的，或者以其他方式干涉招标投标活动的，有关行政监督部门责令改正；对单位直接负责的主管人员和其他直接责任人员依法给予警告、记过、记大过的处分，情节较重的，依法给予降级、撤职、开除的处分。

个人利用职权进行前款违法行为的，依照前款规定追究责任。

第八十八条 对招标投标活动依法负有行政监督职责的国家机关工作人员徇私舞弊、滥用职权或者玩忽职守，构成犯罪的，依法追究刑事责任；不构成犯罪的，依法给予行政处分。

第八十九条 投标人或者其他利害关系人认为工程建设项目施工招标投标活动不符合国家规定的，可以自知道或者应当知道之日起10日内向有关行政监督部门投诉。投诉应当有明确的请求和必要的证明材料。

第六章　附　　则

第九十条　使用国际组织或者外国政府贷款、援助资金的项目进行招标，贷款方、资金提供方对工程施工招标投标活动的条件和程序有不同规定的，可以适用其规定，但违背中华人民共和国社会公共利益的除外。

第九十一条　本办法由国家发展改革委会同有关部门负责解释。

第九十二条　本办法自 2003 年 5 月 1 日起施行。

《标准施工招标资格预审文件》和《标准施工招标文件》暂行规定

（2007 年 11 月 1 日国家发展和改革委员会、财政部、建设部、铁道部、交通部、信息产业部、水利部、中国民用航空总局、国家广播电影电视总局令第 56 号公布，根据 2013 年 3 月 11 日国家发展改革委等九部委令第 23 号修订）

第一条　为了规范施工招标资格预审文件、招标文件编制活动，提高资格预审文件、招标文件编制质量，促进招标投标活动的公开、公平和公正，国家发展和改革委员会、财政部、建设部、铁道部、交通部、信息产业部、水利部、民用航空总局、广播电影电视总局联合编制了《标准施工招标资格预审文件》和《标准施工招标文件》（以下如无特别说明，统一简称为《标准文件》）。

第二条　本《标准文件》适用于依法必须招标的工程建设项目。

第三条　国务院有关行业主管部门可根据《标准施工招标文件》并结合本行业施工招标特点和管理需要，编制行业标准施工招标文件。行业标准施工招标文件重点对"专用合同条款"、"工程量清单"、"图纸"、"技术标准和要求"作出具体规定。

第四条　招标人应根据《标准文件》和行业标准施工招标文件（如有），结合招标项目具体特点和实际需要，按照公开、公平、公正和诚实信用原则编写施工招标资格预审文件或施工招标文件，并按规定执行政府采购政策。

第五条　行业标准施工招标文件和招标人编制的施工招标资格预审文件、施工招标文件，应不加修改地引用《标准施工招标资格预审文件》中的"申请人须知"（申请人须知前附表除外）、"资格审查办法"（资格审查办法前附表除外），以及《标准施工招标文件》中的"投标人须知"（投标人须知前附表和其他附表除外）、"评标办法"（评标办法前附表除外）、"通用合同条款"。

《标准文件》中的其他内容，供招标人参考。

第六条　行业标准施工招标文件中的"专用合同条款"可对《标准施工招标文件》

中的"通用合同条款"进行补充、细化，除"通用合同条款"明确"专用合同条款"可作出不同约定外，补充和细化的内容不得与"通用合同条款"强制性规定相抵触，否则抵触内容无效。

第七条 "申请人须知前附表"和"投标人须知前附表"用于进一步明确"申请人须知"和"投标人须知"正文中的未尽事宜，招标人应结合招标项目具体特点和实际需要编制和填写，但不得与"申请人须知"和"投标人须知"正文内容相抵触，否则抵触内容无效。

第八条 "资格审查办法前附表"和"评标办法前附表"用于明确资格审查和评标的方法、因素、标准和程序。招标人应根据招标项目具体特点和实际需要，详细列明全部审查或评审因素、标准，没有列明的因素和标准不得作为资格审查或评标的依据。

第九条 招标人编制招标文件中的"专用合同条款"可根据招标项目的具体特点和实际需要，对《标准施工招标文件》中的"通用合同条款"进行补充、细化和修改，但不得违反法律、行政法规的强制性规定和平等、自愿、公平和诚实信用原则。

第十条 招标人编制的资格预审文件和招标文件不得违反公开、公平、公正、平等、自愿和诚实信用原则。

第十一条 国务院有关部门和地方人民政府有关部门应加强对招标人使用《标准文件》的指导和监督检查，及时总结经验和发现问题。

第十二条 需要就如何适用《标准文件》中不加修改地引用的内容作出解释的，按照国务院和地方人民政府部门职责分工，分别由有关部门负责。

第十三条 因出现新情况，需要对《标准文件》中不加修改地引用的内容作出解释或调整的，由国家发展和改革委员会会同国务院有关部门作出解释或调整。该解释和调整与《标准文件》具有同等效力。

第十四条 《标准文件》作为本规定的附件，与本规定同时发布施行。

附件：一、《中华人民共和国标准施工招标资格预审文件》（2007年版）（略）
　　　二、《中华人民共和国标准施工招标文件》（2007年版）（略）

工程建设项目货物招标投标办法

（2005年1月18日国家发展和改革委员会、建设部、铁道部、交通部、信息产业部、水利部、中国民用航空总局令第27号公布，根据2013年3月11日国家发展改革委等九部委令第23号修订）

第一章　总　　则

第一条 为规范工程建设项目的货物招标投标活动，保护国家利益、社会公共利益和招标投标活动当事人的合法权益，保证工程质量，提高投资效益，根据《中华人民共和国招标投标法》、《中华人民共和国招标投标法实施条例》和国务院有关部门的职责分工，制定本办法。

第二条　本办法适用于在中华人民共和国境内工程建设项目货物招标投标活动。

第三条　工程建设项目符合《工程建设项目招标范围和规模标准规定》（原国家计委令第 3 号）规定的范围和标准的，必须通过招标选择货物供应单位。

任何单位和个人不得将依法必须进行招标的项目化整为零或者以其他任何方式规避招标。

第四条　工程建设项目货物招标投标活动应当遵循公开、公平、公正和诚实信用的原则。货物招标投标活动不受地区或者部门的限制。

第五条　工程建设项目货物招标投标活动，依法由招标人负责。

工程建设项目招标人对项目实行总承包招标时，未包括在总承包范围内的货物属于依法必须进行招标的项目范围且达到国家规定规模标准的，应当由工程建设项目招标人依法组织招标。

工程建设项目实行总承包招标时，以暂估价形式包括在总承包范围内的货物属于依法必须进行招标的项目范围且达到国家规定规模标准的，应当依法组织招标。

第六条　各级发展改革、工业和信息化、住房城乡建设、交通运输、铁道、水利、民航等部门依照国务院和地方各级人民政府关于工程建设项目行政监督的职责分工，对工程建设项目中所包括的货物招标投标活动实施监督，依法查处货物招标投标活动中的违法行为。

第二章　招　　标

第七条　工程建设项目招标人是依法提出招标项目、进行招标的法人或者其他组织。本办法第五条总承包中标人单独或者共同招标时，也为招标人。

第八条　依法必须招标的工程建设项目，应当具备下列条件才能进行货物招标：

（一）招标人已经依法成立；

（二）按照国家有关规定应当履行项目审批、核准或者备案手续的，已经审批、核准或者备案；

（三）有相应资金或者资金来源已经落实；

（四）能够提出货物的使用与技术要求。

第九条　依法必须进行招标的工程建设项目，按国家有关规定需要履行审批、核准手续的，招标人应当在报送的可行性研究报告、资金申请报告或者项目申请报告中将货物招标范围、招标方式（公开招标或邀请招标）、招标组织形式（自行招标或委托招标）等有关招标内容报项目审批、核准部门审批、核准。项目审批、核准部门应当将审批、核准的招标内容通报有关行政监督部门。

第十条 货物招标分为公开招标和邀请招标。

第十一条 依法应当公开招标的项目，有下列情形之一的，可以邀请招标：

（一）技术复杂、有特殊要求或者受自然环境限制，只有少量潜在投标人可供选择；

（二）采用公开招标方式的费用占项目合同金额的比例过大；

（三）涉及国家安全、国家秘密或者抢险救灾，适宜招标但不宜公开招标。

有前款第二项所列情形，属于按照国家有关规定需要履行项目审批、核准手续的依法必须进行招标的项目，由项目审批、核准部门认定；其他项目由招标人申请有关行政监督部门作出认定。

第十二条 采用公开招标方式的，招标人应当发布资格预审公告或者招标公告。依法必须进行货物招标的资格预审公告或者招标公告，应当在国家指定的报刊或者信息网络上发布。

采用邀请招标方式的，招标人应当向三家以上具备货物供应的能力、资信良好的特定的法人或者其他组织发出投标邀请书。

第十三条 招标公告或者投标邀请书应当载明下列内容：

（一）招标人的名称和地址；

（二）招标货物的名称、数量、技术规格、资金来源；

（三）交货的地点和时间；

（四）获取招标文件或者资格预审文件的地点和时间；

（五）对招标文件或者资格预审文件收取的费用；

（六）提交资格预审申请书或者投标文件的地点和截止日期；

（七）对投标人的资格要求。

第十四条 招标人应当按照资格预审公告、招标公告或者投标邀请书规定的时间、地点发售招标文件或者资格预审文件。自招标文件或者资格预审文件发售之日起至停止发售之日止，最短不得少于五日。

招标人发出的招标文件或者资格预审文件应当加盖印章。招标人可以通过信息网络或者其他媒介发布招标文件，通过信息网络或者其他媒介发布的招标文件与书面招标文件具有同等法律效力，出现不一致时以书面招标文件为准，但国家另有规定的除外。

对招标文件或者资格预审文件的收费应当限于补偿印刷、邮寄的成本支出，不得以营利为目的。

除不可抗力原因外，招标文件或者资格预审文件发出后，不予退还；招标人在发布招标公告、发出投标邀请书后或者发出招标文件或资格预审文件后不得终止招标。招标人终止招标的，应当及时发布公告，或者以书面形式通知被邀请的或者已经获取资格预审文件、招标文件的潜在投标人。已经发售资格预审文件、招标文件或者已经收取投标保证金的，招标人应当及时退还所收取的资格预审文件、招标文件的费用，以及所收取的投标保证金及银行同期存款利息。

第十五条　招标人可以根据招标货物的特点和需要，对潜在投标人或者投标人进行资格审查；国家对潜在投标人或者投标人的资格条件有规定的，依照其规定。

第十六条　资格审查分为资格预审和资格后审。

资格预审，是指招标人出售招标文件或者发出投标邀请书前对潜在投标人进行的资格审查。资格预审一般适用于潜在投标人较多或者大型、技术复杂货物的招标。

资格后审，是指在开标后对投标人进行的资格审查。资格后审一般在评标过程中的初步评审开始时进行。

第十七条　采取资格预审的，招标人应当发布资格预审公告。资格预审公告适用本办法第十二条、第十三条有关招标公告的规定。

第十八条　资格预审文件一般包括下列内容：

（一）资格预审公告；

（二）申请人须知；

（三）资格要求；

（四）其他业绩要求；

（五）资格审查标准和方法；

（六）资格预审结果的通知方式。

第十九条　采取资格预审的，招标人应当在资格预审文件中详细规定资格审查的标准和方法；采取资格后审的，招标人应当在招标文件中详细规定资格审查的标准和方法。

招标人在进行资格审查时，不得改变或补充载明的资格审查标准和方法或者以没有载明的资格审查标准和方法对潜在投标人或者投标人进行资格审查。

第二十条　经资格预审后，招标人应当向资格预审合格的潜在投标人发出资格预审合格通知书，告知获取招标文件的时间、地点和方法，并同时向资格预审不合格的潜在投标人告知资格预审结果。依法必须招标的项目通过资格预审的申请人不足三个的，招标人在分析招标失败的原因并采取相应措施后，应当重新招标。

对资格后审不合格的投标人，评标委员会应当否决其投标。

第二十一条　招标文件一般包括下列内容：

（一）招标公告或者投标邀请书；

（二）投标人须知；

（三）投标文件格式；

（四）技术规格、参数及其他要求；

（五）评标标准和方法；

（六）合同主要条款。

招标人应当在招标文件中规定实质性要求和条件，说明不满足其中任何一项实质性要求和条件的投标将被拒绝，并用醒目的方式标明；没有标明的要求和条件在评标时不得作为实质性要求和条件。对于非实质性要求和条件，应规定允许偏差的最大范围、最高项数，以及对这些偏差进行调整的方法。

国家对招标货物的技术、标准、质量等有规定的，招标人应当按照其规定在招标文件中提出相应要求。

第二十二条　招标货物需要划分标包的，招标人应合理划分标包，确定各标包的交货期，并在招标文件中如实载明。

招标人不得以不合理的标包限制或者排斥潜在投标人或者投标人。依法必须进行招标的项目的招标人不得利用标包划分规避招标。

第二十三条　招标人允许中标人对非主体货物进行分包的，应当在招标文件中载明。主要设备、材料或者供货合同的主要部分不得要求或者允许分包。

除招标文件要求不得改变标准货物的供应商外，中标人经招标人同意改变标准货物的供应商的，不应视为转包和违法分包。

第二十四条　招标人可以要求投标人在提交符合招标文件规定要求的投标文件外，提交备选投标方案，但应当在招标文件中作出说明。不符合中标条件的投标人的备选投标方案不予考虑。

第二十五条　招标文件规定的各项技术规格应当符合国家技术法规的规定。

招标文件中规定的各项技术规格均不得要求或标明某一特定的专利技术、商标、名称、设计、原产地或供应者等，不得含有倾向或者排斥潜在投标人的其他内容。如果必须引用某一供应者的技术规格才能准确或清楚地说明拟招标货物的技术规格时，则应当在参照后面加上"或相当于"的字样。

第二十六条　招标文件应当明确规定评标时包含价格在内的所有评标因素，以及据此进行评估的方法。

在评标过程中，不得改变招标文件中规定的评标标准、方法和中标条件。

第二十七条　招标人可以在招标文件中要求投标人以自己的名义提交投标保证金。投标保证金除现金外，可以是银行出具的银行保函、保兑支票、银行汇票或现金支票，也可以是招标人认可的其他合法担保形式。依法必须进行招标的项目的境内投标单位，以现金或者支票形式提交的投标保证金应当从其基本账户转出。

投标保证金不得超过项目估算价的百分之二，但最高不得超过八十万元人民币。投标保证金有效期应当与投标有效期一致。

投标人应当按照招标文件要求的方式和金额，在提交投标文件截止时间前将投标保证金提交给招标人或其委托的招标代理机构。

第二十八条　招标文件应当规定一个适当的投标有效期，以保证招标人有足够的时间完成评标和与中标人签订合同。投标有效期从招标文件规定的提交投标文件截止之日起计算。

在原投标有效期结束前，出现特殊情况的，招标人可以书面形式要求所有投标人延长投标有效期。投标人同意延长的，不得要求或被允许修改其投标文件的实质性内容，但应当相应延长其投标保证金的有效期；投标人拒绝延长的，其投标失效，但投标人有权收回其投标保证金及银行同期存款利息。

依法必须进行招标的项目同意延长投标有效期的投标人少于三个的，招标人在分析招标失败的原因并采取相应措施后，应当重新招标。

第二十九条　对于潜在投标人在阅读招标文件中提出的疑问，招标人应当以书面形式、投标预备会方式或者通过电子网络解答，但需同时将解答以书面方式通知所有购买招标文件的潜在投标人。该解答的内容为招标文件的组成部分。

除招标文件明确要求外，出席投标预备会不是强制性的，由潜在投标人自行决定，并自行承担由此可能产生的风险。

第三十条　招标人应当确定投标人编制投标文件所需的合理时间。依法必须进行招标的货物，自招标文件开始发出之日起至投标人提交投标文件截止之日止，最短不得少于二十日。

第三十一条　对无法精确拟定其技术规格的货物，招标人可以采用两阶段招标程序。

在第一阶段，招标人可以首先要求潜在投标人提交技术建议，详细阐明货物的技术规格、质量和其他特性。招标人可以与投标人就其建议的内容进行协商和讨论，达成一个统一的技术规格后编制招标文件。

在第二阶段，招标人应当向第一阶段提交了技术建议的投标人提供包含统一技术规格的正式招标文件，投标人根据正式招标文件的要求提交包括价格在内的最后投标文件。

招标人要求投标人提交投标保证金的，应当在第二阶段提出。

第三章　投　　　标

第三十二条　投标人是响应招标、参加投标竞争的法人或者其他组织。

法定代表人为同一个人的两个及两个以上法人，母公司、全资子公司及其控股公司，都不得在同一货物招标中同时投标。

一个制造商对同一品牌同一型号的货物，仅能委托一个代理商参加投标。

违反前两款规定的，相关投标均无效。

第三十三条　投标人应当按照招标文件的要求编制投标文件。投标文件应当对招标文件提出的实质性要求和条件作出响应。投标文件一般包括下列内容：

（一）投标函；

（二）投标一览表；

（三）技术性能参数的详细描述；

（四）商务和技术偏差表；

（五）投标保证金；

（六）有关资格证明文件；

（七）招标文件要求的其他内容。

投标人根据招标文件载明的货物实际情况，拟在中标后将供货合同中的非主要部分进行分包的，应当在投标文件中载明。

第三十四条 投标人应当在招标文件要求提交投标文件的截止时间前，将投标文件密封送达招标文件中规定的地点。招标人收到投标文件后，应当向投标人出具标明签收人和签收时间的凭证，在开标前任何单位和个人不得开启投标文件。

在招标文件要求提交投标文件的截止时间后送达的投标文件，招标人应当拒收。

依法必须进行招标的项目，提交投标文件的投标人少于三个的，招标人在分析招标失败的原因并采取相应措施后，应当重新招标。重新招标后投标人仍少于三个，按国家有关规定需要履行审批、核准手续的依法必须进行招标的项目，报项目审批、核准部门审批、核准后可以不再进行招标。

第三十五条 投标人在招标文件要求提交投标文件的截止时间前，可以补充、修改、替代或者撤回已提交的投标文件，并书面通知招标人。补充、修改的内容为投标文件的组成部分。

第三十六条 在提交投标文件截止时间后，投标人不得撤销其投标文件，否则招标人可以不退还其投标保证金。

第三十七条 招标人应妥善保管好已接收的投标文件、修改或撤回通知、备选投标方案等投标资料，并严格保密。

第三十八条 两个以上法人或者其他组织可以组成一个联合体，以一个投标人的身份共同投标。

联合体各方签订共同投标协议后，不得再以自己名义单独投标，也不得组成或参加其他联合体在同一项目中投标；否则相关投标均无效。

联合体中标的，应当指定牵头人或代表，授权其代表所有联合体成员与招标人签订合同，负责整个合同实施阶段的协调工作。但是，需要向招标人提交由所有联合体成员法定代表人签署的授权委托书。

第三十九条 招标人接受联合体投标并进行资格预审的，联合体应当在提交资格预审申请文件前组成。资格预审后联合体增减、更换成员的，其投标无效。

招标人不得强制资格预审合格的投标人组成联合体。

第四章　开标、评标和定标

第四十条　开标应当在招标文件确定的提交投标文件截止时间的同一时间公开进行；开标地点应当为招标文件中确定的地点。

投标人或其授权代表有权出席开标会，也可以自主决定不参加开标会。

投标人对开标有异议的，应当在开标现场提出，招标人应当当场作出答复，并制作记录。

第四十一条　投标文件有下列情形之一的，招标人应当拒收：

（一）逾期送达；

（二）未按招标文件要求密封。

有下列情形之一的，评标委员会应当否决其投标：

（一）投标文件未经投标单位盖章和单位负责人签字；

（二）投标联合体没有提交共同投标协议；

（三）投标人不符合国家或者招标文件规定的资格条件；

（四）同一投标人提交两个以上不同的投标文件或者投标报价，但招标文件要求提交备选投标的除外；

（五）投标标价低于成本或者高于招标文件设定的最高投标限价；

（六）投标文件没有对招标文件的实质性要求和条件作出响应；

（七）投标人有串通投标、弄虚作假、行贿等违法行为。

依法必须招标的项目评标委员会否决所有投标的，或者评标委员会否决一部分投标后其他有效投标不足三个使得投标明显缺乏竞争，决定否决全部投标的，招标人在分析招标失败的原因并采取相应措施后，应当重新招标。

第四十二条　评标委员会可以书面方式要求投标人对投标文件中含义不明确、对同类问题表述不一致或者有明显文字和计算错误的内容作必要的澄清、说明或补正。评标委员会不得向投标人提出带有暗示性或诱导性的问题，或向其明确投标文件中的遗漏和错误。

第四十三条　投标文件不响应招标文件的实质性要求和条件的，评标委员会不得允许投标人通过修正或撤销其不符合要求的差异或保留，使之成为具有响应性的投标。

第四十四条　技术简单或技术规格、性能、制作工艺要求统一的货物，一般采用经评审的最低投标价法进行评标。技术复杂或技术规格、性能、制作工艺要求难以统一的货物，一般采用综合评估法进行评标。

第四十五条　符合招标文件要求且评标价最低或综合评分最高而被推荐为中标候选人的投标人，其所提交的备选投标方案方可予以考虑。

第四十六条　评标委员会完成评标后，应向招标人提出书面评标报告。评标报告由评标委员会全体成员签字。

第四十七条 评标委员会在书面评标报告中推荐的中标候选人应当限定在一至三人，并标明排列顺序。招标人应当接受评标委员会推荐的中标候选人，不得在评标委员会推荐的中标候选人之外确定中标人。

依法必须进行招标的项目，招标人应当自收到评标报告之日起三日内公示中标候选人，公示期不得少于三日。

第四十八条 国有资金占控股或者主导地位的依法必须进行招标的项目，招标人应当确定排名第一的中标候选人为中标人。排名第一的中标候选人放弃中标、因不可抗力提出不能履行合同、不按照招标文件要求提交履约保证金，或者被查实存在影响中标结果的违法行为等情形，不符合中标条件的，招标人可以按照评标委员会提出的中标候选人名单排序依次确定其他中标候选人为中标人。依次确定其他中标候选人与招标人预期差距较大，或者对招标人明显不利的，招标人可以重新招标。

招标人可以授权评标委员会直接确定中标人。

国务院对中标人的确定另有规定的，从其规定。

第四十九条 招标人不得向中标人提出压低报价、增加配件或者售后服务量以及其他超出招标文件规定的违背中标人意愿的要求，以此作为发出中标通知书和签订合同的条件。

第五十条 中标通知书对招标人和中标人具有法律效力。中标通知书发出后，招标人改变中标结果的，或者中标人放弃中标项目的，应当依法承担法律责任。

中标通知书由招标人发出，也可以委托其招标代理机构发出。

第五十一条 招标人和中标人应当在投标有效期内并在自中标通知书发出之日起三十日内，按照招标文件和中标人的投标文件订立书面合同。招标人和中标人不得再行订立背离合同实质性内容的其他协议。

招标文件要求中标人提交履约保证金或者其他形式履约担保的，中标人应当提交；拒绝提交的，视为放弃中标项目。招标人要求中标人提供履约保证金或其他形式履约担保的，招标人应当同时向中标人提供货物款支付担保。

履约保证金不得超过中标合同金额的10%。

第五十二条 招标人最迟应当在书面合同签订后五日内，向中标人和未中标的投标人一次性退还投标保证金及银行同期存款利息。

第五十三条 必须审批的工程建设项目，货物合同价格应当控制在批准的概算投资范围内；确需超出范围的，应当在中标合同签订前，报原项目审批部门审查同意。项目审批部门应当根据招标的实际情况，及时作出批准或者不予批准的决定；项目审批部门不予批准的，招标人应当自行平衡超出的概算。

第五十四条 依法必须进行货物招标的项目，招标人应当自确定中标人之日起十五日内，向有关行政监督部门提交招标投标情况的书面报告。

前款所称书面报告至少应包括下列内容：

（一）招标货物基本情况；

（二）招标方式和发布招标公告或者资格预审公告的媒介；

（三）招标文件中投标人须知、技术条款、评标标准和方法、合同主要条款等内容；

（四）评标委员会的组成和评标报告；

（五）中标结果。

第五章 罚   则

第五十五条 招标人有下列限制或者排斥潜在投标行为之一的，由有关行政监督部门依照招标投标法第五十一条的规定处罚；其中，构成依法必须进行招标的项目的招标人规避招标的，依照招标投标法第四十九条的规定处罚：

（一）依法应当公开招标的项目不按照规定在指定媒介发布资格预审公告或者招标公告；

（二）在不同媒介发布的同一招标项目的资格预审公告或者招标公告内容不一致，影响潜在投标人申请资格预审或者投标。

第五十六条 招标人有下列情形之一的，由有关行政监督部门责令改正，可以处10万元以下的罚款：

（一）依法应当公开招标而采用邀请招标；

（二）招标文件、资格预审文件的发售、澄清、修改的时限，或者确定的提交资格预审申请文件、投标文件的时限不符合招标投标法和招标投标法实施条例规定；

（三）接受未通过资格预审的单位或者个人参加投标；

（四）接受应当拒收的投标文件。

招标人有前款第一项、第三项、第四项所列行为之一的，对单位直接负责的主管人员和其他直接责任人员依法给予处分。

第五十七条 评标委员会成员有下列行为之一的，由有关行政监督部门责令改正；情节严重的，禁止其在一定期限内参加依法必须进行招标的项目的评标；情节特别严重的，取消其担任评标委员会成员的资格：

（一）应当回避而不回避；

（二）擅离职守；

（三）不按照招标文件规定的评标标准和方法评标；

（四）私下接触投标人；

（五）向招标人征询确定中标人的意向或者接受任何单位或者个人明示或者暗示提出的倾向或者排斥特定投标人的要求；

（六）对依法应当否决的投标不提出否决意见；

（七）暗示或者诱导投标人作出澄清、说明或者接受投标人主动提出的澄清、说明；

（八）其他不客观、不公正履行职务的行为。

第五十八条 依法必须进行招标的项目的招标人有下列情形之一的，由有关行政监督部门责令改正，可以处中标项目金额千分之十以下的罚款；给他人造成损失的，依法承担赔偿责任；对单位直接负责的主管人员和其他直接责任人员依法给予处分：

（一）无正当理由不发出中标通知书；

（二）不按照规定确定中标人；

（三）中标通知书发出后无正当理由改变中标结果；

（四）无正当理由不与中标人订立合同；

（五）在订立合同时向中标人提出附加条件。

中标通知书发出后，中标人放弃中标项目的，无正当理由不与招标人签订合同的，在签订合同时向招标人提出附加条件或者更改合同实质性内容的，或者拒不提交所要求的履约保证金的，取消其中标资格，投标保证金不予退还；给招标人的损失超过投标保证金数额的，中标人应当对超过部分予以赔偿；没有提交投标保证金的，应当对招标人的损失承担赔偿责任。对依法必须进行招标的项目的中标人，由有关行政监督部门责令改正，可以处中标金额千分之十以下罚款。

第五十九条 招标人不履行与中标人订立的合同的，应当返还中标人的履约保证金，并承担相应的赔偿责任；没有提交履约保证金的，应当对中标人的损失承担赔偿责任。

因不可抗力不能履行合同的，不适用前款规定。

第六十条 中标无效的，发出的中标通知书和签订的合同自始没有法律约束力，但不影响合同中独立存在的有关解决争议方法的条款的效力。

第六章　附　　　则

第六十一条 不属于工程建设项目，但属于固定资产投资的货物招标投标活动，参照本办法执行。

第六十二条 使用国际组织或者外国政府贷款、援助资金的项目进行招标，贷款方、资金提供方对货物招标投标活动的条件和程序有不同规定的，可以适用其规定，但违背中华人民共和国社会公共利益的除外。

第六十三条 本办法由国家发展和改革委员会会同有关部门负责解释。

第六十四条 本办法自 2005 年 3 月 1 日起施行。

（一）建筑工程招标

建筑工程设计招标投标管理办法

（2017年1月24日住房和城乡建设部令第33号公布）

第一条 为规范建筑工程设计市场，提高建筑工程设计水平，促进公平竞争，繁荣建筑创作，根据《中华人民共和国建筑法》、《中华人民共和国招标投标法》、《建设工程勘察设计管理条例》和《中华人民共和国招标投标法实施条例》等法律法规，制定本办法。

第二条 依法必须进行招标的各类房屋建筑工程，其设计招标投标活动，适用本办法。

第三条 国务院住房城乡建设主管部门依法对全国建筑工程设计招标投标活动实施监督。

县级以上地方人民政府住房城乡建设主管部门依法对本行政区域内建筑工程设计招标投标活动实施监督，依法查处招标投标活动中的违法违规行为。

第四条 建筑工程设计招标范围和规模标准按照国家有关规定执行，有下列情形之一的，可以不进行招标：

（一）采用不可替代的专利或者专有技术的；

（二）对建筑艺术造型有特殊要求，并经有关主管部门批准的；

（三）建设单位依法能够自行设计的；

（四）建筑工程项目的改建、扩建或者技术改造，需要由原设计单位设计，否则将影响功能配套要求的；

（五）国家规定的其他特殊情形。

第五条 建筑工程设计招标应当依法进行公开招标或者邀请招标。

第六条 建筑工程设计招标可以采用设计方案招标或者设计团队招标，招标人可以根据项目特点和实际需要选择。

设计方案招标，是指主要通过对投标人提交的设计方案进行评审确定中标人。

设计团队招标，是指主要通过对投标人拟派设计团队的综合能力进行评审确定中标人。

第七条 公开招标的，招标人应当发布招标公告。邀请招标的，招标人应当向 3 个以上潜在投标人发出投标邀请书。

招标公告或者投标邀请书应当载明招标人名称和地址、招标项目的基本要求、投标人的资质要求以及获取招标文件的办法等事项。

第八条 招标人一般应当将建筑工程的方案设计、初步设计和施工图设计一并招标。确需另行选择设计单位承担初步设计、施工图设计的，应当在招标公告或者投标邀请书中明确。

第九条 鼓励建筑工程实行设计总包。实行设计总包的，按照合同约定或者经招标人同意，设计单位可以不通过招标方式将建筑工程非主体部分的设计进行分包。

第十条 招标文件应当满足设计方案招标或者设计团队招标的不同需求，主要包括以下内容：

（一）项目基本情况；

（二）城乡规划和城市设计对项目的基本要求；

（三）项目工程经济技术要求；

（四）项目有关基础资料；

（五）招标内容；

（六）招标文件答疑、现场踏勘安排；

（七）投标文件编制要求；

（八）评标标准和方法；

（九）投标文件送达地点和截止时间；

（十）开标时间和地点；

（十一）拟签订合同的主要条款；

（十二）设计费或者计费方法；

（十三）未中标方案补偿办法。

第十一条 招标人应当在资格预审公告、招标公告或者投标邀请书中载明是否接受联合体投标。采用联合体形式投标的，联合体各方应当签订共同投标协议，明确约定各方承担的工作和责任，就中标项目向招标人承担连带责任。

第十二条 招标人可以对已发出的招标文件进行必要的澄清或者修改。澄清或者修改的内容可能影响投标文件编制的，招标人应当在投标截止时间至少 15 日前，以书面形式通知所有获取招标文件的潜在投标人，不足 15 日的，招标人应当顺延提交投标文件的截止时间。

潜在投标人或者其他利害关系人对招标文件有异议的，应当在投标截止时间 10 日前提出。招标人应当自收到异议之日起 3 日内作出答复；作出答复前，应当暂停招标投标活动。

第十三条　招标人应当确定投标人编制投标文件所需要的合理时间，自招标文件开始发出之日起至投标人提交投标文件截止之日止，时限最短不少于 20 日。

第十四条　投标人应当具有与招标项目相适应的工程设计资质。境外设计单位参加国内建筑工程设计投标的，按照国家有关规定执行。

第十五条　投标人应当按照招标文件的要求编制投标文件。投标文件应当对招标文件提出的实质性要求和条件作出响应。

第十六条　评标由评标委员会负责。

评标委员会由招标人代表和有关专家组成。评标委员会人数为 5 人以上单数，其中技术和经济方面的专家不得少于成员总数的 2/3。建筑工程设计方案评标时，建筑专业专家不得少于技术和经济方面专家总数的 2/3。

评标专家一般从专家库随机抽取，对于技术复杂、专业性强或者国家有特殊要求的项目，招标人也可以直接邀请相应专业的中国科学院院士、中国工程院院士、全国工程勘察设计大师以及境外具有相应资历的专家参加评标。

投标人或者与投标人有利害关系的人员不得参加评标委员会。

第十七条　有下列情形之一的，评标委员会应当否决其投标：

（一）投标文件未按招标文件要求经投标人盖章和单位负责人签字；

（二）投标联合体没有提交共同投标协议；

（三）投标人不符合国家或者招标文件规定的资格条件；

（四）同一投标人提交两个以上不同的投标文件或者投标报价，但招标文件要求提交备选投标的除外；

（五）投标文件没有对招标文件的实质性要求和条件作出响应；

（六）投标人有串通投标、弄虚作假、行贿等违法行为；

（七）法律法规规定的其他应当否决投标的情形。

第十八条　评标委员会应当按照招标文件确定的评标标准和方法，对投标文件进行评审。

采用设计方案招标的，评标委员会应当在符合城乡规划、城市设计以及安全、绿色、节能、环保要求的前提下，重点对功能、技术、经济和美观等进行评审。

采用设计团队招标的，评标委员会应当对投标人拟从事项目设计的人员构成、人员业绩、人员从业经历、项目解读、设计构思、投标人信用情况和业绩等进行评审。

第十九条　评标委员会应当在评标完成后，向招标人提出书面评标报告，推荐不超过 3 个中标候选人，并标明顺序。

第二十条　招标人应当公示中标候选人。采用设计团队招标的，招标人应当公示中标候选人投标文件中所列主要人员、业绩等内容。

第二十一条　招标人根据评标委员会的书面评标报告和推荐的中标候选人确定中标人。招标人也可以授权评标委员会直接确定中标人。

采用设计方案招标的，招标人认为评标委员会推荐的候选方案不能最大限度满足招标文件规定的要求的，应当依法重新招标。

第二十二条 招标人应当在确定中标人后及时向中标人发出中标通知书，并同时将中标结果通知所有未中标人。

第二十三条 招标人应当自确定中标人之日起 15 日内，向县级以上地方人民政府住房城乡建设主管部门提交招标投标情况的书面报告。

第二十四条 县级以上地方人民政府住房城乡建设主管部门应当自收到招标投标情况的书面报告之日起 5 个工作日内，公开专家评审意见等信息，涉及国家秘密、商业秘密的除外。

第二十五条 招标人和中标人应当自中标通知书发出之日起 30 日内，按照招标文件和中标人的投标文件订立书面合同。

第二十六条 招标人、中标人使用未中标方案的，应当征得提交方案的投标人同意并付给使用费。

第二十七条 国务院住房城乡建设主管部门，省、自治区、直辖市人民政府住房城乡建设主管部门应当加强建筑工程设计评标专家和专家库的管理。

建筑专业专家库应当按建筑工程类别细化分类。

第二十八条 住房城乡建设主管部门应当加快推进电子招标投标，完善招标投标信息平台建设，促进建筑工程设计招标投标信息化监管。

第二十九条 招标人以不合理的条件限制或者排斥潜在投标人的，对潜在投标人实行歧视待遇的，强制要求投标人组成联合体共同投标的，或者限制投标人之间竞争的，由县级以上地方人民政府住房城乡建设主管部门责令改正，可以处 1 万元以上 5 万元以下的罚款。

第三十条 招标人澄清、修改招标文件的时限，或者确定的提交投标文件的时限不符合本办法规定的，由县级以上地方人民政府住房城乡建设主管部门责令改正，可以处 10 万元以下的罚款。

第三十一条 招标人不按照规定组建评标委员会，或者评标委员会成员的确定违反本办法规定的，由县级以上地方人民政府住房城乡建设主管部门责令改正，可以处 10 万元以下的罚款，相应评审结论无效，依法重新进行评审。

第三十二条 招标人有下列情形之一的，由县级以上地方人民政府住房城乡建设主管部门责令改正，可以处中标项目金额 10‰以下的罚款；给他人造成损失的，依法承担赔偿责任；对单位直接负责的主管人员和其他直接责任人员依法给予处分：

（一）无正当理由未按本办法规定发出中标通知书；

（二）不按照规定确定中标人；

（三）中标通知书发出后无正当理由改变中标结果；

（四）无正当理由未按本办法规定与中标人订立合同；

（五）在订立合同时向中标人提出附加条件。

第三十三条　投标人以他人名义投标或者以其他方式弄虚作假，骗取中标的，中标无效，给招标人造成损失的，依法承担赔偿责任；构成犯罪的，依法追究刑事责任。

投标人有前款所列行为尚未构成犯罪的，由县级以上地方人民政府住房城乡建设主管部门处中标项目金额 5‰以上 10‰以下的罚款，对单位直接负责的主管人员和其他直接责任人员处单位罚款数额 5%以上 10%以下的罚款；有违法所得的，并处没收违法所得；情节严重的，取消其 1 年至 3 年内参加依法必须进行招标的建筑工程设计招标的投标资格，并予以公告，直至由工商行政管理机关吊销营业执照。

第三十四条　评标委员会成员收受投标人的财物或者其他好处的，评标委员会成员或者参加评标的有关工作人员向他人透露对投标文件的评审和比较、中标候选人的推荐以及与评标有关的其他情况的，由县级以上地方人民政府住房城乡建设主管部门给予警告，没收收受的财物，可以并处 3000 元以上 5 万元以下的罚款。

评标委员会成员有前款所列行为的，由有关主管部门通报批评并取消担任评标委员会成员的资格，不得再参加任何依法必须进行招标的建筑工程设计招标投标的评标；构成犯罪的，依法追究刑事责任。

第三十五条　评标委员会成员违反本办法规定，对应当否决的投标不提出否决意见的，由县级以上地方人民政府住房城乡建设主管部门责令改正；情节严重的，禁止其在一定期限内参加依法必须进行招标的建筑工程设计招标投标的评标；情节特别严重的，由有关主管部门取消其担任评标委员会成员的资格。

第三十六条　住房城乡建设主管部门或者有关职能部门的工作人员徇私舞弊、滥用职权或者玩忽职守，构成犯罪的，依法追究刑事责任；不构成犯罪的，依法给予行政处分。

第三十七条　市政公用工程及园林工程设计招标投标参照本办法执行。

第三十八条　本办法自 2017 年 5 月 1 日起施行。2000 年 10 月 18 日建设部颁布的《建筑工程设计招标投标管理办法》（建设部令第 82 号）同时废止。

建筑工程方案设计招标投标管理办法

（建市〔2008〕63 号，2008 年 3 月 21 日住房和城乡建设部发布）

第一章　总　　则

第一条　为规范建筑工程方案设计招标投标活动，提高建筑工程方案设计质量，体现公平有序竞争，根据《中华人民共和国建筑法》、《中华人民共和国招标投标法》及相关法律、法规和规章，制定本办法。

第二条　在中华人民共和国境内从事建筑工程方案设计招标投标及其管理活动的，适用本办法。

学术性的项目方案设计竞赛或不对某工程项目下一步设计工作的承接具有直接因果关系的"创意征集"等活动，不适用本办法。

第三条　本办法所称建筑工程方案设计招标投标，是指在建筑工程方案设计阶段，按照有关招标投标法律、法规和规章等规定进行的方案设计招标投标活动。

第四条　按照国家规定需要政府审批的建筑工程项目，有下列情形之一的，经有关部门批准，可以不进行招标：

（一）涉及国家安全、国家秘密的；

（二）涉及抢险救灾的；

（三）主要工艺、技术采用特定专利、专有技术，或者建筑艺术造型有特殊要求的；

（四）技术复杂或专业性强，能够满足条件的设计机构少于三家，不能形成有效竞争的；

（五）项目的改、扩建或者技术改造，由其他设计机构设计影响项目功能配套性的；

（六）法律、法规规定可以不进行设计招标的其他情形。

第五条　国务院建设主管部门负责全国建筑工程方案设计招标投标活动统一监督管理。县级以上人民政府建设主管部门依法对本行政区域内建筑工程方案设计招标投标活动实施监督管理。

建筑工程方案设计招标投标管理流程图详见附件一。

第六条　建筑工程方案设计应按照科学发展观，全面贯彻适用、经济，在可能条件下注意美观的原则。建筑工程设计方案要与当地经济发展水平相适应，积极鼓励采用节能、节地、节水、节材、环保技术的建筑工程设计方案。

第七条　建筑工程方案设计招标投标活动应遵循公开、公平、公正、择优和诚实信用的原则。

第八条　建筑工程方案设计应严格执行《建设工程质量管理条例》、《建设工程勘察设计管理条例》和国家强制性标准条文；满足现行的建筑工程建设标准、设计规范（规程）和本办法规定的相应设计文件编制深度要求。

第二章　招　　　标

第九条　建筑工程方案设计招标方式分为公开招标和邀请招标。

全部使用国有资金投资或者国有资金投资占控股或者主导地位的建筑工程项目，以及国务院发展和改革部门确定的国家重点项目和省、自治区、直辖市人民政府确定的地方重点项目，除符合本办法第四条及第十条规定条件并依法获得批准外，应当公开招标。

第十条　依法必须进行公开招标的建筑工程项目，在下列情形下可以进行邀请招标：

（一）项目的技术性、专业性强，或者环境资源条件特殊，符合条件的潜在投标人数量有限的；

（二）如采用公开招标，所需费用占建筑工程项目总投资额比例过大的；

（三）受自然因素限制，如采用公开招标，影响建筑工程项目实施时机的；

（四）法律、法规规定不宜公开招标的。

招标人采用邀请招标的方式，应保证有三个以上具备承担招标项目设计能力，并具有相应资质的机构参加投标。

第十一条　根据设计条件及设计深度，建筑工程方案设计招标类型分为建筑工程概念性方案设计招标和建筑工程实施性方案设计招标两种类型。

招标人应在招标公告或者投标邀请函中明示采用何种招标类型。

第十二条　建筑工程方案设计招标时应当具备下列条件：

（一）按照国家有关规定需要履行项目审批手续的，已履行审批手续，取得批准；

（二）设计所需要资金已经落实；

（三）设计基础资料已经收集完成；

（四）符合相关法律、法规规定的其他条件。

建筑工程概念性方案设计招标和建筑工程实施性方案设计招标的招标条件详见本办法附件二。

第十三条　公开招标的项目，招标人应当在指定的媒介发布招标公告。大型公共建筑工程的招标公告应当按照有关规定在指定的全国性媒介发布。

第十四条　招标人填写的招标公告或投标邀请函应当内容真实、准确和完整。

招标公告或投标邀请函的主要内容应当包括：工程概况、招标方式、招标类型、招标内容及范围、投标人承担设计任务范围、对投标人资质、经验及业绩的要求、投标人报名要求、招标文件工本费收费标准、投标报名时间、提交资格预审申请文件的截止时间、投标截止时间等。

建筑工程方案设计招标公告和投标邀请函样本详见本办法附件三。

第十五条　招标人应当按招标公告或者投标邀请函规定的时间、地点发出招标文件或者资格预审文件。自招标文件或者资格预审文件发出之日起至停止发出之日止，不得少于 5 个工作日。

第十六条　大型公共建筑工程项目或投标人报名数量较多的建筑工程项目招标可以实行资格预审。采用资格预审的，招标人应在招标公告中明示，并发出资格预审文件。招标人不得通过资格预审排斥潜在投标人。

对于投标人数量过多，招标人实行资格预审的情形，招标人应在招标公告中明确进行资格预审所需达到的投标人报名数量。招标人未在招标公告中明确或实际投标人报名数量未达到招标公告中规定的数量时，招标人不得进行资格预审。

资格预审必须由专业人员评审。资格预审不采用打分的方式评审，只有"通过"和"未通过"之分。如果通过资格预审投标人的数量不足三家，招标人应修订并公布新的资格预审条件，重新进行资格预审，直至三家或三家以上投标人通过资格预审为止。特殊情况下，招标人不能重新制定新的资格预审条件的，必须依据国家相关法律、法规规定执行。

建筑工程方案设计招标资格预审文件样本详见本办法附件四。

第十七条 招标人应当根据建筑工程特点和需要编制招标文件。招标文件包括以下方面内容：

（一）投标须知；

（二）投标技术文件要求；

（三）投标商务文件要求；

（四）评标、定标标准及方法说明；

（五）设计合同授予及投标补偿费用说明。

招标人应在招标文件中明确执行国家规定的设计收费标准或提供投标人设计收费的统一计算基价。

对政府或国有资金投资的大型公共建筑工程项目，招标人应当在招标文件中明确参与投标的设计方案必须包括有关使用功能、建筑节能、工程造价、运营成本等方面的专题报告。

设计招标文件中的投标须知样本、招标技术文件编写内容及深度要求、投标商务文件内容等分别详见本办法附件五、附件六和附件七。

第十八条 招标人和招标代理机构应将加盖单位公章的招标公告或投标邀请函及招标文件，报项目所在地建设主管部门备案。各级建设主管部门对招标投标活动实施监督。

第十九条 概念性方案设计招标或者实施性方案设计招标的中标人应按招标文件要求承担方案及后续阶段的设计和服务工作。但中标人为中华人民共和国境外企业的，若承担后续阶段的设计和服务工作应按照《关于外国企业在中华人民共和国境内从事建设工程设计活动的管理暂行规定》（建市〔2004〕78号）执行。

如果招标人只要求中标人承担方案阶段设计，而不再委托中标人承接或参加后续阶段工程设计业务的，应在招标公告或投标邀请函中明示，并说明支付中标人的设计费用。采用建筑工程实施性方案设计招标的，招标人应按照国家规定方案阶段设计付费标准支付中标人。采用建筑工程概念性方案设计招标的，招标人应按照国家规定方案阶段设计付费标准的80%支付中标人。

第三章 投 标

第二十条 参加建筑工程项目方案设计的投标人应具备下列主体资格：

（一）在中华人民共和国境内注册的企业，应当具有建设主管部门颁发的建筑工程设计资质证书或建筑专业事务所资质证书，并按规定的等级和范围参加建筑工程项目方案设计投标活动。

（二）注册在中华人民共和国境外的企业，应当是其所在国或者所在地区的建筑设计行业协会或组织推荐的会员。其行业协会或组织的推荐名单应由建设单位确认。

（三）各种形式的投标联合体各方应符合上述要求。招标人不得强制投标人组成联合体共同投标，不得限制投标人组成联合体参与投标。

招标人可以根据工程项目实际情况，在招标公告或投标邀请函中明确投标人其他资格条件。

第二十一条 采用国际招标的，不应人为设置条件排斥境内投标人。

第二十二条 投标人应按照招标文件确定的内容和深度提交投标文件。

第二十三条 招标人要求投标人提交备选方案的，应当在招标文件中明确相应的评审和比选办法。

凡招标文件中未明确规定允许提交备选方案的，投标人不得提交备选方案。如投标人擅自提交备选方案的，招标人应当拒绝该投标人提交的所有方案。

第二十四条 建筑工程概念性方案设计投标文件编制一般不少于二十日，其中大型公共建筑工程概念性方案设计投标文件编制一般不少于四十日；建筑工程实施性方案设计投标文件编制一般不少于四十五日。招标文件中规定的编制时间不符合上述要求的，建设主管部门对招标文件不予备案。

第四章 开标、评标、定标

第二十五条 开标应在招标文件规定提交投标文件截止时间的同一时间公开进行；除不可抗力外，招标人不得以任何理由拖延开标，或者拒绝开标。

建筑工程方案设计招标开标程序详见本办法附件八。

第二十六条 投标文件出现下列情形之一的，其投标文件作为无效标处理，招标人不予受理：

（一）逾期送达的或者未送达指定地点的；

（二）投标文件未按招标文件要求予以密封的；

（三）违反有关规定的其他情形。

第二十七条 招标人或招标代理机构根据招标建筑工程项目特点和需要组建评标

委员会，其组成应当符合有关法律、法规和本办法的规定：

（一）评标委员会的组成应包括招标人以及与建筑工程项目方案设计有关的建筑、规划、结构、经济、设备等专业专家。大型公共建筑工程项目应增加环境保护、节能、消防专家。评委应以建筑专业专家为主，其中技术、经济专家人数应占评委总数的三分之二以上；

（二）评标委员会人数为 5 人以上单数组成，其中大型公共建筑工程项目评标委员会人数不应少于 9 人；

（三）大型公共建筑工程或具有一定社会影响的建筑工程，以及技术特别复杂、专业性要求特别高的建筑工程，采取随机抽取确定的专家难以胜任的，经主管部门批准，招标人可以从设计类资深专家库中直接确定，必要时可以邀请外地或境外资深专家参加评标。

第二十八条 评标委员会必须严格按照招标文件确定的评标标准和评标办法进行评审。评委应遵循公平、公正、客观、科学、独立、实事求是的评标原则。

评审标准主要包括以下方面：

（一）对方案设计符合有关技术规范及标准规定的要求进行分析、评价；

（二）对方案设计水平、设计质量高低、对招标目标的响应度进行综合评审；

（三）对方案社会效益、经济效益及环境效益的高低进行分析、评价；

（四）对方案结构设计的安全性、合理性进行分析、评价；

（五）对方案投资估算的合理性进行分析、评价；

（六）对方案规划及经济技术指标的准确度进行比较、分析；

（七）对保证设计质量、配合工程实施，提供优质服务的措施进行分析、评价；

（八）对招标文件规定废标或被否决的投标文件进行评判。

评标方法主要包括记名投票法、排序法和百分制综合评估法等，招标人可根据项目实际情况确定评标方法。评标方法及实施步骤详见本办法附件九。

第二十九条 设计招标投标评审活动应当符合以下规定：

（一）招标人应确保评标专家有足够时间审阅投标文件，评审时间安排应与工程的复杂程度、设计深度、提交有效标的投标人数量和投标人提交设计方案的数量相适应。

（二）评审应由评标委员会负责人主持，负责人应从评标委员会中确定一名资深技术专家担任，并从技术评委中推荐一名评标会议纪要人。

（三）评标应严格按照招标文件中规定的评标标准和办法进行，除了有关法律、法规以及国家标准中规定的强制性条文外，不得引用招标文件规定以外的标准和办法进行评审。

（四）在评标过程中，当评标委员会对投标文件有疑问，需要向投标人质疑时，投标人可以到场解释或澄清投标文件有关内容。

（五）在评标过程中，一旦发现投标人有对招标人、评标委员会成员或其他有关人员施加不正当影响的行为，评标委员会有权拒绝该投标人的投标。

（六）投标人不得以任何形式干扰评标活动，否则评标委员会有权拒绝该投标人的投标。

（七）对于国有资金投资或国家融资的有重大社会影响的标志性建筑，招标人可以邀请人大代表、政协委员和社会公众代表列席，接受社会监督。但列席人员不发表评审意见，也不得以任何方式干涉评标委员会独立开展评标工作。

第三十条　大型公共建筑工程项目如有下列情况之一的，招标人可以在评标过程中对其中有关规划、安全、技术、经济、结构、环保、节能等方面进行专项技术论证：

（一）对于重要地区主要景观道路沿线，设计方案是否适合周边地区环境条件兴建的；

（二）设计方案中出现的安全、技术、经济、结构、材料、环保、节能等有重大不确定因素的；

（三）有特殊要求，需要进行设计方案技术论证的。

一般建筑工程项目，必要时，招标人也可进行涉及安全、技术、经济、结构、材料、环保、节能中的一个或多个方面的专项技术论证，以确保建筑方案的安全性和合理性。

第三十一条　投标文件有下列情形之一的，经评标委员会评审后按废标处理或被否决：

（一）投标文件中的投标函无投标人公章（有效签署）、投标人的法定代表人有效签章及未有相应资格的注册建筑师有效签章的；或者投标人的法定代表人授权委托人没有经有效签章的合法、有效授权委托书原件的；

（二）以联合体形式投标，未向招标人提交共同签署的联合体协议书的；

（三）投标联合体通过资格预审后在组成上发生变化的；

（四）投标文件中标明的投标人与资格预审的申请人在名称和组织结构上存在实质性差别的；

（五）未按招标文件规定的格式填写，内容不全，未响应招标文件的实质性要求和条件的，经评标委员会评审未通过的；

（六）违反编制投标文件的相关规定，可能对评标工作产生实质性影响的；

（七）与其他投标人串通投标，或者与招标人串通投标的；

（八）以他人名义投标，或者以其他方式弄虚作假的；

（九）未按招标文件的要求提交投标保证金的；

（十）投标文件中承诺的投标有效期短于招标文件规定的；

（十一）在投标过程中有商业贿赂行为的；

（十二）其他违反招标文件规定实质性条款要求的。

评标委员会对投标文件确认为废标的，应当由三分之二以上评委签字确认。

第三十二条 有下列情形之一的，招标人应当依法重新招标：

（一）所有投标均做废标处理或被否决的；

（二）评标委员会界定为不合格标或废标后，因有效投标人不足 3 个使得投标明显缺乏竞争评标委员会决定否决全部投标的；

（三）同意延长投标有效期的投标人少于 3 个的。

符合前款第一种情形的，评标委员会应在评标纪要上详细说明所有投标均做废标处理或被否决的理由。

招标人依法重新招标的，应对有串标、欺诈、行贿、压价或弄虚作假等违法或严重违规行为的投标人取消其重新投标的资格。

第三十三条 评标委员会按如下规定向招标人推荐合格的中标候选人：

（一）采取公开和邀请招标方式的，推荐 1 至 3 名；

（二）招标人也可以委托评标委员会直接确定中标人。

（三）经评标委员会评审，认为各投标文件未最大程度响应招标文件要求，重新招标时间又不允许的，经评标委员会同意，评委可以以记名投票方式，按自然多数票产生 3 名或 3 名以上投标人进行方案优化设计。评标委员会重新对优化设计方案评审后，推荐合格的中标候选人。

第三十四条 各级建设主管部门应在评标结束后 15 天内在指定媒介上公开排名顺序，并对推荐中标方案、评标专家名单及各位专家评审意见进行公示，公示期为 5 个工作日。

第三十五条 推荐中标方案在公示期间没有异议、异议不成立、没有投诉或投诉处理后没有发现问题的，招标人应当根据招标文件中规定的定标方法从评标委员会推荐的中标候选方案中确定中标人。定标方法主要包括：

（一）招标人委托评标委员会直接确定中标人；

（二）招标人确定评标委员会推荐的排名第一的中标候选人为中标人。排名第一的中标候选人放弃中标、因不可抗力提出不能履行合同、招标文件规定应当提交履约保证金而在规定的期限内未提交的，或者存在违法行为被有关部门依法查处，且其违法行为影响中标结果的，招标人可以确定排名第二的中标候选人为中标人。如排名第二的中标候选人也发生上述问题，依次可确定排名第三的中标候选人为中标人；

（三）招标人根据评标委员会的书面评标报告，组织审查评标委员会推荐的中标候选方案后，确定中标人。

第三十六条 依法必须进行设计招标的项目，招标人应当在确定中标人之日起 15日内，向有关建设主管部门提交招标投标情况的书面报告。

建筑工程方案设计招标投标情况书面报告的主要内容详见本办法附件十。

第五章 其 他

第三十七条 招标人和中标人应当自中标通知书发出之日起 30 日内，依据《中华人民共和国合同法》及有关工程设计合同管理规定的要求，按照不违背招标文件和中标人的投标文件内容签订设计委托合同，并履行合同约定的各项内容。合同中确定的建设标准、建设内容应当控制在经审批的可行性报告规定范围内。

国家制定的设计收费标准上下浮动 20%是签订建筑工程设计合同的依据。招标人不得以压低设计费、增加工作量、缩短设计周期等作为发出中标通知书的条件，也不得与中标人再订立背离合同实质性内容的其他协议。如招标人违反上述规定，其签订的合同效力按《中华人民共和国合同法》有关规定执行，同时建设主管部门对设计合同不予备案，并依法予以处理。

招标人应在签订设计合同起 7 个工作日内，将设计合同报项目所在地建设或规划主管部门备案。

第三十八条 对于达到设计招标文件要求但未中标的设计方案，招标人应给予不同程度的补偿。

（一）采用公开招标，招标人应在招标文件中明确其补偿标准。若投标人数量过多，招标人可在招标文件中明确对一定数量的投标人进行补偿。

（二）采用邀请招标，招标人应给予每个未中标的投标人经济补偿，并在投标邀请函中明确补偿标准。

招标人可根据情况设置不同档次的补偿标准，以便对评标委员会评选出的优秀设计方案给予适当鼓励。

第三十九条 境内外设计企业在中华人民共和国境内参加建筑工程设计招标的设计收费，应按照同等国民待遇原则，严格执行中华人民共和国的设计收费标准。

工程设计中采用投标人自有专利或者专有技术的，其专利和专有技术收费由招标人和投标人协商确定。

第四十条 招标人应保护投标人的知识产权。投标人拥有设计方案的著作权（版权）。未经投标人书面同意，招标人不得将交付的设计方案向第三方转让或用于本招标范围以外的其他建设项目。

招标人与中标人签署设计合同后，招标人在该建设项目中拥有中标方案的使用权。中标人应保护招标人一旦使用其设计方案不能受到来自第三方的侵权诉讼或索赔，否则中标人应承担由此而产生的一切责任。

招标人或者中标人使用其他未中标人投标文件中的技术成果或技术方案的，应当事先征得该投标人的书面同意，并按规定支付使用费。未经相关投标人书面许可，招标人或者中标人不得擅自使用其他投标人投标文件中的技术成果或技术方案。

联合体投标人合作完成的设计方案，其知识产权由联合体成员共同所有。

第四十一条　设计单位应对其提供的方案设计的安全性、可行性、经济性、合理性、真实性及合同履行承担相应的法律责任。

由于设计原因造成工程项目总投资超出预算的，建设单位有权依法对设计单位追究责任。但设计单位根据建设单位要求，仅承担方案设计，不承担后续阶段工程设计业务的情形除外。

第四十二条　各级建设主管部门应加强对建设单位、招标代理机构、设计单位及取得执业资格注册人员的诚信管理。在设计招标投标活动中对招标代理机构、设计单位及取得执业资格注册人员的各种失信行为和违法违规行为记录在案，并建立招标代理机构、设计单位及取得执业资格注册人员的诚信档案。

第四十三条　各级政府部门不得干预正常的招标投标活动和无故否决依法按规定程序评出的中标方案。

各级政府相关部门应加强监督国家和地方建设方针、政策、标准、规范的落实情况，查处不正当竞争行为。

在建筑工程方案设计招标投标活动中，对违反《中华人民共和国招标投标法》、《工程建设项目勘察设计招标投标办法》和本办法规定的，建设主管部门应当依法予以处理。

第六章　附　　则

第四十四条　本办法所称大型公共建筑工程一般指建筑面积 2 万平方米以上的办公建筑、商业建筑、旅游建筑、科教文卫建筑、通信建筑以及交通运输用房等。

第四十五条　使用国际组织或者外国政府贷款、援助资金的建筑工程进行设计招标时，贷款方、资金提供方对招标投标的条件和程序另有规定的，可以适用其规定，但违背中华人民共和国社会公共利益的除外。

第四十六条　各省、自治区、直辖市建设主管部门可依据本办法制定实施细则。

第四十七条　本办法自 2008 年 5 月 1 日起施行。

附件一：建筑工程方案设计招标管理流程图（略）

附件二：建筑工程方案设计招标条件（略）

附件三：建筑工程方案设计公开招标公告样本和建筑工程方案设计投标邀请函样本（略）

附件四：建筑工程方案设计招标资格预审文件样本（略）

附件五：建筑工程方案设计投标须知内容（略）

附件六：建筑工程方案设计招标技术文件编制内容及深度要求（略）

附件七：建筑工程方案设计投标商务示范文件（略）

房屋建筑和市政基础设施工程施工招标投标管理办法

（2001 年 6 月 1 日建设部令第 89 号公布，根据 2018 年 9 月 28 日住房和城乡建设部令第 43 号《关于修改〈房屋建筑和市政基础设施工程施工招标投标管理办法〉的决定》修订）

第一章 总 则

第一条 为了规范房屋建筑和市政基础设施工程施工招标投标活动，维护招标投标当事人的合法权益，依据《中华人民共和国建筑法》、《中华人民共和国招标投标法》等法律、行政法规，制定本办法。

第二条 依法必须进行招标的房屋建筑和市政基础设施工程（以下简称工程），其施工招标投标活动，适用本办法。

本办法所称房屋建筑工程，是指各类房屋建筑及其附属设施和与其配套的线路、管道、设备安装工程及室内外装修工程。

本办法所称市政基础设施工程，是指城市道路、公共交通、供水、排水、燃气、热力、园林、环卫、污水处理、垃圾处理、防洪、地下公共设施及附属设施的土建、管道、设备安装工程。

第三条 国务院建设行政主管部门负责全国工程施工招标投标活动的监督管理。

县级以上地方人民政府建设行政主管部门负责本行政区域内工程施工招标投标活动的监督管理。具体的监督管理工作，可以委托工程招标投标监督管理机构负责实施。

第四条 任何单位和个人不得违反法律、行政法规规定，限制或者排斥本地区、本系统以外的法人或者其他组织参加投标，不得以任何方式非法干涉施工招标投标活动。

第五条 施工招标投标活动及其当事人应当依法接受监督。

建设行政主管部门依法对施工招标投标活动实施监督，查处施工招标活动中的违法行为。

第二章 招 标

第六条 工程施工招标由招标人依法组织实施。招标人不得以不合理条件限制或者排斥潜在投标人，不得对潜在投标人实行歧视待遇，不得对潜在投标人提出与招标工程实际要求不符的过高的资质等级要求和其他要求。

第七条 工程施工招标应当具备下列条件：

（一）按照国家有关规定需要履行项目审批手续的，已经履行审批手续；

（二）工程资金或者资金来源已经落实；

（三）有满足施工招标需要的设计文件及其他技术资料；

（四）法律、法规、规章规定的其他条件。

第八条 工程施工招标分为公开招标和邀请招标。

依法必须进行施工招标的工程，全部使用国有资金投资或者国有资金投资占控股或者主导地位的，应当公开招标，但经国家计委或者省、自治区、直辖市人民政府依法批准可以进行邀请招标的重点建设项目除外；其他工程可以实行邀请招标。

第九条 工程有下列情形之一的，经县级以上地方人民政府建设行政主管部门批准，可以不进行施工招标：

（一）停建或者缓建后恢复建设的单位工程，且承包人未发生变更的；

（二）施工企业自建自用的工程，且该施工企业资质等级符合工程要求的；

（三）在建工程追加的附属小型工程或者主体加层工程，且承包人未发生变更的；

（四）法律、法规、规章规定的其他情形。

第十条 依法必须进行施工招标的工程，招标人自行办理施工招标事宜的，应当具有编制招标文件和组织评标的能力：

（一）有专门的施工招标组织机构；

（二）有与工程规模、复杂程度相适应并具有同类工程施工招标经验、熟悉有关工程施工招标法律法规的工程技术、概预算及工程管理的专业人员。

不具备上述条件的，招标人应当委托工程招标代理机构代理施工招标。

第十一条 招标人自行办理施工招标事宜的，应当在发布招标公告或者发出投标邀请书的 5 日前，向工程所在地县级以上地方人民政府建设行政主管部门备案，并报送下列材料：

（一）按照国家有关规定办理审批手续的各项批准文件：

（二）本办法第十一条所列条件的证明材料，包括专业技术人员的名单、职称证书或者执业资格证书及其工作经历的证明材料：

（三）法律、法规、规章规定的其他材料。

招标人不具备自行办理施工招标事宜条件的，建设行政主管部门应当自收到备案材料之日起 5 日内责令招标人停止自行办理施工招标事宜。

第十二条 全部使用国有资金投资或者国有资金投资占控股或者主导地位，依法必须进行施工招标的工程项目，应当进入有形建筑市场进行招标投标活动。

政府有关管理机关可以在有形建筑市场集中办理有关手续，并依法实施监督。

第十三条 依法必须进行施工公开招标的工程项目，应当在国家或者地方指定的报刊、信息网络或者其他媒介上发布招标公告，并同时在中国工程建设和建筑业信息网上发布招标公告。

招标公告应当载明招标人的名称和地址，招标工程的性质、规模、地点以及获取招标文件的办法等事项。

第十四条 招标人采用邀请招标方式的，应当向3个以上符合资质条件的施工企业发出投标邀请书。

投标邀请书应当载明本办法第十四条第二款规定的事项。

第十五条 招标人可以根据招标工程的需要，对投标申请人进行资格预审，也可以委托工程招标代理机构对投标申请人进行资格预审。实行资格预审的招标工程，招标人应当在招标公告或者投标邀请书中载明资格预审的条件和获取资格预审文件的办法。

资格预审文件一般应当包括资格预审申请书格式、申请人须知，以及需要投标申请人提供的企业资质、业绩、技术装备、财务状况和拟派出的项目经理与主要技术人员的简历、业绩等证明材料。

第十六条 经资格预审后，招标人应当向资格预审合格的投标申请人发出资格预审合格通知书，告知获取招标文件的时间、地点和方法，并同时向资格预审不合格的投标申请人告知资格预审结果。

在资格预审合格的投标申请人过多时，可以由招标人从中选择不少于7家资格预审合格的投标申请人。

第十七条 招标人应当根据招标工程的特点和需要，自行或者委托工程招标代理机构编制招标文件。招标文件应当包括下列内容：

（一）投标须知，包括工程概况，招标范围，资格审查条件，工程资金来源或者落实情况，标段划分，工期要求，质量标准，现场踏勘和答疑安排，投标文件编制、提交、修改、撤回的要求，投标报价要求，投标有效期，开标的时间和地点，评标的方法和标准等；

（二）招标工程的技术要求和设计文件；

（三）采用工程量清单招标的，应当提供工程量清单；

（四）投标函的格式及附录；

（五）拟签订合同的主要条款；

（六）要求投标人提交的其他材料。

第十八条 依法必须进行施工招标的工程，招标人应当在招标文件发出的同时，将招标文件报工程所在地的县级以上地方人民政府建设行政主管部门备案。建设行政主管部门发现招标文件有违反法律、法规内容的，应当责令招标人改正。

第十九条 招标人对已发出的招标文件进行必要的澄清或者修改的，应当在招标文件要求提交投标文件截止时间至少15日前，以书面形式通知所有招标文件收受人，并同时报工程所在地的县级以上地方人民政府建设行政主管部门备案。该澄清或者修改的内容为招标文件的组成部分。

第二十条 招标人设有标底的，应当依据国家规定的工程量计算规划及招标文件规定的计价方法和要求编制标底，并在开标前保密，一个招标工程只能编制一个标底。

第二十一条 招标人对于发出的招标文件可以酌收工本费。其中的设计文件，招标人可以酌收押金。对于开标后将设计文件退还的，招标人应当退还押金。

第三章 投 标

第二十二条 施工招标的投标人是响应施工招标、参与投标竞争的施工企业。

投标人应当具备相应的施工企业资质，并在工程业绩、技术能力、项目经理资格条件、财务状况等方面满足招标文件提出的要求。

第二十三条 投标人对招标文件有疑问需要澄清的，应当以书面形式向招标人提出。

第二十四条 投标人应当按照招标文件的要求编制投标文件，对招标文件提出的实质性要求和条件作出响应。

招标文件允许投标人提供备选标的，投标人可以按照招标文件的要求提交替代方案，并作出相应报价作备选标。

第二十五条 投标文件应当包括下列内容：

（一）投标函；

（二）施工组织设计或者施工方案；

（三）投标报价；

（四）招标文件要求提供的其他材料。

第二十六条 招标人可以在招标文件中要求投标人提交投标担保。投标担保可以采用投标保函或者投标保证金的方式。投标保证金可以使用支票、银行汇票等，一般不得超过投标总价的2%，最高不得超过50万元。

投标人应当按照招标文件要求的方式和金额，将投标保函或者投标保证金随投标文件提交招标人。

第二十七条 投标人应当在招标文件要求提交投标文件的截止时间前，将投标文件密封送达投标地点。招标人收到投标文件后，应当向投标人出具标明签收人和签收时间的凭证，并妥善保存投标文件。在开标前，任何单位和个人均不得开启投标文件。在招标文件要求提交投标文件的截止时间后送达的投标文件，为无效的投标文件，招标人应当拒收。

提交投标文件的投标人少于3个的，招标人应当依法重新招标。

第二十八条 投标人在招标文件要求提交投标文件的截止时间前，可以补充、修改或者撤回已提交的投标文件。补充、修改的内容为投标文件的组成部分，并应当按照本办法第二十八条第一款的规定送达、签收和保管。在招标文件要求提交投标文件的截止时间后送达的补充或者修改的内容无效。

第二十九条　两个以上施工企业可以组成一个联合体，签订共同投标协议，以一个投标人的身份共同投标。联合体各方均应当具备承担招标工程的相应资质条件。相同专业的施工企业组成的联合体，按照资质等级低的施工企业的业务许可范围承揽工程。

招标人不得强制投标人组成联合体共同投标，不得限制投标人之间的竞争。

第三十条　投标人不得相互串通投标，不得排挤其他投标人的公平竞争，损害招标人或者其他投标人的合法权益。

投标人不得与招标人串通投标，损害国家利益、社会公共利益或者他人的合法权益。

禁止投标人以向招标人或者评标委员会成员行贿的手段谋取中标。

第三十一条　投标人不得以低于其企业成本的报价竞标，不得以他人名义投标或者以其他方式弄虚作假，骗取中标。

第四章　开标、评标和中标

第三十二条　开标应当在招标文件确定的提交投标文件截止时间的同一时间公开进行；开标地点应当为招标文件中预先确定的地点。

第三十三条　开标由招标人主持，邀请所有投标人参加。开标应当按照下列规定进行：

由投标人或者其推选的代表检查投标文件的密封情况，也可以由招标人委托的公证机构进行检查并公证。经确认无误后，由有关工作人员当众拆封，宣读投标人名称、投标价格和投标文件的其他主要内容。

招标人在招标文件要求提交投标文件的截止时间前收到的所有投标文件，开标时都应当当众予以拆封、宣读。

开标过程应当记录，并存档备查。

第三十四条　在开标时，投标文件出现下列情形之一的，应当作为无效投标文件，不得进入评标：

（一）投标文件未按照招标文件的要求予以密封的；

（二）投标文件中的投标函未加盖投标人的企业及企业法定代表人印章的，或者企业法定代表人委托代理人没有合法、有效的委托书（原件）及委托代理人印章的；

（三）投标文件的关键内容字迹模糊、无法辨认的；

（四）投标人未按照招标文件的要求提供投标保函或者投标保证金的；

（五）组成联合体投标的，投标文件未附联合体各方共同投标协议的。

第三十五条　评标由招标人依法组建的评标委员会负责。

依法必须进行施工招标的工程，其评标委员会由招标人的代表和有关技术、经济等方面的专家组成，成员人数为5人以上单数，其中招标人、招标代理机构以外的技术、经济等方面专家不得少于成员总数的三分之二。评标委员会的专家成员，应当由招标人从建设行政主管部门及其他有关政府部门确定的专家名册或者工程招标代理机构的专家库内相关专业的专家名单中确定。确定专家成员一般应当采取随机抽取的方式。

与投标人有利害关系的人不得进入相关工程的评标委员会。评标委员会成员的名单在中标结果确定前应当保密。

第三十六条 建设行政主管部门的专家名册应当拥有一定数量规模并符合法定资格条件的专家。省、自治区、直辖市人民政府建设行政主管部门可以将专家数量少的地区的专家名册予以合并或者实行专家名册计算机联网。

建设行政主管部门应当对进入专家名册的专家组织有关法律和业务培训，对其评标能力、廉洁公正等进行综合评估，及时取消不称职或者违法违规人员的评标专家资格。被取消评标专家资格的人员，不得再参加任何评标活动。

第三十七条 评标委员会应当按照招标文件确定的评标标准和方法，对投标文件进行评审和比较，并对评标结果签字确认；设有标底的，应当参考标底。

第三十八条 评标委员会可以用书面形式要求投标人对投标文件中含义不明确的内容作必要的澄清或者说明。投标人应当采用书面形式进行澄清或者说明，其澄清或者说明不得超出投标文件的范围或者改变投标文件的实质性内容。

第三十九条 评标委员会经评审，认为所有投标文件都不符合招标文件要求的，可以否决所有投标。

依法必须进行施工招标工程的所有投标被否决的，招标人应当依法重新招标。

第四十条 评标可以采用综合评估法、经评审的最低投标价法或者法律法规允许的其他评标方法。

采用综合评估法的，应当对投标文件提出的工程质量、施工工期、投标价格、施工组织设计或者施工方案、投标人及项目经理业绩等，能否最大限度地满足招标文件中规定的各项要求和评价标准进行评审和比较。以评分方式进行评估的，对于各种评比奖项不得额外计分。

采用经评审的最低投标价法的，应当在投标文件能够满足招标文件实质性要求的投标人中，评审出投标价格最低的投标人，但投标价格低于其企业成本的除外。

第四十一条 评标委员会完成评标后，应当向招标人提出书面评标报告，阐明评标委员会对各投标文件的评审和比较意见，并按照招标文件中规定的评标方法，推荐不超过3名有排序的合格的中标候选人。招标人根据评标委员会提出的书面评标报告和推荐的中标候选人确定中标人。

使用国有资金投资或者国家融资的工程项目，招标人应当按照中标候选人的排序确定中标人。当确定中标的中标候选人放弃中标或者因不可抗力提出不能履行合同的，招标人可以依序确定其他中标候选人为中标人。

招标人也可以授权评标委员会直接确定中标人。

第四十二条 有下列情形之一的，评标委员会可以要求投标人作出书面说明并提供相关材料：

（一）设有标底的，投标报价低于标底合理幅度的；

（二）不设标底的，投标报价明显低于其他投标报价，有可能低于其企业成本的。

经评标委员会论证，认定该投标人的报价低于其企业成本的，不能推荐为中标候选人或者中标人。

第四十三条 招标人应当在投标有效期截止时限30日前确定中标人。投标有效期应当在招标文件中载明。

第四十四条 依法必须进行施工招标的工程，招标人应当自确定中标人之日起15日内，向工程所在地的县级以上地方人民政府建设行政主管部门提交施工招标投标情况的书面报告。书面报告应当包括下列内容：

（一）施工招标投标的基本情况，包括施工招标范围、施工招标方式、资格审查、开评标过程和确定中标人的方式及理由等。

（二）相关的文件资料，包括招标公告或者投标邀请书、投标报名表、资格预审文件、招标文件、评标委员会的评标报告（设有标底的，应当附标底）、中标人的投标文件。委托工程招标代理的，还应当附工程施工招标代理委托合同。

前款第二项中已按照本办法的规定办理了备案的文件资料，不再重复提交。

第四十五条 建设行政主管部门自收到书面报告之日起5日内未通知招标人在招标投标活动中有违法行为的，招标人可以向中标人发出中标通知书，并将中标结果通知所有未中标的投标人。

第四十六条 招标人和中标人应当自中标通知书发出之日起30日内，按照招标文件和中标人的投标文件订立书面合同；招标人和中标人不得再行订立背离合同实质性内容的其他协议。

中标人不与招标人订立合同的，投标保证金不予退还并取消其中标资格，给招标人造成的损失超过投标保证金数额的，应当对超过部分予以赔偿；没有提交投标保证金的，应当对招标人的损失承担赔偿责任。

招标人无正当理由不与中标人签订合同，给中标人造成损失的，招标人应当给予赔偿。

第四十七条 招标文件要求中标人提交履约担保的，中标人应当提交。招标人应当同时向中标人提供工程款支付担保。

第五章　罚　　则

第四十八条 有违反《招标投标法》行为的，县级以上地方人民政府建设行政主管部门应当按照《招标投标法》的规定予以处罚。

第四十九条　招标投标活动中有《招标投标法》规定中标无效情形的，由县级以上地方人民政府建设行政主管部门宣布中标无效，责令重新组织招标，并依法追究有关责任人责任。

第五十条　应当招标未招标的，应当公开招标未公开招标的，县级以上地方人民政府建设行政主管部门应当责令改正，拒不改正的，不得颁发施工许可证。

第五十一条　招标人不具备自行办理施工招标事宜条件而自行招标的，县级以上地方人民政府建设行政主管部门应当责令改正，处1万元以下的罚款。

第五十二条　评标委员会的组成不符合法律、法规规定的，县级以上地方人民政府建设行政主管部门应当责令招标人重新组织评标委员会。

第五十三条　招标人未向建设行政主管部门提交施工招标投标情况书面情况的，县级以上地方人民政府建设行政主管部门应当责令改正。

第六章　附　　　则

第五十四条　工程施工专业分包、劳务分包采用招标方式的，参照本办法执行。

第五十五条　招标文件或者投标文件使用两种以上语言文字的，必须有一种是中文；如对不同文本的解释发生异议的，以中文文本为准。用文字表示的金额与数字表示的金额不一致的，以文字表示的金额为准。

第五十六条　涉及国家安全、国家秘密、抢险救灾或者属于利用扶贫资金实行以工代赈、需要使用农民工等特殊情况，不适宜进行施工招标的工程，按照国家有关规定可以不进行施工招标。

第五十七条　使用国际组织或者外国政府贷款、援助资金的工程进行施工招标，贷款方、资金提供方对招标投标的具体条件和程序有不同规定的，可以适用其规定，但违背中华人民共和国的社会公共利益的除外。

第五十八条　本办法由国务院建设行政主管部门负责解释。

第五十九条　本办法自发布之日起施行。1992年12月30日建设部颁布的《工程建设施工招标投标管理办法》（建设部令第23号）同时废止。

房屋建筑和市政基础设施项目工程总承包管理办法

（建市规〔2019〕12号，2019年12月23日住房和城乡建设部、国家发展和改革委员会发布）

第一章　总　　　则

第一条　为规范房屋建筑和市政基础设施项目工程总承包活动，提升工程建设质量和效益，根据相关法律法规，制定本办法。

第二条　从事房屋建筑和市政基础设施项目工程总承包活动，实施对房屋建筑和市政基础设施项目工程总承包活动的监督管理，适用本办法。

第三条　本办法所称工程总承包，是指承包单位按照与建设单位签订的合同，对工程设计、采购、施工或者设计、施工等阶段实行总承包，并对工程的质量、安全、工期和造价等全面负责的工程建设组织实施方式。

第四条　工程总承包活动应当遵循合法、公平、诚实守信的原则，合理分担风险，保证工程质量和安全，节约能源，保护生态环境，不得损害社会公共利益和他人的合法权益。

第五条　国务院住房和城乡建设主管部门对全国房屋建筑和市政基础设施项目工程总承包活动实施监督管理。国务院发展改革部门依据固定资产投资建设管理的相关法律法规履行相应的管理职责。

县级以上地方人民政府住房和城乡建设主管部门负责本行政区域内房屋建筑和市政基础设施项目工程总承包（以下简称工程总承包）活动的监督管理。县级以上地方人民政府发展改革部门依据固定资产投资建设管理的相关法律法规在本行政区域内履行相应的管理职责。

第二章　工程总承包项目的发包和承包

第六条　建设单位应当根据项目情况和自身管理能力等，合理选择工程建设组织实施方式。

建设内容明确、技术方案成熟的项目，适宜采用工程总承包方式。

第七条　建设单位应当在发包前完成项目审批、核准或者备案程序。采用工程总承包方式的企业投资项目，应当在核准或者备案后进行工程总承包项目发包。采用工程总承包方式的政府投资项目，原则上应当在初步设计审批完成后进行工程总承包项目发包；其中，按照国家有关规定简化报批文件和审批程序的政府投资项目，应当在完成相应的投资决策审批后进行工程总承包项目发包。

第八条　建设单位依法采用招标或者直接发包等方式选择工程总承包单位。

工程总承包项目范围内的设计、采购或者施工中，有任一项属于依法必须进行招标的项目范围且达到国家规定规模标准的，应当采用招标的方式选择工程总承包单位。

第九条　建设单位应当根据招标项目的特点和需要编制工程总承包项目招标文件，主要包括以下内容：

（一）投标人须知；

（二）评标办法和标准；

（三）拟签订合同的主要条款；

（四）发包人要求，列明项目的目标、范围、设计和其他技术标准，包括对项目的内容、范围、规模、标准、功能、质量、安全、节约能源、生态环境保护、工期、验收等的明确要求；

（五）建设单位提供的资料和条件，包括发包前完成的水文地质、工程地质、地形等勘察资料，以及可行性研究报告、方案设计文件或者初步设计文件等；

（六）投标文件格式；

（七）要求投标人提交的其他材料。

建设单位可以在招标文件中提出对履约担保的要求，依法要求投标文件载明拟分包的内容；对于设有最高投标限价的，应当明确最高投标限价或者最高投标限价的计算方法。

推荐使用由住房和城乡建设部会同有关部门制定的工程总承包合同示范文本。

第十条　工程总承包单位应当同时具有与工程规模相适应的工程设计资质和施工资质，或者由具有相应资质的设计单位和施工单位组成联合体。工程总承包单位应当具有相应的项目管理体系和项目管理能力、财务和风险承担能力，以及与发包工程相类似的设计、施工或者工程总承包业绩。

设计单位和施工单位组成联合体的，应当根据项目的特点和复杂程度，合理确定牵头单位，并在联合体协议中明确联合体成员单位的责任和权利。联合体各方应当共同与建设单位签订工程总承包合同，就工程总承包项目承担连带责任。

第十一条　工程总承包单位不得是工程总承包项目的代建单位、项目管理单位、监理单位、造价咨询单位、招标代理单位。

政府投资项目的项目建议书、可行性研究报告、初步设计文件编制单位及其评估单位，一般不得成为该项目的工程总承包单位。政府投资项目招标人公开已经完成的项目建议书、可行性研究报告、初步设计文件的，上述单位可以参与该工程总承包项目的投标，经依法评标、定标，成为工程总承包单位。

第十二条　鼓励设计单位申请取得施工资质，已取得工程设计综合资质、行业甲级资质、建筑工程专业甲级资质的单位，可以直接申请相应类别施工总承包一级资质。鼓励施工单位申请取得工程设计资质，具有一级及以上施工总承包资质的单位可以直接申请相应类别的工程设计甲级资质。完成的相应规模工程总承包业绩可以作为设计、施工业绩申报。

第十三条　建设单位应当依法确定投标人编制工程总承包项目投标文件所需要的合理时间。

第十四条　评标委员会应当依照法律规定和项目特点，由建设单位代表、具有工程总承包项目管理经验的专家，以及从事设计、施工、造价等方面的专家组成。

第十五条　建设单位和工程总承包单位应当加强风险管理，合理分担风险。

建设单位承担的风险主要包括：

（一）主要工程材料、设备、人工价格与招标时基期价相比，波动幅度超过合同约定幅度的部分；

（二）因国家法律法规政策变化引起的合同价格的变化；

（三）不可预见的地质条件造成的工程费用和工期的变化；

（四）因建设单位原因产生的工程费用和工期的变化；

（五）不可抗力造成的工程费用和工期的变化。

具体风险分担内容由双方在合同中约定。

鼓励建设单位和工程总承包单位运用保险手段增强防范风险能力。

第十六条 企业投资项目的工程总承包宜采用总价合同，政府投资项目的工程总承包应当合理确定合同价格形式。采用总价合同的，除合同约定可以调整的情形外，合同总价一般不予调整。

建设单位和工程总承包单位可以在合同中约定工程总承包计量规则和计价方法。

依法必须进行招标的项目，合同价格应当在充分竞争的基础上合理确定。

第三章　工程总承包项目实施

第十七条 建设单位根据自身资源和能力，可以自行对工程总承包项目进行管理，也可以委托勘察设计单位、代建单位等项目管理单位，赋予相应权利，依照合同对工程总承包项目进行管理。

第十八条 工程总承包单位应当建立与工程总承包相适应的组织机构和管理制度，形成项目设计、采购、施工、试运行管理以及质量、安全、工期、造价、节约能源和生态环境保护管理等工程总承包综合管理能力。

第十九条 工程总承包单位应当设立项目管理机构，设置项目经理，配备相应管理人员，加强设计、采购与施工的协调，完善和优化设计，改进施工方案，实现对工程总承包项目的有效管理控制。

第二十条 工程总承包项目经理应当具备下列条件：

（一）取得相应工程建设类注册执业资格，包括注册建筑师、勘察设计注册工程师、注册建造师或者注册监理工程师等；未实施注册执业资格的，取得高级专业技术职称；

（二）担任过与拟建项目相类似的工程总承包项目经理、设计项目负责人、施工项目负责人或者项目总监理工程师；

（三）熟悉工程技术和工程总承包项目管理知识以及相关法律法规、标准规范；

（四）具有较强的组织协调能力和良好的职业道德。

工程总承包项目经理不得同时在两个或者两个以上工程项目担任工程总承包项目经理、施工项目负责人。

第二十一条　工程总承包单位可以采用直接发包的方式进行分包。但以暂估价形式包括在总承包范围内的工程、货物、服务分包时，属于依法必须进行招标的项目范围且达到国家规定规模标准的，应当依法招标。

第二十二条　建设单位不得迫使工程总承包单位以低于成本的价格竞标，不得明示或者暗示工程总承包单位违反工程建设强制性标准、降低建设工程质量，不得明示或者暗示工程总承包单位使用不合格的建筑材料、建筑构配件和设备。

工程总承包单位应当对其承包的全部建设工程质量负责，分包单位对其分包工程的质量负责，分包不免除工程总承包单位对其承包的全部建设工程所负的质量责任。

工程总承包单位、工程总承包项目经理依法承担质量终身责任。

第二十三条　建设单位不得对工程总承包单位提出不符合建设工程安全生产法律、法规和强制性标准规定的要求，不得明示或者暗示工程总承包单位购买、租赁、使用不符合安全施工要求的安全防护用具、机械设备、施工机具及配件、消防设施和器材。

工程总承包单位对承包范围内工程的安全生产负总责。分包单位应当服从工程总承包单位的安全生产管理，分包单位不服从管理导致生产安全事故的，由分包单位承担主要责任，分包不免除工程总承包单位的安全责任。

第二十四条　建设单位不得设置不合理工期，不得任意压缩合理工期。

工程总承包单位应当依据合同对工期全面负责，对项目总进度和各阶段的进度进行控制管理，确保工程按期竣工。

第二十五条　工程保修书由建设单位与工程总承包单位签署，保修期内工程总承包单位应当根据法律法规规定以及合同约定承担保修责任，工程总承包单位不得以其与分包单位之间保修责任划分而拒绝履行保修责任。

第二十六条　建设单位和工程总承包单位应当加强设计、施工等环节管理，确保建设地点、建设规模、建设内容等符合项目审批、核准、备案要求。

政府投资项目所需资金应当按照国家有关规定确保落实到位，不得由工程总承包单位或者分包单位垫资建设。政府投资项目建设投资原则上不得超过经核定的投资概算。

第二十七条　工程总承包单位和工程总承包项目经理在设计、施工活动中有转包违法分包等违法违规行为或者造成工程质量安全事故的，按照法律法规对设计、施工单位及其项目负责人相同违法违规行为的规定追究责任。

第四章　附　　则

第二十八条　本办法自 2020 年 3 月 1 日起施行。

（二）水利工程招标

水利工程建设项目招标投标管理规定

（2001 年 10 月 29 日水利部令第 14 号公布）

第一章 总 则

第一条 为加强水利工程建设项目招标投标工作的管理，规范招标投标活动，根据《中华人民共和国招标投标法》和国家有关规定，结合水利工程建设的特点，制定本规定。

第二条 本规定适用于水利工程建设项目的勘察设计、施工、监理以及与水利工程建设有关的重要设备、材料采购等的招标投标活动。

第三条 符合下列具体范围并达到规模标准之一的水利工程建设项目必须进行招标。

（一）具体范围

1．关系社会公共利益、公共安全的防洪、排涝、灌溉、水力发电、引（供）水、滩涂治理、水土保持、水资源保护等水利工程建设项目；

2．使用国有资金投资或者国家融资的水利工程建设项目；

3．使用国际组织或者外国政府贷款、援助资金的水利工程建设项目。

（二）规模标准

1．施工单项合同估算价在 200 万元人民币以上的；

2．重要设备、材料等货物的采购，单项合同估算价在 100 万元人民币以上的；

3．勘察设计、监理等服务的采购，单项合同估算价在 50 万元人民币以上的；

4．项目总投资额在 3000 万元人民币以上，但分标单项合同估算价低于本项第 1、2、3 目规定的标准的项目原则上都必须招标。

第四条 招标投标活动应当遵循公开、公平、公正和诚实信用的原则。建设项目的招标工作由招标人负责，任何单位和个人不得以任何方式非法干涉招标投标活动。

第二章 行政监督与管理

第五条 水利部是全国水利工程建设项目招标投标活动的行政监督与管理部门，其主要职责是：

（一）负责组织、指导、监督全国水利行业贯彻执行国家有关招标投标的法律、法规、规章和政策；

（二）依据国家有关招标投标法律、法规和政策，制定水利工程建设项目招标投标的管理规定和办法；

（三）受理有关水利工程建设项目招标投标活动的投诉，依法查处招标投标活动中的违法违规行为；

（四）对水利工程建设项目招标代理活动进行监督；

（五）对水利工程建设项目评标专家资格进行监督与管理；

（六）负责国家重点水利项目和水利部所属流域管理机构（以下简称流域管理机构）主要负责人兼任项目法人代表的中央项目的招标投标活动的行政监督。

第六条 流域管理机构受水利部委托，对除第五条第六项规定以外的中央项目的招标投标活动进行行政监督。

第七条 省、自治区、直辖市人民政府水行政主管部门是本行政区域内地方水利工程建设项目招标投标活动的行政监督与管理部门，其主要职责是：

（一）贯彻执行有关招标投标的法律法规、规章和政策；

（二）依照有关法律、法规和规章，制定地方水利工程建设项目招标投标的管理办法；

（三）受理管理权限范围内的水利工程建设项目招标投标活动的投诉，依法查处招标投标活动中的违法违规行为；

（四）对本行政区域内地方水利工程建设项目招标代理活动进行监督；

（五）组建并管理省级水利工程建设项目评标专家库；

（六）负责本行政区域内除第五条第六项规定以外的地方项目的招标投标活动的行政监督。

第八条 水行政主管部门依法对水利工程建设项目的招标投标活动进行行政监督[1]，内容包括：

（一）接受招标人招标前提交备案的招标报告；

（二）可派员监督开标、评标、定标等活动。对发现的招标投标活动的违法违规行为，应当立即责令改正，必要时可做出包括暂停开标或评标以及宣布开标、评标结

---

[1] 参见《水利工程建设项目招标投标审计办法》（水审计〔2007〕560 号，2007 年 12 月 29 日水利部发布）。

果无效的决定，对违法的中标结果予以否决；

（三）接受招标人提交备案的招标投标情况书面总结报告。

第三章　招　　标

第九条　招标分为公开招标和邀请招标。

第十条　依法必须招标的项目中，国家重点水利项目、地方重点水利项目及全部使用国有资金投资或者国有资金投资占控股或者主导地位的项目应当公开招标，但有下列情况之一的，按第十一条的规定经批准后可采用邀请招标：

（一）属于第三条第二项第4目规定的项目；

（二）项目技术复杂，有特殊要求或涉及专利权保护，受自然资源或环境限制，新技术或技术规格事先难以确定的项目；

（三）应急度汛项目；

（四）其他特殊项目。

第十一条　符合第十条规定，采用邀请招标的，招标前招标人必须履行下列批准手续：

（一）国家重点水利项目经水利部初审后，报国家发展计划委员会批准；其他中央项目报水利部或其委托的流域管理机构批准；

（二）地方重点水利项目经省、自治区、直辖市人民政府水行政主管部门会同同级发展计划行政主管部门审核后，报本级人民政府批准；其他地方项目报省、自治区、直辖市人民政府水行政主管部门批准。

第十二条　下列项目可不进行招标，但须经项目主管部门批准：

（一）涉及国家安全、国家秘密的项目；

（二）应急防汛、抗旱、抢险、救灾等项目；

（三）项目中经批准使用农民投工、投劳施工的部分（不包括该部分中勘察设计、监理和重要设备、材料采购）；

（四）不具备招标条件的公益性水利工程建设项目的项目建议书和可行性研究报告；

（五）采用特定专利技术或特有技术的；

（六）其他特殊项目。

第十三条　当招标人具备以下条件，按有关规定和管理权限经核准可自行办理招标事宜：

（一）具有项目法人资格（或法人资格）；

（二）具有与招标项目规模和复杂程度相适应的工程技术、概预算、财务和工程管理等方面专业技术力量；

（三）具有编制招标文件和组织评标的能力；

（四）具有从事同类工程建设项目招标的经验；

（五）设有专门的招标机构或者拥有 3 名以上专职招标业务人员；

（六）熟悉和掌握招标投标法律、法规、规章。

第十四条 当招标人不具备第十三条的条件时，应当委托符合相应条件的招标代理机构办理招标事宜。

第十五条 招标人申请自行办理招标事宜时，应当报送以下书面材料：

（一）项目法人营业执照、法人证书或者项目法人组建文件；

（二）与招标项目相适应的专业技术力量情况；

（三）内设的招标机构或者专职招标业务人员的基本情况；

（四）拟使用的评标专家库情况；

（五）以往编制同类工程建设项招标文件和评标报告，以及招标业绩的证明材料；

（六）其他材料。

第十六条 水利工程建设项目招标应当具备以下条件：

（一）勘察设计招标应当具备的条件

1．勘察设计项目已经确定；

2．勘察设计所需资金已落实；

3．必需的勘察设计基础资料已收集完成。

（二）监理招标应当具备的条件

1．初步设计已经批准；

2．监理所需资金已落实；

3．项目已列入年度计划。

（三）施工招标应当具备的条件

1．初步设计已经批准；

2．建设资金来源已落实，年度投资计划已经安排；

3．监理单位已确定；

4．具有能满足招标要求的设计文件，已与设计单位签订适应施工进度要求的图纸交付合同或协议；

5．有关建设项目永久征地、临时征地和移民搬迁的实施、安置工作已经落实或已有明确安排。

（四）重要设备、材料招标应当具备的条件

1．初步设计已经批准；

2．重要设备、材料技术经济指标已基本确定；

3．设备、材料所需资金已落实。

第十七条 招标工作一般按下列程序进行：

（一）招标前，按项目管理权限向水行政主管部门提交招标报告备案。报告具体内容应当包括：招标已具备的条件、招标方式、分标方案、招标计划安排、投标人资质（资格）条件、评标方法、评标委员会组建方案以及开标、评标的工作具体安排等；

（二）编制招标文件；

（三）发布招标信息（招标公告或投标邀请书）；

（四）发售资格预审文件；

（五）按规定日期接受潜在投标人编制的资格预审文件；

（六）组织对潜在投标人资格预审文件进行审核；

（七）向资格预审合格的潜在投标人发售招标文件；

（八）组织购买招标文件的潜在投标人现场踏勘；

（九）接受投标人对招标文件有关问题要求澄清的函件，对问题进行澄清，并书面通知所有潜在投标人；

（十）组织成立评标委员会，并在中标结果确定前保密；

（十一）在规定时间和地点，接受符合招标文件要求的投标文件；

（十二）组织开标评标会；

（十三）在评标委员会推荐的中标候选人中，确定中标人；

（十四）向水行政主管部门提交招标投标情况的书面总结报告；

（十五）发中标通知书，并将中标结果通知所有投标人；

（十六）进行合同谈判，并与中标人订立书面合同。

第十八条 采用公开招标方式的项目，招标人应当在国家发展计划委员会指定的媒介发布招标公告，其中大型水利工程建设项目以及国家重点项目、中央项目、地方重点项目同时还应当在《中国水利报》发布招标公告，公告正式媒介发布至发售资格预审文件（或招标文件）的时间间隔一般不少于 10 日。招标人应当对招标公告的真实性负责。招标公告不得限制潜在投标人的数量。

采用邀请招标方式的，招标人应当向 3 个以上有投标资格的法人或其他组织发出投标邀请书。

投标人少于 3 个的，招标人应当依照本规定重新招标。

第十九条 招标人应当根据国家有关规定，结合项目特点和需要编制招标文件。

第二十条 招标人应当对投标人进行资格审查，并提出资格审查报告，经参审人员签字后存档备查。

第二十一条 在一个项目中，招标人应当以相同条件对所有潜在投标人的资格进行审查，不得以任何理由限制或者排斥部分潜在投标人。

第二十二条 招标人对已发出的招标文件进行必要澄清或者修改的，应当在招标文件要求提交投标文件截止日期至少 15 日前，以书面形式通知所有投标人。该澄清或者修改的内容为招标文件的组成部分。

第二十三条　依法必须进行招标的项目，自招标文件开始发出之日起至投标人提交投标文件截止之日止，最短不应当少于 20 日。

第二十四条　招标文件应当按其制作成本确定售价，一般可按 1000 元至 3000 元人民币标准控制。

第二十五条　招标文件中应当明确投标保证金金额，一般可按以下标准控制：

（一）合同估算价 10000 万元人民币以上，投标保证金金额不超过合同估算价的千分之五；

（二）合同估算价 3000 万元至 10000 万元人民币之间，投标保证金金额不超过合同估算价的千分之六；

（三）合同估算价 3000 万元人民币以下，投标保证金金额不超过合同估算价的千分之七，但最低不得少于 1 万元人民币。

第四章　投　　标

第二十六条　投标人必须具备水利工程建设项目所需的资质（资格）。

第二十七条　投标人应当按照招标文件的要求编写投标文件，并在招标文件规定的投标截止时间之前密封送达招标人。在投标截止时间之前，投标人可以撤回已递交的投标文件或进行更正和补充，但应当符合招标文件的要求。

第二十八条　投标人必须按招标文件规定投标，也可附加提出"替代方案"，且应当在其封面上注明"替代方案"字样，供招标人选用，但不作为评标的主要依据。

第二十九条　两个或两个以上单位联合投标的，应当按资质等级较低的单位确定联合体资质（资格）等级。招标人不得强制投标人组成联合体共同投标。

第三十条　投标人在递交投标文件的同时，应当递交投标保证金。

招标人与中标人签订合同后 5 个工作日内，应当退还投标保证金。

第三十一条　投标人应当对递交的资质（资格）预审文件及投标文件中有关资料的真实性负责。

第五章　评标标准与方法

第三十二条　评标标准和方法应当在招标文件中载明，在评标时不得另行制定或修改、补充任何评标标准和方法。

第三十三条　招标人在一个项目中，对所有投标人评标标准和方法必须相同。

第三十四条　评标标准分为技术标准和商务标准，一般包含以下内容：

（一）勘察设计评标标准

1．投标人的业绩和资信；

2．勘察总工程师、设计总工程师的经历；

3．人力资源配备；

4．技术方案和技术创新；

5．质量标准及质量管理措施；

6．技术支持与保障；

7．投标价格和评标价格；

8．财务状况；

9．组织实施方案及进度安排。

（二）监理评标标准

1．投标人的业绩和资信；

2．项目总监理工程师经历及主要监理人员情况；

3．监理规划（大纲）；

4．投标价格和评标价格；

5．财务状况。

（三）施工评标标准

1．施工方案（或施工组织设计）与工期；

2．投标价格和评标价格；

3．施工项目经理及技术负责人的经历；

4．组织机构及主要管理人员；

5．主要施工设备；

6．质量标准、质量和安全管理措施；

7．投标人的业绩、类似工程经历和资信；

8．财务状况。

（四）设备、材料评标标准

1．投标价格和评标价格；

2．质量标准及质量管理措施；

3．组织供应计划；

4．售后服务；

5．投标人的业绩和资信；

6．财务状况。

第三十五条 评标方法可采用综合评分法、综合最低评标价法、合理最低投标价法、综合评议法及两阶段评标法。

第三十六条 施工招标设有标底的，评标标底可采用：

（一）招标人组织编制的标底 A；

（二）以全部或部分投标人报价的平均值作为标底 B；

（三）以标底 A 和标底 B 的加权平均值作为标底；

（四）以标底 A 值作为确定有效标的标准，以进入有效标内投标人的报价平均值作为标底。

施工招标未设标底的，按不低于成本价的有效标进行评审。

第六章　开标、评标和中标

第三十七条　开标由招标人主持，邀请所有投标人参加。

第三十八条　开标应当按招标文件中确定的时间和地点进行。开标人员至少由主持人、监标人、开标人、唱标人、记录人组成，上述人员对开标负责。

第三十九条　开标一般按以下程序进行：

（一）主持人在招标文件确定的时间停止接收投标文件，开始开标；

（二）宣布开标人员名单；

（三）确认投标人法定代表人或授权代表人是否在场；

（四）宣布投标文件开启顺序；

（五）依开标顺序，先检查投标文件密封是否完好，再启封投标文件；

（六）宣布投标要素，并作记录，同时由投标人代表签字确认；

（七）对上述工作进行纪录，存档备查。

第四十条　评标工作由评标委员会负责。评标委员会由招标人的代表和有关技术、经济、合同管理等方面的专家组成，成员人数为七人以上单数，其中专家（不含招标人代表人数）不得少于成员总数的三分之二。

第四十一条　公益性水利工程建设项目中，中央项目的评标专家应当从水利部或流域管理机构组建的评标专家库中抽取；地方项目的评标专家应当从省、自治区、直辖市人民政府水行政主管部门组建的评标专家库中抽取，也可从水利部或流域管理机构组建的评标专家库中抽取。

第四十二条　评标专家的选择应当采取随机的方式抽取。根据工程特殊专业技术需要，经水行政主管部门批准，招标人可以指定部分评标专家，但不得超过专家人数的三分之一。

第四十三条　评标委员会成员不得与投标人有利害关系。所指利害关系包括：是投标人或其代理人的近亲属；在 5 年内与投标人曾有工作关系；或有其他社会关系或经济利益关系。

评标委员会成员名单在招标结果确定前应当保密。

第四十四条　评标工作一般按以下程序进行：

（一）招标人宣布评标委员会成员名单并确定主任委员；

（二）招标人宣布有关评标纪律；

（三）在主任委员主持下，根据需要，讨论通过成立有关专业组和工作组；

（四）听取招标人介绍招标文件；

（五）组织评标人员学习评标标准和方法；

（六）经评标委员会讨论，并经二分之一以上委员同意，提出需投标人澄清的问题，以书面形式送达投标人；

（七）对需要文字澄清的问题，投标人应当以书面形式送达评标委员会；

（八）评标委员会按招标文件确定的评标标准和方法，对投标文件进行评审，确定中标候选人推荐顺序；

（九）在评标委员会三分之二以上委员同意并签字的情况下，通过评标委员会工作报告，并报招标人。评标委员会工作报告附件包括有关评标的往来澄清函、有关评标资料及推荐意见等。

第四十五条　招标人对有下列情况之一的投标文件，可以拒绝或按无效标处理：

（一）投标文件密封不符合招标文件要求的；

（二）逾期送达的；

（三）投标人法定代表人或授权代表人未参加开标会议的；

（四）未按招标文件规定加盖单位公章和法定代表人（或其授权人）的签字（或印鉴）的；

（五）招标文件规定不得标明投标人名称，但投标文件上标明投标人名称或有任何可能透露投标人名称的标记的；

（六）未按招标文件要求编写或字迹模糊导致无法确认关键技术方案、关键工期、关键工程质量保证措施、投标价格的；

（七）未按规定交纳投标保证金的；

（八）超出招标文件规定，违反国家有关规定的；

（九）投标人提供虚假资料的。

第四十六条　评标委员会经过评审，认为所有投标文件都不符合招标文件要求时，可以否决所有投标，招标人应当重新组织招标。对已参加本次投标的单位，重新参加投标不应当再收取招标文件费。

第四十七条　评标委员会应当进行秘密评审，不得泄露评审过程、中标候选人的推荐情况以及与评标有关的其他情况。

第四十八条　在评标过程中，评标委员会可以要求投标人对投标文件中含义不明确的内容采取书面方式作出必要的澄清或说明，但不得超出投标文件的范围或改变投标文件的实质性内容。

第四十九条　评标委员会经过评审，从合格的投标人中排序推荐中标候选人。

第五十条　中标人的投标应当符合下列条件之一：

（一）能够最大限度地满足招标文件中规定的各项综合评价标准；

（二）能够满足招标文件的实质性要求，并且经评审的投标价格合理最低；但投标价格低于成本的除外。

第五十一条 招标人可授权评标委员会直接确定中标人，也可根据评标委员会提出的书面评标报告和推荐的中标候选人顺序确定中标人。当招标人确定的中标人与评标委员会推荐的中标候选人顺序不一致时，应当有充足的理由，并按项目管理权限报水行政主管部门备案。

第五十二条 自中标通知书发出之日起 30 日内，招标人和中标人应当按照招标文件和中标人的投标文件订立书面合同，中标人提交履约保函。招标人和中标人不得另行订立背离招标文件实质性内容的其他协议。

第五十三条 招标人在确定中标人后，应当在 15 日之内按项目管理权限向水行政主管部门提交招标投标情况的书面报告。

第五十四条 当确定的中标人拒绝签订合同时，招标人可与确定的候补中标人签订合同，并按项目管理权限向水行政主管部门备案。

第五十五条 由于招标人自身原因致使招标工作失败（包括未能如期签订合同），招标人应当按投标保证金双倍的金额赔偿投标人，同时退还投标保证金。

第七章 附 则

第五十六条 在招标投标活动中出现的违法违规行为，按照《中华人民共和国招标投标法》和国务院的有关规定进行处罚。

第五十七条 各省、自治区、直辖市可以根据本规定，结合本地区实际制订相应的实施办法。

第五十八条 本规定由水利部负责解释。

第五十九条 本规定自 2002 年 1 月 1 日起施行，《水利工程建设项目施工招标投标管理规定》（水建〔1994〕130 号 1995 年 4 月 21 日颁发，水政资〔1998〕51 号 1998 年 2 月 9 日修正）同时废止。

水利工程建设项目监理招标投标管理办法

（水建管〔2002〕587 号，2002 年 12 月 25 日水利部发布）

第一章 总 则

第一条 为了规范水利工程建设项目监理招标投标活动，根据《水利工程建设项目招标投标管理规定》（水利部第 14 号令，以下简称《规定》）和国家有关规定，结合水利工程建设监理的特点，制定本办法。

第二条 本办法适用于水利工程建设项目（以下简称"项目"）监理的招标投标活动。

第三条 项目符合《规定》第三条规定的范围与标准必须进行监理招标。国家和水利部对项目技术复杂或者有特殊要求的水利工程建设项目监理另有规定的，从其规定。

第四条 项目监理招标一般不宜分标。如若分标，各监理标的监理合同估算价应当在 50 万元人民币以上。

项目监理分标的，应当利于管理和竞争，利于保证监理工作的连续性和相对独立性，避免相互交叉和干扰，造成监理责任不清。

第五条 水行政主管部门依法对项目监理招标投标活动进行行政监督。内容包括：

（一）监督检查招标人是否按照招标前提交备案的项目招标报告进行监理招标；

（二）可派员监督项目开标、评标、定标等活动，查处监理招标投标活动中违法违规行为；

（三）接受招标人依法备案的项目监理招标投标情况报告。

第六条 项目监理招标投标活动应当遵循公开、公平、公正和诚实信用的原则。项目监理招标工作由招标人负责，任何单位和个人不得以任何方式非法干涉项目监理招标投标活动。

第二章 招 标

第七条 项目监理招标分为公开招标和邀请招标。

第八条 项目监理招标的招标人是该项目的项目法人。

第九条 招标人自行办理项目监理招标事宜时，应当按有关规定履行核准手续。

第十条 招标人委托招标代理机构办理招标事宜时，受委托的招标代理机构应符合水利工程建设项目招标代理有关规定的要求。

第十一条 项目监理招标应当具备下列条件：

（一）项目可行性研究报告或者初步设计已经批复；

（二）监理所需资金已经落实；

（三）项目已列入年度计划。

第十二条 项目监理招标宜在相应的工程勘察、设计、施工、设备和材料招标活动开始前完成。

第十三条 项目监理招标一般按照《规定》第十七条规定的程序进行。

第十四条 招标公告或者投标邀请书应当至少载明下列内容：

（一）招标人的名称和地址；

（二）监理项目的内容、规模、资金来源；

（三）监理项目的实施地点和服务期；

（四）获取招标文件或者资格预审文件的地点和时间；

（五）对招标文件或者资格预审文件收取的费用；

（六）对投标人的资质等级的要求。

第十五条 招标人应当对投标人进行资格审查。资格审查分为资格预审和资格后审。进行资格预审的，一般不再进行资格后审，但招标文件另有规定的除外。

第十六条 资格预审，是指在投标前对潜在投标人进行的资格审查。资格预审一般按照下列原则进行：

（一）招标人组建的资格预审工作组负责资格预审；

（二）资格预审工作组按照资格预审文件中规定的资格评审条件，对所有潜在投标人提交的资格预审文件进行评审；

（三）资格预审完成后，资格预审工作组应提交由资格预审工作组成员签字的资格预审报告，并由招标人存档备查；

（四）经资格预审后，招标人应当向资格预审合格的潜在投标人发出资格预审合格通知书，告知获取招标文件的时间、地点和方法，并同时向资格预审不合格的潜在投标人告知资格预审结果。

第十七条 资格后审，是指在开标后，招标人对投标人进行资格审查，提出资格审查报告，经参审人员签字由招标人存档备查，同时交评标委员会参考。

第十八条 资格审查应主要审查潜在投标人或者投标人是否符合下列条件：

（一）具有独立合同签署及履行的权利；

（二）具有履行合同的能力，包括专业、技术资格和能力，资金、设备和其他物质设施能力，管理能力，类似工程经验、信誉状况等；

（三）没有处于被责令停业，投标资格被取消，财产被接管、冻结等；

（四）在最近三年内没有骗取中标和严重违约及重大质量问题。

资格审查时，招标人不得以不合理的条件限制、排斥潜在投标人或者投标人，不得对潜在投标人或者投标人实行歧视待遇。任何单位和个人不得以行政手段或者其他不合理方式限制投标人的数量。

第十九条 招标文件应当包括下列内容：

（一）投标邀请书；

（二）投标人须知。投标人须知应当包括：招标项目概况，监理范围、内容和监理服务期，招标人提供的现场工作及生活条件（包括交通、通讯、住宿等）和试验检测条件，对投标人和现场监理人员的要求，投标人应当提供的有关资格和资信证明文件，投标文件的编制要求，提交投标文件的方式、地点和截止时间，开标日程安排，投标有效期等；

（三）书面合同书格式。大、中型项目的监理合同书，应当使用《水利工程建设监理合同示范文本》（GF—2000—0211）❶，小型项目可参照使用；

（四）投标报价书、投标保证金和授权委托书、协议书和履约保函的格式；

（五）必要的设计文件、图纸和有关资料；

（六）投标报价要求及其计算方式；

（七）评标标准与方法；

（八）投标文件格式；

（九）其他辅助资料。

第二十条 依法必须进行招标的项目，自招标文件开始发出之日起至投标人提交投标文件截止之日止，最短不得少于 20 日。

第二十一条 招标文件一经发出，招标内容一般不得修改。招标文件的修改和澄清，应当于提交投标文件截止日期 15 日前书面通知所有潜在投标人。该修改和澄清的内容为招标文件的组成部分。

第二十二条 投标人少于 3 个的，招标人应当依法重新招标。

第二十三条 资格预审文件售价最高不得超过 500 元人民币。

第二十四条 招标文件售价应当按照《规定》第二十四条规定的标准控制。

第二十五条 投标保证金的金额一般按照招标文件售价的 10 倍控制。履约保证金的金额按照监理合同价的 2%～5%控制，但最低不少于 1 万元人民币。

第三章 投　　标

第二十六条 投标人必须具有水利部颁发的水利工程建设监理资质证书，并具备下列条件：

（一）具有招标文件要求的资质等级和类似项目的监理经验与业绩；

（二）与招标项目要求相适应的人力、物力和财力；

（三）其他条件。

第二十七条 招标代理机构代理项目监理招标时，该代理机构不得参加或代理该项目监理的投标。

第二十八条 投标人应当按照招标文件的要求编制投标文件。投标文件一般包括下列内容：

（一）投标报价书；

（二）投标保证金；

（三）委托投标时，法定代表人签署的授权委托书；

---

❶ 最新版本为《水利工程施工监理合同示范文本》（GF—2007—0211）

（四）投标人营业执照、资质证书以及其他有效证明文件的复印件；

（五）监理大纲；

（六）项目总监理工程师及主要监理人员简历、业绩、学历证书、职称证书以及监理工程师资格证书和岗位证书等证明文件；

（七）拟用于本工程的设施设备、仪器；

（八）近3～5年完成的类似工程、有关方面对投标人的评价意见以及获奖证明；

（九）投标人近3年财务状况；

（十）投标报价的计算和说明；

（十一）招标文件要求的其他内容。

第二十九条 监理大纲的主要内容应当包括：工程概况、监理范围、监理目标、监理措施、对工程的理解、项目监理机构组织机构、监理人员等。

第三十条 投标人应当在招标文件要求提交投标文件的截止时间前，将投标文件密封送达招标人。投标人的投标文件正本和副本应当分别包装，包装封套上加贴封条，加盖"正本"或"副本"标记。

第三十一条 投标人在招标文件要求提交投标文件截止时间之前，可以书面方式对投标文件进行修改、补充或者撤回，但应当符合招标文件的要求。

第三十二条 两个以上监理单位可以组成一个联合体，以一个投标人的身份投标。

联合体各方签订共同投标协议后，不得再以自己名义单独投标，也不得组成新的联合体或参加其他联合体在同一项目中投标。

招标人不得强制投标人组成联合体共同投标。

第三十三条 联合体参加资格预审并获通过的，其组成的任何变化都必须在提交投标文件截止之日前征得招标人的同意。如果变化后的联合体削弱了竞争，含有事先未经过资格预审或者资格预审不合格的法人，或者使联合体的资质降到资格预审文件中规定的最低标准下，招标人有权拒绝。

第三十四条 联合体各方必须指定牵头人，授权其代表所有联合体成员负责投标和合同实施阶段的主办、协调工作，并应当向招标人提交由所有联合体成员法定代表人签署的授权书。

第三十五条 联合体投标的，应当以联合体各方或者联合体中牵头人的名义提交投标保证金。

第三十六条 投标人应当对递交的资格预审文件、投标文件中有关资料的真实性负责。

第四章 评标标准与方法

第三十七条 项目监理评标标准和方法应当体现根据监理服务质量选择中标人的

原则。评标标准和方法应当在招标文件中载明，在评标时不得另行制定或者修改、补充任何评标标准和方法。

项目监理招标不宜设置标底。

第三十八条 评标标准包括投标人的业绩和资信、项目总监理工程师的素质和能力、资源配置、监理大纲以及投标报价等五个方面。其重要程度宜分别赋予 20%、25%、25%、20%、10%的权重，也可根据项目具体情况确定。

第三十九条 业绩和资信可以从以下几个方面设置评价指标：

（一）有关资质证书、营业执照等情况；

（二）人力、物力与财力资源；

（三）近 3～5 年完成或者正在实施的项目情况及监理效果；

（四）投标人以往的履约情况；

（五）近 5 年受到的表彰或者不良业绩记录情况；

（六）有关方面对投标人的评价意见等。

第四十条 项目总监理工程师的素质和能力可以从以下几个方面设置评价指标：

（一）项目总监理工程师的简历、监理资格；

（二）项目总监理工程师主持或者参与监理的类似工程项目及监理业绩；

（三）有关方面对项目总监理工程师的评价意见；

（四）项目总监理工程师月驻现场工作时间；

（五）项目总监理工程师的陈述情况等。

第四十一条 资源配置可以从以下几个方面设置评价指标：

（一）项目副总监理工程师、部门负责人的简历及监理资格；

（二）项目相关专业人员和管理人员的数量、来源、职称、监理资格、年龄结构、人员进场计划；

（三）主要监理人员的月驻现场工作时间；

（四）主要监理人员从事类似工程的相关经验；

（五）拟为工程项目配置的检测及办公设备；

（六）随时可调用的后备资源等。

第四十二条 监理大纲可以从以下几个方面设置评价指标：

（一）监理范围与目标；

（二）对影响项目工期、质量和投资的关键问题的理解程度；

（三）项目监理组织机构与管理的实效性；

（四）质量、进度、投资控制和合同、信息管理的方法与措施的针对性；

（五）拟定的监理质量体系文件等；

（六）工程安全监督措施的有效性。

第四十三条 投标报价可以从以下几个方面设置评价指标：

（一）监理服务范围、时限；

（二）监理费用结构、总价及所包含的项目；

（三）人员进场计划；

（四）监理费用报价取费原则是否合理。

第四十四条 评标方法主要为综合评分法、两阶段评标法和综合评议法，可根据工程规模和技术难易程度选择采用。大、中型项目或者技术复杂的项目宜采用综合评分法或者两阶段评标法，项目规模小或者技术简单的项目可采用综合评议法。

（一）综合评分法。根据评标标准设置详细的评价指标和评分标准，经评标委员会集体评审后，评标委员会分别对所有投标文件的各项评价指标进行评分，去掉最高分和最低分后，其余评委评分的算术和即为投标人的总得分。评标委员会根据投标人总得分的高低排序选择中标候选人1～3名。若候选人出现分值相同情况，则对分值相同的投标人改为投票法，以少数服从多数的方式，也可根据总监理工程师、监理大纲的得分高低决定次序选择中标候选人。

（二）两阶段评标法。对投标文件的评审分为两阶段进行。首先进行技术评审，然后进行商务评审。有关评审方法可采用综合评分法或综合评议法。评标委员会在技术评审结束之前，不得接触投标文件中商务部分的内容。

评标委员会根据确定的评审标准选出技术评审排序的前几名投标人，而后对其进行商务评审。根据规定的技术和商务权重，对这些投标人进行综合评价和比较，确定中标候选人1～3名。

（三）综合评议法。根据评标标准设置详细的评价指标，评标委员会成员对各个投标人进行定性比较分析，综合评议，采用投票表决的形式，以少数服从多数的方式，排序推荐中标候选人1～3名。

第五章　开标、评标和中标

第四十五条 开标时间、地点应当为招标文件中确定的时间、地点。开标工作人员至少有主持人、监标人、开标人、唱标人、记录人组成。招标人收到投标文件时，应当检查其密封性，进行登记并提供回执。已收投标文件应妥善保管，开标前不得开启。在招标文件要求提交投标文件的截止时间后送达的投标文件，应当拒收。

第四十六条 开标由招标人主持，邀请所有投标人参加。投标人的法定代表人或者授权代表人应当出席开标会议。评标委员会成员不得出席开标会议。

第四十七条 开标人员应当在开标前检查出席开标会议的投标人法定代表人的证明文件或者授权代表人有关身份证明。法定代表人或者授权代表人应当在指定的登记表上签名报到。

第四十八条 开标一般按照《规定》第三十九条规定的程序进行。

第四十九条 属于下列情况之一的投标文件,招标人可以拒绝或者按无效标处理:

(一)投标人的法定代表人或者授权代表人未参加开标会议;

(二)投标文件未按照要求密封或者逾期送达;

(三)投标文件未加盖投标人公章或者未经法定代表人(或者授权代表人)签字(或者印鉴);

(四)投标人未按照招标文件要求提交投标保证金;

(五)投标文件字迹模糊导致无法确认涉及关键技术方案、关键工期、关键工程质量保证措施、投标价格;

(六)投标文件未按照规定的格式、内容和要求编制;

(七)投标人在一份投标文件中,对同一招标项目报有两个或者多个报价且没有确定的报价说明;

(八)投标人对同一招标项目递交两份或者多份内容不同的投标文件,未书面声明哪一个有效;

(九)投标文件中含有虚假资料;

(十)投标人名称与组织机构与资格预审文件不一致;

(十一)不符合招标文件中规定的其他实质性要求。

第五十条 评标由评标委员会负责。评标委员会的组成按照《规定》第四十条的规定进行。

第五十一条 评标专家的选择按照《规定》第四十一条、第四十二条的规定进行。

第五十二条 评标委员会成员实行回避制度,有下列情形之一的,应当主动提出回避并不得担任评标委员会成员:

(一)投标人或者投标人、代理人主要负责人的近亲属;

(二)项目主管部门或者行政监督部门的人员;

(三)在5年内与投标人或其代理人曾有工作关系;

(四)5年内与投标人或其代理人有经济利益关系,可能影响对投标的公正评审的人员;

(五)曾因在招标、评标以及其他与招标投标有关活动中从事违法行为而受到行政处罚或者刑事处罚的人员。

第五十三条 招标人应当采取必要的措施,保证评标过程在严格保密的情况下进行。

第五十四条 评标工作一般按照以下程序进行:

(一)招标人宣布评标委员会成员名单并确定主任委员;

(二)招标人宣布有关评标纪律;

(三)在主任委员的主持下,根据需要,讨论通过成立有关专业组和工作组;

(四)听取招标人介绍招标文件;

（五）组织评标人员学习评标标准与方法；

（六）评标委员会对投标文件进行符合性和响应性评定；

（七）评标委员会对投标文件中的算术错误进行更正；

（八）评标委员会根据招标文件规定的评标标准与方法对有效投标文件进行评审；

（九）评标委员会听取项目总监理工程师陈述；

（十）经评标委员会讨论，并经二分之一以上成员同意，提出需投标人澄清的问题，并以书面形式送达投标人；

（十一）投标人对需书面澄清的问题，经法定代表人或者授权代表人签字后，作为投标文件的组成部分，在规定的时间内送达评标委员会；

（十二）评标委员会依据招标文件确定的评标标准与方法，对投标文件进行横向比较，确定中标候选人推荐顺序；

（十三）在评标委员会三分之二以上成员同意并在全体成员签字的情况下，通过评标报告。评标委员会成员必须在评标报告上签字。若有不同意见，应明确记载并由其本人签字，方可作为评标报告附件。

第五十五条 评标报告应当包括以下内容：

（一）招标项目基本情况；

（二）对投标人的业绩和资信的评价；

（三）对项目总监理工程师的素质和能力的评价；

（四）对资源配置的评价；

（五）对监理大纲的评价；

（六）对投标报价的评价；

（七）评标标准和方法；

（八）评审结果及推荐顺序；

（九）废标情况说明；

（十）问题澄清、说明、补正事项纪要；

（十一）其他说明；

（十二）附件。

第五十六条 评标委员会要求投标人对投标文件中含义不明确的内容作出必要的澄清或者说明，但澄清或说明不得改变投标文件提出的主要监理人员、监理大纲和投标报价等实质性内容。

第五十七条 评标委员会经评审，认为所有投标文件都不符合招标文件要求，可以否决所有投标，招标人应当重新招标，并报水行政主管部门备案。

第五十八条 评标委员会成员应当客观、公正地履行职责，遵守职业道德，对所提出的评审意见承担个人责任。

第五十九条 遵循根据监理服务质量选择中标人的原则，中标人应当是能够最大限度地满足招标文件中规定的各项综合评价标准的投标人。

第六十条 招标人可授权评标委员会直接确定中标人，也可根据评标委员会提出的书面评标报告和推荐的中标候选人顺序确定中标人。当招标人确定的中标人与评标委员会推荐的中标候选人顺序不一致时，应当有充足的理由，并按项目管理权限报水行政主管部门备案。

第六十一条 在确定中标人前，招标人不得与投标人就投标方案、投标价格等实质性内容进行谈判。自评标委员会提出书面评标报告之日起，招标人一般应在15日内确定中标人，最迟应在投标有效期结束日30个工作日前确定。

第六十二条 中标人确定后，招标人应当在招标文件规定的有效期内以书面形式向中标人发出中标通知书，并将中标结果通知所有未中标的投标人。招标人不得向中标人提出压低报价、增加工作量、延长服务期或其他违背中标人意愿的要求，以此作为发出中标通知书和签订合同的条件。

第六十三条 中标通知书对招标人和中标人具有法律效力。中标通知书发出后，招标人改变中标结果的，或者中标人放弃中标项目的，应当依法承担法律责任。

第六十四条 中标人收到中标通知书后，应当在签订合同前向招标人提交履约保证金。

第六十五条 招标人和中标人应当自中标通知书发出之日起在30日内，按照招标文件和中标人的投标文件订立书面合同。招标人和中标人不得再行订立背离合同实质性内容的其他协议。

第六十六条 当确定的中标人拒绝签订合同时，招标人可与确定的候补中标人签订合同。

第六十七条 中标人不得向他人转让中标项目，也不得将中标项目肢解后向他人转让。

第六十八条 招标人与中标人签订合同后5个工作日内，应当向中标人和未中标的投标人退还投标保证金。

第六十九条 在确定中标人后15日之内，招标人应当按项目管理权限向水行政主管部门提交招标投标情况的书面总结报告。书面总结报告至少应包括下列内容：

（一）开标前招标准备情况；

（二）开标记录；

（三）评标委员会的组成和评标报告；

（四）中标结果确定；

（五）附件：招标文件。

第七十条 由于招标人自身原因致使招标失败（包括未能如期签订合同），招标人应当按照投标保证金双倍的金额赔偿投标人，同时退还投标保证金。

第六章　附　　则

第七十一条　在招标投标活动中出现的违法违规行为，按照《中华人民共和国招标投标法》和国务院的有关规定进行处罚。

第七十二条　使用国际组织或者外国政府贷款、援助资金的项目监理招标，贷款方、资金提供方对招标投标的具体条件和程序有不同规定的，可以从其规定，但违背中华人民共和国的社会公众利益的除外。

第七十三条　本办法由水利部负责解释。

第七十四条　本办法自发布之日起施行。

水利工程建设项目重要设备材料采购招标投标管理办法

（水建管〔2002〕585号，2002年12月25日水利部发布）

第一章　总　　则

第一条　为了规范水利工程建设项目重要设备、材料采购管理招标投标活动，根据《水利工程建设项目招标投标管理规定》（水利部令第14号，以下简称《规定》）和国家有关规定，结合水利工程建设特点，制定本办法。

第二条　本办法适用于水利工程建设项目（以下简称"项目"）重要设备、材料采购招标投标活动。

第三条　项目符合《规定》第三条规定的范围与标准的，必须进行招标采购。

国家和水利部对项目技术复杂或者有特殊要求的水利工程建设项目重要设备、材料采购另有规定的，从其规定。

本办法所称采购是指项目重要设备、材料的一次性采购。

第四条　本办法所称的重要设备是指：

直接用于项目永久性工程的机电设备、自动化设备、金属结构及设备、试验设备、原型观测和测量仪器设备等；

使用本项目资金购置的用于本项目施工的各种施工设备、施工机械和施工车辆等；

使用本项目资金购置的服务于本项目的办公设备、通讯设备、电气设备、医疗设备、环保设备、交通运输车辆和生活设施设备等。

第五条　本办法所称重要材料是指：

（一）构成永久工程的重要材料，如钢材、水泥、粉煤灰、硅粉、抗磨材料等；

（二）用于项目数量大的消耗材料，如油品、木材、民用爆破材料等。

第六条 水行政主管部门依法对项目重要设备、材料招标采购活动实施行政监督。内容包括：

（一）监督检查招标人是否按照招标前提交备案的项目招标报告进行招标；

（二）可派员监督重要设备、材料招标采购活动，查处违法违规行为；

（三）接受招标人依法备案的项目重要设备、材料招标采购报告。

第七条 项目重要设备、材料的招标采购活动应当遵循公开、公平、公正和诚实信用的原则。项目重要设备、材料招标工作由招标人负责，任何单位和个人不得以任何方式非法干涉项目重要设备、材料招标采购活动。

第二章 招 标

第八条 重要设备、材料的招标采购分为公开招标采购、邀请招标采购。一般情况下应采用公开招标方式，采用邀请招标方式的在依法备案的采购报告中应予注明。

第九条 项目重要设备、材料招标采购的招标人是指水利工程建设项目的项目法人。

第十条 项目重要设备、材料招标采购应具备以下条件：

（一）初步设计已经批准；

（二）重要设备、材料技术经济指标已基本确定；

（三）重要设备、材料所需资金已落实。

第十一条 招标人自行办理项目重要设备、材料招标采购招标事宜时，应当按有关规定履行核准手续。

第十二条 招标人委托招标代理机构办理招标事宜时，受委托的招标代理机构应符合水利工程建设项目招标代理有关规定的要求。

第十三条 招标采购工作一般按照《规定》第十七条规定的程序进行。

第十四条 采用公开招标方式的项目，招标人应当在《规定》指定的媒介发布招标公告，公告应载明招标人的名称、地址、招标项目的性质、数量、实施地点和时间及获取招标文件的办法等事宜。发布招标公告至发售资格预审文件或招标文件的时间间隔一般不少于10日。招标人应对招标公告的真实性负责。招标公告不得限制潜在投标人的数量。

采用邀请招标方式的，招标人应向3个以上有投标资格的法人或其他组织发出投标邀请书。

第十五条 招标人应当对投标人进行资格审查。资格审查分为资格预审和资格后审。资格审查主要内容为：

（一）营业执照、注册地点、主要营业地点、资质等级（包括联合体各方）；

（二）管理和执行本合同所配备的主要人员资历和经验情况；

（三）拟分包的项目及拟承担分包项目的企业情况；

（四）银行出具的资信证明；

（五）制造厂家的授权书；

（六）生产（使用）许可证、产品鉴定书；

（七）产品获得的国优、部优等荣誉证书；

（八）投标人的情况调查表，包括工厂规模、财务状况、生产能力及非本厂生产的主要零配件的来源、产品在国内外的销售业绩、使用情况、近2～3年的年营业额、易损件供应商的名称和地址等；

（九）投标人最近3年涉及的主要诉讼案件；

（十）其他资格审查要求提供的证明材料。

第十六条 资格预审是指在投标前招标人对潜在投标人投标资格进行审查。资格预审不合格的不得参加投标。资格预审主要工作包括：

（一）发布资格预审信息；

（二）向潜在投标人发售资格预审文件；

（三）按规定日期，接受潜在投标人编制的资格预审文件；

（四）组织专人对潜在投标人编制的资格预审文件进行审核，必要时也可实地进行考察；

（五）提出资格预审报告，经参审人员签字后存档备查；

（六）将资格预审结果分别通知潜在投标人。

第十七条 资格后审是指在开标后招标人对投标人进行资格审查，提出资格审查报告，经参审人员签字后存档备查，并交评标委员会一份。资格后审不合格的，其投标文件按废标处理。

第十八条 招标文件主要内容包括：

（一）招标公告或投标邀请书；

（二）投标人须知，主要包括如下内容：

1．工程项目概况；

2．资金来源；

3．重要设备、材料的名称、规格、型号、数量和批次、运输方式、交货地点、交货时间、验收方式；

4．有关招标文件的澄清、修改的规定；

5．投标人须提供的有关资格和资信证明文件的格式、内容要求；

6．投标报价的要求、报价编制方式及须随报价单同时提供的资料；

7．标底的确定方法；

8．评标的标准、方法和中标原则；

9．投标文件的编制要求、密封方式及报送份数；

10．递交投标文件的方式、地点和截止时间，与投标人进行联系的人员姓名、地址、电话号码、电子邮件；

11．投标保证金的金额及交付方式；

12．开标的时间安排和地点；

13．投标有效期限。

（三）合同条件（通用条款和专用条款）；

（四）图纸及设计资料附件；

（五）技术规定及规范（标准）；

（六）货物量、采购及报价清单；

（七）安装调试和人员培训内容；

（八）表式和其他需要说明的事项。

第十九条 招标人对已发出的招标文件中有关设备、材料选型、设计图纸等问题进行必要的澄清或者修改的，应当在招标文件要求提交投标文件截止时间至少 15 日前，以书面形式通知所有投标人。该澄清或者修改的内容为招标文件的组成部分。

第二十条 从招标文件开始发出之日起至投标截止之日止不得少于 20 日。

第二十一条 资格预审文件的售价不超过 500 元人民币。招标文件的售价应当按照《规定》第二十四条规定的标准控制。

第二十二条 投标保证金的金额一般按照招标文件售价的 10 倍控制。履约保证金的金额按照招标采购合同价的 2%～5%控制，但最低不少于 1 万元人民币。

第三章 投 标

第二十三条 重要设备、材料采购招标的投标人必须是生产企业、成套设备供应商、经销企业或企业联合体，投标人必须具有承担招标文件规定的设备、材料质量责任的能力。

采购重要的水利专用设备时，投标人必须有水利行业主管部门颁发的资质证书或生产（使用）许可证。

第二十四条 两个以上投标人可以组成一个联合体，以一个投标人的身份投标。

联合体各方签订共同投标协议后，不得再以自己名义单独投标，也不得组成新的联合体或参加其他联合体在同一项目中投标。

招标人不得强制投标人组成联合体共同投标。

第二十五条 联合体参加资格预审并获通过的，其组成的任何变化都必须在提交投标文件截止之日前征得招标人的同意。如果变化后的联合体削弱了竞争，含有事先未经过资格预审或者资格预审不合格的法人，或者使联合体的资质降到资格预审文件中规定的最低标准下，招标人有权拒绝。

第二十六条　联合体各方必须指定牵头人，授权其代表所有联合体成员负责投标和合同实施阶段的主办、协调工作，并应当向招标人提交由所有联合体成员法定代表人签署的授权书。

第二十七条　联合体投标的，应当以联合体各方或者联合体中牵头人的名义提交投标保证金。

第二十八条　投标人应当对递交的资格预审文件、投标文件中有关资料的真实性负责。

第二十九条　招标人设置资格预审程序的，投标人应按照资格预审公告规定的时间、地点购买资格预审文件。参加资格预审的投标人应当在规定的时间内向招标人提交符合要求的资格预审文件。

第三十条　投标人应当按招标文件的要求和格式编制投标文件。投标文件一般包括下列内容：

（一）投标书须按招标文件指定的表式填报投标总报价、重要技术参数、质量标准、交货期、售后服务保证措施等主要内容；

（二）资格后审时，投标人资格证明材料；

（三）重要设备、材料技术文件；

（四）近 2～3 年来的工作业绩、获得的各种荣誉；

（五）重要设备或材料投标价目报价表和其他价格信息材料；

（六）重要设备的售后服务或技术支持承诺；

（七）招标文件要求提供的其他资料。

第三十一条　投标文件应当按照招标文件的规定进行密封、标志，在投标截止时间前送达指定地点。投标文件须标明"正本"或"副本"字样，正本与副本不一致时以正本为准。

招标人对接收的投标文件应出具回执，妥善保管，开标前不得开启。

第三十二条　在招标文件规定的时间内，投标人可以书面要求招标人就招标文件的内容进行澄清。投标人可按照招标文件规定的时间参加答疑会或标前会。

第三十三条　投标人在招标文件要求提交投标文件的截止时间之前，可以补充、修改或者撤回已提交的投标文件，并且书面通知招标人。投标人补充、修改的内容为投标文件的组成部分，与投标文件具有同等法律效力。投标人递交的"撤回通知"必须密封递交，并标明"撤回"字样，招标人应当退还投标保证金。投标截止时间之后，投标人不得撤回投标文件。

第三十四条　投标人在向招标人递交投标文件时，须按招标文件规定的金额和支付方式向招标人交纳投标保证金。

第三十五条　投标人拟在中标后将项目的非主体、非关键部分进行分包的，应当将分包情况在投标文件中载明。

第四章 评标标准与方法

第三十六条 评标标准和方法应当在招标文件中载明，在评标时不得另行制定或者修改、补充任何评标标准和方法。

第三十七条 评标标准分为技术标准和商务标准。技术标准和商务标准的评价指标及权重，由招标人在招标文件中明确。

第三十八条 技术标准可以在以下几个方面设置评价指标：

（一）设备、材料的性能、质量、技术参数；

（二）技术经济指标；

（三）生产同类产品的经验；

（四）可靠性和使用寿命；

（五）检修条件及售后服务。

第三十九条 商务标准可以在以下几个方面设置评价指标：

（一）设备、材料的报价；

（二）供货范围和交货期；

（三）付款方式、付款条件、付款计划；

（四）资质、信誉；

（五）运输、保险、税收；

（六）技术服务和人员培训等费用计算；

（七）运营成本；

（八）货物的有效性和配套性；

（九）零配件和售后服务的供给能力；

（十）安全性和环境效益等方面。

第四十条 根据招标项目的具体情况，评标方法可采用经评审的合理最低投标价法、最低评标价法、综合评分法、综合评议法（包括寿命期费用评标价法）以及两阶段评标法等评标方法。

第四十一条 评标委员会按照招标文件规定的评标标准和方法对投标文件进行秘密评审和比较，其工作步骤分为初步评审和详细评审等。

第四十二条 招标人根据需要可编制标底作为评定投标人报价的参考依据。招标人可自行编制标底或委托具有相应业绩的造价咨询机构、监理机构或招标代理机构编制。标底应当在市场调查的基础上，根据所需设备、材料的品种、性能、适用条件、市场价格编制。评标标底可用下列任一种方法确定：

（一）以招标人编制的标底 A 为评标标底；

（二）以投标人的报价去掉最高报价和最低报价后的平均值 B 为评标标底；

（三）以投标人的报价的平均值 B 为评标标底；

（四）设定投标报价超过 A 一定百分数和低于 A 一定百分数的报价为无效报价，以有效范围内的各投标报价的平均值 B 为评标标底；

（五）赋予 A、B 以权重，分别为 a、b，令 a＋b＝1，评标标底 C＝Aa＋bB。

第五章　开标、评标和中标

第四十三条　开标由招标人主持，邀请所有投标人参加。

第四十四条　开标应当在招标文件中确定的时间和地点进行，开标工作人员至少有主持人、监标人、开标人、唱标人、记录人组成。

第四十五条　开标人员应当在开标前检查出席开标会议的投标人法定代表人或者授权代表人有关身份证明。法定代表人或者授权代表人应在指定的表格上签名登记。

第四十六条　开标一般按照《规定》第三十九条规定的程序进行。

第四十七条　属于下列情况之一的投标文件，招标人可以拒绝或按无效标处理：

（一）投标文件未按招标文件要求密封、标志，或者逾期送到；

（二）投标文件未按招标文件要求加盖公章和投标人法定代表人或授权代表签字；

（三）未按招标文件要求交纳投标保证金；

（四）投标人与通过资格预审的投标申请人在名称上和法人地位上发生实质性的改变；

（五）投标人法定代表人或授权代表人未参加开标会议；

（六）投标文件未按照规定的格式、内容和要求编制；

（七）投标文件字迹模糊导致无法确认关键技术方案、关键工期、关键工程质量保证措施、投标价格；

（八）投标人对同一招标项目递交两份或者多份内容不同的投标文件，未书面声明哪一个有效；

（九）投标文件中含有虚假资料；

（十）不符合招标文件中规定的其他实质性要求。

第四十八条　评标工作由评标委员会负责。评标委员会的组成按照《规定》第四十条的规定进行。

第四十九条　评标专家的选择按照《规定》第四十一条、第四十二条的规定进行。

第五十条　评标委员会成员实行回避制度，有下列情形之一的，应当主动提出回避并不得担任评标委员会成员：

（一）投标人或者投标人、代理人主要负责人的近亲属；

（二）项目主管部门或者行政监督部门的人员；

（三）在 5 年内与投标人或其代理人曾有工作关系；

（四）5 年内与投标人或其代理人有经济利益关系，可能影响对投标的公正评审的人员；

（五）曾因在招标、评标以及其他与招标投标有关活动中从事违法行为而受到行政处罚或者刑事处罚的人员。

第五十一条 评标委员会的主任委员由招标人确定，包括确定由评标委员会成员推举产生的方式。

对于大型、技术复杂的成套设备等招标项目，评标委员会可以成立专业评审组。专业评审组全部由评标委员组成，其工作由评标委员会安排，并对评标委员会负责。评标委员会可以下设服务性的工作小组，工作小组也可按需要配合专业评审组设立技术组、商务组和综合组。工作小组仅为评标委员会或专业组提供事务性服务。

第五十二条 评标工作一般按照《规定》第四十四条规定的程序进行。

第五十三条 在评标过程中，评标委员会可以要求投标人对投标文件中含义不明确的内容采取书面方式作出必要的澄清或说明，但不得超出投标文件的范围或改变投标文件的实质性内容。

第五十四条 评标委员会推荐的中标候选人的投标文件应当符合下列条件之一：

（一）能够最大限度地满足招标文件中规定的各项综合评价标准；

（二）能够满足招标文件的实质性要求，并且经评审的投标价格合理最低，但是投标价格低于成本的除外。

第五十五条 评标委员会完成评标后，应当向招标人提交评标报告，在评标委员会三分之二以上成员同意的情况下，通过评标报告。评标委员会成员必须在评标报告上签字，若有不同意见，应明确记载并由其本人签字，方可作为评标报告附件。

第五十六条 评标报告一般包括以下内容：

（一）基本情况：

1. 项目简要说明；

2. 开标后，符合开标要求的投标文件基本情况：投标人、报价、有无修改函等。

（二）评标标准和评标方法；

（三）初步评审情况：

1. 有效投标文件的确定（有效性、完整性、符合性）；

2. 废标原因的说明。

（四）详细评审情况：

1. 技术审查和评议；

2. 商务审查和评议。

（五）评审结果及推荐意见：排序推荐中标候选人 1～3 名；

（六）评标报告附件：

1. 评标委员会组成及其签名；

2. 投标文件符合性鉴定表;

3. 投标报价评审比较表;

4. 评标期间与投标人往来函件;

5. 其他有关资料。

第五十七条 招标人应当根据评标委员会提出的书面评标报告和推荐的中标候选人顺序确定中标人,也可授权评标委员会直接确定中标人。当招标人确定的中标人与评标委员会推荐的中标候选人顺序不一致时,应有充足的理由,并按项目管理权限报水行政主管部门备案。

第五十八条 在确定中标人前,招标人不得与投标人就投标方案、投标价格等实质性内容进行谈判。自评标委员会提出书面评标报告之日起,招标人一般应在 15 日内确定中标人,最迟应在投标有效期结束日 30 个工作日前确定。

第五十九条 招标人与中标人签订合同后 5 个工作日内,应当向中标人和未中标的投标人退还投标保证金。

第六十条 中标人确定后,招标人应当在招标文件规定的有效期内以书面形式向中标人发出中标通知书,并将中标结果通知所有未中标的投标人。招标人不得向中标人提出压低报价、增加工作量、缩短供货期或其他违背中标人意愿的要求,以此作为发出中标通知书和签订合同的条件。

第六十一条 招标人和中标人应当自中标通知书发出 30 日内,按照招标文件和中标人的投标文件订立书面合同。招标人和中标人不得再行订立背离合同实质性内容的其他协议。

第六十二条 招标人在确定中标人 15 日内,应按项目管理权限向水行政主管部门提交招标投标情况的书面总结报告。书面总结报告一般包括以下内容:

(一)招标项目概况;

(二)招标情况;

(三)资格预审(后审)情况;

(四)开标记录;

(五)评标情况;

(六)中标结果确定;

(七)附件:

1. 招标文件;

2. 投标人资格审查报告;

3. 评标委员会评标报告;

4. 其他。

第六十三条 出现下列情况之一的,招标人有权取消中标人中标资格,并没收其投标保证金:

（一）中标人不出席合同谈判；

（二）中标人未能在招标文件规定期限内提交履约保证金；

（三）中标人无正当理由拒绝签订合同。

第六十四条　由于招标人自身原因致使招标失败（包括未能如期签订合同），招标人应当按照投标保证金双倍的金额赔偿投标人，同时退还投标保证金。

第六十五条　当确定的中标人拒绝签订合同时，招标人可与确定的候补中标人签订合同，并按项目管理权限向水行政主管部门备案。

第六章　附　　　则

第六十六条　在招标投标活动中出现的违法违规行为，按照《中华人民共和国招标投标法》和国务院的有关规定进行处罚。

第六十七条　施工、设计和监理单位使用项目资金采购重要设备、材料时，按照与项目业主签订的合同办理。

第六十八条　国家对重要设备、材料进行国际招标采购另有规定的，从其规定。

第六十九条　本办法由水利部负责解释。

第七十条　本办法自发布之日起施行。

（三）其他工程招标

公路工程建设项目招标投标管理办法

（2015 年 12 月 8 日交通运输部令 2015 年第 24 号公布）

第一章　总　　则

第一条　为规范公路工程建设项目招标投标活动，完善公路工程建设市场管理体系，根据《中华人民共和国公路法》《中华人民共和国招标投标法》《中华人民共和国招标投标法实施条例》等法律、行政法规，制定本办法。

第二条　在中华人民共和国境内从事公路工程建设项目勘察设计、施工、施工监理等的招标投标活动，适用本办法。

第三条　交通运输部负责全国公路工程建设项目招标投标活动的监督管理工作。

省级人民政府交通运输主管部门负责本行政区域内公路工程建设项目招标投标活动的监督管理工作。

第四条　各级交通运输主管部门应当按照国家有关规定，推进公路工程建设项目招标投标活动进入统一的公共资源交易平台进行。

第五条　各级交通运输主管部门应当按照国家有关规定，推进公路工程建设项目电子招标投标工作。招标投标活动信息应当公开，接受社会公众监督。

第六条　公路工程建设项目的招标人或者其指定机构应当对资格审查、开标、评标等过程录音录像并存档备查。

第二章　招　　标

第七条　公路工程建设项目招标人是提出招标项目、进行招标的项目法人或者其他组织。

第八条　对于按照国家有关规定需要履行项目审批、核准手续的依法必须进行招标的公路工程建设项目，招标人应当按照项目审批、核准部门确定的招标范围、招标方式、招标组织形式开展招标。

公路工程建设项目履行项目审批或者核准手续后，方可开展勘察设计招标；初步设计文件批准后，方可开展施工监理、设计施工总承包招标；施工图设计文件批准后，方可开展施工招标。

施工招标采用资格预审方式的，在初步设计文件批准后，可以进行资格预审。

第九条 有下列情形之一的公路工程建设项目，可以不进行招标：

（一）涉及国家安全、国家秘密、抢险救灾或者属于利用扶贫资金实行以工代赈、需要使用农民工等特殊情况；

（二）需要采用不可替代的专利或者专有技术；

（三）采购人自身具有工程施工或者提供服务的资格和能力，且符合法定要求；

（四）已通过招标方式选定的特许经营项目投资人依法能够自行施工或者提供服务；

（五）需要向原中标人采购工程或者服务，否则将影响施工或者功能配套要求；

（六）国家规定的其他特殊情形。

招标人不得为适用前款规定弄虚作假，规避招标。

第十条 公路工程建设项目采用公开招标方式的，原则上采用资格后审办法对投标人进行资格审查。

第十一条 公路工程建设项目采用资格预审方式公开招标的，应当按照下列程序进行：

（一）编制资格预审文件；

（二）发布资格预审公告，发售资格预审文件，公开资格预审文件关键内容；

（三）接收资格预审申请文件；

（四）组建资格审查委员会对资格预审申请人进行资格审查，资格审查委员会编写资格审查报告；

（五）根据资格审查结果，向通过资格预审的申请人发出投标邀请书；向未通过资格预审的申请人发出资格预审结果通知书，告知未通过的依据和原因；

（六）编制招标文件；

（七）发售招标文件，公开招标文件的关键内容；

（八）需要时，组织潜在投标人踏勘项目现场，召开投标预备会；

（九）接收投标文件，公开开标；

（十）组建评标委员会评标，评标委员会编写评标报告、推荐中标候选人；

（十一）公示中标候选人相关信息；

（十二）确定中标人；

（十三）编制招标投标情况的书面报告；

（十四）向中标人发出中标通知书，同时将中标结果通知所有未中标的投标人；

（十五）与中标人订立合同。

采用资格后审方式公开招标的，在完成招标文件编制并发布招标公告后，按照前款程序第（七）项至第（十五）项进行。

采用邀请招标的，在完成招标文件编制并发出投标邀请书后，按照前款程序第（七）项至第（十五）项进行。

第十二条 国有资金占控股或者主导地位的依法必须进行招标的公路工程建设项目，采用资格预审的，招标人应当按照有关规定组建资格审查委员会审查资格预审申请文件。资格审查委员会的专家抽取以及资格审查工作要求，应当适用本办法关于评标委员会的规定。

第十三条 资格预审审查办法原则上采用合格制。

资格预审审查办法采用合格制的，符合资格预审文件规定审查标准的申请人均应当通过资格预审。

第十四条 资格预审审查工作结束后，资格审查委员会应当编制资格审查报告。资格审查报告应当载明下列内容：

（一）招标项目基本情况；

（二）资格审查委员会成员名单；

（三）监督人员名单；

（四）资格预审申请文件递交情况；

（五）通过资格审查的申请人名单；

（六）未通过资格审查的申请人名单以及未通过审查的理由；

（七）评分情况；

（八）澄清、说明事项纪要；

（九）需要说明的其他事项；

（十）资格审查附表。

除前款规定的第（一）、（三）、（四）项内容外，资格审查委员会所有成员应当在资格审查报告上逐页签字。

第十五条 资格预审申请人对资格预审审查结果有异议的，应当自收到资格预审结果通知书后3日内提出。招标人应当自收到异议之日起3日内作出答复；作出答复前，应当暂停招标投标活动。

招标人未收到异议或者收到异议并已作出答复的，应当及时向通过资格预审的申请人发出投标邀请书。未通过资格预审的申请人不具有投标资格。

第十六条 对依法必须进行招标的公路工程建设项目，招标人应当根据交通运输部制定的标准文本，结合招标项目具体特点和实际需要，编制资格预审文件和招标文件。

资格预审文件和招标文件应当载明详细的评审程序、标准和方法，招标人不得另行制定评审细则。

第十七条　招标人应当按照省级人民政府交通运输主管部门的规定，将资格预审文件及其澄清、修改，招标文件及其澄清、修改报相应的交通运输主管部门备案。

第十八条　招标人应当自资格预审文件或者招标文件开始发售之日起，将其关键内容上传至具有招标监督职责的交通运输主管部门政府网站或者其指定的其他网站上进行公开，公开内容包括项目概况、对申请人或者投标人的资格条件要求、资格审查办法、评标办法、招标人联系方式等，公开时间至提交资格预审申请文件截止时间 2 日前或者投标截止时间 10 日前结束。

招标人发出的资格预审文件或者招标文件的澄清或者修改涉及到前款规定的公开内容的，招标人应当在向交通运输主管部门备案的同时，将澄清或者修改的内容上传至前款规定的网站。

第十九条　潜在投标人或者其他利害关系人可以按照国家有关规定对资格预审文件或者招标文件提出异议。招标人应当对异议作出书面答复。未在规定时间内作出书面答复的，应当顺延提交资格预审申请文件截止时间或者投标截止时间。

招标人书面答复内容涉及影响资格预审申请文件或者投标文件编制的，应当按照有关澄清或者修改的规定，调整提交资格预审申请文件截止时间或者投标截止时间，并以书面形式通知所有获取资格预审文件或者招标文件的潜在投标人。

第二十条　招标人应当合理划分标段、确定工期，提出质量、安全目标要求，并在招标文件中载明。标段的划分应当有利于项目组织和施工管理、各专业的衔接与配合，不得利用划分标段规避招标、限制或者排斥潜在投标人。

招标人可以实行设计施工总承包招标、施工总承包招标或者分专业招标。

第二十一条　招标人结合招标项目的具体特点和实际需要，设定潜在投标人或者投标人的资质、业绩、主要人员、财务能力、履约信誉等资格条件，不得以不合理的条件限制、排斥潜在投标人或者投标人。

除《中华人民共和国招标投标法实施条例》第三十二条规定的情形外，招标人有下列行为之一的，属于以不合理的条件限制、排斥潜在投标人或者投标人：

（一）设定的资质、业绩、主要人员、财务能力、履约信誉等资格、技术、商务条件与招标项目的具体特点和实际需要不相适应或者与合同履行无关；

（二）强制要求潜在投标人或者投标人的法定代表人、企业负责人、技术负责人等特定人员亲自购买资格预审文件、招标文件或者参与开标活动；

（三）通过设置备案、登记、注册、设立分支机构等无法律、行政法规依据的不合理条件，限制潜在投标人或者投标人进入项目所在地进行投标。

第二十二条　招标人应当根据国家有关规定，结合招标项目的具体特点和实际需要，合理确定对投标人主要人员以及其他管理和技术人员的数量和资格要求。投标人拟投入的主要人员应当在投标文件中进行填报，其他管理和技术人员的具体人选由招标人和中标人在合同谈判阶段确定。对于特别复杂的特大桥梁和特长隧道项目主体工程和其他有特殊要求的工程，招标人可以要求投标人在投标文件中填报其他管理和技术人员。

本办法所称主要人员是指设计负责人、总监理工程师、项目经理和项目总工程师等项目管理和技术负责人。

第二十三条　招标人可以自行决定是否编制标底或者设置最高投标限价。招标人不得规定最低投标限价。

接受委托编制标底或者最高投标限价的中介机构不得参加该项目的投标，也不得为该项目的投标人编制投标文件或者提供咨询。

第二十四条　招标人应当严格遵守有关法律、行政法规关于各类保证金收取的规定，在招标文件中载明保证金收取的形式、金额以及返还时间。

招标人不得以任何名义增设或者变相增设保证金或者随意更改招标文件载明的保证金收取形式、金额以及返还时间。招标人不得在资格预审期间收取任何形式的保证金。

第二十五条　招标人在招标文件中要求投标人提交投标保证金的，投标保证金不得超过招标标段估算价的 2%。投标保证金有效期应当与投标有效期一致。

依法必须进行招标的公路工程建设项目的投标人，以现金或者支票形式提交投标保证金的，应当从其基本账户转出。投标人提交的投标保证金不符合招标文件要求的，应当否决其投标。

招标人不得挪用投标保证金。

第二十六条　招标人应当按照国家有关法律法规规定，在招标文件中明确允许分包的或者不得分包的工程和服务，分包人应当满足的资格条件以及对分包实施的管理要求。

招标人不得在招标文件中设置对分包的歧视性条款。

招标人有下列行为之一的，属于前款所称的歧视性条款：

（一）以分包的工作量规模作为否决投标的条件；

（二）对投标人符合法律法规以及招标文件规定的分包计划设定扣分条款；

（三）按照分包的工作量规模对投标人进行区别评分；

（四）以其他不合理条件限制投标人进行分包的行为。

第二十七条　招标人应当在招标文件中合理划分双方风险，不得设置将应由招标人承担的风险转嫁给勘察设计、施工、监理等投标人的不合理条款。招标文件应当设置合理的价格调整条款，明确约定合同价款支付期限、利息计付标准和日期，确保双方主体地位平等。

第二十八条　招标人应当根据招标项目的具体特点以及本办法的相关规定，在招标文件中合理设定评标标准和方法。评标标准和方法中不得含有倾向或者排斥潜在投标人的内容，不得妨碍或者限制投标人之间的竞争。禁止采用抽签、摇号等博彩性方式直接确定中标候选人。

第二十九条 以暂估价形式包括在招标项目范围内的工程、货物、服务，属于依法必须进行招标的项目范围且达到国家规定规模标准的，应当依法进行招标。招标项目的合同条款中应当约定负责实施暂估价项目招标的主体以及相应的招标程序。

第三章 投 标

第三十条 投标人是响应招标、参加投标竞争的法人或者其他组织。

投标人应当具备招标文件规定的资格条件，具有承担所投标项目的相应能力。

第三十一条 投标人在投标文件中填报的资质、业绩、主要人员资历和目前在岗情况、信用等级等信息，应当与其在交通运输主管部门公路建设市场信用信息管理系统上填报并发布的相关信息一致。

第三十二条 投标人应当按照招标文件要求装订、密封投标文件，并按照招标文件规定的时间、地点和方式将投标文件送达招标人。

公路工程勘察设计和施工监理招标的投标文件应当以双信封形式密封，第一信封内为商务文件和技术文件，第二信封内为报价文件。

对公路工程施工招标，招标人采用资格预审方式进行招标且评标方法为技术评分最低标价法的，或者采用资格后审方式进行招标的，投标文件应当以双信封形式密封，第一信封内为商务文件和技术文件，第二信封内为报价文件。

第三十三条 投标文件按照要求送达后，在招标文件规定的投标截止时间前，投标人修改或者撤回投标文件的，应当以书面函件形式通知招标人。

修改投标文件的函件是投标文件的组成部分，其编制形式、密封方式、送达时间等，适用对投标文件的规定。

投标人在投标截止时间前撤回投标文件且招标人已收取投标保证金的，招标人应当自收到投标人书面撤回通知之日起 5 日内退还其投标保证金。

投标截止后投标人撤销投标文件的，招标人可以不退还投标保证金。

第三十四条 投标人根据招标文件有关分包的规定，拟在中标后将中标项目的部分工作进行分包的，应当在投标文件中载明。

投标人在投标文件中未列入分包计划的工程或者服务，中标后不得分包，法律法规或者招标文件另有规定的除外。

第四章 开标、评标和中标

第三十五条 开标应当在招标文件确定的提交投标文件截止时间的同一时间公开

进行；开标地点应当为招标文件中预先确定的地点。

投标人少于 3 个的，不得开标，投标文件应当当场退还给投标人；招标人应当重新招标。

第三十六条 开标由招标人主持，邀请所有投标人参加。开标过程应当记录，并存档备查。投标人对开标有异议的，应当在开标现场提出，招标人应当当场作出答复，并制作记录。未参加开标的投标人，视为对开标过程无异议。

第三十七条 投标文件按照招标文件规定采用双信封形式密封的，开标分两个步骤公开进行：

第一步骤对第一信封内的商务文件和技术文件进行开标，对第二信封不予拆封并由招标人予以封存；

第二步骤宣布通过商务文件和技术文件评审的投标人名单，对其第二信封内的报价文件进行开标，宣读投标报价。未通过商务文件和技术文件评审的，对其第二信封不予拆封，并当场退还给投标人；投标人未参加第二信封开标的，招标人应当在评标结束后及时将第二信封原封退还投标人。

第三十八条 招标人应当按照国家有关规定组建评标委员会负责评标工作。

国家审批或者核准的高速公路、一级公路、独立桥梁和独立隧道项目，评标委员会专家应当由招标人从国家重点公路工程建设项目评标专家库相关专业中随机抽取；其他公路工程建设项目的评标委员会专家可以从省级公路工程建设项目评标专家库相关专业中随机抽取，也可以从国家重点公路工程建设项目评标专家库相关专业中随机抽取。

对于技术复杂、专业性强或者国家有特殊要求，采取随机抽取方式确定的评标专家难以保证胜任评标工作的特殊招标项目，可以由招标人直接确定。

第三十九条 交通运输部负责国家重点公路工程建设项目评标专家库的管理工作。

省级人民政府交通运输主管部门负责本行政区域公路工程建设项目评标专家库的管理工作。❶

第四十条 评标委员会应当民主推荐一名主任委员，负责组织评标委员会成员开展评标工作。评标委员会主任委员与评标委员会的其他成员享有同等权利与义务。

第四十一条 招标人应当向评标委员会提供评标所必需的信息，但不得明示或者暗示其倾向或者排斥特定投标人。

评标所必需的信息主要包括招标文件、招标文件的澄清或者修改、开标记录、投标文件、资格预审文件。招标人可以协助评标委员会开展下列工作并提供相关信息：

---

❶ 参见《公路建设项目评标专家库管理办法》（交公路发〔2011〕797 号，2011 年 12 月 29 日交通运输部发布）、《公路工程建设项目评标工作细则》（交公路发〔2017〕142 号，2017 年 9 月 21 交通运输部发布）。

（一）根据招标文件，编制评标使用的相应表格；

（二）对投标报价进行算术性校核；

（三）以评标标准和方法为依据，列出投标文件相对于招标文件的所有偏差，并进行归类汇总；

（四）查询公路建设市场信用信息管理系统，对投标人的资质、业绩、主要人员资历和目前在岗情况、信用等级进行核实。

招标人不得对投标文件作出任何评价，不得故意遗漏或者片面摘录，不得在评标委员会对所有偏差定性之前透露存有偏差的投标人名称。

评标委员会应当根据招标文件规定，全面、独立评审所有投标文件，并对招标人提供的上述相关信息进行核查，发现错误或者遗漏的，应当进行修正。

第四十二条 评标委员会应当按照招标文件确定的评标标准和方法进行评标。招标文件没有规定的评标标准和方法不得作为评标的依据。

第四十三条 公路工程勘察设计和施工监理招标，应当采用综合评估法进行评标，对投标人的商务文件、技术文件和报价文件进行评分，按照综合得分由高到低排序，推荐中标候选人。评标价的评分权重不宜超过 10%，评标价得分应当根据评标价与评标基准价的偏离程度进行计算。

第四十四条 公路工程施工招标，评标采用综合评估法或者经评审的最低投标价法。综合评估法包括合理低价法、技术评分最低标价法和综合评分法。

合理低价法，是指对通过初步评审的投标人，不再对其施工组织设计、项目管理机构、技术能力等因素进行评分，仅依据评标基准价对评标价进行评分，按照得分由高到低排序，推荐中标候选人的评标方法。

技术评分最低标价法，是指对通过初步评审的投标人的施工组织设计、项目管理机构、技术能力等因素进行评分，按照得分由高到低排序，对排名在招标文件规定数量以内的投标人的报价文件进行评审，按照评标价由低到高的顺序推荐中标候选人的评标方法。招标人在招标文件中规定的参与报价文件评审的投标人数量不得少于 3 个。

综合评分法，是指对通过初步评审的投标人的评标价、施工组织设计、项目管理机构、技术能力等因素进行评分，按照综合得分由高到低排序，推荐中标候选人的评标方法。其中评标价的评分权重不得低于 50%。

经评审的最低投标价法，是指对通过初步评审的投标人，按照评标价由低到高排序，推荐中标候选人的评标方法。

公路工程施工招标评标，一般采用合理低价法或者技术评分最低标价法。技术特别复杂的特大桥梁和特长隧道项目主体工程，可以采用综合评分法。工程规模较小、技术含量较低的工程，可以采用经评审的最低投标价法。

第四十五条 实行设计施工总承包招标的，招标人应当根据工程地质条件、技术特点和施工难度确定评标办法。

设计施工总承包招标的评标采用综合评分法的，评分因素包括评标价、项目管理机构、技术能力、设计文件的优化建议、设计施工总承包管理方案、施工组织设计等因素，评标价的评分权重不得低于50%。

第四十六条 评标委员会成员应当客观、公正、审慎地履行职责，遵守职业道德。评标委员会成员应当依据评标办法规定的评审顺序和内容逐项完成评标工作，对本人提出的评审意见以及评分的公正性、客观性、准确性负责。

除评标价和履约信誉评分项外，评标委员会成员对投标人商务和技术各项因素的评分一般不得低于招标文件规定该因素满分值的60%；评分低于满分值60%的，评标委员会成员应当在评标报告中作出说明。

招标人应当对评标委员会成员在评标活动中的职责履行情况予以记录，并在招标投标情况的书面报告中载明。

第四十七条 招标人应当根据项目规模、技术复杂程度、投标文件数量和评标方法等因素合理确定评标时间。超过三分之一的评标委员会成员认为评标时间不够的，招标人应当适当延长。

评标过程中，评标委员会成员有回避事由、擅离职守或者因健康等原因不能继续评标的，应当及时更换。被更换的评标委员会成员作出的评审结论无效，由更换后的评标委员会成员重新进行评审。

根据前款规定被更换的评标委员会成员如为评标专家库专家，招标人应当从原评标专家库中按照原方式抽取更换后的评标委员会成员，或者在符合法律规定的前提下相应减少评标委员会中招标人代表数量。

第四十八条 评标委员会应当查询交通运输主管部门的公路建设市场信用信息管理系统，对投标人的资质、业绩、主要人员资历和目前在岗情况、信用等级等信息进行核实。若投标文件载明的信息与公路建设市场信用信息管理系统发布的信息不符，使得投标人的资格条件不符合招标文件规定的，评标委员会应当否决其投标。

第四十九条 评标委员会发现投标人的投标报价明显低于其他投标人报价或者在设有标底时明显低于标底的，应当要求该投标人对相应投标报价作出书面说明，并提供相关证明材料。

投标人不能证明可以按照其报价以及招标文件规定的质量标准和履行期限完成招标项目的，评标委员会应当认定该投标人以低于成本价竞标，并否决其投标。

第五十条 评标委员会应当根据《中华人民共和国招标投标法实施条例》第三十九条、第四十条、第四十一条的有关规定，对在评标过程中发现的投标人与投标人之间、投标人与招标人之间存在的串通投标的情形进行评审和认定。

第五十一条 评标委员会对投标文件进行评审后，因有效投标不足3个使得投标明显缺乏竞争的，可以否决全部投标。未否决全部投标的，评标委员会应当在评标报告中阐明理由并推荐中标候选人。

投标文件按照招标文件规定采用双信封形式密封的，通过第一信封商务文件和技术文件评审的投标人在 3 个以上的，招标人应当按照本办法第三十七条规定的程序进行第二信封报价文件开标；在对报价文件进行评审后，有效投标不足 3 个的，评标委员会应当按照本条第一款规定执行。

通过第一信封商务文件和技术文件评审的投标人少于 3 个的，评标委员会可以否决全部投标；未否决全部投标的，评标委员会应当在评标报告中阐明理由，招标人应当按照本办法第三十七条规定的程序进行第二信封报价文件开标，但评标委员会在进行报价文件评审时仍有权否决全部投标；评标委员会未在报价文件评审时否决全部投标的，应当在评标报告中阐明理由并推荐中标候选人。

第五十二条 评标完成后，评标委员会应当向招标人提交书面评标报告。评标报告中推荐的中标候选人应当不超过 3 个，并标明排序。

评标报告应当载明下列内容：

（一）招标项目基本情况；

（二）评标委员会成员名单；

（三）监督人员名单；

（四）开标记录；

（五）符合要求的投标人名单；

（六）否决的投标人名单以及否决理由；

（七）串通投标情形的评审情况说明；

（八）评分情况；

（九）经评审的投标人排序；

（十）中标候选人名单；

（十一）澄清、说明事项纪要；

（十二）需要说明的其他事项；

（十三）评标附表。

对评标监督人员或者招标人代表干预正常评标活动，以及对招标投标活动的其他不正当言行，评标委员会应当在评标报告第（十二）项内容中如实记录。

除第二款规定的第（一）、（三）、（四）项内容外，评标委员会所有成员应当在评标报告上逐页签字。对评标结果有不同意见的评标委员会成员应当以书面形式说明其不同意见和理由，评标报告应当注明该不同意见。评标委员会成员拒绝在评标报告上签字又不书面说明其不同意见和理由的，视为同意评标结果。

第五十三条 依法必须进行招标的公路工程建设项目，招标人应当自收到评标报告之日起 3 日内，在对该项目具有招标监督职责的交通运输主管部门政府网站或者其指定的其他网站上公示中标候选人，公示期不得少于 3 日，公示内容包括：

（一）中标候选人排序、名称、投标报价；

（二）中标候选人在投标文件中承诺的主要人员姓名、个人业绩、相关证书编号；

（三）中标候选人在投标文件中填报的项目业绩；

（四）被否决投标的投标人名称、否决依据和原因；

（五）招标文件规定公示的其他内容。

投标人或者其他利害关系人对依法必须进行招标的公路工程建设项目的评标结果有异议的，应当在中标候选人公示期间提出。招标人应当自收到异议之日起3日内作出答复；作出答复前，应当暂停招标投标活动。

第五十四条 除招标人授权评标委员会直接确定中标人外，招标人应当根据评标委员会提出的书面评标报告和推荐的中标候选人确定中标人。国有资金占控股或者主导地位的依法必须进行招标的公路工程建设项目，招标人应当确定排名第一的中标候选人为中标人。排名第一的中标候选人放弃中标、因不可抗力不能履行合同、不按照招标文件要求提交履约保证金，或者被查实存在影响中标结果的违法行为等情形，不符合中标条件的，招标人可以按照评标委员会提出的中标候选人名单排序依次确定其他中标候选人为中标人，也可以重新招标。

第五十五条 依法必须进行招标的公路工程建设项目，招标人应当自确定中标人之日起15日内，将招标投标情况的书面报告报对该项目具有招标监督职责的交通运输主管部门备案。

前款所称书面报告至少应当包括下列内容：

（一）招标项目基本情况；

（二）招标过程简述；

（三）评标情况说明；

（四）中标候选人公示情况；

（五）中标结果；

（六）附件，包括评标报告、评标委员会成员履职情况说明等。

有资格预审情况说明、异议及投诉处理情况和资格审查报告的，也应当包括在书面报告中。

第五十六条 招标人应当及时向中标人发出中标通知书，同时将中标结果通知所有未中标的投标人。

第五十七条 招标人和中标人应当自中标通知书发出之日起30日内，按照招标文件和中标人的投标文件订立书面合同，合同的标的、价格、质量、安全、履行期限、主要人员等主要条款应当与上述文件的内容一致。招标人和中标人不得再行订立背离合同实质性内容的其他协议。

招标人最迟应当在中标通知书发出后5日内向中标候选人以外的其他投标人退还投标保证金，与中标人签订书面合同后5日内向中标人和其他中标候选人退还投标保证金。以现金或者支票形式提交的投标保证金，招标人应当同时退还投标保证金的银行同期活期存款利息，且退还至投标人的基本账户。

第五十八条　招标文件要求中标人提交履约保证金的，中标人应当按照招标文件的要求提交。履约保证金不得超过中标合同金额的 10%。招标人不得指定或者变相指定履约保证金的支付形式，由中标人自主选择银行保函或者现金、支票等支付形式。

第五十九条　招标人应当加强对合同履行的管理，建立对中标人主要人员的到位率考核制度。

省级人民政府交通运输主管部门应当定期组织开展合同履约评价工作的监督检查，将检查情况向社会公示，同时将检查结果记入中标人单位以及主要人员个人的信用档案。

第六十条　依法必须进行招标的公路工程建设项目，有下列情形之一的，招标人在分析招标失败的原因并采取相应措施后，应当依照本办法重新招标：

（一）通过资格预审的申请人少于 3 个的；

（二）投标人少于 3 个的；

（三）所有投标均被否决的；

（四）中标候选人均未与招标人订立书面合同的。

重新招标的，资格预审文件、招标文件和招标投标情况的书面报告应当按照本办法的规定重新报交通运输主管部门备案。

重新招标后投标人仍少于 3 个的，属于按照国家有关规定需要履行项目审批、核准手续的依法必须进行招标的公路工程建设项目，报经项目审批、核准部门批准后可以不再进行招标；其他项目可由招标人自行决定不再进行招标。

依照本条规定不再进行招标的，招标人可以邀请已提交资格预审申请文件的申请人或者已提交投标文件的投标人进行谈判，确定项目承担单位，并将谈判报告报对该项目具有招标监督职责的交通运输主管部门备案。

第五章　监　督　管　理

第六十一条　各级交通运输主管部门应当按照《中华人民共和国招标投标法》《中华人民共和国招标投标法实施条例》等法律法规、规章以及招标投标活动行政监督职责分工，加强对公路工程建设项目招标投标活动的监督管理。

第六十二条　各级交通运输主管部门应当建立健全公路工程建设项目招标投标信用体系，加强信用评价工作的监督管理，维护公平公正的市场竞争秩序。

招标人应当将交通运输主管部门的信用评价结果应用于公路工程建设项目招标。鼓励和支持招标人优先选择信用等级高的从业企业。

招标人对信用等级高的资格预审申请人、投标人或者中标人，可以给予增加参与投标的标段数量，减免投标保证金，减少履约保证金、质量保证金等优惠措施。优惠措施以及信用评价结果的认定条件应当在资格预审文件和招标文件中载明。

资格预审申请人或者投标人的信用评价结果可以作为资格审查或者评标中履约信誉项的评分因素，各信用评价等级的对应得分应当符合省级人民政府交通运输主管部门有关规定，并在资格预审文件或者招标文件中载明。

第六十三条 投标人或者其他利害关系人认为招标投标活动不符合法律、行政法规规定的，可以自知道或者应当知道之日起 10 日内向交通运输主管部门投诉。

就本办法第十五条、第十九条、第三十六条、第五十三条规定事项投诉的，应当先向招标人提出异议，异议答复期间不计算在前款规定的期限内。

第六十四条 投诉人投诉时，应当提交投诉书。投诉书应当包括下列内容：

（一）投诉人的名称、地址及有效联系方式；

（二）被投诉人的名称、地址及有效联系方式；

（三）投诉事项的基本事实；

（四）异议的提出及招标人答复情况；

（五）相关请求及主张；

（六）有效线索和相关证明材料。

对本办法规定应先提出异议的事项进行投诉的，应当提交已提出异议的证明文件。未按规定提出异议或者未提交已提出异议的证明文件的投诉，交通运输主管部门可以不予受理。

第六十五条 投诉人就同一事项向两个以上交通运输主管部门投诉的，由具体承担该项目招标投标活动监督管理职责的交通运输主管部门负责处理。

交通运输主管部门应当自收到投诉之日起 3 个工作日内决定是否受理投诉，并自受理投诉之日起 30 个工作日内作出书面处理决定；需要检验、检测、鉴定、专家评审的，所需时间不计算在内。

投诉人缺乏事实根据或者法律依据进行投诉的，或者有证据表明投诉人捏造事实、伪造材料的，或者投诉人以非法手段取得证明材料进行投诉的，交通运输主管部门应当予以驳回，并对恶意投诉按照有关规定追究投诉人责任。

第六十六条 交通运输主管部门处理投诉，有权查阅、复制有关文件、资料，调查有关情况，相关单位和人员应当予以配合。必要时，交通运输主管部门可以责令暂停招标投标活动。

交通运输主管部门的工作人员对监督检查过程中知悉的国家秘密、商业秘密，应当依法予以保密。

第六十七条 交通运输主管部门对投诉事项作出的处理决定，应当在对该项目具有招标监督职责的交通运输主管部门政府网站上进行公告，包括投诉的事由、调查结果、处理决定、处罚依据以及处罚意见等内容。

第六章 法 律 责 任

第六十八条 招标人有下列情形之一的，由交通运输主管部门责令改正，可以处三万元以下的罚款：

（一）不满足本办法第八条规定的条件而进行招标的；

（二）不按照本办法规定将资格预审文件、招标文件和招标投标情况的书面报告备案的；

（三）邀请招标不依法发出投标邀请书的；

（四）不按照项目审批、核准部门确定的招标范围、招标方式、招标组织形式进行招标的；

（五）不按照本办法规定编制资格预审文件或者招标文件的；

（六）由于招标人原因导致资格审查报告存在重大偏差且影响资格预审结果的；

（七）挪用投标保证金，增设或者变相增设保证金的；

（八）投标人数量不符合法定要求不重新招标的；

（九）向评标委员会提供的评标信息不符合本办法规定的；

（十）不按照本办法规定公示中标候选人的；

（十一）招标文件中规定的履约保证金的金额、支付形式不符合本办法规定的。

第六十九条 投标人在投标过程中存在弄虚作假、与招标人或者其他投标人串通投标、以行贿谋取中标、无正当理由放弃中标以及进行恶意投诉等投标不良行为的，除依照有关法律、法规进行处罚外，省级交通运输主管部门还可以扣减其年度信用评价分数或者降低年度信用评价等级。

第七十条 评标委员会成员未对招标人根据本办法第四十一条第二款（一）至（四）项规定提供的相关信息进行认真核查，导致评标出现疏漏或者错误的，由交通运输主管部门责令改正。

第七十一条 交通运输主管部门应当依法公告对公路工程建设项目招标投标活动中招标人、招标代理机构、投标人以及评标委员会成员等的违法违规或者恶意投诉等行为的行政处理决定，并将其作为招标投标不良行为信息记入相应当事人的信用档案。

第七章 附 则

第七十二条 使用国际组织或者外国政府贷款、援助资金的项目进行招标，贷款方、资金提供方对招标投标的具体条件和程序有不同规定的，可以适用其规定，但违背中华人民共和国的社会公共利益的除外。

第七十三条　采用电子招标投标的，应当按照本办法和国家有关电子招标投标的规定执行。

第七十四条　本办法自 2016 年 2 月 1 日起施行。《公路工程施工招标投标管理办法》（交通部令 2006 年第 7 号）、《公路工程施工监理招标投标管理办法》（交通部令 2006 年第 5 号）、《公路工程勘察设计招标投标管理办法》（交通部令 2001 年第 6 号）和《关于修改〈公路工程勘察设计招标投标管理办法〉的决定》（交通运输部令 2013 年第 3 号）、《关于贯彻国务院办公厅关于进一步规范招投标活动的若干意见的通知》（交公路发〔2004〕688 号）、《关于公路建设项目货物招标严禁指定材料产地的通知》（厅公路字〔2007〕224 号）、《公路工程施工招标资格预审办法》（交公路发〔2006〕57 号）、《关于加强公路工程评标专家管理工作的通知》（交公路发〔2003〕464 号）、《关于进一步加强公路工程施工招标评标管理工作的通知》（交公路发〔2008〕261 号）、《关于进一步加强公路工程施工招标资格审查工作的通知》（交公路发〔2009〕123 号）、《关于改革使用国际金融组织或者外国政府贷款公路建设项目施工招标管理制度的通知》（厅公路字〔2008〕40 号）、《公路工程勘察设计招标评标办法》（交公路发〔2001〕582 号）、《关于认真贯彻执行公路工程勘察设计招标投标管理办法的通知》（交公路发〔2002〕303 号）同时废止。

铁路工程建设项目招标投标管理办法

（2018 年 8 月 31 日交通运输部令 2018 年第 13 号公布）

第一章　总　　则

第一条　为了规范铁路工程建设项目招标投标活动，保护国家利益、社会公共利益和招标投标活动当事人的合法权益，根据《中华人民共和国招标投标法》《中华人民共和国招标投标法实施条例》等法律、行政法规，制定本办法。

第二条　在中华人民共和国境内从事铁路工程建设项目的招标投标活动适用本办法。

前款所称铁路工程建设项目是指铁路工程以及与铁路工程建设有关的货物、服务。

第三条　依法必须进行招标的铁路工程建设项目的招标投标，应当依照《公共资源交易平台管理暂行办法》等国家规定纳入公共资源交易平台。

依法必须进行招标的铁路工程建设项目的具体范围和规模标准，依照《中华人民共和国招标投标法》《中华人民共和国招标投标法实施条例》《必须招标的工程项目规定》等确定。

第四条　国家铁路局负责全国铁路工程建设项目招标投标活动的监督管理工作。

地区铁路监督管理局负责辖区内铁路工程建设项目招标投标活动的监督管理工作。

国家铁路局、地区铁路监督管理局以下统称铁路工程建设项目招标投标行政监管部门。

第五条 铁路工程建设项目的招标人和交易场所应当按照国家有关规定推行电子招标投标。

国家铁路局建立铁路工程建设行政监督平台，对铁路工程建设项目招标投标活动实行信息化监督管理。

第二章　招　　　标

第六条 铁路工程建设项目的招标人是指提出招标项目、进行招标的法人或者其他组织。

招标人组织开展的铁路工程建设项目招标活动，应当具备《中华人民共和国招标投标法》《中华人民共和国招标投标法实施条例》《工程建设项目勘察设计招标投标办法》《工程建设项目施工招标投标办法》《工程建设项目货物招标投标办法》等规定的有关条件。

第七条 招标人委托招标代理机构进行招标的，应当与被委托的招标代理机构签订书面委托合同。招标人授权项目管理机构进行招标或者由项目代建人承担招标工作的，招标人或者代建项目的委托人应当出具包括委托授权招标范围、招标工作权限等内容的委托授权书。多个招标人就相同或者类似的招标项目进行联合招标的，可以委托招标代理机构或者其中一个招标人牵头组织招标工作。

第八条 依法必须进行招标的铁路工程建设项目，招标人应当根据国务院发展改革部门会同有关行政监督部门制定的《标准施工招标资格预审文件》《标准施工招标文件》《标准设备采购招标文件》《标准材料采购招标文件》《标准勘察招标文件》《标准设计招标文件》《标准监理招标文件》等标准文本以及铁路行业补充文本，结合招标项目具体特点和实际需要，编制资格预审文件和招标文件。

第九条 采用公开招标方式的铁路工程建设项目，招标人应当依法发布资格预审公告或者招标公告。

依法必须进行招标的铁路工程建设项目的资格预审公告或者招标公告应当至少载明下列内容：

（一）招标项目名称、内容、范围、规模、资金来源；

（二）投标资格能力要求，以及是否接受联合体投标；

（三）获取资格预审文件或者招标文件的时间、方式；

（四）递交资格预审文件或者投标文件的截止时间、方式；

（五）招标人及其招标代理机构的名称、地址、联系人及联系方式；

（六）采用电子招标投标方式的，潜在投标人访问电子招标投标交易平台的网址和方法；

（七）对具有行贿犯罪记录、失信被执行人等失信情形潜在投标人的依法限制要求；

（八）其他依法应当载明的内容。

第十条 采用邀请招标方式的铁路工程建设项目，招标人应当向 3 家以上具备相应资质能力、资信良好的特定的法人或者其他组织发出投标邀请书。

第十一条 依法必须进行招标的铁路工程建设项目，招标人应当在发布资格预审公告或者招标公告前 7 个工作日内向铁路工程建设项目招标投标行政监管部门备案。鼓励采用电子方式进行备案。

第十二条 资格预审应当按照资格预审文件载明的标准和方法进行。

第十三条 国有资金占控股或者主导地位的依法必须进行招标的铁路工程建设项目资格预审结束后，资格审查委员会应当编制资格审查报告。资格审查报告应当载明下列内容，如果有评分情况，在资格审查报告中一并列明：

（一）招标项目基本情况；

（二）资格审查委员会成员名单；

（三）资格预审申请文件递交情况；

（四）通过资格审查的申请人名单；

（五）未通过资格审查的申请人名单，以及未通过审查的具体理由、依据（应当指明不符合资格预审文件的具体条款序号）；

（六）澄清、说明事项；

（七）需要说明的其他事项。

资格审查委员会所有成员应当在资格审查报告上签字。对审查结果有不同意见的资格审查委员会成员应当以书面形式说明其不同意见和理由，资格审查报告应当注明该不同意见。资格审查委员会成员拒绝在资格审查报告上签字又不书面说明其不同意见和理由的，视为同意资格审查结果。

第十四条 招标人应当及时向资格预审合格的潜在投标人发出资格预审合格通知书或者投标邀请书，告知获取招标文件的时间、地点和方法；同时向资格预审不合格的潜在投标人发出资格预审结果通知书，注明未通过资格预审的具体理由。

通过资格预审的申请人少于 3 个的，应当重新招标。

第十五条 资格预审申请人对资格预审结果有异议的，可以自收到或者应当收到资格预审结果通知书后 3 日内提出。招标人应当自收到异议之日起 3 日内作出答复，异议答复应当列明事实和依据；作出答复前，应当暂停招标投标活动。

第十六条 招标人应当依照国家有关法律法规规定，在招标文件中载明招标项目是否允许分包，以及允许分包或者不得分包的范围。

第十七条　招标人应当在招标文件或者资格预审文件中集中载明评标办法、评审标准和否决情形。否决情形应当以醒目方式标注。资格审查委员会或者评标委员会不得以未集中载明的评审标准和否决情形限制、排斥潜在投标人或者否决投标。

第十八条　招标人不得以不合理的条件限制或者排斥潜在投标人，不得对潜在投标人实行歧视待遇。

除《中华人民共和国招标投标法实施条例》第三十二条规定的情形外，招标人有下列行为之一的，视为以不合理的条件限制或者排斥潜在投标人：

（一）对符合国家关于铁路建设市场开放规定的设计、施工、监理企业，不接受其参加有关招标项目的投标；

（二）设定的企业资质、个人执业资格条件违反国家有关规定，或者与招标项目实际内容无关；

（三）招标文件或者资格预审文件中设定的投标人资格要求高于招标公告载明的投标人资格要求；

（四）对企业或者项目负责人的业绩指标要求，超出招标项目对应的工程实际需要。

第十九条　招标人以暂估价形式包括在总承包范围内的工程、货物、服务属于依法必须进行招标的项目范围且达到国家规定规模标准的，应当依法进行招标。暂估价部分招标的实施主体应当在总承包项目的合同条款中约定。

第二十条　招标人在发布招标公告、发出投标邀请书、售出招标文件或者资格预审文件后，除不可抗力、国家政策变化等原因外，不得擅自终止招标。

招标人终止招标的，应当及时发布公告，或者以书面形式通知被邀请的或者已经获取资格预审文件、招标文件的潜在投标人。已经发售资格预审文件、招标文件或者已经收取投标保证金的，招标人应当及时退还所收取的资格预审文件、招标文件的费用，以及所收取的投标保证金及银行同期存款利息。

第三章　投　　标

第二十一条　铁路工程建设项目的投标人是指响应招标、参加投标竞争的法人或者其他组织。

投标人应当具备承担招标项目的能力，并具备招标文件规定和国家规定的资格条件。

第二十二条　投标人应当按照招标文件的要求编制投标文件。投标文件应当对招标文件提出的实质性要求和条件予以响应。

第二十三条　投标人可以银行保函方式提交投标保证金。招标人不得拒绝投标人以银行保函形式提交的投标保证金，评标委员会也不得以此理由否决其投标。

第二十四条　根据招标文件载明的项目实际情况和工程分包的有关规定，投标人应当在投标文件中载明中标后拟分包的工程内容等事项。

第二十五条　投标人在投标文件中填报的资质、业绩、主要人员资历和目前在岗情况、信用等信息，应当与其在铁路工程建设行政监督平台上填报、发布的一致。

第二十六条　投标人不得有下列行为：

（一）串通投标；

（二）向招标人、招标代理机构或者评标委员会成员行贿；

（三）采取挂靠、转让、租借等方式从其他法人、组织获取资格或者资质证书进行投标，或者以其他方式弄虚作假进行投标；

（四）排挤其他投标人公平竞争的行为。

第四章　开标、评标和中标

第二十七条　招标人应当按照招标文件规定的时间、地点开标，并邀请所有投标人参加。

递交投标文件的投标人少于3个的标段或者包件，招标人不得开标，应当将相应标段或者包件的投标文件当场退还给投标人，并依法重新组织招标。

重新招标后投标人仍少于3个，属于按照国家规定需要政府审批、核准的铁路工程建设项目的，报经原审批、核准部门审批、核准后可以不再进行招标；其他铁路工程建设项目，招标人可以自行决定不再进行招标。

依照本条规定不再进行招标的，招标人可以邀请已提交资格预审申请文件的申请人或者已提交投标文件的投标人进行谈判，确定项目承担单位，并将谈判报告报对该项目具有招标监督职责的铁路工程建设项目招标投标行政监管部门备案。

第二十八条　招标人应当记录关于开标过程的下列内容并存档备查：

（一）开标时间和地点；

（二）投标文件密封检查情况；

（三）投标人名称、投标价格和招标文件规定的其他主要内容；

（四）投标人提出的异议及当场答复情况。

第二十九条　评标由招标人依法组建的评标委员会负责。评标委员会成员的确定和更换应当遵守《中华人民共和国招标投标法》《中华人民共和国招标投标法实施条例》《评标委员会和评标方法暂行规定》等规定。

依法必须进行招标的铁路工程建设项目的评标委员会中，除招标人代表外，招标人及与该工程建设项目有监督管理关系的人员不得以技术、经济专家身份等名义参加评审。

第三十条　招标人应当向评标委员会提供评标所必需的信息和材料，但不得明示或者暗示其倾向或者排斥特定投标人。提供评标所必需的信息和材料主要包括招标文件、招标文件的澄清或者修改、开标记录、投标文件、资格预审相关文件、投标人信用信息等。

第三十一条　评标委员会设负责人的，评标委员会负责人应当由评标委员会成员推举产生或者由招标人确定。评标委员会负责人负责组织并与评标委员会成员一起开展评标工作，其与评标委员会的其他成员享有同等权利与义务。

第三十二条　评标委员会认为投标人的报价明显低于其他投标报价，有可能影响工程质量或者不能诚信履约的，可以要求其澄清、说明是否低于成本价投标，必要时应当要求其一并提交相关证明材料。投标人不能证明其报价合理性的，评标委员会应当认定其以低于成本价竞标，并否决其投标。

第三十三条　评标委员会经评审，否决投标的，应当在评标报告中列明否决投标人的原因及依据；认为所有投标都不符合招标文件要求，或者符合招标文件要求的投标人不足 3 家使得投标明显缺乏竞争性的，可以否决所有投标。评标委员会作出否决投标或者否决所有投标意见的，应当有三分之二及以上评标委员会成员同意。

第三十四条　评标委员会成员应当客观、公正地履行职务，恪守职业道德，对所提出的评审意见承担个人责任。

评标委员会成员不得私下接触投标人，不得收受投标人的财物或者其他好处，不得向招标人征询确定中标人的意向，不得接受任何单位或者个人明示或者暗示提出的倾向或者排斥特定投标人的要求。

评标委员会成员和参与评标的有关工作人员不得透露对投标文件的评审和比较、中标候选人的推荐情况以及与评标有关的其他情况。

第三十五条　评标完成后，评标委员会应当向招标人提交书面评标报告和中标候选人名单。中标候选人应当不超过 3 个，并标明排序。

评标报告应当如实记载下列内容：

（一）基本情况和数据表；

（二）评标委员会成员名单，评标委员会设有负责人的一并注明；

（三）开标记录；

（四）符合要求的投标人名单；

（五）否决投标的情况说明，包括具体理由及招标文件中的相应否决条款；

（六）评标标准、评标方法或者评标因素一览表；

（七）经评审的价格或者评分比较一览表；

（八）经评审的投标人排序；

（九）推荐的中标候选人名单与签订合同前要处理的事宜；

（十）澄清、说明、补正事项纪要。

评标报告应当由评标委员会全体成员签字；设立评标委员会负责人的，评标委员会负责人应当在评标报告上逐页签字。对评标结果有不同意见的评标委员会成员应当以书面形式说明其不同意见和理由，评标报告应当注明该不同意见。评标委员会成员拒绝在评标报告上签字又不书面说明其不同意见和理由的，视为同意评标结果。评标委员会提交的评标报告内容不符合前款要求的，应当补充完善。

第三十六条 依法必须进行招标的铁路工程建设项目的招标人，应当对评标委员会成员履职情况如实记录并按规定对铁路建设工程评标专家予以评价。

第三十七条 招标人根据评标委员会提出的书面评标报告和推荐的中标候选人确定中标人。招标人也可以授权评标委员会直接确定中标人。依法必须进行招标的铁路工程建设项目，招标人应当自收到评标报告之日起3日内在规定的媒介上公示中标候选人，公示期不得少于3日。

对中标候选人的公示信息应当包括：招标项目名称，标段或者包件编号，中标候选人排序、名称、投标报价、工期或者交货期承诺，评分或者经评审的投标报价情况，项目负责人姓名及其相关证书名称和编号，中标候选人在投标文件中填报的企业和项目负责人的工程业绩，异议受理部门及联系方式等。

第三十八条 依法必须进行招标的铁路工程建设项目的投标人或者其他利害关系人对评标结果有异议的，应当在中标候选人公示期间提出。招标人应当自收到异议之日起3日内作出答复，异议答复应当列明事实、依据；作出答复前，应当暂停招标投标活动。

招标人经核查发现异议成立并对中标结果产生实质性影响的，应当组织原评标委员会按照招标文件规定的标准和方法审查确认。若异议事项涉嫌弄虚作假等违法行为或者原评标委员会无法根据招标文件和投标文件审查确认的，以及招标人发现评标结果有明显错误的，招标人应当向铁路工程建设项目招标投标行政监管部门反映或者投诉。

第三十九条 中标候选人的经营、财务状况发生较大变化或者存在违法行为，招标人认为可能影响其履约能力的，应当在发出中标通知书前由原评标委员会按照招标文件规定的标准和方法审查确认。

非因本办法第三十八条第二款及本条第一款规定的事由，招标人不得擅自组织原评标委员会或者另行组建评标委员会审查确认。

第四十条 中标人确定后，招标人应当向中标人发出中标通知书，并同时将中标结果通知所有未中标的投标人。依法必须进行招标项目的中标结果还应当按规定在有关媒介公示中标人名称。

所有投标均被否决的，招标人应当书面通知所有投标人，并说明具体原因。

第四十一条 依法必须进行招标的铁路工程建设项目，招标人应当自确定中标人之日起15日内，向铁路工程建设项目招标投标行政监管部门提交招标投标情况书面报告。鼓励采用电子方式报告。

招标投标情况书面报告应当包括下列主要内容：

（一）招标范围；

（二）招标方式和发布招标公告的媒介；

（三）招标文件中投标人须知、技术条款、评标标准和方法、合同主要条款等内容；

（四）评标委员会的组成、成员遵守评标纪律和履职情况，对评标专家的评价意见；

（五）评标报告；

（六）中标结果；

（七）其他需提交的问题说明和资料。

第四十二条　招标人和中标人应当在投标有效期内并自中标通知书发出之日起30日内，按照招标文件和中标人的投标文件订立书面合同。招标人和中标人不得再行订立背离合同实质性内容的其他协议。

第四十三条　招标文件要求中标人提交履约保证金的，中标人应当提交。履约保证金可以银行保函、支票、现金等方式提交。

中标人提交履约保证金的，在工程项目竣工前，招标人不得再同时预留工程质量保证金。

第四十四条　中标人应当按照合同约定履行义务，完成中标项目。

招标人应当加强对合同履行的管理，建立对中标人合同履约的考核制度。依法必须进行招标的铁路工程建设项目，招标人、中标人应当按规定向铁路工程建设项目招标投标行政监管部门提交合同履约信息。

第四十五条　铁路工程建设项目的施工中标人对已包含在中标工程内的货物再次通过招标方式采购的，招标人应当依据承包合同约定对再次招标活动进行监督，对施工中标人再次招标选定的货物进场质量验收情况进行检查。

第五章　监　督　管　理

第四十六条　铁路工程建设项目招标投标行政监管部门应当依法加强对铁路工程建设项目招标投标活动的监督管理。

国家铁路局组建、管理铁路建设工程评标专家库，指导、协调地区铁路监督管理局开展铁路工程建设项目招标投标监督管理工作。

地区铁路监督管理局应当按规定通报或者报告辖区内的铁路工程建设项目招标投标违法违规行为和相关监督管理信息，分析铁路工程建设项目招标投标相关情况。

第四十七条　铁路工程建设项目招标投标监督管理方式主要包括监督抽查、投诉处理、办理备案、接收书面报告、行政处罚、记录公告等方式。

第四十八条　投标人或者其他利害关系人（以下简称投诉人）认为铁路工程建设项目招标投标活动不符合法律、行政法规规定的，可以自知道或者应当知道之日起 10 日内向铁路工程建设项目招标投标行政监管部门投诉。

第四十九条　投诉人投诉时，应当提交投诉书。投诉书应当包括下列内容：

（一）投诉人的名称、地址及有效联系方式；

（二）被投诉人的名称、地址及有效联系方式；

（三）投诉事项的基本事实；

（四）相关请求及主张；

（五）有效线索和相关证明材料。

对按规定应当先向招标人提出异议的事项进行投诉的，还应当提交已提出异议的证明文件。如果已向有关行政监督部门投诉的，应当一并说明。

投诉人是法人的，投诉书必须由其法定代表人或者授权代表签字并盖章；其他组织或者自然人投诉的，投诉书必须由其主要负责人或者投诉人本人签字，并附有效身份证明复印件。

投诉书有关材料是外文的，投诉人应当同时提供其中文译本。

第五十条　有下列情形之一的投诉，铁路工程建设项目招标投标行政监管部门不予受理：

（一）投诉人不是所投诉招标投标活动的参与者，或者与投诉项目无任何利害关系；

（二）投诉事项不具体，且未提供有效线索，难以查证的；

（三）投诉书未署具投诉人真实姓名、签字和有效联系方式的；以法人名义投诉的，投诉书未经法定代表人或者授权代表签字并加盖公章；

（四）超过投诉时效的；

（五）已经作出处理决定，并且投诉人没有提出新的证据的；

（六）投诉事项应当先提出异议没有提出异议的，或者已进入行政复议或者行政诉讼程序的。

第五十一条　铁路工程建设项目招标投标行政监管部门受理投诉后，应当调取、查阅有关文件，调查、核实有关情况，根据调查和取证情况，对投诉事项进行审查，按照下列规定做出处理决定：

（一）投诉缺乏事实根据或者法律依据的，驳回投诉；

（二）投诉情况属实，招标投标活动确实存在违法行为的，依照《中华人民共和国招标投标法》及其他有关法规、规章进行处理。

第五十二条　铁路工程建设项目招标投标行政监管部门积极推进铁路建设工程招标投标信用体系建设，建立健全守信激励和失信惩戒机制，维护公平公正的市场竞争秩序。

鼓励和支持招标人优先选择信用良好的从业企业。招标人可以对信用良好的投标人或者中标人，减免投标保证金，减少履约保证金或者质量保证金。招标人采用相关信用优惠措施的，应当在招标文件中载明。

第五十三条 铁路工程建设项目招标投标行政监管部门对招标人、招标代理机构、投标人以及评标委员会成员等的违法违规行为依法作出行政处理决定的，应当按规定予以公告，并记入相应当事人的不良行为记录。

对于列入不良行为记录、行贿犯罪档案、失信被执行人名录的市场主体，依法按规定在招标投标活动中对其予以限制。

第五十四条 铁路工程建设项目招标投标行政监管部门履行监督管理职责过程中，有权查阅、复制招标投标活动的有关文件、资料和数据；在投诉调查处理中，发现有违反法律、法规、规章规定的，应当要求相关当事人整改，必要时可以责令暂停招标投标活动。招标投标活动交易服务机构及市场主体应当如实提供相关情况和材料。

第五十五条 铁路工程建设项目招标投标行政监管部门的工作人员对监督过程中知悉的国家秘密、商业秘密，应当依法予以保密。

第六章 法 律 责 任

第五十六条 招标人有下列情形之一的，由铁路工程建设项目招标投标行政监管部门责令改正，给予警告；情节严重的，可以并处 3 万元以下的罚款：

（一）不按本办法规定编制资格预审文件或者招标文件的；

（二）拒绝以银行保函方式提交的投标保证金或者履约保证金的，或者违规在招标文件中增设保证金的；

（三）向评标委员会提供的评标所需信息不符合本办法规定的；

（四）不按本办法规定公示中标候选人的；

（五）不按本办法规定进行招标备案或者提交招标投标情况书面报告的；

（六）否决所有投标未按本办法规定告知的；

（七）擅自终止招标活动的，或者终止招标未按规定告知有关潜在投标人的；

（八）非因本办法第三十八条第二款和第三十九条第一款规定的事由，擅自组织原评标委员会或者另行组建评标委员会审查确认的。

第五十七条 投标人或者其他利害关系人捏造事实、伪造材料或者以非法手段取得证明材料进行投诉，尚未构成犯罪的，由铁路工程建设项目招标投标行政监管部门责令改正，给予警告；情节严重的，可以并处 3 万元以下的罚款。

第五十八条 评标委员会成员、资格审查委员会成员有下列情形之一的，由铁路工程建设项目招标投标行政监管部门责令改正，给予警告；情节严重的，禁止其在 6

个月至1年内参加依法必须进行招标的铁路工程建设项目的评审；情节特别严重的，取消担任评标委员会、资格审查委员会成员资格，并从专家库中除名，不再接受其评标专家入库申请：

（一）应当回避而不回避；

（二）擅离职守；

（三）不按照招标文件规定的评标标准和方法评标；

（四）私下接触投标人；

（五）向招标人征询确定中标人的意向，或者接受任何单位或者个人明示或者暗示提出的倾向或者排斥特定投标人的要求；

（六）对依法应当否决的投标不提出否决意见；

（七）暗示或者诱导投标人作出澄清、说明或者接受投标人主动提出的澄清、说明；

（八）评审活动中其他不客观、不公正的行为。

第七章 附 则

第五十九条 采用电子方式进行招标投标的，应当符合本办法和国家有关电子招标投标的规定。

第六十条 本办法自2019年1月1日起施行。

经营性公路建设项目投资人招标投标管理规定

（2007年10月16日交通部令2007年第8号公布，根据2015年6月24日交通运输部令2015年第13号《关于修改〈经营性公路建设项目投资人招标投标管理规定〉的决定》修订）

第一章 总 则

第一条 为规范经营性公路建设项目投资人招标投标活动，根据《中华人民共和国公路法》、《中华人民共和国招标投标法》和《收费公路管理条例》，制定本规定。

第二条 在中华人民共和国境内的经营性公路建设项目投资人招标投标活动，适用本规定。

本规定所称经营性公路是指符合《收费公路管理条例》的规定，由国内外经济组织投资建设，经批准依法收取车辆通行费的公路（含桥梁和隧道）。

第三条 经营性公路建设项目投资人招标投标活动应当遵循公开、公平、公正、诚信、择优的原则。

任何单位和个人不得非法干涉招标投标活动。

第四条 国务院交通主管部门负责全国经营性公路建设项目投资人招标投标活动的监督管理工作。主要职责是：

（一）根据有关法律、行政法规，制定相关规章和制度，规范和指导全国经营性公路建设项目投资人招标投标活动；

（二）监督全国经营性公路建设项目投资人招标投标活动，依法受理举报和投诉，查处招标投标活动中的违法行为；

（三）对全国经营性公路建设项目投资人进行动态管理，定期公布投资人信用情况。

第五条 省级人民政府交通主管部门负责本行政区域内经营性公路建设项目投资人招标投标活动的监督管理工作。主要职责是：

（一）贯彻执行有关法律、行政法规、规章，结合本行政区域内的实际情况，制定具体管理制度；

（二）确定下级人民政府交通主管部门对经营性公路建设项目投资人招标投标活动的监督管理职责；

（三）发布本行政区域内经营性公路建设项目投资人招标信息；

（四）负责组织对列入国家高速公路网规划和省级人民政府确定的重点经营性公路建设项目的投资人招标工作；

（五）指导和监督本行政区域内的经营性公路建设项目投资人招标投标活动，依法受理举报和投诉，查处招标投标活动中的违法行为。

第六条 省级以下人民政府交通主管部门的主要职责是：

（一）贯彻执行有关法律、行政法规、规章和相关制度；

（二）负责组织本行政区域内除第五条第（四）项规定以外的经营性公路建设项目投资人招标工作；

（三）按照省级人民政府交通主管部门的规定，对本行政区域内的经营性公路建设项目投资人招标投标活动进行监督管理。

第二章 招　　标

第七条 需要进行投资人招标的经营性公路建设项目应当符合下列条件：

（一）符合国家和省、自治区、直辖市公路发展规划；

（二）符合《收费公路管理条例》第十八条规定的技术等级和规模；

（三）已经编制项目可行性研究报告。

第八条 招标人是依照本规定提出经营性公路建设项目、组织投资人招标工作的交通主管部门。

招标人可以自行组织招标或委托具有相应资格的招标代理机构代理有关招标事宜。

第九条 经营性公路建设项目投资人招标应当采用公开招标方式。

第十条 经营性公路建设项目投资人招标实行资格审查制度。资格审查方式采取资格预审或资格后审。

资格预审,是指招标人在投标前对潜在投标人进行资格审查。

资格后审,是指招标人在开标后对投标人进行资格审查。

实行资格预审的,一般不再进行资格后审,但招标文件另有规定的除外。

第十一条 资格审查的基本内容应当包括投标人的财务状况、注册资本、净资产、投融资能力、初步融资方案、从业经验和商业信誉等情况。

第十二条 经营性公路建设项目招标工作应当按照以下程序进行:

(一)发布招标公告;

(二)潜在投标人提出投资意向;

(三)招标人向提出投资意向的潜在投标人推介投资项目;

(四)潜在投标人提出投资申请;

(五)招标人向提出投资申请的潜在投标人详细介绍项目情况,可以组织潜在投标人踏勘项目现场并解答有关问题;

(六)实行资格预审的,由招标人向提出投资申请的潜在投标人发售资格预审文件;实行资格后审的,由招标人向提出投资申请的投标人发售招标文件;

(七)实行资格预审的,潜在投标人编制资格预审申请文件,并递交招标人;招标人应当对递交资格预审申请文件的潜在投标人进行资格审查,并向资格预审合格的潜在投标人发售招标文件;

(八)投标人编制投标文件,并提交招标人;

(九)招标人组织开标,组建评标委员会;

(十)实行资格后审的,评标委员会应当在开标后首先对投标人进行资格审查;

(十一)评标委员会进行评标,推荐中标候选人;

(十二)招标人确定中标人,并发出中标通知书;

(十三)招标人与中标人签订投资协议。

第十三条 招标人应通过国家指定的全国性报刊、信息网络等媒介发布招标公告。采用国际招标的,应通过相关国际媒介发布招标公告。

第十四条 招标人应当参照国务院交通主管部门制定的经营性公路建设项目投资人招标资格预审文件范本编制资格预审文件,并结合项目特点和需要确定资格审查标准。

招标人应当组建资格预审委员会对递交资格预审申请文件的潜在投标人进行资格

审查。资格预审委员会由招标人代表和公路、财务、金融等方面的专家组成，成员人数为七人以上单数。

第十五条 招标人应当参照国务院交通主管部门制定的经营性公路建设项目投资人招标文件范本，并结合项目特点和需要编制招标文件。

招标人编制招标文件时，应当充分考虑项目投资回收能力和预期收益的不确定性，合理分配项目的各类风险，并对特许权内容、最长收费期限、相关政策等予以说明。招标人编制的可行性研究报告应当作为招标文件的组成部分。

第十六条 招标人应当合理确定资格预审申请文件和投标文件的编制时间。

编制资格预审申请文件时间，自资格预审文件开始发售之日起至潜在投标人提交资格预审申请文件截止之日止，不得少于三十个工作日。

编制投标文件的时间，自招标文件开始发售之日起至投标人提交投标文件截止之日止，不得少于四十五个工作日。

第十七条 列入国家高速公路网规划和需经国务院投资主管部门核准的经营性公路建设项目投资人招标投标活动，应当按照招标工作程序，及时将招标文件、资格预审结果、评标报告报国务院交通主管部门备案。国务院交通主管部门应当在收到备案文件七个工作日内，对不符合法律、法规规定的内容提出处理意见，及时行使监督职责。

其他经营性公路建设项目投资人招标投标活动的备案工作按照省级人民政府交通主管部门的有关规定执行。

第三章 投 标

第十八条 投标人是响应招标、参加投标竞争的国内外经济组织。

采用资格预审方式招标的，潜在投标人通过资格预审后，方可参加投标。

第十九条 投标人应当具备以下基本条件：

（一）总资产六亿元人民币以上，净资产二亿五千万元人民币以上；

（二）最近连续三年每年均为盈利，且年度财务报告应当经具有法定资格的中介机构审计；

（三）具有不低于项目估算的投融资能力，其中净资产不低于项目估算投资的百分之三十五；

（四）商业信誉良好，无重大违法行为。

招标人可以根据招标项目的实际情况，提高对投标人的条件要求。

第二十条 两个以上的国内外经济组织可以组成一个联合体，以一个投标人的身份共同投标。联合体各方均应符合招标人对投标人的资格审查标准。

以联合体形式参加投标的，应提交联合体各方签订的共同投标协议。共同投标协议应当明确约定联合体各方的出资比例、相互关系、拟承担的工作和责任。联合体中标的，联合体各方应当共同与招标人签订项目投资协议，并向招标人承担连带责任。

联合体的控股方为联合体主办人。

第二十一条 投标人应当按照招标文件的要求编制投标文件，投标文件应当对招标文件提出的实质性要求和条件作出响应。

第二十二条 招标文件明确要求提交投标担保的，投标人应按照招标文件要求的额度、期限和形式提交投标担保。投标人未按照招标文件的要求提交投标担保的，其提交的投标文件为废标。

投标担保的额度一般为项目投资的千分之三，但最高不得超过五百万元人民币。

第二十三条 投标人参加投标，不得弄虚作假，不得与其他投标人串通投标，不得采取商业贿赂以及其他不正当手段谋取中标，不得妨碍其他投标人投标。

第四章 开 标 与 评 标

第二十四条 开标应当在招标文件确定的提交投标文件截止时间的同一时间公开进行。

开标由招标人主持，邀请所有投标人代表参加。招标人对开标过程应当记录，并存档备查。

第二十五条 评标由招标人依法组建的评标委员会负责。评标委员会由招标人代表和公路、财务、金融等方面的专家组成，成员人数为七人以上单数。招标人代表的人数不得超过评标委员会总人数的三分之一。

与投标人有利害关系以及其他可能影响公正评标的人员不得进入相关项目的评标委员会，已经进入的应当更换。

评标委员会成员的名单在中标结果确定前应当保密。

第二十六条 评标委员会可以直接或者通过招标人以书面方式要求投标人对投标文件中含义不明确、对同类问题表述不一致或者有明显文字错误的内容作出必要的澄清或者说明，但是澄清或者说明不得超出或者改变投标文件的范围或者改变投标文件的实质性内容。

第二十七条 经营性公路建设项目投资人招标的评标办法应当采用综合评估法或者最短收费期限法。

采用综合评估法的，应当在招标文件中载明对收费期限、融资能力、资金筹措方案、融资经验、项目建设方案、项目运营、移交方案等评价内容的评分权重，根据综合得分由高到低推荐中标候选人。

采用最短收费期限法的，应当在投标人实质性响应招标文件的前提下，推荐经评审的收费期限最短的投标人为中标候选人，但收费期限不得违反国家有关法规的规定。

第二十八条　评标委员会完成评标后，应当向招标人提出书面评标报告，推荐一至三名中标候选人，并标明排名顺序。

评标报告需要由评标委员会全体成员签字。

第五章　中标与协议的签订

第二十九条　招标人应当确定排名第一的中标候选人为中标人。招标人也可以授权评标委员会直接确定中标人。

排名第一的中标候选人有下列情形之一的，招标人可以确定排名第二的中标候选人为中标人：

（一）自动放弃中标；

（二）因不可抗力提出不能履行合同；

（三）不能按照招标文件要求提交履约保证金；

（四）存在违法行为被有关部门依法查处，且其违法行为影响中标结果的。

如果排名第二的中标候选人存在上述情形之一，招标人可以确定排名第三的中标候选人为中标人。

三个中标候选人都存在本条第二款所列情形的，招标人应当依法重新招标。

招标人不得在评标委员会推荐的中标候选人之外确定中标人。

第三十条　提交投标文件的投标人少于三个或者因其他原因导致招标失败的，招标人应当依法重新招标。重新招标前，应当根据前次的招标情况，对招标文件进行适当调整。

第三十一条　招标人确定中标人后，应当在十五个工作日内向中标人发出中标通知书，同时通知所有未中标的投标人。

第三十二条　招标文件要求中标人提供履约担保的，中标人应当提供。担保的金额一般为项目资本金出资额的百分之十。

履约保证金应当在中标人履行项目投资协议后三十日内予以退还。其他形式的履约担保，应当在中标人履行项目投资协议后三十日内予以撤销。

第三十三条　招标人和中标人应当自中标通知书发出之日起三十个工作日内按照招标文件和中标人的投标文件订立书面投资协议。投资协议应包括以下内容：

（一）招标人与中标人的权利义务；

（二）履约担保的有关要求；

（三）违约责任；

（四）免责事由；

（五）争议的解决方式；

（六）双方认为应当规定的其他事项。

招标人应当在与中标人签订投资协议后五个工作日内向所有投标人退回投标担保。

第三十四条 中标人应在签订项目投资协议后九十日内到工商行政管理部门办理项目法人的工商登记手续，完成项目法人组建。

第三十五条 招标人与项目法人应当在完成项目核准手续后签订项目特许权协议。特许权协议应当参照国务院交通主管部门制定的特许权协议示范文本并结合项目的特点和需要制定。特许权协议应当包括以下内容：

（一）特许权的内容及期限；

（二）双方的权利及义务；

（三）项目建设要求；

（四）项目运营管理要求；

（五）有关担保要求；

（六）特许权益转让要求；

（七）违约责任；

（八）协议的终止；

（九）争议的解决；

（十）双方认为应规定的其他事项。

第六章 附 则

第三十六条 对招投标活动中的违法行为，应当按照国家有关法律、法规的规定予以处罚。

第三十七条 招标人违反本办法规定，以不合理的条件限制或者排斥潜在投标人，对潜在投标人实行歧视待遇的，由上级交通主管部门责令改正。

第三十八条 本规定自 2008 年 1 月 1 日起施行。

公路养护工程施工招标投标管理暂行规定

（交公路发〔2003〕89 号，2003 年 3 月 21 日交通部发布）

第一章 总 则

第一条 为加强公路养护工程的施工招标投标管理，规范公路养护工程的施工招标投标活动，保护招标人和投标人的合法权益，确保养护工程质量，提高投资效益，根据《中华人民共和国公路法》、《中华人民共和国招标投标法》等有关法律法规，制定本规定。

第二条 公路养护工程的施工招标投标应当坚持公开、公平、公正、诚实守信的原则。

第三条 国道、省道和县道公路的养护工程项目具备招标条件的，应当按本规定实行招标，其他公路可参照执行。

改建公路工程项目，按《公路工程施工招标投标管理办法》的规定执行。

第四条 参加公路养护工程项目投标的公路养护工程施工单位，必须具备相应类、级别的公路养护工程从业资质。

第五条 交通部依法负责监督全国公路养护工程的招标投标活动。

县级以上人民政府交通主管部门依法负责监督本行政区域内公路养护工程的招标投标活动。

第六条 公路养护工程的施工招标投标活动受国家法律的保护和约束，任何单位和个人不得以任何方式干预公路养护工程的施工招标投标活动。

第二章　招　　标

第七条 招标人可自行组织招标或委托具有相应资格的代理机构组织招标。自行组织招标的招标人或招标代理机构应具备下列条件：

（一）具有法人资格；

（二）有组织编制招标文件和标底的能力；

（三）有对投标人进行资格审查和组织评标定标的能力。

第八条 实施招标的公路养护工程项目，应具备以下条件：

（一）项目已列入年度养护维修计划；

（二）资金来源已落实；

（三）有关养护方案或者设计文件已经完成；

（四）招标文件已编制完毕；

（五）其他相关准备工作已完成。

第九条 公路养护工程招标标的应满足下列条件之一：

（一）公路小修保养最小标的为连续 20 公里以上或者小于 20 公里的整条路段，最短养护合同期限为一年；

（二）大中修公路养护工程投资 100 万元以上的项目。

第十条 招标方式公路养护工程招标可采用公开招标、邀请招标两种形式。

（一）公开招标。招标人通过报刊、广播、电视、信息网络等媒介公开发布招标公告，邀请不特定的法人或者其他组织投标。

（二）邀请招标。招标人以投标邀请书的方式邀请特定的法人或者其他组织投标，邀请的投标人不得少于 3 个。

第十一条 因突发事件、紧急抢险或战备需要而安排的特殊公路养护工程项目可采取指定养护单位的方式进行。

第十二条 公开招标按下列程序进行：

（一）组织编制招标文件；

（二）发布招标公告；

（三）发售资格预审文件；

（四）资格预审，并向资格审查合格者发售招标文件；

（五）组织投标人勘察现场，针对投标人的询问，解释招标文件中的疑点；

（六）组织编制标底和制定评标办法；

（七）组织开标并进行标书清算、算术性复核与澄清；

（八）评标并确定推荐中标人；

（九）确定中标人，并履行有关批准程序；

（十）发出中标通知书；

（十一）与中标人签订公路养护工程项目合同。

第十三条 邀请招标按下列程序进行：

（一）发出投标邀请书；

（二）发售招标文件；

（三）组织投标人勘察现场，针对投标人的询问，解释招标文件中的疑点；

（四）组织编制标底和制定评标办法；

（五）组织开标并进行标书清算、算术性复核与澄清；

（六）评标及推荐中标人；

（七）确定中标人，并履行有关批准程序；

（八）发出中标通知书；

（九）与中标人签订公路养护工程项目承包合同。

第十四条 开标后至发出中标通知书为评标阶段。编制标底和评标阶段的有关活动，均应按规定做好保密工作。

第三章 资 格 审 查

第十五条 招标人发售的资格预审文件的主要内容应包括：

（一）资格预审通告（邀请书），包括招标人名称地址，招标项目性质、数量，获取资格预审文件办法、时间和地点等。

（二）资格预审申请人须知，包括资格预审申请的提交地点、截止日期、资质要求、主要证明文件、工程资金来源、工期、是否可联合投标，特别要求等；

（三）资格预审申请表，包括企业名称、组织机构、财务状况、人员、设备、业绩，拟投入本工程的主要管理人员、技术人员及设备；

（四）公路养护工程概况。

第十六条　投标人递交的资格预审文件的主要内容应包括：

（一）投标人有效的证明；

（二）投标人现承包公路养护工程的基本情况；

（三）各类专业技术和管理人员的构成；

（四）试验设备和养护机具设备；

（五）投标人资产情况及负债情况；

（六）公路养护工程质量与同类项目业绩等。

第十七条　资格评审由招标人组织有关专业人员进行评审，重点评审投标人的财务状况、技术力量、设备、业绩、信誉和拟投入本工程的设备、人员，形成资格预审报告。

第四章　招标文件及标底

第十八条　公路小修保养及中修、大修工程投标文件的主要内容：

（一）投标邀请书：公路养护工程项目名称，递交投标文件、开标的时间和地点等。

（二）投标须知：包括公路养护工程项目概况、资金来源、工期要求、报价编制、招标程序和有关规定，评标定标原则等。

（三）合同及合同条款：包括合同文件格式、通用合同条款、特殊合同条款等。承发包合同中明确的各项条款应全面、正确地阐述合同双方相互的权利和义务关系。

合同条款主要内容：承发包形式、付款和结算办法、索赔、工期要求、质量要求、现场交通组织的要求、施工安全措施、解决变更的方式、主要材料供应方式和价格、验收以及违约责任等。

（四）技术文件：包括应采用的技术标准和操作规程的名称、养护技术要求、养护工程项目特殊要求、原路技术状况、计量与支付规则、质量标准与验收等。

（五）投标书格式及附表：投标书应包括投标人投标标段或工程、投标价、工期、投标文件有效期等；附表主要有投标人组织机构及人员表、参加工程任职主要人员简历表、投入工程的主要机械设备表等。

（六）工程量清单。

（七）评标办法：包括对公路小修保养、中修和大修工程项目的评标、定标原则等。

第十九条 招标人如需对招标文件进行补充说明、勘误、澄清等局部修正时，最迟应在投标截止日期前 7 天，以书面形式通知所有投标人。补充说明、勘误、澄清、局部修正等，与招标文件具有同等的法律效力。

第二十条 标底是审核投标报价、评标、定标的重要依据，应力求正确、合理。每一个招标项目只允许有一个标底。标底在开标前严格保密。公路养护工程施工的招标鼓励采用无标底方式进行招标。

第二十一条 标底由招标人负责编制，也可由受委托的招标代理机构负责编制。编制标底应以招标文件、图纸、有关养护工程资料及省级交通主管部门颁发的养护工程定额为依据。

第二十二条 受招标人委托的标底编制单位及招标代理机构不得同时承接投标人的标书编制业务，不得泄漏应当保密的与招标活动有关的情况与资料。

第五章 投 标

第二十三条 投标人必须严格按照招标文件的要求，编制投标文件，投标文件及任何说明函件应经单位盖章及法人代表或者有效的授权委托人签字，并按规定的时间和要求送达招标人。

第二十四条 投标文件包括下列内容：

（一）投标书及其附表；

（二）有效的授权书；

（三）有报价的工程量清单及总价汇总表；

（四）公路养护工程作业方案：包括进度安排，平面布置，主要养护作业方法，交通疏导方案，技术和安全措施，质量目标，质量保证体系等。

投标人应当按照招标文件的要求提交投标担保。

第二十五条 投标人在投标文件要求提交投标书的截止时间前，可以补充、修改或者撤回已提交的投标书，并书面通知招标人或招标代理机构。补充、修改的内容为投标书的组成部分，应按规定的时间和要求送达招标人。

第二十六条 投标人不得串通作弊，不得哄抬标价，低价抢标，不得采取非法手段竞标。

第六章 开标、评标与定标

第二十七条 发出招标文件到提交投标文件的截止时间，一般不应少于二十天。

第二十八条 开标仪式由招标人或委托代理招标机构组织并主持。投标人应出席开标仪式。规模较大的公路养护工程项目，招标人可邀请同级交通主管部门、上一级公路管理机构以及纪检监察等部门的代表参加。

第二十九条 开标时，由招标人及有关各方检查各份标书的完整性；招标人宣布评标、定标办法，并宣读各份投标书主要内容。需要公证的，由公证人员对宣读的标价及相关内容现场复核，并致公证词。

第三十条 属于下列情况之一者，应作为废标处理：

（一）投标书未按招标文件规定的方式密封；

（二）投标书未加盖本单位公章及未经法人代表或者有效的授权委托人签字；

（三）投标书未按招标文件规定的格式、内容和要求编制；

（四）投标书字迹潦草、模糊、无法辨认；

（五）投标人在一份投标书中，对同一个项目报有两个或多个报价；

（六）投标人递交两份或多份内容不同的投标书，未书面声明哪一个有效；

（七）未按要求提交投标担保的；

（八）投标人未经招标人同意，不参加开标仪式。

第三十一条 评标工作由招标人或委托招标代理机构主持。评标工作组由招标人代表和有关技术、经济等方面的专家组成。评标工作组一般由 5 人以上的单数组成，其中技术、经济等方面的专家不少于成员总数的三分之二。

第三十二条 评标、定标原则：响应招标文件的要求，报价合理、公路养护工程作业方案可行、技术先进、能确保养护工程质量、具有良好的业绩和信誉。最低报价不能作为中标的唯一条件。

第三十三条 评标过程中，评标小组可分别请投标人就投标书的有关问题进行澄清，投标人应给予书面答复。澄清内容作为投标书的组成部分，但不得改变投标书的实质内容和报价。

第三十四条 评标工作组成员不得索贿受贿，不得泄漏应当保密的与招标投标活动有关的情况与资料。在评标、定标工作期间，评标工作组成员不得私下接触投标人。

第三十五条 评标可采用评分、投票或者其他约定方式进行。自开标到定标时间一般不超过七天。

第三十六条 招标人根据评标小组提出的评标结论和中标候选人顺序确定中标人。

第七章 合 同 签 订

第三十七条 招标人和中标人应当自中标人签收中标通知书之日起 30 日内签订书面承包合同。

公路养护工程项目承包合同应当按照招标文件、中标人的投标文件、中标通知书及有效的补充文件和信函签订。

招标人和中标人不得再行订立背离合同实质性内容的其他协议。

第三十八条 承包合同的承发包人应当按合同约定履行双方的权利和义务，明确公路设施正常维护和保养，保障公路畅通。

第三十九条 省级交通主管部门和省级公路管理机构应当监督公路养护工程项目承包合同的履约，维护合同双方的合法权益。

第八章 罚 则

第四十条 对公路养护工程招标投标活动中下列违规行为者需进行处罚：

（一）招标代理机构或标底编制单位违反本规定第二十二条的，按《中华人民共和国招标投标法》第五十条的有关规定给予处罚。

（二）投标人违反本规定第二十六条的，投标视为无效，并无权索还投标保证金，由省级交通主管部门予以通报批评，视情节可取消或暂停其从业资质或者按《中华人民共和国招投标法》第五十四条的规定给予处罚。

（三）评标工作组成员违反本规定第三十四条的，应立即停止其评标资格，并追究当事人的责任。

（四）违反本规定第三十七条的，对中标人拒签合同的，报从业资质主管部门取消其养护从业资质，并无权请求返还投标保证金。招标人拒签合同，应双倍返还投标人的投标费用和投标保证金。

第四十一条 当事人对处罚决定不服的，自接到处罚决定之日起六十日内可向交通主管部门申请复议，或者直接向人民法院起诉。

第四十二条 对公路养护工程招标投标活动中出现失职、渎职、索贿、行贿行为，损害有关单位合法权益和国家利益的，由交通主管部门会同有关部门给予行政处分，构成犯罪的由司法部门依法追究其刑事责任。

第九章 附 则

第四十三条 各地在遵循《中华人民共和国招标投标法》的原则下，可根据公路养护工程的特点、工期和技术要求等因素，适当简化本规定确定的招标投标文件内容及程序。

第四十四条 各省、自治区、直辖市交通主管部门可根据本规定，结合本地区的具体情况，制定实施细则。

第四十五条 本规定由交通部负责解释。

第四十六条 本规定自 2003 年 6 月 1 日起施行。

通信工程建设项目招标投标管理办法

（2014 年 5 月 4 日工业和信息化部令第 27 号公布）

第一章 总 则

第一条 为了规范通信工程建设项目招标投标活动，根据《中华人民共和国招标投标法》（以下简称《招标投标法》）和《中华人民共和国招标投标法实施条例》（以下简称《实施条例》），制定本办法。

第二条 在中华人民共和国境内进行通信工程建设项目招标投标活动，适用本办法。

前款所称通信工程建设项目，是指通信工程以及与通信工程建设有关的货物、服务。其中，通信工程包括通信设施或者通信网络的新建、改建、扩建、拆除等施工；与通信工程建设有关的货物，是指构成通信工程不可分割的组成部分，且为实现通信工程基本功能所必需的设备、材料等；与通信工程建设有关的服务，是指为完成通信工程所需的勘察、设计、监理等服务。

依法必须进行招标的通信工程建设项目的具体范围和规模标准，依据国家有关规定确定。

第三条 工业和信息化部和各省、自治区、直辖市通信管理局（以下统称为"通信行政监督部门"）依法对通信工程建设项目招标投标活动实施监督。

第四条 工业和信息化部鼓励按照《电子招标投标办法》进行通信工程建设项目电子招标投标。

第五条 工业和信息化部建立"通信工程建设项目招标投标管理信息平台"（以下简称"管理平台"），实行通信工程建设项目招标投标活动信息化管理。

第二章 招 标 和 投 标

第六条 国有资金占控股或者主导地位的依法必须进行招标的通信工程建设项目，应当公开招标；但有下列情形之一的，可以邀请招标：

（一）技术复杂、有特殊要求或者受自然环境限制，只有少量潜在投标人可供选择；

（二）采用公开招标方式的费用占项目合同金额的比例过大。

有前款第一项所列情形，招标人邀请招标的，应当向其知道或者应当知道的全部潜在投标人发出投标邀请书。

采用公开招标方式的费用占项目合同金额的比例超过 1.5%，且采用邀请招标方式的费用明显低于公开招标方式的费用的，方可被认定为有本条第一款第二项所列情形。

第七条 除《招标投标法》第六十六条和《实施条例》第九条规定的可以不进行招标的情形外，潜在投标人少于 3 个的，可以不进行招标。

招标人为适用前款规定弄虚作假的，属于《招标投标法》第四条规定的规避招标。

第八条 依法必须进行招标的通信工程建设项目的招标人自行办理招标事宜的，应当自发布招标公告或者发出投标邀请书之日起 2 日内通过"管理平台"向通信行政监督部门提交《通信工程建设项目自行招标备案表》（见附录一）。

第九条 招标代理机构代理招标业务，适用《招标投标法》《实施条例》和本办法关于招标人的规定。

第十条 公开招标的项目，招标人采用资格预审办法对潜在投标人进行资格审查的，应当发布资格预审公告、编制资格预审文件。招标人发布资格预审公告后，可不再发布招标公告。

依法必须进行招标的通信工程建设项目的资格预审公告和招标公告，除在国家发展和改革委员会依法指定的媒介发布外，还应当在"管理平台"发布。在不同媒介发布的同一招标项目的资格预审公告或者招标公告的内容应当一致。

第十一条 资格预审公告、招标公告或者投标邀请书应当载明下列内容：

（一）招标人的名称和地址；

（二）招标项目的性质、内容、规模、技术要求和资金来源；

（三）招标项目的实施或者交货时间和地点要求；

（四）获取招标文件或者资格预审文件的时间、地点和方法；

（五）对招标文件或者资格预审文件收取的费用；

（六）提交资格预审申请文件或者投标文件的地点和截止时间。

招标人对投标人的资格要求，应当在资格预审公告、招标公告或者投标邀请书中载明。

第十二条 资格预审文件一般包括下列内容：

（一）资格预审公告；

（二）申请人须知；

（三）资格要求；

（四）业绩要求；

（五）资格审查标准和方法；

（六）资格预审结果的通知方式；

（七）资格预审申请文件格式。

资格预审应当按照资格预审文件载明的标准和方法进行，资格预审文件没有规定的标准和方法不得作为资格预审的依据。

第十三条 招标人应当根据招标项目的特点和需要编制招标文件。招标文件一般包括下列内容：

（一）招标公告或者投标邀请书；

（二）投标人须知；

（三）投标文件格式；

（四）项目的技术要求；

（五）投标报价要求；

（六）评标标准、方法和条件；

（七）网络与信息安全有关要求；

（八）合同主要条款。

招标文件应当载明所有评标标准、方法和条件，并能够指导评标工作，在评标过程中不得作任何改变。

第十四条 招标人应当在招标文件中以显著的方式标明实质性要求、条件以及不满足实质性要求和条件的投标将被否决的提示；对于非实质性要求和条件，应当规定允许偏差的最大范围、最高项数和调整偏差的方法。

第十五条 编制依法必须进行招标的通信工程建设项目资格预审文件和招标文件，应当使用国家发展和改革委员会会同有关行政监督部门制定的标准文本及工业和信息化部制定的范本。

第十六条 勘察设计招标项目的评标标准一般包括下列内容：

（一）投标人的资质、业绩、财务状况和履约表现；

（二）项目负责人的资格和业绩；

（三）勘察设计团队人员；

（四）技术方案和技术创新；

（五）质量标准及质量管理措施；

（六）技术支持与保障；

（七）投标价格；

（八）组织实施方案及进度安排。

第十七条 监理招标项目的评标标准一般包括下列内容：

（一）投标人的资质、业绩、财务状况和履约表现；

（二）项目总监理工程师的资格和业绩；

（三）主要监理人员及安全监理人员；

（四）监理大纲；

（五）质量和安全管理措施；

（六）投标价格。

第十八条 施工招标项目的评标标准一般包括下列内容：

（一）投标人的资质、业绩、财务状况和履约表现；

（二）项目负责人的资格和业绩；

（三）专职安全生产管理人员；

（四）主要施工设备及施工安全防护设施；

（五）质量和安全管理措施；

（六）投标价格；

（七）施工组织设计及安全生产应急预案。

第十九条 与通信工程建设有关的货物招标项目的评标标准一般包括下列内容：

（一）投标人的资质、业绩、财务状况和履约表现；

（二）投标价格；

（三）技术标准及质量标准；

（四）组织供货计划；

（五）售后服务。

第二十条 评标方法包括综合评估法、经评审的最低投标价法或者法律、行政法规允许的其他评标方法。

鼓励通信工程建设项目使用综合评估法进行评标。

第二十一条 通信工程建设项目需要划分标段的，招标人应当在招标文件中载明允许投标人中标的最多标段数。

第二十二条 通信工程建设项目已确定投资计划并落实资金来源的，招标人可以将多个同类通信工程建设项目集中进行招标。

招标人进行集中招标的，应当遵守《招标投标法》、《实施条例》和本办法有关依法必须进行招标的项目的规定。

第二十三条 招标人进行集中招标的，应当在招标文件中载明工程或者有关货物、服务的类型、预估招标规模、中标人数量及每个中标人对应的中标份额等；对与工程或者有关服务进行集中招标的，还应当载明每个中标人对应的实施地域。

第二十四条 招标人可以对多个同类通信工程建设项目的潜在投标人进行集中资格预审。招标人进行集中资格预审的，应当发布资格预审公告，明确集中资格预审的适用范围和有效期限，并且应当预估项目规模，合理设定资格、技术和商务条件，不得限制、排斥潜在投标人。

招标人进行集中资格预审，应当遵守国家有关勘察、设计、施工、监理等资质管理的规定。

集中资格预审后，通信工程建设项目的招标人应当继续完成招标程序，不得直接发包工程；直接发包工程的，属于《招标投标法》第四条规定的规避招标。

第二十五条 招标人根据招标项目的具体情况，可以在发售招标文件截止之日后，组织潜在投标人踏勘项目现场和召开投标预备会。

招标人组织潜在投标人踏勘项目现场或者召开投标预备会的，应当向全部潜在投标人发出邀请。

第二十六条　投标人应当在招标文件要求提交投标文件的截止时间前，将投标文件送达投标地点。通信工程建设项目划分标段的，投标人应当在投标文件上标明相应的标段。

未通过资格预审的申请人提交的投标文件，以及逾期送达或者不按照招标文件要求密封的投标文件，招标人应当拒收。

招标人收到投标文件后，不得开启，并应当如实记载投标文件的送达时间和密封情况，存档备查。

第三章　开标、评标和中标

第二十七条　通信工程建设项目投标人少于 3 个的，不得开标，招标人在分析招标失败的原因并采取相应措施后，应当依法重新招标。划分标段的通信工程建设项目某一标段的投标人少于 3 个的，该标段不得开标，招标人在分析招标失败的原因并采取相应措施后，应当依法对该标段重新招标。

投标人认为存在低于成本价投标情形的，可以在开标现场提出异议，并在评标完成前向招标人提交书面材料。招标人应当及时将书面材料转交评标委员会。

第二十八条　招标人应当根据《招标投标法》和《实施条例》的规定开标，记录开标过程并存档备查。招标人应当记录下列内容：

（一）开标时间和地点；

（二）投标人名称、投标价格等唱标内容；

（三）开标过程是否经过公证；

（四）投标人提出的异议。

开标记录应当由投标人代表、唱标人、记录人和监督人签字。

因不可抗力或者其他特殊原因需要变更开标地点的，招标人应提前通知所有潜在投标人，确保其有足够的时间能够到达开标地点。

第二十九条　评标由招标人依法组建的评标委员会负责。

通信工程建设项目评标委员会的专家成员应当具备下列条件：

（一）从事通信相关领域工作满 8 年并具有高级职称或者同等专业水平。掌握通信新技术的特殊人才经工作单位推荐，可以视为具备本项规定的条件；

（二）熟悉国家和通信行业有关招标投标以及通信建设管理的法律、行政法规和规章，并具有与招标项目有关的实践经验；

（三）能够认真、公正、诚实、廉洁地履行职责；

（四）未因违法、违纪被取消评标资格或者未因在招标、评标以及其他与招标投标有关活动中从事违法行为而受过行政处罚或者刑事处罚；

（五）身体健康，能够承担评标工作。

工业和信息化部统一组建和管理通信工程建设项目评标专家库，各省、自治区、直辖市通信管理局负责本行政区域内评标专家的监督管理工作。[●]

第三十条 依法必须进行招标的通信工程建设项目，评标委员会的专家应当从通信工程建设项目评标专家库内相关专业的专家名单中采取随机抽取方式确定；个别技术复杂、专业性强或者国家有特殊要求，采取随机抽取方式确定的专家难以保证胜任评标工作的招标项目，可以由招标人从通信工程建设项目评标专家库内相关专业的专家名单中直接确定。

依法必须进行招标的通信工程建设项目的招标人应当通过"管理平台"抽取评标委员会的专家成员，通信行政监督部门可以对抽取过程进行远程监督或者现场监督。

第三十一条 依法必须进行招标的通信工程建设项目技术复杂、评审工作量大，其评标委员会需要分组评审的，每组成员人数应为 5 人以上，且每组每个成员应对所有投标文件进行评审。评标委员会的分组方案应当经全体成员同意。

评标委员会设负责人的，其负责人由评标委员会成员推举产生或者由招标人确定。评标委员会其他成员与负责人享有同等的表决权。

第三十二条 评标委员会成员应当客观、公正地对投标文件提出评审意见，并对所提出的评审意见负责。

招标文件没有规定的评标标准和方法不得作为评标依据。

第三十三条 评标过程中，评标委员会收到低于成本价投标的书面质疑材料、发现投标人的综合报价明显低于其他投标报价或者设有标底时明显低于标底，认为投标报价可能低于成本的，应当书面要求该投标人作出书面说明并提供相关证明材料。招标人要求以某一单项报价核定是否低于成本的，应当在招标文件中载明。

投标人不能合理说明或者不能提供相关证明材料的，评标委员会应当否决其投标。

第三十四条 投标人以他人名义投标或者投标人经资格审查不合格的，评标委员会应当否决其投标。

部分投标人在开标后撤销投标文件或者部分投标人被否决投标后，有效投标不足 3 个且明显缺乏竞争的，评标委员会应当否决全部投标。有效投标不足 3 个，评标委员会未否决全部投标的，应当在评标报告中说明理由。

依法必须进行招标的通信工程建设项目，评标委员会否决全部投标的，招标人应当重新招标。

第三十五条 评标完成后，评标委员会应当根据《招标投标法》和《实施条例》的有关规定向招标人提交评标报告和中标候选人名单。

● 另参见《通信工程建设项目评标专家及评标专家库管理办法》（工信部通〔2014〕302 号，2014 年 7 月 14 日工业和信息化部发布）。

招标人进行集中招标的，评标委员会应当推荐不少于招标文件载明的中标人数量的中标候选人，并标明排序。

评标委员会分组的，应当形成统一、完整的评标报告。

第三十六条 评标报告应当包括下列内容：

（一）基本情况；

（二）开标记录和投标一览表；

（三）评标方法、评标标准或者评标因素一览表；

（四）评标专家评分原始记录表和否决投标的情况说明；

（五）经评审的价格或者评分比较一览表和投标人排序；

（六）推荐的中标候选人名单及其排序；

（七）签订合同前要处理的事宜；

（八）澄清、说明、补正事项纪要；

（九）评标委员会成员名单及本人签字、拒绝在评标报告上签字的评标委员会成员名单及其陈述的不同意见和理由。

第三十七条 依法必须进行招标的通信工程建设项目的招标人应当自收到评标报告之日起 3 日内通过"管理平台"公示中标候选人，公示期不得少于 3 日。

第三十八条 招标人应当根据《招标投标法》和《实施条例》的有关规定确定中标人。

招标人进行集中招标的，应当依次确定排名靠前的中标候选人为中标人，且中标人数量及每个中标人对应的中标份额等应当与招标文件载明的内容一致。招标人与中标人订立的合同中应当明确中标价格、预估合同份额等主要条款。

中标人不能履行合同的，招标人可以按照评标委员会提出的中标候选人名单排序依次确定其他中标候选人为中标人，也可以对中标人的中标份额进行调整，但应当在招标文件中载明调整规则。

第三十九条 在确定中标人之前，招标人不得与投标人就投标价格、投标方案等实质性内容进行谈判。

招标人不得向中标人提出压低报价、增加工作量、增加配件、增加售后服务量、缩短工期或其他违背中标人的投标文件实质性内容的要求。

第四十条 依法必须进行招标的通信工程建设项目的招标人应当自确定中标人之日起 15 日内，通过"管理平台"向通信行政监督部门提交《通信工程建设项目招标投标情况报告表》（见附录二）。

第四十一条 招标人应建立完整的招标档案，并按国家有关规定保存。招标档案应当包括下列内容：

（一）招标文件；

（二）中标人的投标文件；

（三）评标报告；

（四）中标通知书；

（五）招标人与中标人签订的书面合同；

（六）向通信行政监督部门提交的《通信工程建设项目自行招标备案表》、《通信工程建设项目招标投标情况报告表》；

（七）其他需要存档的内容。

第四十二条　招标人进行集中招标的，应当在所有项目实施完成之日起 30 日内通过"管理平台"向通信行政监督部门报告项目实施情况。

第四十三条　通信行政监督部门对通信工程建设项目招标投标活动实施监督检查，可以查阅、复制招标投标活动中有关文件、资料，调查有关情况，相关单位和人员应当配合。必要时，通信行政监督部门可以责令暂停招标投标活动。

通信行政监督部门的工作人员对监督检查过程中知悉的国家秘密、商业秘密，应当依法予以保密。

第四章　法　律　责　任

第四十四条　招标人在发布招标公告、发出投标邀请书或者售出招标文件或资格预审文件后无正当理由终止招标的，由通信行政监督部门处以警告，可以并处 1 万元以上 3 万元以下的罚款。

第四十五条　依法必须进行招标的通信工程建设项目的招标人或者招标代理机构有下列情形之一的，由通信行政监督部门责令改正，可以处 3 万元以下的罚款：

（一）招标人自行招标，未按规定向通信行政监督部门备案；

（二）未通过"管理平台"确定评标委员会的专家；

（三）招标人未通过"管理平台"公示中标候选人；

（四）确定中标人后，未按规定向通信行政监督部门提交招标投标情况报告。

第四十六条　招标人有下列情形之一的，由通信行政监督部门责令改正，可以处 3 万元以下的罚款，对单位直接负责的主管人员和其他直接责任人员依法给予处分；对中标结果造成实质性影响，且不能采取补救措施予以纠正的，招标人应当重新招标或者评标：

（一）编制的资格预审文件、招标文件中未载明所有资格审查或者评标的标准和方法；

（二）招标文件中含有要求投标人多轮次报价、投标人保证报价不高于历史价格等违法条款；

（三）不按规定组建资格审查委员会；

（四）投标人数量不符合法定要求时未重新招标而直接发包；

（五）开标过程、开标记录不符合《招标投标法》、《实施条例》和本办法的规定；

（六）违反《实施条例》第三十二条的规定限制、排斥投标人；

（七）以任何方式要求评标委员会成员以其指定的投标人作为中标候选人、以招标文件未规定的评标标准和方法作为评标依据，或者以其他方式非法干涉评标活动，影响评标结果。

第四十七条 招标人进行集中招标或者集中资格预审，违反本办法第二十三条、第二十四条、第三十五条或者第三十八条规定的，由通信行政监督部门责令改正，可以处 3 万元以下的罚款。

第五章　附　　则

第四十八条 通信行政监督部门建立通信工程建设项目招标投标情况通报制度，定期通报通信工程建设项目招标投标总体情况、公开招标及招标备案情况、重大违法违约事件等信息。

第四十九条 本办法自 2014 年 7 月 1 日起施行。原中华人民共和国信息产业部 2000 年 9 月 22 日公布的《通信建设项目招标投标管理暂行规定》（中华人民共和国信息产业部令第 2 号）同时废止。

附录一：通信工程建设项目自行招标备案表（略）

附录二：通信工程建设项目招标投标情况报告表（略）

民航专业工程建设项目招标投标管理办法

［AP-158-CA-2018-01-R3，2018 年 1 月 8 日中国民用航空局发布，根据 2019 年 9 月 9 日民航局机场司《〈民航专业工程建设项目招标投标管理办法〉（第一修订案）》修订］

第一章　总　　则

第一条 为规范民航专业工程建设项目招标投标活动，加强监督管理，根据《中华人民共和国招标投标法》、《中华人民共和国招标投标法实施条例》等法律、法规以及有关的规章和规范性文件，制定本办法。

第二条 本办法适用于民航专业工程建设项目的招标投标管理，机电产品的国际招标投标除外。

本办法所称工程建设项目，是指工程以及与工程建设有关的货物、服务。工程是指建设工程，建设工程是指土木工程、建筑工程、线路管道和设备安装工程及装修工程，包括建筑物和构筑物的新建、改建、扩建及其相关的装修、拆除、修缮等；与工程建设有关的货物，是指构成工程不可分割的组成部分，且为实现工程基本功能所必需的设备、材料等；与工程建设有关的服务，是指为完成工程所需的勘察、设计、监理等服务。

本办法所称民航专业工程包括：

（一）机场场道工程，包括：

1. 飞行区土石方（不含填海工程）、地基处理、基础、道面工程；

2. 飞行区排水、桥梁、涵隧、消防管网、管沟（廊）工程；

3. 飞行区服务车道、巡场路、围界（含监控系统）工程。

（二）民航空管工程，包括：

1. 区域管制中心、终端（进近）管制中心和塔台建设工程；

2. 通信（包括地空通信和地地通信）工程、导航（包括地基导航和星基导航）工程、监视（包括雷达和自动相关监视系统）工程；

3. 航空气象（包括观测系统、卫星云图接收系统等）工程；

4. 航行情报工程。

（三）机场目视助航工程，包括：

1. 机场助航灯光及其监控系统工程；

2. 飞行区标记牌和标志工程；

3. 助航灯光变电站和飞行区供电工程；

4. 泊位引导系统及目视助航辅助设施工程。

（四）航站楼、货运站的工艺流程及民航专业弱电系统工程。其中，民航专业弱电系统包括：信息集成系统、航班信息显示系统、离港控制系统、泊位引导系统、安检信息管理系统、标识引导系统、行李处理系统、安全检查系统、值机引导系统、登机门显示系统、旅客问讯系统、网络交换系统、公共广播系统、安全防范系统、主时钟系统、内部通讯系统、呼叫中心（含电话自动问讯系统），以及飞行区内各类专业弱电系统。

（五）航空供油工程，包括：

1. 航空加油站、机坪输油管线系统工程；

2. 机场油库、中转油库工程（不含土建工程）；

3. 场外输油管线工程、卸油站工程（不含码头水工工程和铁路专用线工程）；

4. 飞行区内地面设备加油站工程。

第三条 依法必须招标的民航专业工程建设项目的范围和规模标准，按照国家发改委有关规定执行。

任何单位和个人不得将依法必须进行招标的项目化整为零或者以其他任何方式规避招标。

第四条 民航局机场司负责：

（一）贯彻执行国家有关招标投标管理的法律、法规、规章和规范性文件，制定民航专业工程建设项目招标投标管理的有关规定；

（二）全国民航专业工程建设项目招标投标活动的监督管理，对委托民航专业工程质量监督总站（以下简称质监总站）的承办事项进行指导，并监督办理情况；

（三）依法查处招标投标活动中的重大违法违规行为；

（四）其他与招标投标活动管理有关的事宜。

第五条 民航地区管理局负责：

（一）贯彻执行国家及民航有关招标投标管理的法律、法规、规章和规范性文件；

（二）辖区民航专业工程建设项目招标投标活动的监督管理；

（三）对辖区内招标人提交的招标方案、资格预审文件、招标文件进行备案，并根据招标文件的相关要求，受理抽取评标专家申请；

（四）认定省级或者市级地方公共资源交易市场（以下简称地方交易市场），与地方交易市场制定工作方案，约定业务流程，明确有关责任义务；

（五）受理并备案审核招标人提交的评标报告和评标结果公示报告，对招标人提供的合同副本进行备案；

（六）受理辖区内有关招标投标活动的投诉，依法查处招标投标活动中的违法违规行为。

第六条 质监总站负责：

（一）贯彻执行国家及民航有关招标投标管理的法律、法规、规章和规范性文件；

（二）承担民航专业工程评标专家及专家库的管理和评标专家的抽取工作；

（三）受委托承担民航专业工程建设项目进入地方交易市场进行开标评标的驻场服务工作；

（四）招标投标活动各当事人的信用体系建设；

（五）受委托的其他招标投标管理的有关工作。

第七条 民航专业工程建设项目招标投标活动应当遵循公平、公正、公开、诚实信用原则，项目当事人及相关工作人员应当严格遵守保密原则，禁止以任何方式非法干涉民航专业工程建设项目招标投标活动。

第八条 鼓励利用信息网络进行电子招标投标。

第二章　招　　标

第九条 民航专业工程建设项目的招标人是提出招标项目、进行招标的项目法人或者其他组织。

第十条 按照国家有关规定需要履行项目审批、核准手续的依法必须进行招标的民航专业工程建设项目，其招标范围、招标方式、招标组织形式应当报送项目审批、核准部门审批、核准。

招标人应当按照项目审批、核准部门确定的招标范围、招标方式、招标组织形式开展招标。

第十一条 依法必须招标的工程建设项目，应当具备下列条件才能进行招标：

（一）招标人已经依法成立；

（二）取得项目审批、核准部门审批、核准的文件；

（三）工程建设项目初步设计按照有关规定要求已获批准（勘察、设计招标除外）；

（四）有相应资金或者资金来源已经落实；

（五）能够提出招标技术要求，施工项目有招标所需的设计图纸及技术资料。

第十二条 招标人可以自行招标或委托招标。招标人自行办理招标事宜的，应当符合国家发改委《工程建设项目自行招标试行办法》要求，经批准后，按规定程序办理。

招标人不具备自行办理招标条件的，应当委托符合要求的招标代理机构办理招标事宜。确定委托前，应当查询相关招标代理机构失信被执行人信息，鼓励优先选择无失信记录的招标代理机构。

第十三条 招标人采用资格预审办法对潜在投标人进行资格审查的，应当发布资格预审公告、编制资格预审文件。

资格预审公告视同为招标公告，其发布要求、载明内容应当与招标公告的要求一致。

依法必须进行招标的项目的资格预审公告，应当在国家发改委依法指定的媒介发布。在不同媒介发布的同一招标项目的资格预审公告的内容应当一致。资格预审文件的发售期不得少于 5 日。发售期最后一天应当回避节假日。

第十四条 民航专业工程建设项目的施工招标文件和施工招标资格预审文件的编制应当按照《民航专业工程标准施工招标资格预审文件》和《民航专业工程标准施工招标文件》要求编制。设备、材料、勘察、设计、监理招标文件的编制应当按照《标准设备采购招标文件》《标准材料采购招标文件》《标准勘察招标文件》《标准设计招标文件》《标准监理招标文件》要求编制。

第十五条 招标人应当在民航地区管理局认定的省级或市级地方交易市场进行资格审查、开标、评标。

民航地区管理局认定的地方交易市场应当管理制度健全、管理规范、收费合理，且具备资格审查、开标、评标过程现场监视、录音录像并存档备查等条件，能够保证资格审查、开标、评标过程保密、封闭、有序地进行，并接受民航行政管理部门的监督管理。

第十六条 依法必须招标的民航专业工程建设项目，在发布资格预审公告、招标公告或发出投标邀请书前，招标人应当将招标方案报民航地区管理局备案。

招标方案备案材料应当包括：

（一）项目批准（或核准）文件；按规定获得的初步设计批准文件，初步设计批准文件由民航管理部门以外的部门或单位批准的，需附民航行业审查意见。

（二）《民航专业工程建设项目招标方案备案表》（见附表一）；

（三）资格预审公告、招标公告或投标邀请书；

（四）招标文件或资格预审文件；

（五）招标代理委托书或委托合同复印件；

（六）其他有必要说明的事项。

招标公告、投标邀请书、招标文件及资格预审文件的编写应当符合相关规定，其中招标文件中的评标委员会组成方案、评标办法、否决投标条件应当予以明确。

第十七条　民航地区管理局自收到招标方案备案材料后，材料齐备的，应当在7个工作日内予以备案。

第十八条　招标方案经民航地区管理局备案后，招标人方可发布资格预审公告、招标公告或投标邀请书，并按招标公告或者投标邀请书规定的时间、地点发出招标文件或者资格预审文件。招标文件的发售期不得少于5日，发售期的最后一天应当回避节假日。

第十九条　招标人应当在资格预审公告、招标公告或者投标邀请书中载明是否接受联合体投标。

第二十条　招标人应当在资格预审公告、招标公告、投标邀请书及资格预审文件、招标文件中明确规定对失信被执行人的处理方法和评标标准，对其投标活动依法予以限制。

招标人接受联合体投标的，联合体中有一个或一个以上成员属于失信被执行人的，联合体视为失信被执行人。

第二十一条　招标人应当在招标文件中载明投标有效期。投标有效期从提交投标文件的截止之日起算。

第二十二条　招标人在招标文件中要求投标人提交投标保证金的，投标保证金不得超过招标项目估算价的2%，最高不得超过80万元。投标保证金有效期应当与投标有效期一致。境内投标单位以现金或者支票形式提交的投标保证金应当从其基本账户转出。

招标人不得挪用投标保证金。

投标保证金鼓励采用银行保函形式收取。

第二十三条　招标人设有最高投标限价的，应当在招标文件中明确最高投标限价或者最高投标限价的计算方法。招标人不得规定最低投标限价。

第二十四条　招标人可以对已发出的资格预审文件或者招标文件进行必要的澄清或者修改，但有关澄清或者修改应当报原备案单位备案。澄清或者修改的内容可能影响资格预审申请文件或者投标文件编制的，招标人应当在提交资格预审申请文件截止时间至少 3 日前，或者投标截止时间至少 15 日前，以书面形式通知所有获取资格预审文件或者招标文件的潜在投标人；不足 3 日或者 15 日的，招标人应当顺延提交资格预审申请文件或者投标文件的截止时间。

第二十五条　招标失败的，招标人应当在分析原因并采取相应措施后，重新进行招标。对招标文件中的招标范围、资格要求、评标办法等重点内容进行修改的，应当重新报民航地区管理局备案审核。

重新招标后投标人仍少于三个的，属于必须审批、核准的工程建设项目，报经原审批、核准部门审批、核准后可以不再进行招标。

第二十六条　招标人终止招标的，应当及时发布公告，或者以书面形式通知被邀请的或者已经获取资格预审文件、招标文件的潜在投标人。已经发售资格预审文件、招标文件或者已经收取投标保证金的，招标人应当及时退还所收取的资格预审文件、招标文件的费用，以及所收取的投标保证金及银行同期存款利息。

第二十七条　招标人应当在资格预审公告中载明资格预审后投标人的数量，一般不得少于 7 个投标人，且应当采用专家评审的办法，由专家综合评分排序，按得分高低顺序确定投标人。资格预审合格的潜在投标人不足三个的，招标人应当重新进行招标。

第三章　投　　　标

第二十八条　投标人是响应招标、参加投标竞争的法人或者其他组织。

与招标人存在利害关系可能影响招标公正性的法人、其他组织或者个人，不得参加投标。

单位负责人为同一人或者存在控股、管理关系的不同单位，不得参加同一标段投标或者未划分标段的同一招标项目投标。

违反前两款规定的，相关投标均无效。

一个制造商对同一品牌同一型号的货物，仅能委托一个代理商参加投标。

第二十九条　投标人应当具备招标文件规定的资格条件，具有承担所投标项目的相应能力。其中，勘察设计企业、建筑业企业、工程监理企业应当按照住建部有关规定取得相应资质证书。

第三十条　招标人接受联合体投标并进行资格预审的，联合体应当在提交资格预审申请文件前组成。资格预审后联合体增减、更换成员的，其投标无效。

联合体各方在同一招标项目中以自己名义单独投标或者参加其他联合体投标的，相关投标均无效。

投标人组织投标联合体的，应当划分联合体各成员的专业职责，联合体各成员应当具备相应的专业工程资质。联合体成员中同一专业的最低资质为投标联合体该专业的资质。

第三十一条 投标人撤回已提交的投标文件，应当在投标截止时间前书面通知招标人。招标人已收取投标保证金的，应当自收到投标人书面撤回通知之日起 5 日内退还。

投标截止后投标人撤销投标文件的，招标人可以不退还投标保证金。

第四章 开标、评标和定标

第三十二条 开标应当程序规范，符合相关规定要求。

第三十三条 招标投标项目可以由地区管理局指定的招标投标活动主体以外的单位（以下简称驻场服务单位）提供驻场服务，负责有关进入地方交易市场开标评标活动的协调、对接、日常管理和其他服务保障。

第三十四条 招标人应当按照招标文件规定的时间、地点开标。

投标人少于 3 个的，不得开标，招标人应当重新招标。

投标人对开标有异议的，应当在开标现场提出，招标人应当当场做出答复，并制作记录。

第三十五条 评标应当由招标人依法组建的评标委员会负责。评标委员会人数应当为五人及以上单数，其中从专家库中抽取的专家人数不得少于评标委员会人员总数的三分之二。

评标委员会的专家成员应当从专家库内相关专业的专家名单中以随机抽取的方式确定。任何单位和个人不得以明示、暗示等任何方式指定或者变相指定参加评标委员会的专家成员。

当招标项目需要民航以外专业的专家参与评标时，经民航地区管理局批准，可采取在其他专业省部级或国家级评标专家库抽取的方式选择部分专家共同组成评标委员会❶。

第三十六条 对于技术特别复杂、专业性要求特别高或者国家有特殊要求的招标项目，采取随机抽取方式确定的专家难以胜任时，可以经民航地区管理局特别批准后由招标人在民航专业工程专家库中直接选择确定。

第三十七条 评标委员会成员与投标人有利害关系的，应当主动回避。

有下列情形之一者，不得担任评标委员会成员：

（一）投标人或者投标人主要负责人的近亲属；

（二）项目主管部门（即项目的批复部门）或者行政监督部门的人员；

---

❶ 参见《民航专业工程及货物招标投标评标专家和专家库管理办法》（MD-CA-2013-2-R2，2013 年 11 月 25 日中国民用航空局机场司发布，2017 年 5 月 18 日修订）。

（三）与投标人有经济利益关系，可能影响公正评审的；

（四）曾因在招标、评标以及其他与招标投标有关活动中从事违法行为而受过行政处罚或刑事处罚的；

（五）退休或者离职前为投标人职工，并且退休或者离职不满三年的；

（六）属于失信被执行人的。

第三十八条　招标人拟申请在民航专业工程专家库中抽取专家时，应当填写《民航专业工程建设项目抽取评标专家申请表》（见附表二），并提前 3 个工作日报民航地区管理局审核。

第三十九条　民航地区管理局收到招标人提交的抽取评标专家申请表后，应当对其符合相关规定的情况进行审查，有异议的，应当及时告知招标人修改、补充后，重新申请；无异议的，则将申请表与招标方案备案表提前 2 个工作日一并发至质监总站。

第四十条　质监总站收到专家申请表与招标方案备案表后，利用专家抽取系统随机盲抽评标专家，系统自动短信通知专家报到时间、地点和应急请假电话等信息。通知专家时间原则上不得早于评标开始时间前 44 小时。

质监总站在专家抽取和通知过程中应当操作规范，所有评标项目及专家信息均须保密。

第四十一条　在评标前 30 分钟，由抽取系统将评标专家信息发送至地区管理局指定的有关驻场服务单位或者工作人员。有关服务单位或者工作人员应当对评标专家信息严格保密。

第四十二条　评标专家和招标人代表应当自行安排参加评标活动的交通食宿，在指定时间到达评标场所。交通和食宿标准参照财政部《中央和国家机关差旅费管理办法》其余人员类执行。

第四十三条　评标专家无法正常参加评标时应当拨打 24 小时应急请假电话进行请假。

第四十四条　评标委员会成员报到后，评标专家凭身份证、招标人代表凭介绍信和身份证进入封闭评标区域，评标活动结束前不得与评标无关的人员进行接触。

第四十五条　评标委员会成员应当遵守地方交易市场的有关规定。

第四十六条　评标委员会成员应当按照招标文件规定的评标标准和方法，客观、公正地对投标文件提出评审意见。招标文件没有规定的评标标准和方法不得作为评标的依据。

第四十七条　评标委员会成员应当客观、公正地履行职责，遵守职业道德，对所提出的评审意见承担个人责任，并接受监督。

评标委员会成员不得私下接触投标人，不得收受投标人给予的财物或者其他好处，不得向招标人征询确定中标人的意向，不得接受任何单位或者个人明示或者暗示提出的倾向或者排斥特定投标人的要求。

第四十八条 任何单位和个人不得非法干预、影响评标的过程和结果。

评标委员会成员和与评标有关的工作人员不得透露对投标文件的评审、中标候选人的推荐情况以及与评标有关的其他情况。

第四十九条 资格预审应当采取专家评审的方式，其专家抽取过程及评审要求按本办法评标规定执行。

第五十条 招标人采用资格后审办法对投标人进行资格审查的，应当在开标后由评标委员会按照招标文件规定的标准和方法对投标人的资格进行审查。

第五十一条 投标人的投标报价超出最高投标限价的，其投标文件按否决投标处理。

第五十二条 评标委员会成员评审计分工作实行实名制。每位评委的评分应当予以记录。

采用综合评分法时，应当将所有评委评分在去掉一个最高分和一个最低分之后的算术平均值作为评委算术平均分。对于评委的打分超出评委算术平均分±30%时（技术部分总评分和商务部分总评分应当分别计算），该评委应当就打分情况向评标委员会提供书面说明，并将该书面说明附在评标报告中。

第五十三条 评标委员会完成评标后，应当向招标人提出书面评标报告。评标报告应当如实记载以下内容：

（一）基本情况和数据表；

（二）评标委员会成员名单；

（三）开标记录；

（四）符合要求的投标一览表；

（五）否决投标情况说明；

（六）评标标准、评标方法或者评标因素一览表；

（七）经评审的价格或者评分比较一览表；

（八）经评审的投标人排序；

（九）推荐的中标候选人名单与签订合同前要处理的事宜；

（十）澄清、说明、补正事项纪要。

第五十四条 评标报告由评标委员会全体成员签字。对评标结论持有异议的评标委员会成员可以书面方式阐述其不同意见和理由。评标委员会成员拒绝在评标报告上签字且不陈述其不同意见和理由的，视为同意评标结论。评标委员会应当对此做出书面说明并记录在案。

评标结论以评标委员会全体成员三分之二以上人数签署同意意见，方为有效。

第五十五条 招标人应当自收到评标报告之日起 3 日内在与发布招标公告相同的

媒体上对中标候选人进行公示。公示期不得少于 3 日,公示期最后一天应当回避节假日。

招标人发现评标委员会成员未按照招标文件规定的评标标准和方法评标的,应当将相关情况报民航地区管理局。情况属实的,民航地区管理局应当责令评标委员会进行改正,并对评标专家提出处理意见。

评标报告存在的问题对中标结果造成实质性影响,且不能采取补救措施予以纠正的,招标、投标、中标无效,应当依法重新招标或者评标。

第五十六条 招标人应当自公示期满及确定中标人之日起 3 个工作日内,向民航地区管理局提交评标报告、《民航专业工程建设项目评标结果备案表》(见附表三)和中标通知书(见附表四)。

第五十七条 民航地区管理局在收到评标报告后应当进行备案审核,对符合规定要求且中标候选人公示期间无异议的应当在 5 个工作日内对《民航专业工程建设项目评标结果备案表》予以备案,并对中标通知书进行确认;对不符合规定要求的,应当在 5 个工作日内书面通知招标人责令其重新评标或重新招标;对受理了投诉人投诉的,应当在 5 个工作日内书面告知招标人,必要时可以责令暂停招标投标活动。

第五十八条 招标人在获得民航地区管理局对评标结果的备案后方可发布中标通知书,并以书面形式通知其他未中标的投标人。

第五十九条 招标人和中标人应当依法签订书面合同,合同的标的、价款、质量、履行期限等主要条款应当与招标文件和中标人的投标文件的内容一致。招标人和中标人不得再行订立背离合同实质性内容的其他协议。

招标人最迟应当在书面合同签订后 5 日内向中标人和未中标的投标人退还投标保证金及银行同期存款利息。

第六十条 依法必须招标的项目,招标人应当自订立书面合同之日起十五日内,向民航地区管理局提交合同订立情况的书面报告及合同副本。

第五章 监 督 管 理

第六十一条 民航地区管理局应当依据有关法律、法规、规章和规范性文件,加强对招标投标活动的监督管理。

项目法人或其授权项目建设实施单位及其上级有关部门应当加强招标投标活动的管理,可以对评标过程进行现场监督。

第六十二条 民航局、民航地区管理局对招标投标活动中发现的违法违规行为,应当立即责令改正,依法做出暂停开标或评标的决定,并依据《招标投标法》、《招标投标法实施条例》和有关规章做出处理。

第六十三条 民航专业工程建设项目的招标公告、资格预审文件、资格预审评审报告、招标文件、评标报告、中标通知书、合同等文件,招标人应当按照国家有关要求妥善保存，以备核查。

第六章　附　　则

第六十四条　招标人、招标代理机构、有关单位应当通过"信用中国"网站（www.creditchina.gov.cn）或各级信用信息共享平台查询相关主体是否为失信被执行人，并采取必要措施做好失信被执行人信息查询记录和证据留存。投标人可通过"信用中国"网站查询相关主体是否为失信被执行人。

第六十五条　民航专业工程建设项目招标投标活动除应当符合本办法外，还应当符合工程建设项目招标投标相关法律、法规、规章和其他规范性文件的要求。

第六十六条　政府采购法律、行政法规对民航专业工程建设项目及与工程建设有关的货物和服务采购另有规定的，从其规定。

第六十七条　本办法由民航局机场司负责解释。

第六十八条　本办法自印发之日起施行。2009年2月5日发布的《民航专业工程及货物招标投标管理办法》（AP-129-CA-2009-01-R1）同时废止。

水运工程建设项目招标投标管理办法

（2012年12月20日交通运输部令2012年第11号公布）

第一章　总　　则

第一条　为了规范水运工程建设项目招标投标活动，保护招标投标活动当事人的合法权益，保证水运工程建设项目的质量，根据《中华人民共和国招标投标法》《中华人民共和国招标投标法实施条例》等法律法规，制定本办法。

第二条　在中华人民共和国境内依法必须进行的水运工程建设项目招标投标活动适用本办法。

水运工程建设项目是指水运工程以及与水运工程建设有关的货物、服务。

前款所称水运工程包括港口工程、航道整治、航道疏浚、航运枢纽、过船建筑物、修造船水工建筑物等及其附属建筑物和设施的新建、改建、扩建及其相关的装修、拆除、修缮等工程；货物是指构成水运工程不可分割的组成部分，且为实现工程基本功能所必需的设备、材料等；服务是指为完成水运工程所需的勘察、设计、监理等服务。

第三条　水运工程建设项目招标投标活动，应遵循公开、公平、公正和诚实信用的原则。

第四条　水运工程建设项目招标投标活动不受地区或者部门的限制。

任何单位和个人不得以任何方式非法干涉招标投标活动，不得将依法必须进行招标的项目化整为零或者以其他任何方式规避招标。

第五条 水运工程建设项目招标投标工作实行统一领导、分级管理。

交通运输部主管全国水运工程建设项目招标投标活动，并具体负责经国家发展和改革委员会等部门审批、核准和经交通运输部审批的水运工程建设项目招标投标活动的监督管理工作。

省级交通运输主管部门主管本行政区域内的水运工程建设项目招标投标活动，并具体负责省级人民政府有关部门审批、核准的水运工程建设项目招标投标活动的监督管理工作。

省级以下交通运输主管部门按照各自职责对水运工程建设项目招标投标活动实施监督管理。

第六条 水运工程建设项目应当按照国家有关规定，进入项目所在地设区的市级以上人民政府设立的公共资源交易场所或者授权的其他招标投标交易场所开展招标投标活动。

鼓励利用依法建立的招标投标网络服务平台及现代信息技术进行水运工程建设项目电子招标投标。

第二章 招 标

第七条 水运工程建设项目招标的具体范围及规模标准执行国务院的有关规定。

鼓励水运工程建设项目的招标代理机构、专项科学试验研究项目、监测等承担单位的选取采用招标或者竞争性谈判等其他竞争性方式确定。

第八条 水运工程建设项目招标人是指提出招标项目并进行招标的水运工程建设项目法人。

第九条 按照国家有关规定需要履行项目立项审批、核准手续的水运工程建设项目，在取得批准后方可开展勘察、设计招标。

水运工程建设项目通过初步设计审批后，方可开展监理、施工、设备、材料等招标。

第十条 水运工程建设项目招标分为公开招标和邀请招标。

按照国家有关规定需要履行项目立项审批、核准手续的水运工程建设项目，招标人应当按照项目审批、核准时确定的招标范围、招标方式、招标组织形式开展招标；没有确定招标范围、招标方式、招标组织形式的，依据国家有关规定确定。

不需要履行项目立项审批、核准手续的水运工程建设项目，其招标范围、招标方式、招标组织形式，依据国家有关规定确定。

第十一条 招标人应当合理划分标段、确定工期，并在招标文件中载明。不得利用划分标段规避招标、虚假招标、限制或者排斥潜在投标人。

第十二条 国有资金占控股或者主导地位的水运工程建设项目，应当公开招标。但有下列情形之一的，可以进行邀请招标：

（一）技术复杂、有特殊要求或者受自然环境限制，只有少量潜在投标人可供选择；

（二）采用公开招标方式的费用占项目合同金额的比例过大。

本条所规定的水运工程建设项目，需要按照国家有关规定履行项目审批、核准手续的，由项目审批、核准部门对该项目是否具有前款第（二）项所列情形予以认定；其他项目由招标人向对项目负有监管职责的交通运输主管部门申请作出认定。

第十三条 有下列情形之一的水运工程建设项目，可以不进行招标：

（一）涉及国家安全、国家秘密、抢险救灾或者属于利用扶贫资金实行以工代赈、需要使用农民工等特殊情况，不适宜进行招标的；

（二）需要采用不可替代的专利或者专有技术的；

（三）采购人自身具有工程建设、货物生产或者服务提供的资格和能力，且符合法定要求的；

（四）已通过招标方式选定的特许经营项目投资人依法能够自行建设、生产或者提供的；

（五）需要向原中标人采购工程、货物或者服务，否则将影响施工或者功能配套要求的；

（六）国家规定的其他特殊情形。

招标人为适用前款规定弄虚作假的，属于招标投标法第四条规定的规避招标。

第十四条 水运工程建设项目设计招标可采用设计方案招标或设计组织招标。

第十五条 招标人可以依法对工程以及与工程建设有关的货物、服务全部或者部分实行总承包招标。

以暂估价形式包括在总承包范围内的工程、货物、服务，属于依法必须进行招标的项目范围且达到国家规定规模标准的，应当依法进行招标，其招标实施主体应当在总承包合同中约定，并统一由总承包发包的招标人按照第十八条的规定履行招标及备案手续。

前款所称暂估价，是指总承包招标时不能确定价格而由招标人在招标文件中暂时估定的工程、货物、服务的金额。

第十六条 招标人自行办理招标事宜的，应当具备下列条件：

（一）招标人应当是该水运工程建设项目的项目法人；

（二）具有与招标项目规模和复杂程度相适应的水运工程建设项目技术、经济等方面的专业人员；

（三）具有能够承担编制招标文件和组织评标的组织机构或者专职业务人员；

（四）熟悉和掌握招标投标的程序及相关法规。

招标人自行办理招标事宜的，应当向具有监督管理职责的交通运输主管部门备案。

招标人不具备本条前款规定条件的，应当委托招标代理机构办理水运工程建设项目招标事宜。任何单位和个人不得为招标人指定招标代理机构。

第十七条 招标人采用招标或其他竞争性方式选择招标代理机构的，应当从业绩、信誉、从业人员素质、服务方案等方面进行考查。招标人与招标代理机构应当签订书面委托合同。合同约定的收费标准应当符合国家有关规定。

招标代理机构在其资格许可和招标人委托的范围内开展招标代理业务，不受任何单位、个人的非法干预或者限制。

第十八条 水运工程建设项目采用资格预审方式公开招标的，招标人应当按下列程序开展招标投标活动：

（一）编制资格预审文件和招标文件，报交通运输主管部门备案；

（二）发布资格预审公告并发售资格预审文件；

（三）对提出投标申请的潜在投标人进行资格预审，资格审查结果报交通运输主管部门备案；

国有资金占控股或者主导地位的依法必须进行招标的水运工程建设项目，招标人应当组建资格审查委员会审查资格预审申请文件；

（四）向通过资格预审的潜在投标人发出投标邀请书；向未通过资格预审的潜在投标人发出资格预审结果通知书；

（五）发售招标文件；

（六）需要时组织潜在投标人踏勘现场，并进行答疑；

（七）接收投标人的投标文件，公开开标；

（八）组建评标委员会评标，推荐中标候选人；

（九）公示中标候选人，确定中标人；

（十）编制招标投标情况书面报告报交通运输主管部门备案；

（十一）发出中标通知书；

（十二）与中标人签订合同。

第十九条 水运工程建设项目采用资格后审方式公开招标的，应当参照第十八条规定的程序进行，并应当在开标后由评标委员会按照招标文件规定的标准和方法对投标人的资格进行审查。

第二十条 水运工程建设项目实行邀请招标的，招标文件应当报有监督管理权限的交通运输主管部门备案。

第二十一条 招标人编制的资格预审文件、招标文件的内容违反法律、行政法规的强制性规定，违反公开、公平、公正和诚实信用原则，影响资格预审结果或者潜在投标人投标的，依法必须进行招标的项目的招标人应当在修改资格预审文件或者招标文件后重新招标。

依法必须进行招标的水运工程建设项目的资格预审文件和招标文件的编制，应当使用国务院发展改革部门会同有关行政监督部门制定的标准文本以及交通运输部发布的行业标准文本。

招标人在制定资格审查条件、评标标准和方法时，应利用水运工程建设市场信用信息成果以及招标投标违法行为记录公告平台发布的信息，对潜在投标人或投标人进行综合评价。

第二十二条　资格预审公告和招标公告除按照规定在指定的媒体发布外，招标人可以同时在交通运输行业主流媒体或者建设等相关单位的门户网站发布。

资格预审公告和招标公告的发布应当充分公开，任何单位和个人不得非法干涉、限制发布地点、发布范围或发布方式。

在网络上发布的资格预审公告和招标公告，至少应当持续到资格预审文件和招标文件发售截止时间为止。

第二十三条　招标人应当按资格预审公告、招标公告或者投标邀请书规定的时间、地点发售资格预审文件或者招标文件。资格预审文件或者招标文件的发售期不得少于5日。资格预审文件或者招标文件售出后，不予退还。

第二十四条　自资格预审文件停止发售之日起至提交资格预审申请文件截止之日止，不得少于5日。

对资格预审文件的澄清或修改可能影响资格预审申请文件编制的，应当在提交资格预审申请文件截止时间至少3日前以书面形式通知所有获取资格预审文件的潜在投标人。不足3日的，招标人应当顺延提交资格预审申请文件的截止时间。

依法必须招标的项目在资格预审文件停止发售之日止，获取资格预审文件的潜在投标人少于3个的，应当重新招标。

第二十五条　潜在投标人或者其他利害关系人对资格预审文件有异议的，应当在提交资格预审申请文件截止时间2日前提出。招标人应当自收到异议之日起3日内作出答复；作出答复前，应当暂停招标投标活动。对异议作出的答复如果实质性影响资格预审申请文件的编制，则相应顺延提交资格预审申请文件的截止时间。

第二十六条　资格预审审查方法分为合格制和有限数量制。一般情况下应当采用合格制，凡符合资格预审文件规定资格条件的资格预审申请人，均通过资格预审。潜在投标人过多的，可采用有限数量制，但该数额不得少于7个；符合资格条件的申请人不足该数额的，均视为通过资格预审。

通过资格预审的申请人少于3个的，应当重新招标。

资格预审应当按照资格预审文件载明的标准和方法进行。资格预审文件未载明的标准和方法，不得作为资格审查的依据。

第二十七条　自招标文件开始发售之日起至潜在投标人提交投标文件截止之日

止，最短不得少于 20 日。

对招标文件的澄清或修改可能影响投标文件编制的，应当在提交投标文件截止时间至少 15 日前，以书面形式通知所有获取招标文件的潜在投标人；不足 15 日的，招标人应当顺延提交投标文件的截止时间。

获取招标文件的潜在投标人少于 3 个的，应当重新招标。

第二十八条　潜在投标人或者其他利害关系人对招标文件有异议的，应当在提交投标文件截止时间 10 日前提出；招标人应当自收到异议之日起 3 日内作出答复；作出答复前，应当暂停招标投标活动。对异议作出的答复如果实质性影响投标文件的编制，则相应顺延提交投标文件截止时间。

第二十九条　招标人应当在招标文件中载明投标有效期。投标有效期从提交投标文件的截止之日起算。

第三十条　招标人在招标文件中要求投标人提交投标保证金的，投标保证金不得超过招标项目估算价的 2%，投标保证金有效期应当与投标有效期一致。

投标保证金的额度和支付形式应当在招标文件中确定。境内投标单位如果采用现金或者支票形式提交投标保证金的，应当从投标人的基本账户转出。

投标保证金不得挪用。

第三十一条　招标人可以自行决定是否编制标底。一个招标项目只能有一个标底。开标前标底必须保密。

接受委托编制标底的中介机构不得参加受托编制标底项目的投标，也不得为该项目的投标人编制投标文件或者提供咨询等相关的服务。

招标人设有最高投标限价的，应当在招标文件中明确最高投标限价或者最高投标限价的计算方法。招标人不得规定最低投标限价。

第三十二条　招标人组织踏勘项目现场的，应通知所有潜在投标人参与，不得组织单个或者部分潜在投标人踏勘项目现场。潜在投标人因自身原因不参与踏勘现场的，不得提出异议。

第三十三条　招标人在发布资格预审公告、招标公告、发出投标邀请书或者售出资格预审文件、招标文件后，无正当理由不得随意终止招标。招标人因特殊原因需要终止招标的，应当及时发布公告，或者以书面形式通知被邀请的或者已经获取资格预审文件、招标文件的潜在投标人。已经发售资格预审文件、招标文件或者已经收取投标保证金的，招标人应当及时退还所收取的购买资格预审文件、招标文件的费用，以及所收取的投标保证金及银行同期存款利息。利息的计算方法应当在招标文件中载明。

第三十四条　招标人不得以不合理的条件限制、排斥潜在投标人或者投标人。招标人有下列行为之一的，属于以不合理条件限制、排斥潜在投标人或者投标人：

（一）就同一招标项目向潜在投标人或者投标人提供有差别的项目信息；

（二）设定的资格、技术、商务条件与招标项目的具体特点和实际需要不相适应或者与合同履行无关；

（三）依法必须进行招标的项目以特定行政区域或者特定行业的业绩、奖项作为加分条件或者中标条件；

（四）对潜在投标人或者投标人采取不同的资格审查或者评标标准；

（五）限定或者指定特定的专利、商标、品牌、原产地或者供应商；

（六）依法必须进行招标的项目非法限定潜在投标人或者投标人的所有制形式或者组织形式；

（七）以其他不合理条件限制、排斥潜在投标人或者投标人。

第三章　投　　　标

第三十五条　与招标人存在利害关系可能影响招标公正性的法人、其他组织或者个人，不得参加投标。

单位负责人为同一人或者存在控股、管理关系的不同单位，不得参加同一标段投标或者未划分标段的同一招标项目投标。

施工投标人与本标段的设计人、监理人、代建人或招标代理机构不得为同一个法定代表人、存在相互控股或参股或法定代表人相互任职、工作。

违反上述规定的，相关投标均无效。

第三十六条　投标人可以按照招标文件的要求由两个以上法人或者其他组织组成一个联合体，以一个投标人的身份共同投标。国家有关规定或者招标文件对投标人资格条件有规定的，联合体各方均应当具备规定的相应资格条件，资格条件考核以联合体协议书中约定的分工为依据。由同一专业的单位组成的联合体，按照资质等级较低的单位确定资质等级。

联合体成员间应签订共同投标协议，明确牵头人以及各方的责任、权利和义务，并将协议连同资格预审申请文件、投标文件一并提交招标人。联合体各方签署联合体协议后，不得再以自己名义单独或者参加其他联合体在同一招标项目中投标。联合体中标的，联合体各方应当共同与招标人签订合同，就中标项目向招标人承担连带责任。

招标人不得强制投标人组成联合体共同投标。

第三十七条　投标人发生合并、分立、破产等重大变化的，应当及时书面告知招标人。投标人不再具备资格预审文件、招标文件规定的资格条件或者投标影响公正性的，其投标无效。

招标人接受联合体投标并进行资格预审的，联合体应当在提交资格预审申请文件前组成。资格预审后联合体增减、更换成员的，其投标无效。

第三十八条　资格预审申请文件或投标文件按要求送达后，在资格预审文件、招标文件规定的截止时间前，招标人应允许潜在投标人或投标人对已提交的资格预审申请文件、投标文件进行撤回或补充、修改。潜在投标人或投标人如需撤回或者补充、修改资格预审申请文件、投标文件，应当以正式函件向招标人提出并做出说明。

修改资格预审申请文件、投标文件的函件是资格预审申请文件、投标文件的组成部分，其形式要求、密封方式、送达时间，适用本办法有关投标文件的规定。

第三十九条 招标人接收资格预审申请文件和投标文件，应当如实记载送达时间和密封情况，签收保存，不得开启。

资格预审申请文件、投标文件有下列情形之一的，招标人应当拒收：

（一）逾期送达的；

（二）未送达指定地点的；

（三）未按资格预审文件、招标文件要求密封的。

招标人拒收资格预审申请文件、投标文件的，应当如实记载送达时间和拒收情况，并将该记录签字存档。

第四十条 投标人在投标截止时间之前撤回已提交投标文件的，招标人应当自收到投标人书面撤回通知之日起 5 日内退还已收取的投标保证金。

投标截止后投标人撤销投标文件的，招标人可以不退还投标保证金。

出现特殊情况需要延长投标有效期的，招标人以书面形式通知所有投标人延长投标有效期。投标人同意延长的，应当延长其投标保证金的有效期，但不得要求或被允许修改其投标文件；投标人拒绝延长的，其投标失效，投标人有权撤销其投标文件，并收回投标保证金。

第四十一条 禁止投标人相互串通投标、招标人与投标人串通投标、以他人名义投标以及以其他方式弄虚作假的行为，认定标准执行《中华人民共和国招标投标法实施条例》有关规定。

第四章　开标、评标和定标

第四十二条 招标人应当按照招标文件中规定的时间、地点开标。

投标人少于 3 个的，不得开标，招标人应当重新招标。

第四十三条 开标由招标人或招标代理组织并主持。

开标应按照招标文件确定的程序进行，开标过程应当场记录，招标人、招标代理机构、投标人、参加开标的公证和监督机构等单位的代表应签字，并存档备查。开标记录应包括投标人名称、投标保证金、投标报价、工期、密封情况以及招标文件确定的其他内容。

投标人对开标有异议的，应当在开标现场提出，招标人或招标代理应当场作出答复，并制作记录。

第四十四条 招标人开标时，邀请所有投标人的法定代表人或其委托代理人准时参加。投标人未参加开标的，视为承认开标记录，事后对开标结果提出的任何异议无效。

第四十五条 评标由招标人依法组建的评标委员会负责。

依法必须进行招标的水运工程建设项目，其评标委员会成员由招标人的代表及有关技术、经济等方面的专家组成，人数为五人以上单数，其中技术、经济等方面的专家不得少于成员总数的三分之二。招标人的代表应具有相关专业知识和工程管理经验。

与投标人有利害关系的人员不得进入评标委员会。任何单位和个人不得以明示、暗示等任何方式指定或者变相指定参加评标委员会的专家成员。行政监督部门的工作人员不得担任本部门负责监督项目的评标委员会成员。

交通运输部具体负责监督管理的水运工程建设项目，其评标专家从交通运输部水运工程和交通支持系统综合评标专家库中随机抽取确定，其他水运工程建设项目的评标专家从省级交通运输主管部门建立的评标专家库或其他依法组建的综合评标专家库中随机抽取确定。❶

评标委员会成员名单在中标结果确定前应当保密。评标结束后，招标人应当按照交通运输主管部门的要求及时对评标专家的能力、履行职责等进行评价。

第四十六条 招标人设有标底的，应在开标时公布。标底只能作为评标的参考，不得以投标报价是否接近标底作为中标条件，也不得以投标报价超过标底上下浮动范围作为否决投标的条件。

第四十七条 招标人应当向评标委员会提供评标所必需的信息和数据，并根据项目规模和技术复杂程度等确定合理的评标时间；必要时可向评标委员会说明招标文件有关内容，但不得明示或者暗示其倾向或者排斥特定投标人。

在评标过程中，评标委员会成员因存在回避事由、健康等原因不能继续评标，或者擅离职守的，应当及时更换。被更换的评标委员会成员已作出的评审结论无效，由更换后的评标专家重新进行评审。已形成评标报告的，应当作相应修改。

第四十八条 有下列情形之一的，评标委员会应当否决其投标：

（一）投标文件未按招标文件要求盖章并由法定代表人或其书面授权的代理人签字的；

（二）投标联合体没有提交共同投标协议的；

（三）未按照招标文件要求提交投标保证金的；

（四）投标函未按照招标文件规定的格式填写，内容不全或者关键字迹模糊无法辨认的；

（五）投标人不符合国家或者招标文件规定的资格条件的；

（六）投标人名称或者组织结构与资格预审时不一致且未提供有效证明的；

---

❶ 参见《交通运输部水运工程和交通支持系统工程综合评标专家库管理办法》（交水发〔2012〕554号，2012年10月26日交通运输部发布）。

（七）投标人提交两份或者多份内容不同的投标文件，或者在同一份投标文件中对同一招标项目有两个或者多个报价，且未声明哪一个为最终报价的，但按招标文件要求提交备选投标的除外；

（八）串通投标、以行贿手段谋取中标、以他人名义或者其他弄虚作假方式投标的；

（九）报价明显低于成本或者高于招标文件中设定的最高限价的；

（十）无正当理由不按照评标委员会的要求对投标文件进行澄清或说明的；

（十一）没有对招标文件提出的实质性要求和条件做出响应的；

（十二）招标文件明确规定废标的其他情形。

第四十九条　投标文件在实质上响应招标文件要求，但存在含义不明确的内容、明显文字或者计算错误，评标委员会不得随意否决投标，评标委员会认为需要投标人做出必要澄清、说明的，应当书面通知该投标人。投标人的澄清、说明应当采用书面形式，并不得超出投标文件的范围或者改变投标文件的实质性内容。

评标委员会不得暗示或者诱导投标人做出澄清、说明，不得接受投标人主动提出的澄清、说明。

第五十条　评标委员会经评审，认为所有投标都不符合招标文件要求的，或者否决不合格投标后，因有效投标不足三个使得投标明显缺乏竞争的，可以否决全部投标。

所有投标被否决的，招标人应当依法重新招标。

第五十一条　评标委员会应当遵循公平、公正、科学、择优的原则，按照招标文件规定的标准和方法，对投标文件进行评审和比较。

招标文件没有规定的评标标准和方法，不得作为评标的依据。

第五十二条　根据本办法第二十四条、第二十六条、第二十七条、第四十二条、第五十条规定重新进行了资格预审或招标，再次出现了需要重新资格预审或者重新招标的情形之一的，经书面报告交通运输主管部门后，招标人可不再招标，并可通过与已提交资格预审申请文件或投标文件的潜在投标人进行谈判确定中标人，将谈判情况书面报告交通运输主管部门备案。

第五十三条　中标人的投标应当符合下列条件之一：

（一）能够最大限度地满足招标文件规定的各项综合评价标准；

（二）能够满足招标文件的实质性要求，并且经评审的投标价格最低，但是投标价格低于成本的除外。

第五十四条　评标委员会完成评标后，应当向招标人提交书面评标报告并推荐中标候选人。中标候选人应当不超过三个，并标明排序。

评标报告由评标委员会全体成员签字。对评标结论持有异议的评标委员会成员可以书面方式阐述其不同意见和理由，评标报告应当注明该不同意见。评标委员会成员拒绝在评标报告上签字又不书面说明其不同意见和理由的，视为同意评标结论，评标委员会应当对此做出书面说明并记录。

第五十五条 评标报告应包括以下内容：

（一）评标委员会成员名单；

（二）对投标文件的符合性评审情况；

（三）否决投标情况；

（四）评标标准、评标方法或者评标因素一览表；

（五）经评审的投标价格或者评分比较一览表；

（六）经评审的投标人排序；

（七）推荐的中标候选人名单与签订合同前需要处理的事宜；

（八）澄清、说明、补正事项纪要。

第五十六条 依法必须进行招标的项目，招标人应当自收到书面评标报告之日起3日内按照国家有关规定公示中标候选人，公示期不得少于3日。

投标人或者其他利害关系人对评标结果有异议的，应当在中标候选人公示期间提出。招标人应当自收到异议之日起3日内作出答复；作出答复前，应当暂停招标投标活动。

第五十七条 公示期间没有异议、异议不成立、没有投诉或者投诉处理后没有发现问题的，招标人应当从评标委员会推荐的中标候选人中确定中标人。异议成立或者投诉发现问题的，应当及时更正。

国有资金占控股或者主导地位的水运工程建设项目，招标人应当确定排名第一的中标候选人为中标人。排名第一的中标候选人放弃中标、因不可抗力不能履行合同、不按照招标文件要求提交履约保证金，或者被查实存在影响中标结果的违法行为等情形，不符合中标条件的，招标人可以按照评标委员会提出的中标候选人名单排序依次确定其他中标候选人为中标人，也可以重新招标。

第五十八条 中标人确定后，招标人应当及时向中标人发出中标通知书，并同时将中标结果通知所有未中标的投标人。

第五十九条 招标人和中标人应当自中标通知书发出之日起30日内，按照招标文件和中标人的投标文件订立书面合同，合同的标的、价款、质量、履行期限等主要条款应当与招标文件和中标人的投标文件的内容一致。招标人和中标人不得再行订立背离合同实质性内容的其他协议。

招标文件要求中标人提交履约保证金的，中标人应当按照招标文件的要求提交。履约保证金不得超过中标金额的10%。

招标人最迟应当在书面合同签订后5日内向中标人和未中标的投标人退还投标保证金及银行同期存款利息。

第六十条 中标候选人的经营、财务状况发生较大变化或者存在违法行为，招标人认为可能影响其履约能力的，应当在发出中标通知书前由原评标委员会按照招标文件规定的标准和方法审查确认。

第六十一条　招标人应当自确定中标人之日起 15 日内,向具体负责本项目招标活动监督管理的交通运输主管部门提交招标投标情况的书面报告。

招标投标情况书面报告主要内容包括:招标项目基本情况、投标人开标签到表、开标记录、监督人员名单、评标标准和方法、评标委员会评分表和汇总表、评标委员会推荐的中标候选人名单、中标人、经评标委员会签字的评标报告、评标结果公示、投诉处理情况等。

第六十二条　中标人应当按照合同约定履行义务,完成中标项目。中标人不得向他人转让中标项目,也不得将中标项目肢解后分别向他人转让。

中标人按照合同约定或者经招标人同意,可以将中标项目的部分非主体、非关键性工作分包给他人完成。接受分包的人应当具备相应的资格条件,并不得再次分包。

中标人应当就分包项目向招标人负责,接受分包的人就分包项目承担连带责任。

第五章　投　诉　与　处　理

第六十三条　投标人或者其他利害关系人认为招标投标活动不符合法律、行政法规规定的,可以自知道或者应当知道之日起 10 日内向交通运输主管部门投诉。投诉应当有明确的请求和必要的证明材料。

就本办法第二十五条、第二十八条、第四十三条、第五十六条规定事项投诉的,应当先向招标人提出异议,异议答复期间不计算在前款规定的期限内。

第六十四条　投诉人就同一招标事项向两个以上交通运输主管部门投诉的,由具体承担该项目招标活动监督管理职责的交通运输主管部门负责处理。

交通运输主管部门应当自收到投诉之日起 3 个工作日内决定是否受理投诉,并自受理投诉之日起 30 个工作日内作出书面处理决定;需要检验、检测、鉴定、专家评审的,所需时间不计算在内。

投诉人捏造事实、伪造材料或者以非法手段取得证明材料进行投诉的,交通运输主管部门应当予以驳回。

第六十五条　交通运输主管部门处理投诉,有权查阅、复制有关文件、资料,调查有关情况,相关单位和人员应当予以配合。必要时,交通运输主管部门责令暂停该项目的招标投标活动。

交通运输主管部门的工作人员对监督检查过程中知悉的国家秘密、商业秘密,应当依法予以保密。

第六章　法　律　责　任

第六十六条　违反本办法第九条规定,水运工程建设项目未履行相关审批、核准手续开展招标活动的，由交通运输主管部门责令改正，可处三万元以下罚款。

第六十七条　违反本办法第十六条规定，招标人不具备自行招标条件而自行招标的，由交通运输主管部门责令改正，可处二万元以下罚款。

第六十八条　违反本办法第二十一条规定，资格预审文件和招标文件的编制，未使用国务院发展改革部门会同有关行政监督部门制定的标准文本或者交通运输部发布的行业标准文本的，由交通运输主管部门责令改正，可处五千元以下罚款。

第六十九条　交通运输主管部门应当按照《中华人民共和国招标投标法》、《中华人民共和国招标投标法实施条例》等规定，对水运工程建设项目招标投标活动中的违法行为进行处理。

第七十条　交通运输主管部门应当建立健全水运工程建设项目招标投标信用制度，并应当对招标人、招标代理机构、投标人、评标委员会成员等当事人的违法行为及处理情况予以公告。

第七章　附　　则

第七十一条　使用国际金融组织或者外国政府贷款、援助资金的项目进行招标，贷款方、资金提供方对招标投标的具体条件和程序有特殊要求的，可以适用其要求，但有损我国社会公共利益的除外。

第七十二条　水运工程建设项目机电产品国际招标投标活动，依照国家相关规定办理。

第七十三条　交通支持系统建设项目招标投标活动参照本办法执行。

第七十四条　本办法自 2013 年 2 月 1 日起施行，《水运工程施工招标投标管理办法》（交通部令 2000 年第 4 号）、《水运工程施工监理招标投标管理办法》（交通部令 2002 年第 3 号）、《水运工程勘察设计招标投标管理办法》（交通部令 2003 年第 4 号）、《水运工程机电设备招标投标管理办法》（交通部令 2004 年第 9 号）同时废止。

三

机电产品国际招标

机电产品国际招标投标实施办法（试行）

（2014年2月21日商务部令2014年第1号公布）

第一章 总 则

第一条 为了规范机电产品国际招标投标活动，保护国家利益、社会公共利益和招标投标活动当事人的合法权益，提高经济效益，保证项目质量，根据《中华人民共和国招标投标法》（以下简称招标投标法）、《中华人民共和国招标投标法实施条例》（以下简称招标投标法实施条例）等法律、行政法规以及国务院对有关部门实施招标投标活动行政监督的职责分工，制定本办法。

第二条 在中华人民共和国境内进行机电产品国际招标投标活动，适用本办法。

本办法所称机电产品国际招标投标活动，是指中华人民共和国境内的招标人根据采购机电产品的条件和要求，在全球范围内以招标方式邀请潜在投标人参加投标，并按照规定程序从投标人中确定中标人的一种采购行为。

本办法所称机电产品，是指机械设备、电气设备、交通运输工具、电子产品、电器产品、仪器仪表、金属制品等及其零部件、元器件。机电产品的具体范围见附件1。

第三条 机电产品国际招标投标活动应当遵循公开、公平、公正、诚实信用和择优原则。机电产品国际招标投标活动不受地区或者部门的限制。

第四条 商务部负责管理和协调全国机电产品的国际招标投标工作，制定相关规定；根据国家有关规定，负责调整、公布机电产品国际招标范围；负责监督管理全国机电产品国际招标代理机构（以下简称招标机构）；负责利用国际组织和外国政府贷款、援助资金（以下简称国外贷款、援助资金）项目机电产品国际招标投标活动的行政监督；负责组建和管理机电产品国际招标评标专家库；负责建设和管理机电产品国际招标投标电子公共服务和行政监督平台。

各省、自治区、直辖市、计划单列市、新疆生产建设兵团、沿海开放城市及经济特区商务主管部门、国务院有关部门机电产品进出口管理机构负责本地区、本部门的机电产品国际招标投标活动的行政监督和协调；负责本地区、本部门所属招标机构的监督和管理；负责本地区、本部门机电产品国际招标评标专家的日常管理。

各级机电产品进出口管理机构（以下简称主管部门）及其工作人员应当依法履行职责，不得以任何方式非法干涉招标投标活动。主管部门的工作人员对监督检查过程中知悉的国家秘密、商业秘密，应当依法予以保密。

第五条 商务部委托专门网站为机电产品国际招标投标活动提供公共服务和行政

监督的平台（以下简称招标网）。机电产品国际招标投标应当在招标网上完成招标项目建档、招标过程文件存档和备案、资格预审公告发布、招标公告发布、评审专家抽取、评标结果公示、异议投诉、中标结果公告等招标投标活动的相关程序，但涉及国家秘密的招标项目除外。

招标网承办单位应当在商务部委托的范围内提供网络服务，应当遵守法律、行政法规以及本办法的规定，不得损害国家利益、社会公共利益和招投标活动当事人的合法权益，不得泄露应当保密的信息，不得拒绝或者拖延办理委托范围内事项，不得利用委托范围内事项向有关当事人收取费用。

第二章 招 标 范 围

第六条 通过招标方式采购原产地为中国关境外的机电产品，属于下列情形的必须进行国际招标：

（一）关系社会公共利益、公众安全的基础设施、公用事业等项目中进行国际采购的机电产品；

（二）全部或者部分使用国有资金投资项目中进行国际采购的机电产品；

（三）全部或者部分使用国家融资项目中进行国际采购的机电产品；

（四）使用国外贷款、援助资金项目中进行国际采购的机电产品；

（五）政府采购项目中进行国际采购的机电产品；

（六）其他依照法律、行政法规的规定需要国际招标采购的机电产品。

已经明确采购产品的原产地在中国关境内的，可以不进行国际招标。必须通过国际招标方式采购的，任何单位和个人不得将前款项目化整为零或者以国内招标等其他任何方式规避国际招标。

商务部制定、调整并公布本条第一项所列项目包含主要产品的国际招标范围。

第七条 有下列情形之一的，可以不进行国际招标：

（一）国（境）外赠送或无偿援助的机电产品；

（二）采购供生产企业及科研机构研究开发用的样品样机；

（三）单项合同估算价在国务院规定的必须进行招标的标准以下的；

（四）采购旧机电产品；

（五）采购供生产配套、维修用零件、部件；

（六）采购供生产企业生产需要的专用模具；

（七）根据法律、行政法规的规定，其他不适宜进行国际招标采购的机电产品。

招标人不得为适用前款规定弄虚作假规避招标。

第八条 鼓励采购人采用国际招标方式采购不属于依法必须进行国际招标项目范围内的机电产品。

第三章　招　　标

第九条　招标人应当在所招标项目确立、资金到位或资金来源落实并具备招标所需的技术资料和其他条件后开展国际招标活动。

按照国家有关规定需要履行项目审批、核准手续的依法必须进行招标的项目，其招标范围、招标方式、招标组织形式应当先获得项目审批、核准部门的审批、核准。

第十条　国有资金占控股或者主导地位的依法必须进行机电产品国际招标的项目，应当公开招标；但有下列情形之一的，可以邀请招标：

（一）技术复杂、有特殊要求或者受自然环境限制，只有少量潜在投标人可供选择；

（二）采用公开招标方式的费用占项目合同金额的比例过大。

有前款第二项所列情形，属于本办法第九条第二款规定的项目，招标人应当在招标前向相应的主管部门提交项目审批、核准部门审批、核准邀请招标方式的文件；其他项目采用邀请招标方式应当由招标人申请相应的主管部门作出认定。

第十一条　招标人采用委托招标的，有权自行选择招标机构为其办理招标事宜。任何单位和个人不得以任何方式为招标人指定招标机构。

招标人自行办理招标事宜的，应当具有与招标项目规模和复杂程度相适应的技术、经济等方面专业人员，具备编制国际招标文件（中、英文）和组织评标的能力。依法必须进行招标的项目，招标人自行办理招标事宜的，应当向相应主管部门备案。

第十二条　招标机构应当具备从事招标代理业务的营业场所和相应资金；具备能够编制招标文件（中、英文）和组织评标的相应专业力量；拥有一定数量的取得招标职业资格的专业人员。

招标机构从事机电产品国际招标代理业务，应当在招标网免费注册，注册时应当在招标网在线填写机电产品国际招标机构登记表。

招标机构应当在招标人委托的范围内开展招标代理业务，任何单位和个人不得非法干涉。招标机构从事机电产品国际招标业务的人员应当为与本机构依法存在劳动合同关系的员工。招标机构可以依法跨区域开展业务，任何地区和部门不得以登记备案等方式加以限制。

招标机构代理招标业务，应当遵守招标投标法、招标投标法实施条例和本办法关于招标人的规定；在招标活动中，不得弄虚作假，损害国家利益、社会公共利益和招标人、投标人的合法权益。

招标人应当与被委托的招标机构签订书面委托合同，载明委托事项和代理权限，合同约定的收费标准应当符合国家有关规定。

招标机构不得接受招标人违法的委托内容和要求；不得在所代理的招标项目中投

标或者代理投标，也不得为所代理的招标项目的投标人提供咨询。

招标机构管理办法由商务部另行制定。

第十三条 发布资格预审公告、招标公告或发出投标邀请书前，招标人或招标机构应当在招标网上进行项目建档，建档内容包括项目名称、招标人名称及性质、招标方式、招标组织形式、招标机构名称、资金来源及性质、委托招标金额、项目审批或核准部门、主管部门等。

第十四条 招标人采用公开招标方式的，应当发布招标公告。

招标人采用邀请招标方式的，应当向 3 个以上具备承担招标项目能力、资信良好的特定法人或者其他组织发出投标邀请书。

第十五条 资格预审公告、招标公告或者投标邀请书应当载明下列内容：

（一）招标项目名称、资金到位或资金来源落实情况；

（二）招标人或招标机构名称、地址和联系方式；

（三）招标产品名称、数量、简要技术规格；

（四）获取资格预审文件或者招标文件的地点、时间、方式和费用；

（五）提交资格预审申请文件或者投标文件的地点和截止时间；

（六）开标地点和时间；

（七）对资格预审申请人或者投标人的资格要求。

第十六条 招标人不得以招标投标法实施条例第三十二条规定的情形限制、排斥潜在投标人或者投标人。

第十七条 公开招标的项目，招标人可以对潜在投标人进行资格预审。资格预审按照招标投标法实施条例的有关规定执行。国有资金占控股或者主导地位的依法必须进行招标的项目，资格审查委员会及其成员应当遵守本办法有关评标委员会及其成员的规定。

第十八条 编制依法必须进行机电产品国际招标的项目的资格预审文件和招标文件，应当使用机电产品国际招标标准文本。

第十九条 招标人根据所采购机电产品的特点和需要编制招标文件。招标文件主要包括下列内容：

（一）招标公告或投标邀请书；

（二）投标人须知及投标资料表；

（三）招标产品的名称、数量、技术要求及其他要求；

（四）评标方法和标准；

（五）合同条款；

（六）合同格式；

（七）投标文件格式及其他材料要求：

1. 投标书；

2．开标一览表；

3．投标分项报价表；

4．产品说明一览表；

5．技术规格响应/偏离表；

6．商务条款响应/偏离表；

7．投标保证金银行保函；

8．单位负责人授权书；

9．资格证明文件；

10．履约保证金银行保函；

11．预付款银行保函；

12．信用证样本；

13．要求投标人提供的其他材料。

第二十条 招标文件中应当明确评标方法和标准。机电产品国际招标的评标一般采用最低评标价法。技术含量高、工艺或技术方案复杂的大型或成套设备招标项目可采用综合评价法进行评标。所有评标方法和标准应当作为招标文件不可分割的一部分并对潜在投标人公开。招标文件中没有规定的评标方法和标准不得作为评标依据。

最低评标价法，是指在投标满足招标文件商务、技术等实质性要求的前提下，按照招标文件中规定的价格评价因素和方法进行评价，确定各投标人的评标价格，并按投标人评标价格由低到高的顺序确定中标候选人的评标方法。

综合评价法，是指在投标满足招标文件实质性要求的前提下，按照招标文件中规定的各项评价因素和方法对投标进行综合评价后，按投标人综合评价的结果由优到劣的顺序确定中标候选人的评标方法。

综合评价法应当由评价内容、评价标准、评价程序及推荐中标候选人原则等组成。综合评价法应当根据招标项目的具体需求，设定商务、技术、价格、服务及其他评价内容的标准，并对每一项评价内容赋予相应的权重。

机电产品国际招标投标综合评价法实施规范由商务部另行制定。

第二十一条 招标文件的技术、商务等条款应当清晰、明确、无歧义，不得设立歧视性条款或不合理的要求排斥潜在投标人。招标文件编制内容原则上应当满足3个以上潜在投标人能够参与竞争。招标文件的编制应当符合下列规定：

（一）对招标文件中的重要条款（参数）应当加注星号（"*"），并注明如不满足任一带星号（"*"）的条款（参数）将被视为不满足招标文件实质性要求，并导致投标被否决。

构成投标被否决的评标依据除重要条款（参数）不满足外，还可以包括超过一般条款（参数）中允许偏离的最大范围、最多项数。

采用最低评标价法评标的，评标依据中应当包括：一般商务和技术条款（参数）

在允许偏离范围和条款数内进行评标价格调整的计算方法，每个一般技术条款（参数）的偏离加价一般为该设备投标价格的 0.5%，最高不得超过该设备投标价格的 1%，投标文件中没有单独列出该设备分项报价的，评标价格调整时按投标总价计算；交货期、付款条件等商务条款的偏离加价计算方法在招标文件中可以另行规定。

采用综合评价法的，应当集中列明招标文件中所有加注星号（"*"）的重要条款（参数）。

（二）招标文件应当明确规定在实质性响应招标文件要求的前提下投标文件分项报价允许缺漏项的最大范围或比重，并注明如缺漏项超过允许的最大范围或比重，该投标将被视为实质性不满足招标文件要求，并将导致投标被否决。

（三）招标文件应当明确规定投标文件中投标人应当小签的相应内容，其中投标文件的报价部分、重要商务和技术条款（参数）响应等相应内容应当逐页小签。

（四）招标文件应当明确规定允许的投标货币和报价方式，并注明该条款是否为重要商务条款。招标文件应当明确规定不接受选择性报价或者附加条件的报价。

（五）招标人设有最高投标限价的，应当在招标文件中明确最高投标限价或者最高投标限价的计算方法。招标人不得规定最低投标限价。

（六）招标文件应当明确规定评标依据以及对投标人的业绩、财务、资信等商务条款和技术参数要求，不得使用模糊的、无明确界定的术语或指标作为重要商务或技术条款（参数）或以此作为价格调整的依据。招标文件对投标人资质提出要求的，应当列明所要求资质的名称及其认定机构和提交证明文件的形式，并要求相应资质在规定的期限内真实有效。

（七）招标人可以在招标文件中将有关行政监督部门公布的信用信息作为对投标人的资格要求的依据。

（八）招标文件内容应当符合国家有关安全、卫生、环保、质量、能耗、标准、社会责任等法律法规的规定。

（九）招标文件允许联合体投标的，应当明确规定对联合体牵头人和联合体各成员的资格条件及其他相应要求。

（十）招标文件允许投标人提供备选方案的，应当明确规定投标人在投标文件中只能提供一个备选方案并注明主选方案，且备选方案的投标价格不得高于主选方案。

（十一）招标文件应当明确计算评标总价时关境内、外产品的计算方法，并应当明确指定到货地点。除国外贷款、援助资金项目外，评标总价应当包含货物到达招标人指定到货地点之前的所有成本及费用。其中：

关境外产品为：CIF 价＋进口环节税＋国内运输、保险费等（采用 CIP、DDP 等其他报价方式的，参照此方法计算评标总价）；其中投标截止时间前已经进口的产品为：销售价（含进口环节税、销售环节增值税）＋国内运输、保险费等。关境内制造的产品为：出厂价（含增值税）＋消费税（如适用）＋国内运输、保险费等。有价格调整的，计算评标总价时，应当包含偏离加价。

（十二）招标文件应当明确投标文件的大写金额和小写金额不一致的，以大写金额为准；投标总价金额与按分项报价汇总金额不一致的，以分项报价金额计算结果为准；分项报价金额小数点有明显错位的，应以投标总价为准，并修改分项报价；应当明确招标文件、投标文件和评标报告使用语言的种类；使用两种以上语言的，应当明确当出现表述内容不一致时以何种语言文本为准。

第二十二条 招标文件应当载明投标有效期，以保证招标人有足够的时间完成组织评标、定标以及签订合同。投标有效期从招标文件规定的提交投标文件的截止之日起算。

第二十三条 招标人在招标文件中要求投标人提交投标保证金的，投标保证金不得超过招标项目估算价的2%。投标保证金有效期应当与投标有效期一致。

依法必须进行招标的项目的境内投标单位，以现金或者支票形式提交的投标保证金应当从其基本账户转出。

投标保证金可以是银行出具的银行保函或不可撤销信用证、转账支票、银行即期汇票，也可以是招标文件要求的其他合法担保形式。

联合体投标的，应当以联合体共同投标协议中约定的投标保证金缴纳方式予以提交，可以是联合体中的一方或者共同提交投标保证金，以一方名义提交投标保证金的，对联合体各方均具有约束力。

招标人不得挪用投标保证金。

第二十四条 招标人或招标机构应当在资格预审文件或招标文件开始发售之日前将资格预审文件或招标文件发售稿上传招标网存档。

第二十五条 依法必须进行招标的项目的资格预审公告和招标公告应当在符合法律规定的媒体和招标网上发布。

第二十六条 招标人应当确定投标人编制投标文件所需的合理时间。依法必须进行招标的项目，自招标文件开始发售之日起至投标截止之日止，不得少于20日。

招标文件的发售期不得少于5个工作日。

招标人发售的纸质招标文件和电子介质的招标文件具有同等法律效力，除另有约定的，出现不一致时以纸质招标文件为准。

第二十七条 招标公告规定未领购招标文件不得参加投标的，招标文件发售期截止后，购买招标文件的潜在投标人少于3个的，招标人可以依照本办法重新招标。重新招标后潜在投标人或投标人仍少于3个的，可以依照本办法第四十六条第二款有关规定执行。

第二十八条 开标前，招标人、招标机构和有关工作人员不得向他人透露已获取招标文件的潜在投标人的名称、数量以及可能影响公平竞争的有关招标投标的其他信息。

第二十九条　招标人可以对已发出的资格预审文件或者招标文件进行必要的澄清或者修改。澄清或者修改的内容可能影响资格预审申请文件或者投标文件编制的，招标人或招标机构应当在提交资格预审文件截止时间至少 3 日前，或者投标截止时间至少 15 日前，以书面形式通知所有获取资格预审文件或者招标文件的潜在投标人，并上传招标网存档；不足 3 日或者 15 日的，招标人或招标机构应当顺延提交资格预审申请文件或者投标文件的截止时间。该澄清或者修改内容为资格预审文件或者招标文件的组成部分。澄清或者修改的内容涉及到与资格预审公告或者招标公告内容不一致的，应当在原资格预审公告或者招标公告发布的媒体和招标网上发布变更公告。

因异议或投诉处理而导致对资格预审文件或者招标文件澄清或者修改的，应当按照前款规定执行。

第三十条　招标人顺延投标截止时间的，至少应当在招标文件要求提交投标文件的截止时间 3 日前，将变更时间书面通知所有获取招标文件的潜在投标人，并在招标网上发布变更公告。

第三十一条　除不可抗力原因外，招标文件或者资格预审文件发出后，不予退还；招标人在发布招标公告、发出投标邀请书后或者发出招标文件或资格预审文件后不得终止招标。

招标人终止招标的，应当及时发布公告，或者以书面形式通知被邀请的或者已经获取资格预审文件、招标文件的潜在投标人。已经发售资格预审文件、招标文件或者已经收取投标保证金的，招标人应当及时退还所收取的资格预审文件、招标文件的费用，以及所收取的投标保证金及银行同期存款利息。

第四章　投　　标

第三十二条　投标人是响应招标、参加投标竞争的法人或其他组织。

与招标人存在利害关系可能影响招标公正性的法人或其他组织不得参加投标；接受委托参与项目前期咨询和招标文件编制的法人或其他组织不得参加受托项目的投标，也不得为该项目的投标人编制投标文件或者提供咨询。

单位负责人为同一人或者存在控股、管理关系的不同单位，不得参加同一招标项目包投标，共同组成联合体投标的除外。

违反前三款规定的，相关投标均无效。

第三十三条　投标人应当根据招标文件要求编制投标文件，并根据自己的商务能力、技术水平对招标文件提出的要求和条件在投标文件中作出真实的响应。投标文件的所有内容在投标有效期内应当有效。

第三十四条　投标人对加注星号（"*"）的重要技术条款（参数）应当在投标文件中提供技术支持资料。

技术支持资料以制造商公开发布的印刷资料、检测机构出具的检测报告或招标文件中允许的其他形式为准，凡不符合上述要求的，应当视为无效技术支持资料。

第三十五条 投标人应当提供在开标日前 3 个月内由其开立基本账户的银行开具的银行资信证明的原件或复印件。

第三十六条 潜在投标人或者其他利害关系人对资格预审文件有异议的，应当在提交资格预审申请文件截止时间 2 日前向招标人或招标机构提出，并将异议内容上传招标网；对招标文件有异议的，应当在投标截止时间 10 日前向招标人或招标机构提出，并将异议内容上传招标网。招标人或招标机构应当自收到异议之日起 3 日内作出答复，并将答复内容上传招标网；作出答复前，应当暂停招标投标活动。

第三十七条 招标人编制的资格预审文件、招标文件的内容违反法律、行政法规的强制性规定，违反公开、公平、公正和诚实信用原则，影响资格预审结果或者潜在投标人投标的，依法必须进行招标的项目的招标人应当在修改资格预审文件或者招标文件后重新招标。

第三十八条 投标人在招标文件要求的投标截止时间前，应当在招标网免费注册，注册时应当在招标网在线填写招投标注册登记表，并将由投标人加盖公章的招投标注册登记表及工商营业执照（复印件）提交至招标网；境外投标人提交所在地登记证明材料（复印件），投标人无印章的，提交由单位负责人签字的招投标注册登记表。投标截止时间前，投标人未在招标网完成注册的不得参加投标，有特殊原因的除外。

第三十九条 投标人在招标文件要求的投标截止时间前，应当将投标文件送达招标文件规定的投标地点。投标人可以在规定的投标截止时间前书面通知招标人，对已提交的投标文件进行补充、修改或撤回。补充、修改的内容应当作为投标文件的组成部分。投标人不得在投标截止时间后对投标文件进行补充、修改。

第四十条 投标人应当按照招标文件要求对投标文件进行包装和密封。投标人在投标截止时间前提交价格变更等相关内容的投标声明的，应与开标一览表一并或者单独密封，并加施明显标记，以便在开标时一并唱出。

第四十一条 未通过资格预审的申请人提交的投标文件，以及逾期送达或者不按照招标文件要求密封的投标文件，招标人应当拒收。

招标人或招标机构应当如实记载投标文件的送达时间和密封情况，并存档备查。

第四十二条 招标文件允许联合体投标的，两个以上法人或者其他组织可以组成一个联合体，以一个投标人的身份共同投标。

联合体各方均应当具备承担招标项目的相应能力；国家有关规定或者招标文件对投标人资格条件有规定的，联合体各方均应当具备规定的相应资格条件。由同一专业的单位组成的联合体，按照资质等级较低的单位确定资质等级。

联合体各方应当签订共同投标协议，明确约定各方拟承担的工作和责任，并将共同投标协议连同投标文件一并提交招标人。联合体中标的，联合体各方应当共同与招标人签订合同，就中标项目向招标人承担连带责任。

联合体各方在同一招标项目包中以自己名义单独投标或者参加其他联合体投标的，相关投标均无效。

第四十三条　投标人应当按照招标文件的要求，在提交投标文件截止时间前将投标保证金提交给招标人或招标机构。

投标人在投标截止时间前撤回已提交的投标文件，招标人或招标机构已收取投标保证金的，应当自收到投标人书面撤回通知之日起 5 日内退还。

投标截止后投标人撤销投标文件的，招标人可以不退还投标保证金。招标人主动要求延长投标有效期但投标人拒绝的，招标人应当退还投标保证金。

第四十四条　投标人发生合并、分立、破产等重大变化的，应当及时书面告知招标人。投标人不再具备资格预审文件、招标文件规定的资格条件或者其投标影响招标公正性的，其投标无效。

第四十五条　禁止招标投标法实施条例第三十九条、第四十条、第四十一条、第四十二条所规定的投标人相互串通投标、招标人与投标人串通投标、投标人以他人名义投标或者以其他方式弄虚作假的行为。

第五章　开 标 和 评 标

第四十六条　开标应当在招标文件确定的提交投标文件截止时间的同一时间公开进行；开标地点应当为招标文件中预先确定的地点。开标由招标人或招标机构主持，邀请所有投标人参加。

投标人少于 3 个的，不得开标，招标人应当依照本办法重新招标；开标后认定投标人少于 3 个的应当停止评标，招标人应当依照本办法重新招标。重新招标后投标人仍少于 3 个的，可以进入两家或一家开标评标；按国家有关规定需要履行审批、核准手续的依法必须进行招标的项目，报项目审批、核准部门审批、核准后可以不再进行招标。

认定投标人数量时，两家以上投标人的投标产品为同一家制造商或集成商生产的，按一家投标人认定。对两家以上集成商或代理商使用相同制造商产品作为其项目包的一部分，且相同产品的价格总和均超过该项目包各自投标总价 60%的，按一家投标人认定。

对于国外贷款、援助资金项目，资金提供方规定当投标截止时间到达时，投标人少于 3 个可直接进入开标程序的，可以适用其规定。

第四十七条　开标时，由投标人或者其推选的代表检查投标文件的密封情况，也可以由招标人委托的公证机构检查并公证；经确认无误后，由工作人员当众拆封，宣读投标人名称、投标价格和投标文件的其他主要内容。

招标人在招标文件要求提交投标文件的截止时间前收到的所有投标文件，开标时都应当当众予以拆封、宣读。

投标人的开标一览表、投标声明（价格变更或其他声明）都应当在开标时一并唱出，否则在评标时不予认可。投标总价中不应当包含招标文件要求以外的产品或服务的价格。

第四十八条　投标人对开标有异议的，应当在开标现场提出，招标人或招标机构应当当场作出答复，并制作记录。

第四十九条　招标人或招标机构应当在开标时制作开标记录，并在开标后 3 个工作日内上传招标网存档。

第五十条　评标由招标人依照本办法组建的评标委员会负责。依法必须进行招标的项目，其评标委员会由招标人的代表和从事相关领域工作满 8 年并具有高级职称或者具有同等专业水平的技术、经济等相关领域专家组成，成员人数为 5 人以上单数，其中技术、经济等方面专家人数不得少于成员总数的 2/3。

第五十一条　依法必须进行招标的项目，机电产品国际招标评标所需专家原则上由招标人或招标机构在招标网上从国家、地方两级专家库内相关专业类别中采用随机抽取的方式产生。任何单位和个人不得以明示、暗示等任何方式指定或者变相指定参加评标委员会的专家成员。但技术复杂、专业性强或者国家有特殊要求，采取随机抽取方式确定的专家难以保证其胜任评标工作的特殊招标项目，报相应主管部门后，可以由招标人直接确定评标专家。

抽取评标所需的评标专家的时间不得早于开标时间 3 个工作日；同一项目包评标中，来自同一法人单位的评标专家不得超过评标委员会总人数的 1/3。

随机抽取专家人数为实际所需专家人数。一次招标金额在 1000 万美元以上的国际招标项目包，所需专家的 1/2 以上应当从国家级专家库中抽取。

抽取工作应当使用招标网评标专家随机抽取自动通知系统。除专家不能参加和应当回避的情形外，不得废弃随机抽取的专家。

机电产品国际招标评标专家及专家库管理办法由商务部另行制定。

第五十二条　与投标人或其制造商有利害关系的人不得进入相关项目的评标委员会，评标专家不得参加与自己有利害关系的项目评标，且应当主动回避；已经进入的应当更换。主管部门的工作人员不得担任本机构负责监督项目的评标委员会成员。

依法必须进行招标的项目的招标人非因招标投标法、招标投标法实施条例和本办法规定的事由，不得更换依法确定的评标委员会成员。更换评标委员会的专家成员应当依照本办法第五十一条规定进行。

第五十三条　评标委员会成员名单在中标结果确定前应当保密，如有泄密，除追究当事人责任外，还应当报相应主管部门后及时更换。

评标前，任何人不得向评标专家透露其即将参与的评标项目招标人、投标人的有关情况及其他应当保密的信息。

招标人和招标机构应当采取必要的措施保证评标在严格保密的情况下进行。任何单位和个人不得非法干预、影响评标的过程和结果。

泄密影响中标结果的，中标无效。

第五十四条 招标人应当向评标委员会提供评标所必需的信息，但不得向评标委员会成员明示或者暗示其倾向或者排斥特定投标人。

招标人应当根据项目规模和技术复杂程度等因素合理确定评标时间。超过 1/3 的评标委员会成员认为评标时间不够的，招标人应当适当延长。

评标过程中，评标委员会成员有回避事由、擅离职守或者因健康等原因不能继续评标的，应当于评标当日报相应主管部门后按照所缺专家的人数重新随机抽取，及时更换。被更换的评标委员会成员作出的评审结论无效，由更换后的评标委员会成员重新进行评审。

第五十五条 评标委员会应当在开标当日开始进行评标。有特殊原因当天不能评标的，应当将投标文件封存，并在开标后 48 小时内开始进行评标。评标委员会成员应当依照招标投标法、招标投标法实施条例和本办法的规定，按照招标文件规定的评标方法和标准，独立、客观、公正地对投标文件提出评审意见。招标文件没有规定的评标方法和标准不得作为评标的依据。

评标委员会成员不得私下接触投标人，不得收受投标人给予的财物或者其他好处，不得向招标人征询确定中标人的意向，不得接受任何单位或者个人明示或者暗示提出的倾向或者排斥特定投标人的要求，不得有其他不客观、不公正履行职务的行为。

第五十六条 采用最低评标价法评标的，在商务、技术条款均实质性满足招标文件要求时，评标价格最低者为排名第一的中标候选人；采用综合评价法评标的，在商务、技术条款均实质性满足招标文件要求时，综合评价最优者为排名第一的中标候选人。

第五十七条 在商务评议过程中，有下列情形之一者，应予否决投标：

（一）投标人或其制造商与招标人有利害关系可能影响招标公正性的；

（二）投标人参与项目前期咨询或招标文件编制的；

（三）不同投标人单位负责人为同一人或者存在控股、管理关系的；

（四）投标文件未按招标文件的要求签署的；

（五）投标联合体没有提交共同投标协议的；

（六）投标人的投标书、资格证明材料未提供，或不符合国家规定或者招标文件要求的；

（七）同一投标人提交两个以上不同的投标方案或者投标报价的，但招标文件要求提交备选方案的除外；

（八）投标人未按招标文件要求提交投标保证金或保证金金额不足、保函有效期不足、投标保证金形式或出具投标保函的银行不符合招标文件要求的；

（九）投标文件不满足招标文件加注星号（"*"）的重要商务条款要求的；

（十）投标报价高于招标文件设定的最高投标限价的；

（十一）投标有效期不足的；

（十二）投标人有串通投标、弄虚作假、行贿等违法行为的；

（十三）存在招标文件中规定的否决投标的其他商务条款的。

前款所列材料在开标后不得澄清、后补；招标文件要求提供原件的，应当提供原件，否则将否决其投标。

第五十八条 对经资格预审合格、且商务评议合格的投标人不能再因其资格不合格否决其投标，但在招标周期内该投标人的资格发生了实质性变化不再满足原有资格要求的除外。

第五十九条 技术评议过程中，有下列情形之一者，应予否决投标：

（一）投标文件不满足招标文件技术规格中加注星号（"*"）的重要条款（参数）要求，或加注星号（"*"）的重要条款（参数）无符合招标文件要求的技术资料支持的；

（二）投标文件技术规格中一般参数超出允许偏离的最大范围或最多项数的；

（三）投标文件技术规格中的响应与事实不符或虚假投标的；

（四）投标人复制招标文件的技术规格相关部分内容作为其投标文件中一部分的；

（五）存在招标文件中规定的否决投标的其他技术条款的。

第六十条 采用最低评标价法评标的，价格评议按下列原则进行：

（一）按招标文件中的评标依据进行评标。计算评标价格时，对需要进行价格调整的部分，要依据招标文件和投标文件的内容加以调整并说明。投标总价中包含的招标文件要求以外的产品或服务，在评标时不予核减；

（二）除国外贷款、援助资金项目外，计算评标总价时，以货物到达招标人指定到货地点为依据；

（三）招标文件允许以多种货币投标的，在进行价格评标时，应当以开标当日中国银行总行首次发布的外币对人民币的现汇卖出价进行投标货币对评标货币的转换以计算评标价格。

第六十一条 采用综合评价法评标时，按下列原则进行：

（一）评标办法应当充分考虑每个评价指标所有可能的投标响应，且每一种可能的投标响应应当对应一个明确的评价值，不得对应多个评价值或评价值区间，采用两步评价方法的除外。

对于总体设计、总体方案等难以量化比较的评价内容，可以采取两步评价方法：第一步，评标委员会成员独立确定投标人该项评价内容的优劣等级，根据优劣等级对应的评价值算术平均后确定该投标人该项评价内容的平均等级；第二步，评标委员会成员根据投标人的平均等级，在对应的分值区间内给出评价值。

（二）价格评价应当符合低价优先、经济节约的原则，并明确规定评议价格最低的有效投标人将获得价格评价的最高评价值，价格评价的最大可能评价值和最小可能评价值应当分别为价格最高评价值和零评价值。

（三）评标委员会应当根据综合评价值对各投标人进行排名。综合评价值相同的，依照价格、技术、商务、服务及其他评价内容的优先次序，根据分项评价值进行排名。

第六十二条 招标文件允许备选方案的，评标委员会对有备选方案的投标人进行评审时，应当以主选方案为准进行评标。备选方案应当实质性响应招标文件要求。凡提供两个以上备选方案或者未按要求注明主选方案的，该投标应当被否决。凡备选方案的投标价格高于主选方案的，该备选方案将不予采纳。

第六十三条 投标人应当根据招标文件要求和产品技术要求列出供货产品清单和分项报价。投标人投标报价缺漏项超出招标文件允许的范围或比重的，为实质性偏离招标文件要求，评标委员会应当否决其投标。缺漏项在招标文件允许的范围或比重内的，评标时应当要求投标人确认缺漏项是否包含在投标价中，确认包含的，将其他有效投标中该项的最高价计入其评标总价，并依据此评标总价对其一般商务和技术条款（参数）偏离进行价格调整；确认不包含的，评标委员会应当否决其投标；签订合同时以投标价为准。

第六十四条 投标文件中有含义不明确的内容、明显文字或者计算错误，评标委员会认为需要投标人作出必要澄清、说明的，应当书面通知该投标人。投标人的澄清、说明应当采用书面形式在评标委员会规定的时间内提交，并不得超出投标文件的范围或者改变投标文件的实质性内容。

投标人的投标文件不响应招标文件加注星号（"*"）的重要商务和技术条款（参数），或加注星号（"*"）的重要技术条款（参数）未提供符合招标文件要求的技术支持资料的，评标委员会不得要求其进行澄清或后补。

评标委员会不得暗示或者诱导投标人作出澄清、说明，不得接受投标人主动提出的澄清、说明。

第六十五条 评标委员会经评审，认为所有投标都不符合招标文件要求的，可以否决所有投标。

依法必须进行招标的项目的所有投标被否决的，招标人应当依照本办法重新招标。

第六十六条 评标完成后，评标委员会应当向招标人提交书面评标报告和中标候选人名单。中标候选人应当不超过 3 个，并标明排序。

评标委员会的每位成员应当分别填写评标委员会成员评标意见表（见附件 2），评标意见表是评标报告必不可少的一部分。评标报告应当由评标委员会全体成员签字。对评标结果有不同意见的评标委员会成员应当以书面形式说明其不同意见和理由，评标报告应当注明该不同意见。评标委员会成员拒绝在评标报告上签字又不说明其不同意见和理由的，视为同意评标结果。

专家受聘承担的具体项目评审工作结束后，招标人或者招标机构应当在招标网对专家的能力、水平、履行职责等方面进行评价，评价结果分为优秀、称职和不称职。

第六章　评标结果公示和中标

第六十七条　依法必须进行招标的项目，招标人或招标机构应当依据评标报告填写《评标结果公示表》，并自收到评标委员会提交的书面评标报告之日起 3 日内在招标网上进行评标结果公示。评标结果应当一次性公示，公示期不得少于 3 日。

采用最低评标价法评标的，《评标结果公示表》中的内容包括"中标候选人排名"、"投标人及制造商名称"、"评标价格"和"评议情况"等。每个投标人的评议情况应当按商务、技术和价格评议三个方面在《评标结果公示表》中分别填写，填写的内容应当明确说明招标文件的要求和投标人的响应内容。对一般商务和技术条款（参数）偏离进行价格调整的，在评标结果公示时，招标人或招标机构应当明确公示价格调整的依据、计算方法、投标文件偏离内容及相应的调整金额。

采用综合评价法评标的，《评标结果公示表》中的内容包括"中标候选人排名"、"投标人及制造商名称"、"综合评价值"、"商务、技术、价格、服务及其他等大类评价项目的评价值"和"评议情况"等。每个投标人的评议情况应当明确说明招标文件的要求和投标人的响应内容。

使用国外贷款、援助资金的项目，招标人或招标机构应当自收到评标委员会提交的书面评标报告之日起 3 日内向资金提供方报送评标报告，并自获其出具不反对意见之日起 3 日内在招标网上进行评标结果公示。资金提供方对评标报告有反对意见的，招标人或招标机构应当及时将资金提供方的意见报相应的主管部门，并依照本办法重新招标或者重新评标。

第六十八条　评标结果进行公示后，各方当事人可以通过招标网查看评标结果公示的内容。招标人或招标机构应当应投标人的要求解释公示内容。

第六十九条　投标人或者其他利害关系人对依法必须进行招标的项目的评标结果有异议的，应当于公示期内向招标人或招标机构提出，并将异议内容上传招标网。招标人或招标机构应当在收到异议之日起 3 日内作出答复，并将答复内容上传招标网；作出答复前，应当暂停招标投标活动。

异议答复应当对异议问题逐项说明，但不得涉及其他投标人的投标秘密。未在评标报告中体现的不满足招标文件要求的其他方面的偏离不能作为答复异议的依据。

经原评标委员会按照招标文件规定的方法和标准审查确认，变更原评标结果的，变更后的评标结果应当依照本办法进行公示。

第七十条　招标人根据评标委员会提出的书面评标报告和推荐的中标候选人确定中标人。招标人也可以授权评标委员会直接确定中标人。国有资金占控股或者主导地位的依法必须进行招标的项目，以及使用国外贷款、援助资金的项目，招标人应当确定排名第一的中标候选人为中标人。排名第一的中标候选人放弃中标、因不可抗力不能履行合同、不按招标文件要求提交履约保证金，或者被查实存在影响中标结果的违法行为等情形，不符合中标条件的，招标人可以按照评标委员会提出的中标候选人名单排序依次确定其他中标候选人为中标人，也可以重新招标。

第七十一条　评标结果公示无异议的，公示期结束后该评标结果自动生效并进行中标结果公告；评标结果公示有异议，但是异议答复后10日内无投诉的，异议答复10日后按照异议处理结果进行公告；评标结果公示有投诉的，相应主管部门做出投诉处理决定后，按照投诉处理决定进行公告。

第七十二条　依法必须进行招标的项目，中标人确定后，招标人应当在中标结果公告后20日内向中标人发出中标通知书，并在中标结果公告后15日内将评标情况的报告（见附件3）提交至相应的主管部门。中标通知书也可以由招标人委托其招标机构发出。

使用国外贷款、援助资金的项目，异议或投诉的结果与报送资金提供方的评标报告不一致的，招标人或招标机构应当按照异议或投诉的结果修改评标报告，并将修改后的评标报告报送资金提供方，获其不反对意见后向中标人发出中标通知书。

第七十三条　中标结果公告后15日内，招标人或招标机构应当在招标网完成该项目包招标投标情况及其相关数据的存档。存档的内容应当与招标投标实际情况一致。

第七十四条　中标候选人的经营、财务状况发生较大变化或者存在违法行为，招标人认为可能影响其履约能力的，应当在发出中标通知书前由原评标委员会按照招标文件规定的方法和标准审查确认。

第七十五条　中标通知书对招标人和中标人具有法律效力。中标通知书发出后，招标人改变中标结果的，或者中标人放弃中标项目的，应当依法承担法律责任。

第七十六条　招标人和中标人应当自中标通知书发出之日起30日内，依照招标投标法、招标投标法实施条例和本办法的规定签订书面合同，合同的标的、价款、质量、履行期限等主要条款应当与招标文件和中标人的投标文件的内容一致。招标人或中标人不得拒绝或拖延与另一方签订合同。招标人和中标人不得再行订立背离合同实质性内容的其他协议。

招标人最迟应当在书面合同签订后5日内向中标人和未中标的投标人退还投标保证金及银行同期存款利息。

第七十七条　招标文件要求中标人提交履约保证金的，中标人应当按照招标文件的要求提交。履约保证金不得超过中标合同金额的10%。

第七十八条　中标产品来自关境外的，由招标人按照国家有关规定办理进口手续。

第七十九条　中标人应当按照合同约定履行义务，完成中标项目。中标人不得向他人转让中标项目，也不得将中标项目肢解后分别向他人转让。

第八十条　依法必须进行招标的项目，在国际招标过程中，因招标人的采购计划发生重大变更等原因，经项目主管部门批准，报相应的主管部门后，招标人可以重新组织招标。

第八十一条　招标人或招标机构应当按照有关规定妥善保存招标委托协议、资格预审公告、招标公告、资格预审文件、招标文件、资格预审申请文件、投标文件、异议及答复等相关资料，以及与评标相关的评标报告、专家评标意见、综合评价法评价原始记录表等资料，并对评标情况和资料严格保密。

第七章　投诉与处理

第八十二条　投标人或者其他利害关系人认为招标投标活动不符合法律、行政法规及本办法规定的，可以自知道或者应当知道之日起 10 日内向相应主管部门投诉。就本办法第三十六条规定事项进行投诉的，潜在投标人或者其他利害关系人应当在自领购资格预审文件或招标文件 10 日内向相应的主管部门提出；就本办法第四十八条规定事项进行投诉的，投标人或者其他利害关系人应当在自开标 10 日内向相应的主管部门提出；就本办法第六十九条规定事项进行投诉的，投标人或者其他利害关系人应当在自评标结果公示结束 10 日内向相应的主管部门提出。

就本办法第三十六条、第四十八条、第六十九条规定事项投诉的，应当先向招标人提出异议，异议答复期间不计算在前款规定的期限内。就异议事项投诉的，招标人或招标机构应当在该项目被网上投诉后 3 日内，将异议相关材料提交相应的主管部门。

第八十三条　投诉人应当于投诉期内在招标网上填写《投诉书》（见附件 4）（就异议事项进行投诉的，应当提供异议和异议答复情况及相关证明材料），并将由投诉人单位负责人或单位负责人授权的人签字并盖章的《投诉书》、单位负责人证明文件及相关材料在投诉期内送达相应的主管部门。境外投诉人所在企业无印章的，以单位负责人或单位负责人授权的人签字为准。

投诉应当有明确的请求和必要的证明材料。投诉有关材料是外文的，投诉人应当同时提供其中文译本，并以中文译本为准。

投诉人应保证其提出投诉内容及相应证明材料的真实性及来源的合法性，并承担相应的法律责任。

第八十四条　主管部门应当自收到书面投诉书之日起 3 个工作日内决定是否受理投诉，并将是否受理的决定在招标网上告知投诉人。主管部门应当自受理投诉之日起 30 个工作日内作出书面处理决定（见附件 5），并将书面处理决定在招标网上告知投诉人；需要检验、检测、鉴定、专家评审的，以及监察机关依法对与招标投标活动有关的监察对象实施调查并可能影响投诉处理决定的，所需时间不计算在内。使用国外贷款、援助资金的项目，需征求资金提供方意见的，所需时间不计算在内。

主管部门在处理投诉时，有权查阅、复制有关文件、资料，调查有关情况，相关单位和人员应当予以配合。必要时，主管部门可以责令暂停招标投标活动。

主管部门在处理投诉期间，招标人或招标机构应当就投诉的事项协助调查。

第八十五条 有下列情形之一的投诉，不予受理：

（一）就本办法第三十六条、第四十八条、第六十九条规定事项投诉，其投诉内容在提起投诉前未按照本办法的规定提出异议的；

（二）投诉人不是投标人或者其他利害关系人的；

（三）《投诉书》未按本办法有关规定签字或盖章，或者未提供单位负责人证明文件的；

（四）没有明确请求的，或者未按本办法提供相应证明材料的；

（五）涉及招标评标过程具体细节、其他投标人的商业秘密或其他投标人的投标文件具体内容但未能说明内容真实性和来源合法性的；

（六）未在规定期限内在招标网上提出的；

（七）未在规定期限内将投诉书及相关证明材料送达相应主管部门的。

第八十六条 在评标结果投诉处理过程中，发现招标文件重要商务或技术条款（参数）出现内容错误、前后矛盾或与国家相关法律法规不一致的情形，影响评标结果公正性的，当次招标无效，主管部门将在招标网上予以公布。

第八十七条 招标人对投诉的内容无法提供充分解释和说明的，主管部门可以自行组织或者责成招标人、招标机构组织专家就投诉的内容进行评审。

就本办法第三十六条规定事项投诉的，招标人或招标机构应当从专家库中随机抽取 3 人以上单数评审专家。评审专家不得作为同一项目包的评标专家。

就本办法第六十九条规定事项投诉的，招标人或招标机构应当从国家级专家库中随机抽取评审专家，国家级专家不足时，可由地方级专家库中补充，但国家级专家不得少于 2/3。评审专家不得包含参与该项目包评标的专家，并且专家人数不得少于评标专家人数。

第八十八条 投诉人拒绝配合主管部门依法进行调查的，被投诉人不提交相关证据、依据和其他有关材料的，主管部门按照现有可获得的材料对相关投诉依法作出处理。

第八十九条 投诉处理决定作出前，经主管部门同意，投诉人可以撤回投诉。投诉人申请撤回投诉的，应当以书面形式提交给主管部门，并同时在网上提出撤回投诉申请。已经查实投诉内容成立的，投诉人撤回投诉的行为不影响投诉处理决定。投诉人撤回投诉的，不得以同一的事实和理由再次进行投诉。

第九十条 主管部门经审查，对投诉事项可作出下列处理决定：

（一）投诉内容未经查实前，投诉人撤回投诉的，终止投诉处理；

（二）投诉缺乏事实根据或者法律依据的，以及投诉人捏造事实、伪造材料或者以非法手段取得证明材料进行投诉的，驳回投诉；

（三）投诉情况属实，招标投标活动确实存在不符合法律、行政法规和本办法规定的，依法作出招标无效、投标无效、中标无效、修改资格预审文件或者招标文件等决定。

第九十一条 商务部在招标网设立信息发布栏，包括下列内容：

（一）投诉汇总统计，包括年度内受到投诉的项目、招标人、招标机构名称和投诉处理结果等；

（二）招标机构代理项目投诉情况统计，包括年度内项目投诉数量、投诉率及投诉处理结果等；

（三）投标人及其他利害关系人投诉情况统计，包括年度内项目投诉数量、投诉率及不予受理投诉、驳回投诉、不良投诉（本办法第九十六条第四项的投诉行为）等；

（四）违法统计，包括年度内在招标投标活动过程中违反相关法律、行政法规和本办法的当事人、项目名称、违法情况和处罚结果。

第九十二条 主管部门应当建立投诉处理档案，并妥善保存。

第八章 法 律 责 任

第九十三条 招标人对依法必须进行招标的项目不招标或化整为零以及以其他任何方式规避国际招标的，由相应主管部门责令限期改正，可以处项目合同金额 0.5% 以上 1% 以下的罚款；对全部或者部分使用国有资金的项目，可以通告项目主管机构暂停项目执行或者暂停资金拨付；对单位直接负责的主管人员和其他直接责任人员依法给予处分。

第九十四条 招标人有下列行为之一的，依照招标投标法、招标投标法实施条例的有关规定处罚：

（一）依法应当公开招标而采用邀请招标的；

（二）以不合理的条件限制、排斥潜在投标人的，对潜在投标人实行歧视待遇的，强制要求投标人组成联合体共同投标的，或者限制投标人之间竞争的；

（三）招标文件、资格预审文件的发售、澄清、修改的时限，或者确定的提交资格预审申请文件、投标文件的时限不符合规定的；

（四）不按照规定组建评标委员会，或者确定、更换评标委员会成员违反规定的；

（五）接受未通过资格预审的单位或者个人参加投标，或者接受应当拒收的投标文件的；

（六）违反规定，在确定中标人前与投标人就投标价格、投标方案等实质性内容进行谈判的；

（七）不按照规定确定中标人的；

（八）不按照规定对异议作出答复，继续进行招标投标活动的；

（九）无正当理由不发出中标通知书，或者中标通知书发出后无正当理由改变中标结果的；

（十）无正当理由不与中标人订立合同，或者在订立合同时向中标人提出附加条件的；

（十一）不按照招标文件和中标人的投标文件与中标人订立合同，或者与中标人订立背离合同实质性内容的协议的；

（十二）向他人透露已获取招标文件的潜在投标人的名称、数量或者可能影响公平竞争的有关招标投标的其他情况的，或者泄露标底的。

第九十五条 招标人有下列行为之一的，给予警告，并处3万元以下罚款；该行为影响到评标结果的公正性的，当次招标无效：

（一）与投标人相互串通、虚假招标投标的；

（二）以不正当手段干扰招标投标活动的；

（三）不履行与中标人订立的合同的；

（四）除本办法第九十四条第十二项所列行为外，其他泄露应当保密的与招标投标活动有关的情况、材料或信息的；

（五）对主管部门的投诉处理决定拒不执行的；

（六）其他违反招标投标法、招标投标法实施条例和本办法的行为。

第九十六条 投标人有下列行为之一的，依照招标投标法、招标投标法实施条例的有关规定处罚：

（一）与其他投标人或者与招标人相互串通投标的；

（二）以向招标人或者评标委员会成员行贿的手段谋取中标的；

（三）以他人名义投标或者以其他方式弄虚作假，骗取中标的；

（四）捏造事实、伪造材料或者以非法手段取得证明材料进行投诉的。

有前款所列行为的投标人不得参与该项目的重新招标。

第九十七条 投标人有下列行为之一的，当次投标无效，并给予警告，并处3万元以下罚款：

（一）虚假招标投标的；

（二）以不正当手段干扰招标、评标工作的；

（三）投标文件及澄清资料与事实不符，弄虚作假的；

（四）在投诉处理过程中，提供虚假证明材料的；

（五）中标通知书发出之前与招标人签订合同的；

（六）中标的投标人不按照其投标文件和招标文件与招标人签订合同的或提供的产品不符合投标文件的；

（七）其他违反招标投标法、招标投标法实施条例和本办法的行为。

有前款所列行为的投标人不得参与该项目的重新招标。

第九十八条 中标人有下列行为之一的，依照招标投标法、招标投标法实施条例的有关规定处罚：

（一）无正当理由不与招标人订立合同的，或者在签订合同时向招标人提出附加条件的；

（二）不按照招标文件要求提交履约保证金的；

（三）不履行与招标人订立的合同的。

有前款所列行为的投标人不得参与该项目的重新招标。

第九十九条 招标机构有下列行为之一的，依照招标投标法、招标投标法实施条例的有关规定处罚：

（一）与招标人、投标人串通损害国家利益、社会公共利益或者他人合法权益的；

（二）在所代理的招标项目中投标、代理投标或者向该项目投标人提供咨询的；

（三）参加受托编制标底项目的投标或者为该项目的投标人编制投标文件、提供咨询的；

（四）泄露应当保密的与招标投标活动有关的情况和资料的。

第一百条 招标机构有下列行为之一的，给予警告，并处3万元以下罚款；该行为影响到整个招标公正性的，当次招标无效：

（一）与招标人、投标人相互串通、搞虚假招标投标的；

（二）在进行机电产品国际招标机构登记时填写虚假信息或提供虚假证明材料的；

（三）无故废弃随机抽取的评审专家的；

（四）不按照规定及时向主管部门报送材料或者向主管部门提供虚假材料的；

（五）未在规定的时间内将招标投标情况及其相关数据上传招标网，或者在招标网上发布、公示或存档的内容与招标公告、招标文件、投标文件、评标报告等相应书面内容存在实质性不符的；

（六）不按照本办法规定对异议作出答复的，或者在投诉处理的过程中未按照主管部门要求予以配合的；

（七）因招标机构的过失，投诉处理结果为招标无效或中标无效，6个月内累计2次，或一年内累计3次的；

（八）不按照本办法规定发出中标通知书或者擅自变更中标结果的；

（九）其他违反招标投标法、招标投标法实施条例和本办法的行为。

第一百零一条 评标委员会成员有下列行为之一的，依照招标投标法、招标投标法实施条例的有关规定处罚：

（一）应当回避而不回避的；

（二）擅离职守的；

（三）不按照招标文件规定的评标方法和标准评标的；

（四）私下接触投标人的；

（五）向招标人征询确定中标人的意向或者接受任何单位或者个人明示或者暗示提出的倾向或者排斥特定投标人的要求的；

（六）暗示或者诱导投标人作出澄清、说明或者接受投标人主动提出的澄清、说明的；

（七）对依法应当否决的投标不提出否决意见的；

（八）向他人透露对投标文件的评审和比较、中标候选人的推荐以及与评标有关的其他情况的。

第一百零二条　评标委员会成员有下列行为之一的，将被从专家库名单中除名，同时在招标网上予以公告：

（一）弄虚作假，谋取私利的；

（二）在评标时拒绝出具明确书面意见的；

（三）除本办法第一百零一条第八项所列行为外，其他泄露应当保密的与招标投标活动有关的情况和资料的；

（四）与投标人、招标人、招标机构串通的；

（五）专家1年内2次被评价为不称职的；

（六）专家无正当理由拒绝参加评标的；

（七）其他不客观公正地履行职责的行为，或违反招标投标法、招标投标法实施条例和本办法的行为。

前款所列行为影响中标结果的，中标无效。

第一百零三条　除评标委员会成员之外的其他评审专家有本办法第一百零一条和第一百零二条所列行为之一的，将被从专家库名单中除名，同时在招标网上予以公告。

第一百零四条　招标网承办单位有下列行为之一的，商务部予以警告并责令改正；情节严重的或拒不改正的，商务部可以中止或终止其委托服务协议；给招标投标活动当事人造成损失的，应当承担赔偿责任；构成犯罪的，依法追究刑事责任：

（一）超出商务部委托范围从事与委托事项相关活动的；

（二）利用承办商务部委托范围内事项向有关当事人收取费用的；

（三）无正当理由拒绝或者延误潜在投标人于投标截止时间前在招标网免费注册的；

（四）泄露应当保密的与招标投标活动有关情况和资料的；

（五）在委托范围内，利用有关当事人的信息非法获取利益的；

（六）擅自修改招标人、投标人或招标机构上传资料的；

（七）与招标人、投标人、招标机构相互串通、搞虚假招标投标的；

（八）其他违反招标投标法、招标投标法实施条例及本办法的。

第一百零五条　主管部门在处理投诉过程中，发现被投诉人单位直接负责的主管人员和其他直接责任人员有违法、违规或者违纪行为的，应当建议其行政主管机关、纪检监察部门给予处分；情节严重构成犯罪的，移送司法机关处理。

第一百零六条　主管部门不依法履行职责，对违反招标投标法、招标投标法实施条例和本办法规定的行为不依法查处，或者不按照规定处理投诉、不依法公告对招标投标当事人违法行为的行政处理决定的，对直接负责的主管人员和其他直接责任人员依法给予处分。

主管部门工作人员在招标投标活动监督过程中徇私舞弊、滥用职权、玩忽职守，构成犯罪的，依法追究刑事责任。

第一百零七条　出让或者出租资格、资质证书供他人投标的，依照法律、行政法规的规定给予行政处罚；构成犯罪的，依法追究刑事责任。

第一百零八条　依法必须进行招标的项目的招标投标活动违反招标投标法、招标投标法实施条例和本办法的规定，对中标结果造成实质性影响，且不能采取补救措施予以纠正的，招标、投标、中标无效，应当依照本办法重新招标或者重新评标。

重新评标应当由招标人依照本办法组建新的评标委员会负责。前一次参与评标的专家不得参与重新招标或者重新评标。依法必须进行招标的项目，重新评标的结果应当依照本办法进行公示。

除法律、行政法规和本办法规定外，招标人不得擅自决定重新招标或重新评标。

第一百零九条　本章规定的行政处罚，由相应的主管部门决定。招标投标法、招标投标法实施条例已对实施行政处罚的机关作出规定的除外。

第九章　附　　　则

第一百一十条　不属于工程建设项目，但属于固定资产投资项目的机电产品国际招标投标活动，按照本办法执行。

第一百一十一条　与机电产品有关的设计、方案、技术等国际招标投标，可参照本办法执行。

第一百一十二条　使用国外贷款、援助资金进行机电产品国际招标的，应当按照本办法的有关规定执行。贷款方、资金提供方对招标投标的具体条件和程序有不同规定的，可以适用其规定，但违背中华人民共和国的国家安全或社会公共利益的除外。

第一百一十三条　机电产品国际招标投标活动采用电子招标投标方式的，应当按照本办法和国家有关电子招标投标的规定执行。

第一百一十四条　本办法所称"单位负责人"，是指单位法定代表人或者法律、行政法规规定代表单位行使职权的主要负责人。

第一百一十五条　本办法所称"日"为日历日，期限的最后一日是国家法定节假日的，顺延到节假日后的次日为期限的最后一日。

第一百一十六条 本办法中 CIF、CIP、DDP 等贸易术语，应当根据国际商会（ICC）现行最新版本的《国际贸易术语解释通则》的规定解释。

第一百一十七条 本办法由商务部负责解释。

第一百一十八条 本办法自 2014 年 4 月 1 日起施行。《机电产品国际招标投标实施办法》（商务部 2004 年第 13 号令）同时废止。

附件：

1．机电产品范围（略）

2．评标委员会成员评标意见表（略）

3．评标情况的报告（略）

4．投诉书（略）

5．投诉处理决定书（略）

进一步规范机电产品国际招标投标活动有关规定

（商产发〔2007〕395 号，2007 年 10 月 10 日商务部发布）

第一章 招 标 文 件

第一条 招标文件应当明确规定投标人必须进行小签的相应内容，其中投标文件的报价部分、重要商务和技术条款（参数）（加注"*"的条款或参数，下同）响应等相应内容必须逐页小签。

第二条 招标文件应当明确规定允许的投标货币和报价方式，并注明该条款是否为重要商务条款。招标文件应当明确规定不接受选择性报价或者具有附加条件的报价。

第三条 招标文件应当明确规定对投标人的业绩、财务、资信和技术参数等要求，不得使用模糊的、无明确界定的术语或指标作为重要商务或技术条款（参数）或以此作为价格调整的依据。

招标文件内容应当符合国家有关法律法规、强制性认证标准、国家关于安全、卫生、环保、质量、能耗、社会责任等有关规定以及公认的科学理论。违反上述规定的，招标文件相应部分无效。

第四条 招标文件如允许联合体投标，应当明确规定对联合体牵头方和组成方的资格条件及其他相应要求。

招标文件如允许投标人提供备选方案，应当明确规定投标人在投标文件中只能提供一个备选方案并注明主选方案，且备选方案的投标价格不得高于主选方案。凡提供两个以上备选方案或未注明主选方案的，该投标将被视为实质性偏离而被拒绝。

第五条　《机电产品国际招标投标实施办法》（商务部令〔2004〕第13号，以下简称13号令）第二十一条规定的一般参数偏离加价最高不得超过1%，是指每个一般参数的累计偏离加价最高不得超过该设备投标价格的1%。交货期、付款条件的偏离加价原则招标文件可以另行规定。

第六条　招标文件不得设立歧视性条款或不合理的要求排斥潜在的投标人，其中重要商务和技术条款（参数）原则上应当同时满足三个以上潜在投标人能够参与竞争的条件。

第七条　对于利用国际金融组织和外国政府贷款项目（以下称国外贷款项目），招标人、招标机构和招标文件审核专家就招标文件全部内容达成一致意见后，招标机构应当按照13号令第二十五条规定将招标文件通过招标网报送商务部备案，招标网将生成"招标文件备案复函"。

第八条　投标人认为招标文件存在歧视性条款或不合理要求的，应当在规定时间内一次性全部提出，并将书面质疑及有关证明材料一并递交主管部门。

第九条　国外贷款项目的招标文件如需要修改的，包括条款或指标要求放宽、文字或单位错误纠正、设备数量变更、采购范围缩小等，招标机构可在网上提交"招标文件修改备案申请"，招标网将生成"招标文件修改备案复函"；除上述情况外，其他对招标文件内容的修改应当在得到招标文件审核专家的复审意见或贷款机构的书面意见后，招标机构方可在网上提交"招标文件修改备案申请"，并详细注明专家复审意见或贷款机构的意见，招标网将生成"招标文件修改备案复函"。

第二章　招　标　投　标　程　序

第十条　对于国外贷款项目，当投标截止时间到达时，投标人少于三个的可直接进入两家开标或直接采购程序；招标机构应当于开标当日在招标网上递交"两家开标备案申请"（投标人为两个）或"直接采购备案申请"（投标人为一个），招标网将生成备案复函。

第十一条　对于利用国内资金机电产品国际招标项目，当投标截止时间到达时，投标人少于三个的应当立即停止开标或评标。招标机构应当发布开标时间变更公告，第一次投标截止日与变更公告注明的第二次投标截止日间隔不得少于七日。如需对招标文件进行修改，应按照13号令第二十六条执行。第二次投标截止时间到达时，投标人仍少于三个的，报经主管部门审核同意后，参照本规定第十条执行。

第三章　评　标　程　序

第十二条　评标委员会评标前，招标人和招标机构等任何人不得进行查询投标文件、整理投标信息等活动，不得要求或组织投标人介绍投标方案。

　　第十三条　如招标文件允许以多种货币投标，评标委员会应当以开标当日中国人民银行公布的投标货币对评标货币的卖出价的中间价进行转换以计算评标价格。

　　第十四条　投标人的投标文件不响应招标文件规定的重要商务和技术条款（参数），或重要技术条款（参数）未提供技术支持资料的，评标委员会不得要求其进行澄清或后补。

　　技术支持资料以制造商公开发布的印刷资料或检测机构出具的检测报告为准，凡不符合上述要求的，应当视为无效技术支持资料。属于国家首台（套）采购或国内首次建设项目所需的特殊机电产品，招标文件可以对技术支持资料作另行规定。

　　第十五条　评标委员会对有备选方案的投标人进行评审时，应当以主选方案为准进行评标。凡未按要求注明主选方案的，应予以废标。如考虑备选方案的，备选方案必须实质性响应招标文件要求且评标价格不高于主选方案的评标价格。

　　第十六条　评标委员会在评标过程中有下列行为之一，影响评标结果公正性的，当次评标结果无效：

　　（一）擅自增加、放宽或取消重要商务和技术条款（参数）的；

　　（二）要求并接受投标人对投标文件实质性内容进行补充、更改、替换或其他形式的改变的；

　　（三）对采用综合评价法评标的项目，在综合分数计算汇总后重新打分的；

　　（四）故意隐瞒或擅自修改可能影响评标结果公正性的信息的。

　　第十七条　招标人和招标机构应当妥善保管投标文件、评标意见表、综合打分原始记录表等所有与评标相关的资料，并对评标情况和资料严格保密。

第四章　评审专家管理

　　第十八条　招标机构应当按照 13 号令有关规定推荐评审专家入库，被推荐的专家原则上年龄不宜超过七十岁，专业领域不得超过三个二级分类。推荐表应当经过专家本人签字确认。对确有特殊专长、年龄超过七十岁且身体健康的专家，应报主管部门备案后入库。

　　凡参加重大装备自主化依托工程等国家重大项目评审工作的专家，需经国务院有关主管部门审核后入库。

　　第十九条　专家信息发生变更的（包括联系方式、专业领域、工作单位等），推荐单位或专家本人应当及时更新招标网上的相应信息。招标机构在专家抽取过程中发现专家信息错误或变更的，应当及时通知主管部门和招标网。

　　第二十条　招标文件审核专家应当严格按照 13 号令第二十四条规定开展工作。对于未能如实填写专家审核招标文件意见表的，主管部门将在招标网上予以公布；上述行为超过两次的，主管部门将依法取消其评审专家资格。

第二十一条 抽取评标所需的评审专家的时间不得早于开标时间 48 小时，如抽取外省专家的，不得早于开标时间 72 小时，遇节假日向前顺延；同一项目评标中，来自同一法人单位的评审专家不得超过评标委员会总数的 1/3。

招标机构和招标人在专家抽取工作中如出现违规操作或对外泄露被抽取的评审专家相关信息的，主管部门将在招标网上予以公布；招标机构出现上述行为超过两次的，将依法暂停或取消其国际招标代理资格。

第二十二条 随机抽取的评审专家不得参加与自己有利害关系的项目评标。如与招标人、投标人、制造商或评审项目有利害关系的，专家应当主动申请回避。本款所称的利害关系包括但不限于以下情况：

（一）评审专家在某投标人单位或制造商单位任职、兼职或者持有股份的；

（二）评审专家任职单位与招标人单位为同一法人代表的；

（三）评审专家的近亲属在某投标人单位或制造商单位担任领导职务的；

（四）有其他经济利害关系的。

评审专家理应知晓本人与招标人、投标人、制造商或评审项目存在利害关系但不主动回避的，主管部门将依法取消其评审专家资格，且当次评标结果无效。

评审专家曾因在招标、评标以及其他与招标投标有关活动中从事违法违规行为而受过行政处罚或刑事处罚且在处罚有效期内的，应主动申请回避。对于不主动回避的，主管部门将依法取消其评审专家资格，且当次评标结果无效。

第二十三条 评审专家未按规定时间到场参与评标，或不能保证合理评标时间，或在评标过程中不认真负责的，将在招标网上予以公布；上述行为超过两次的，主管部门将依法取消其评审专家资格。

第二十四条 评审专家未按照 13 号令及招标文件有关要求进行评标、泄露评标秘密、违反公平公正原则的，主管部门将在招标网上进行公布，取消其评审专家资格，并向国家其他招投标行政监督主管部门和政府采购主管部门进行通报。

第五章 评标结果公示

第二十五条 评标结果公示应当一次性公示各投标人在商务、技术方面存在的实质性偏离内容，并与评标报告相关内容一致。如有质疑，未在评标报告中体现的不满足招标文件要求的其他方面的偏离不能作为答复质疑的依据。

第二十六条 对一般商务和技术条款（参数）偏离进行价格调整的，在评标结果公示时，招标人和招标机构应当明确公示价格调整的依据、计算方法、投标文件偏离内容及相应的调整金额。

第二十七条 采用综合评价法评标的，评标结果公示应包含各投标人的废标理由或在商务、技术、价格、服务及其他等大类评价项目的得分。

第二十八条　评标结果公示开始日不得选择在国家法定长假的前二日。

第六章　评标结果质疑处理

第二十九条　自评标结果公示结束后第四日起，招标人和招标机构应当在七日内组织评标委员会或受评标委员会的委托，向质疑人提供质疑答复意见，该意见应当包括对投标人质疑问题的逐项说明及相关证明文件，但不得涉及其他投标人的投标秘密。如有特殊理由，经主管部门同意后可以延期答复，但延期时间不得超过七日。

第三十条　除13号令第四十七条所列各款外，有下列情况之一的质疑，视为无效质疑，主管部门将不予受理：

（一）涉及招标评标过程具体细节、其他投标人的商业秘密或其他投标人的投标文件具体内容但未能说明内容真实性和来源合法性的质疑；

（二）未能按照主管部门要求在规定期限内补充质疑问题说明材料的质疑；

（三）针对招标文件内容提出的质疑。

第三十一条　质疑人的质疑内容和相应证明材料与事实不符的，将被视为不良质疑行为，主管部门将在招标网上予以公布。

第三十二条　在主管部门作出质疑处理决定之前，投标人申请撤回质疑的，应当以书面形式提交给主管部门。已经查实质疑内容成立的，质疑人撤回质疑的行为不影响质疑处理结果。

第三十三条　在质疑处理过程中，如发现招标文件重要商务或技术条款（参数）出现内容错误、前后矛盾或与国家相关法律法规不一致的情况，影响评标结果公正性的，当次招标视为无效，主管部门将在招标网上予以公布。

第三十四条　经主管部门审核，要求重新评标的招标项目，重新评标专家不得包含前一次参与评标和审核招标文件的专家。

第三十五条　招标网设立信息发布栏，包括下列内容：

（一）受到质疑的项目、招标人和招标机构名称；

（二）招标机构质疑情况统计，包括本年度内项目质疑数量、质疑率及质疑处理结果等；

（三）投标人质疑情况统计，包括本年度内项目质疑数量、质疑率及有效质疑、无效质疑、不良质疑等；

（四）招标文件重要商务或技术条款（参数）出现内容错误、前后矛盾或与国家相关法律法规不一致的情况；

（五）质疑处理结果。如该结果为招标无效或变更中标人，则公布评标委员会成员名单；

（六）经核实，投标文件有关材料与事实不符的投标人或制造商名称。

第三十六条 投标人无效质疑六个月内累计超过两次、一年内累计超过三次的，主管部门将在招标网上予以公布。

招标人和招标机构可以在招标文件中将主管部门公布的质疑信息作为对投标人的资格要求。

第三十七条 因招标机构的过失，质疑项目的处理结果为招标无效或变更中标人，六个月累计两次或一年内累计三次的，主管部门将依法对该招标机构进行通报批评，并暂停其六个月到一年的招标资格；情节严重的，将取消其招标资格。

第七章 招 标 机 构 管 理

第三十八条 招标机构不得以串通其他招标机构投标等不正当方式承接招标代理业务。违反规定的，主管部门将依法暂停其招标资格六个月以上；情节严重的，将取消其招标资格。

第三十九条 招标机构从事国际招标项目的人员必须为与本公司签订劳动合同的正式员工。违反规定的，主管部门将依法暂停其招标资格六个月以上；情节严重的，将取消其招标资格。

第八章 附 则

第四十条 本规定由商务部负责解释。

第四十一条 本规定自发布之日起 30 日后施行。

机电产品国际招标综合评价法实施规范（试行）

（商产发〔2008〕311 号，2008 年 8 月 15 日商务部发布）

第一章 总 则

第一条 为进一步规范机电产品国际招标投标活动，提高评标工作的科学性，鼓励采购先进技术和设备，根据《中华人民共和国招标投标法》和《机电产品国际招标投标实施办法》（商务部令〔2004〕第 13 号，以下称 13 号令），制定本规范。

第二条 本规范所称综合评价法，是指根据机电产品国际招标项目（以下称招标项目）的具体需求，设定商务、技术、价格、服务及其他评价内容的标准和权重，并由评标委员会对投标人的投标文件进行综合评价以确定中标人的一种评标方法。

第三条 使用国际组织或者外国政府贷款、援助资金的招标项目采用综合评价法的，应当将综合评价法相关材料报商务部备案；使用国内资金及其他资金的招标项目采用综合评价法的，应当将综合评价法相关材料经相应的主管部门转报商务部备案。

第二章 适用范围及原则

第四条 综合评价法适用于技术含量高、工艺或技术方案复杂的大型或成套设备招标项目。

第五条 采用综合评价法应当遵循公开公平、科学合理、量化择优的原则。

第三章 内容与要求

第六条 综合评价法方案应当由评价内容、评价标准、评价程序及定标原则等组成，并作为招标文件不可分割的一部分对所有投标人公开。

第七条 综合评价法的评价内容应当包括投标文件的商务、技术、价格、服务及其他方面。

商务、技术、服务及其他评价内容可以包括但不限于以下方面：

（一）商务评价内容可以包括：资质、业绩、财务、交货期、付款条件及方式、质保期、其他商务合同条款等。

（二）技术评价内容可以包括：方案设计、工艺配置、功能要求、性能指标、项目管理、专业能力、项目实施计划、质量保证体系及交货、安装、调试和验收方案等。

（三）服务及其他评价内容可以包括：服务流程、故障维修、零配件供应、技术支持、培训方案等。

第八条 综合评价法应当对每一项评价内容赋予相应的权重，其中价格权重不得低于30%，技术权重不得高于60%。

第九条 综合评价法应当集中列明招标文件中所有的重要条款（参数）（加注星号"*"的条款或参数，下同），并明确规定投标人对招标文件中的重要条款（参数）的任何一条偏离将被视为实质性偏离，并导致废标。

第十条 对于已进行资格预审的招标项目，综合评价法不得再将资格预审的相关标准和要求作为评价内容；对于未进行资格预审的招标项目，综合评价法应当明确规定资质、业绩和财务的相关指标获得最高评价分值的具体标准。

第十一条 综合评价法对投标文件的商务和技术内容的评价可以采用以下方法：

（一）对只需要判定是否符合招标文件要求或是否具有某项功能的指标，可以规定符合要求或具有功能即获得相应分值，反之则不得分。

（二）对可以明确量化的指标，可以规定各区间的对应分值，并根据投标人的投标响应情况进行对照打分。

（三）对可以在投标人之间具体比较的指标，可以规定不同名次的对应分值，并根据投标人的投标响应情况进行优劣排序后依次打分。

（四）对需要根据投标人的投标响应情况进行计算打分的指标，应当规定相应的计算公式和方法。

（五）对总体设计、总体方案等无法量化比较的评价内容，可以采取两步评价方法：第一步，评标委员会成员独立确定投标人该项评价内容的优劣等级，根据优劣等级对应的分值算术平均后确定该投标人该项评价内容的平均等级；第二步，评标委员会成员根据投标人的平均等级，在对应的分值区间内打分。

评价方法应充分考虑每个评价指标所有可能的投标响应，且每一种可能的投标响应应当对应一个明确的分值，不得对应多个分值或分值区间，采用本条第（五）项所列方法的除外。

第十二条 综合评价法的价格评价应当符合低价优先、经济节约的原则，并明确规定评标价格最低的有效投标人将获得价格评价的最高分值，价格评价的最大可能分值和最小可能分值应当分别为价格满分和 0 分。

第十三条 综合评价法应当明确规定评标委员会成员对评价过程及结果产生较大分歧时的处理原则与方法，包括：

（一）评标委员会成员对同一投标人的商务、技术、服务及其他评价内容的分项评分结果出现差距时，应遵循以下调整原则：

评标委员会成员的分项评分偏离超过评标委员会全体成员的评分均值±20%，该成员的该项分值将被剔除，以其他未超出偏离范围的评标委员会成员的评分均值（称为"评分修正值"）替代；评标委员会成员的分项评分偏离均超过评标委员会全体成员的评分均值±20%，则以评标委员会全体成员的评分均值作为该投标人的分项得分。

（二）评标委员会成员对综合排名及推荐中标结果存在分歧时的处理原则与方法。

第十四条 综合评价法应当明确规定投标人出现下列情形之一的，将不得被确定为推荐中标人：

（一）该投标人的评标价格超过全体有效投标人的评标价格平均值一定比例以上的；

（二）该投标人的技术得分低于全体有效投标人的技术得分平均值一定比例以上的。

本条第（一）、（二）项中所列的比例由招标文件具体规定，且第（一）项中所列的比例不得高于 40%，第（二）项中所列的比例不得高于 30%。

第四章　评价程序与规则

第十五条 评标委员会应当首先对投标文件进行初步评审（见附表 1），判定并拒绝无效的和存在实质性偏离的投标文件。通过初步评审的投标文件进入综合评价阶段。

  第十六条 评标委员会成员应当根据综合评价法的规定对投标人的投标文件独立打分，并分别计算各投标人的商务、技术、服务及其他评价内容的分项得分，凡招标文件未规定的标准不得作为加分或者减分的依据。

  第十七条 价格评价应当遵循以下步骤依次进行：（1）算术修正；（2）计算投标声明（折扣/升降价）后的价格；（3）价格调整；（4）价格评分。

  第十八条 评标委员会应当对每位成员的评分进行汇总；每位成员在提交其独立出具的评价记录表（见附表 2-1，2-2，2-3）后不得重新打分。

  第十九条 评标委员会应当按照本规范第十三条第（一）项的规定，对每位成员的评分结果进行调整和修正。

  第二十条 投标人的综合得分等于其商务、技术、价格、服务及其他评价内容的分项得分之和。

  第二十一条 评标委员会应当根据综合得分对各投标人进行排名。综合得分相同的，价格得分高者排名优先；价格得分相同的，技术得分高者排名优先，并依照商务、服务及其他评价内容的分项得分优先次序类推。

  第二十二条 评标委员会应当推荐综合排名第一的投标人为推荐中标人。如综合排名第一的投标人出现本规范第十四条列明情形之一的，评标委员会应推荐综合排名第二的投标人为推荐中标人。如所有投标人均不符合推荐条件的，则当次招标无效。

  第二十三条 评标报告应当按照 13 号令等有关规定制定，并详细载明综合评价得分的计算过程，包括但不限于以下表格：评标委员会成员评价记录表、商务最终评分汇总表（见附表 3-1）、技术最终评分汇总表（见附表 3-2）、服务及其他评价内容最终评分汇总表（见附表 3-3）、价格最终评分记录表（见附表 4）、投标人最终评分汇总及排名表（见附表 5）和评审意见表（见附表 6）。

  第二十四条 投标文件、评标委员会评分记录表、汇总表等所有与评标相关的资料应当严格保密，并由招标人和招标机构及时存档。

第五章 附 则

  第二十五条 本规范所称相应的主管部门，是指各省、自治区、直辖市、计划单列市、经济特区、新疆建设兵团、各部门机电产品进出口管理机构；所称有效投标人，是指通过初步评审，且商务和技术均实质性满足招标文件要求的投标人；所称均值，是指算术平均值。

  第二十六条 重大装备自主化依托工程设备招标项目采用综合评价法的，参照本规范执行。

第二十七条 本规范由商务部负责解释。

第二十八条 本规范自发布之日起 30 日后施行。

附件：（略）

重大装备自主化依托工程设备招标采购活动的有关规定

（商产发〔2007〕331 号，2007 年 8 月 14 日商务部、国家发展和改革委员会发布）

第一条 为进一步规范重大装备自主化依托工程设备招标采购活动，建立公开、公平、公正和诚信择优的招标采购竞争机制和评审原则，保护国家利益、社会公共利益和有关当事人的合法权益，加快推进重大装备自主化，促进产业结构调整和优化升级，根据《招标投标法》和《国务院关于加快振兴装备制造业的若干意见》（国发〔2006〕8 号）等有关规定，特制定本规定。

第二条 凡在中华人民共和国境内从事本规定第三条所规定的设备招标采购活动，适用本规定。

第三条 重大装备自主化依托工程设备招标采购范围

一、大型清洁高效发电装备（包括百万千瓦级核电机组、超超临界火电机组、燃气—蒸汽联合循环机组、整体煤气化燃气—蒸汽联合循环机组、大型循环流化床锅炉、大型水电机组及抽水蓄能水电站机组、大型空冷电站机组及大功率风力发电机等新型能源装备）；

二、750 千伏、1000 千伏特高压交流和 ±500 千伏及以上直流输变电成套设备；

三、百万吨级大型乙烯成套设备和对二甲苯（PX）、对苯二甲酸（PTA）、聚酯成套设备；

四、大型煤化工成套设备；

五、大型薄板冷热连轧成套设备及涂镀层加工成套设备；

六、大型煤炭井下综合采掘、提升和洗选设备以及大型露天矿设备；

七、大型海洋石油工程装备、30 万吨矿石和原油运输船、海上浮动生产储油轮（FPSO）、8000～10000 箱以上集装箱船、液化天然气（LNG）运输船等大型高技术、高附加值船舶及大功率柴油机等配套装备；

八、时速 200 公里及以上高速铁路列车、新型地铁车辆、磁悬浮列车等装备；

九、大气治理、城市及工业污水处理、固体废弃物处理等大型环保装备，以及海水淡化、报废汽车处理等资源综合利用设备；

十、大断面岩石掘进机等大型施工机械；

十一、重大工程自动化控制系统和关键精密测试仪器；

十二、大型、精密、高速数控装备和数控系统及功能部件；

十三、日产 200 吨以上涤纶短纤维成套设备、高速粘胶长丝连续纺丝机、高效现代化成套棉纺设备、机电一体化剑杆织机和喷气织机等新型纺织机械成套设备；

十四、新型、大马力农业装备；

十五、集成电路关键设备、新型平板显示器件生产设备、电子元器件生产设备、无铅工艺的整机装联设备、数字化医疗影像设备、生物工程和医药生产专用设备。

第四条　重大装备自主化依托工程设备招标采购活动一般应采用招标（包括公开招标、邀请招标）或竞争性谈判等方式进行，招标采购方式的选择应按程序向国家发展改革委申请批准，并向商务部备案；如因特殊情况需采用其他采购方式的，由国家发展改革委商有关部门批准决定。

第五条　凡采用招标方式进行的设备招标投标活动，应按照《机电产品国际招标投标实施办法》（商务部令〔2004〕第 13 号）规定的程序和重大装备自主化依托工程要求进行，商务部和国家发展改革委负责指导、协调和监督有关招标投标活动。

第六条　凡采用邀请招标的，投标邀请对象应为具有消化吸收能力、研发创新能力和实施产业化等基本条件的装备制造企业。

第七条　凡采用竞争性谈判方式进行的设备采购活动，应按照国家发展改革委批复的程序方案进行，同时将竞争性谈判公告、竞争性谈判文件、竞争性谈判结果、涉及的进口设备清单等有关材料通过"中国国际招标网"报送商务部备案。

竞争性谈判结果经有关主管部门批准后应在"中国国际招标网"上公布。

第八条　招标采购文件主要内容的编制应按照《机电产品国际招标投标实施办法》和重大装备自主化依托工程要求进行；招标采购文件还应从节约资源能源和保护环境等基本国策出发，明确规定关于质量、安全、耗能、环保等方面的标准和要求，上述标准和要求应达到国内领先或国际先进水平。

第九条　招标采购活动中所需要的有关评审专家原则上应由招标机构和业主单位从"中国国际招标网"的国家级专家库中随机抽取产生；考虑到重大装备自主化依托工程需要，必要时可由有关主管部门推荐。

商务部、国家发展改革委负责维护和管理相关领域的国家级专家库。

第十条　招标活动一般采用综合评价法进行评标。综合评价法应包括技术、商务、售后服务和价格等方面的评价标准和方法，并作为招标文件的组成部分。

为顺利推进重大装备自主化进程，涉及重大装备自主化要求的部分具体评价标准和方法可以不作为招标文件的组成部分，但应在开标前予以公布。

第十一条　本规定未明确的内容应按照《机电产品国际招标投标实施办法》有关规定执行。

第十二条　本规定自发布之日起 30 日后实施。

机电产品国际招标代理机构监督管理办法（试行）

（2016 年 11 月 16 日商务部令 2016 年第 5 号公布）

第一章　总　　则

第一条　为加强机电产品国际招标代理机构（以下简称招标机构）监督管理，依据《中华人民共和国招标投标法》（以下简称招标投标法）、《中华人民共和国招标投标法实施条例》（以下简称招标投标法实施条例）等法律、行政法规以及国务院对有关部门实施招标投标活动行政监督的职责分工，制定本办法。

第二条　本办法适用于对在中华人民共和国境内从事机电产品国际招标代理业务的招标机构的监督管理。

第三条　招标机构是依法设立、从事机电产品国际招标代理业务并提供相关服务的社会中介组织。

招标机构应当具备从事招标代理业务的营业场所和相应资金；具备能够编制招标文件（中、英文）和组织评标的相应专业力量；拥有一定数量的招标专业人员。

第四条　商务部负责全国招标机构的监督管理工作；负责组织和指导对全国招标机构的监督检查工作；负责建立全国招标机构信用档案，发布招标机构信用信息；负责指导机电产品国际招标投标有关行业协会开展工作。

各省、自治区、直辖市、计划单列市、新疆生产建设兵团、沿海开放城市及经济特区商务主管部门、国务院有关部门机电产品进出口管理机构负责本地区、本部门所属招标机构的监督管理工作；负责在本地区、本行业从事机电产品国际招标代理行为的监督检查工作。

各级机电产品进出口管理机构（以下简称主管部门）及其工作人员应当依法履行职责。

第二章　招标机构注册办法

第五条　招标机构从事机电产品国际招标代理业务，应当在中国国际招标网（网址：www.chinabidding.com，以下简称招标网）免费注册，注册前应当在招标网作出诚信承诺；注册时应当在招标网如实填写《机电产品国际招标代理机构注册登记表》（以下简称《注册登记表》，附件 1）和《机电产品国际招标专职从业人员名单》（以下简称《人员名单》，附件 2）。

第六条　招标机构对《注册登记表》所填写的登记信息的真实性、合法性负责。

因招标机构填写信息错误、遗漏、虚假，以及提供虚假证明材料引起的法律责任由其自行承担。

第七条 注册信息发生变更的，招标机构应当在相关信息变更后30日内在招标网修改相关信息。

因合并、分立而续存的招标机构，其注册信息发生变化的，应当依照前款规定办理注册信息变更；因合并、分立而解散的招标机构，应当及时在招标网办理注销；因合并、分立而新设立的招标机构，应当依照本办法在招标网重新注册。

第八条 不再从事机电产品国际招标代理业务的招标机构，应当及时在招标网注销。

招标机构已在工商部门办理注销手续或被吊销营业执照的，自营业执照注销或被吊销之日起，其招标网注册自动失效。

第三章 招标机构代理行为规范

第九条 招标机构应当遵守招标投标法、招标投标法实施条例、机电产品国际招标投标实施办法和本办法的规定；在招标代理活动中，应当依法经营、公平竞争、诚实守信，不得弄虚作假，不得损害国家利益、社会公共利益或者他人合法权益。

第十条 招标机构应当与招标人签订书面委托合同，载明委托事项和代理权限。招标机构应当在招标人委托的范围内开展招标代理业务，不得接受招标人违法的委托内容和要求；不得在所代理的招标项目中投标或者代理投标，也不得为所代理的招标项目的投标人提供咨询。

第十一条 招标机构从事机电产品国际招标代理业务的人员应当为与本机构依法存在劳动合同关系的员工，应当熟练掌握机电产品国际招标相关法律规定和政策。招标机构代理机电产品国际招标项目的负责人应当由招标专业人员担任。

第十二条 招标机构应当受招标人委托依法组织招标投标活动，协助招标人及时对异议作出答复。在招标项目所属主管部门处理投诉期间，招标机构应当按照招标项目所属主管部门要求积极予以配合。

招标机构应当按照规定及时向招标项目所属主管部门报送招标投标相关材料，并在规定的时间内将招标投标情况及其相关数据上传招标网，在招标网上发布、公示或存档的内容应当与相应书面材料一致。

招标机构应当按照有关规定妥善保存招标投标相关资料，并对评标情况和资料严格保密。

第十三条 招标机构应当积极开展招标投标相关法律规定、政策和业务培训，加强行业自律和内部管理。

第四章 信 用 监 督 管 理

第十四条 商务部在招标网设立招标机构信息发布栏，公布以下信息：

（一）机构信息：招标机构名称、注册地址、企业性质、联系方式、法定代表人姓名、从事机电产品国际招标代理业务时间、人员、场所等；

（二）人员信息：机电产品国际招标专职从业人员姓名、学历、专业、职称、英语水平、劳动合同关系、从事机电产品国际招标代理业务时间、学术成果、机电产品国际招标代理主要业绩等；

（三）其他信息：招标机构职业教育培训、学术交流成果、参加社会公益活动、纳税额等；

（四）业绩记录：招标机构代理项目当年机电产品国际招标中标金额、历史年度机电产品国际招标中标金额、特定行业机电产品国际招标中标金额等；

（五）异议和投诉记录：招标机构当年及历史年度代理项目异议数量、异议率、异议结果，以及投诉数量、投诉率和投诉处理结果等；

（六）检查结果记录：本办法第十九条规定的监督检查记录；

（七）错误操作记录：招标机构在机电产品国际招标代理过程中的错误操作行为，及直接责任人员和项目名称等（招标机构主动纠正，并且未对招标项目产生实质性影响的错误操作不记录在内）；

（八）违法记录：当年及历史年度在从事机电产品国际招标代理业务过程中违法的招标机构名称、法定代表人姓名、直接责任人员姓名、项目名称、违法情况和行政处理决定等。

前款第一项至第三项由招标机构填报，由招标机构所属主管部门核实；第四项、第五项由商务部公布；第六项、第七项由招标机构或招标项目所属主管部门填写；第八项由作出行政处理决定的主管部门填写。

商务部建立全国招标机构信用档案，纳入第一款所列信息。

第十五条 任何单位和个人发现招标机构信息存在不实的，可以在招标网或通过其他书面形式向该招标机构所属主管部门提出，并提供相关证明材料。经核实，招标机构信息确实存在不实的，由招标机构所属主管部门责令限期改正。

第十六条 推动建立机电产品国际招标代理行业诚信自律体系，倡导招标机构签署行业诚信自律公约，承诺依法经营、诚实守信，共同维护公平竞争的招投标市场秩序。

第五章 行 政 监 督 管 理

第十七条 招标机构在招标网完成注册登记后，应当向招标机构所属主管部门提交下列材料存档：

（一）由招标机构法定代表人签字并加盖单位公章的《注册登记表》原件；

（二）企业法人营业执照（复印件）、公司章程（复印件）并加盖单位公章；

（三）《人员名单》及相关证明材料（复印件）并加盖单位公章：身份证、劳动合同、学历（或学位）证书、职称证书、英语水平证明、注册前三个月的社会保险缴费凭证等；

（四）营业场所和资金证明材料（复印件）并加盖单位公章：房产证明（自有产权的提供房屋产权证书，非自有产权的提供房屋租赁合同和出租方房屋产权证书）、上一年度由会计师事务所出具的审计报告等（设立不满一年的企业可在下一年度补充提交）。

招标机构名称、法定代表人、营业场所发生变更的，应当在相关信息变更后30日内将变更后的由法定代表人签字并加盖单位公章的《注册登记表》及相关证明材料报送招标机构所属主管部门。机电产品国际招标专职从业人员发生变更的，应当在每年1月份将变更后的由法定代表人签字并加盖单位公章的《人员名单》及相关补充证明材料报送招标机构所属主管部门。

招标机构所属主管部门应当妥善保存招标机构的相关注册材料。

第十八条 主管部门应当加强招标机构在本地区、本行业从事机电产品国际招标代理行为的事中事后监督检查。主管部门开展监督检查工作，可以采取书面抽查、网络监测、实地检查等方式。各主管部门上年度监督检查情况，应当通过招标网于次年1月15日前报商务部。

第十九条 商务部建立随机抽取检查对象、随机选派检查人员的"双随机"抽查机制，在招标网建立招标机构名录库、招标项目库和招标检查人员名录库，根据法律法规规章修订情况和工作实际动态调整随机抽查事项清单，并及时在招标网向社会公布。

实地检查应当采用"双随机"抽查方式。实施实地检查的主管部门从招标机构名录库中随机抽取检查机构，从招标项目库中随机抽取检查项目，从招标检查人员名录库中随机选派检查人员，按照随机抽查事项清单依法实施检查。

主管部门可根据本地区、本行业招标机构和招标项目实际情况，合理确定随机抽查的比例和频次。对所属招标机构的实地检查，年度检查率应当不低于所属招标机构数量的10%。每年实地检查的所属招标项目数量，应当不少于5个或者上一年度所属招标项目数量的1%（两者以高者为准）；上一年度所属招标项目数量低于5个的，应当至少实地检查1个项目。对投诉举报多、错误操作记录多或有严重违法记录等情况的招标机构，可增加抽查频次。

主管部门开展实地检查工作，检查人员不得少于二人。检查时，主管部门可以依法查阅、复制有关文件、资料，调查有关情况，被检查机构应当予以配合。检查人员应当填写实地检查记录表，如实记录检查情况。主管部门根据检查情况形成检查结果记录，由检查人员签字后存档并在招标网公布。

商务部可以组织对全国范围内招标机构及项目进行"双随机"抽查。

第二十条　主管部门应当对招标机构是否存在下列行为依法进行监督：

（一）与招标人、投标人串通损害国家利益、社会公共利益或者他人合法权益的；

（二）在所代理的招标项目中投标、代理投标或者向该项目投标人提供咨询的；

（三）参加受托编制标底项目的投标或者为该项目的投标人编制投标文件、提供咨询的；

（四）泄露应当保密的与招标投标活动有关的情况和资料的；

（五）与招标人、投标人相互串通、搞虚假招标投标的；

（六）在进行招标机构注册登记时填写虚假信息或提供虚假证明材料的；

（七）无故废弃随机抽取的评审专家的；

（八）不按照规定及时向主管部门报送材料或者向主管部门提供虚假材料的；

（九）未在规定的时间内将招标投标情况及其相关数据上传招标网，或者在招标网上发布、公示或存档的内容与招标公告、招标文件、投标文件、评标报告等相应书面内容存在实质性不符的；

（十）不按照规定对异议作出答复，或者在投诉处理的过程中未按照主管部门要求予以配合的；

（十一）因招标机构的过失，投诉处理结果为招标无效或中标无效的；

（十二）不按照规定发出中标通知书或者擅自变更中标结果的；

（十三）未按照本办法规定及时主动办理注册信息变更的；

（十四）招标网注册失效的招标机构，或者被暂停机电产品国际招标代理业务的招标机构，继续开展新的机电产品国际招标代理业务的；

（十五）从事机电产品国际招标代理业务未在招标网注册的；

（十六）其他违反招标投标法、招标投标法实施条例、机电产品国际招标投标实施办法和本办法的行为。

第二十一条　主管部门可以责成招标机构自查，可以依法利用其他政府部门作出的检查、核查结果或者专业机构作出的专业结论。

第二十二条　主管部门应当依法履行监管职责，对检查发现的违法行为，要依法处理。

主管部门实施检查不得妨碍被检查机构正常的经营活动，不得收受被检查机构给予的财物或者其他好处。

第二十三条　主管部门应当对本地区、本部门所属招标机构进行培训和指导，组织开展机电产品国际招标法律规定、政策和业务的交流和培训。

第六章　法　律　责　任

第二十四条　招标机构有本办法第二十条第一项至第十二项所列的行为或者其他

违反招标投标法、招标投标法实施条例、机电产品国际招标投标实施办法的行为的，依照招标投标法、招标投标法实施条例、机电产品国际招标投标实施办法的有关规定处罚。

第二十五条 招标机构有本办法第二十条第十三项至第十五项所列的行为或者其他违反本办法的行为的，责令改正，可以给予警告，并处3万元以下罚款。

第二十六条 招标机构有本办法第二十条第一项至第四项行为之一，情节严重的，商务部或招标机构所属主管部门可暂停其机电产品国际招标代理业务，并在招标网上公布。

在暂停机电产品国际招标代理业务期间，招标机构不得开展新的机电产品国际招标代理业务；同一单位法定代表人和直接责任人员不得作为法定代表人在招标网另行注册招标机构。

第二十七条 本章规定的行政处罚，由相应的招标机构所属主管部门或招标项目所属主管部门决定。招标投标法、招标投标法实施条例已对实施行政处罚的机关作出规定的除外。

第二十八条 主管部门应当依法履行职责，依法查处违反招标投标法、招标投标法实施条例、机电产品国际招标投标实施办法和本办法规定的行为，依法公告对招标机构当事人违法行为的行政处理决定。

第七章 附 则

第二十九条 机电产品国际招标投标有关行业协会按照依法制定的章程开展活动，加强行业自律和服务。

第三十条 本办法所称"日"为日历日，期限的最后一日是国家法定节假日的，顺延到节假日后的次日为期限的最后一日。

第三十一条 本办法由商务部负责解释。

第三十二条 本办法自2017年1月1日起施行。《机电产品国际招标机构资格管理办法》（商务部令2012年第3号）同时废止。

附件：1. 机电产品国际招标代理机构注册登记表（略）
2. 机电产品国际招标专职从业人员名单（略）

机电产品国际招标投标"双随机一公开"监管工作细则

（商办贸函〔2017〕345号，2017年8月17日商务部办公厅发布）

第一条 为进一步规范机电产品国际招标投标监督检查行为，全面推行"双随机、一公开"，根据《中华人民共和国招标投标法》《中华人民共和国招标投标法实施条例》，以及《机电产品国际招标投标实施办法（试行）》（商务部令2014年第1号）、《机电产品国际招标代理机构监督管理办法（试行）》（商务部令2016年第5号）等有关规定，制定本细则。

第二条 商务部负责组织和指导对全国机电产品国际招标投标活动和全国机电产品国际招标代理机构（以下简称招标机构）的监督检查工作。各省、自治区、直辖市、计划单列市、新疆生产建设兵团、沿海开放城市及经济特区商务主管部门、国务院有关部门机电产品进出口管理机构负责本地区、本部门所属机电产品国际招标投标活动和招标机构的监督检查工作。各级机电产品进出口管理机构（以下简称主管部门）对机电产品国际招标投标活动和招标机构实施监督检查时，适用本细则。

第三条 本细则所称"双随机、一公开"工作，是指主管部门依法实施机电产品国际招标投标监督检查时，采取随机抽取检查对象、随机选派执法检查人员，及时公开抽查情况和查处结果的活动。

第四条 机电产品国际招标投标监督检查按照本细则开展，坚持监管规范高效、公平公正、公开透明的原则。

第五条 商务部在中国国际招标网（以下简称招标网，网址：www.chinabidding.com）建立执法检查人员名录库和检查对象名录库。执法检查人员应为主管部门正式在编的工作人员，以机电产品国际招标投标业务主管工作人员为主。执法检查人员名录库由各主管部门负责各自执法检查人员信息录入和维护。检查对象为机电产品国际招标项目和招标机构，招标项目名录库、招标机构名录库由商务部负责信息录入和维护。招标项目名录库、招标机构名录库和执法检查人员名录库根据变动情况动态调整。

第六条 商务部根据法律法规规章修订情况和工作实际，制定并动态调整机电产品国际招标投标随机抽查事项清单（见附件），及时在招标网向社会公布。主管部门按照随机抽查事项清单，对机电产品国际招标投标活动和招标机构合法合规情况依法实施检查。

第七条 主管部门实施检查前，从招标网上的招标机构名录库中随机抽取被检查机构，从招标项目名录库中随机抽取被检查项目，从执法检查人员名录库中随机选派执法检查人员，抽取过程在招标网全程记录。主管部门可以设定招标时间、招标环节、招标行业、被投诉数量、错误操作数量等类别条件定向抽取被检查项目或被检查机构。

第八条 主管部门可以根据本地区、本行业招标机构和招标项目实际情况，合理确定随机抽查的比例和频次。对所属招标机构的随机抽查，年度检查率应当不低于所属招标机构数量的10%。每年随机抽查的所属招标项目数量，应当不少于5个或者上一年度所属招标项目数量的1%（两者以高者为准）；上一年度所属招标项目数量低于5个的，应当至少随机抽查1个项目。近三年内检查过的招标项目，在抽取时可以排除。对投诉举报多、错误操作记录多或有严重违法记录等情况的招标机构，可增加抽查频次。商务部可以组织实施对全国范围内招标机构及项目进行"双随机"抽查。

第九条　主管部门开展"双随机"抽查工作，执法检查人员的抽取数量根据检查工作需要确定，同一检查组执法检查人员不得少于二人。出现随机抽取的执法检查人员因实际困难不能参加检查工作或需要回避等情形，应从执法检查人员名录库中及时随机抽取，补齐执法检查人员。

第十条　主管部门实施检查时，可以依法查阅、复制有关文件、资料，调查有关情况，被检查机构应当予以配合。

第十一条　执法检查人员应当填写检查记录表，如实记录检查情况，根据检查情况形成检查结果记录。随机抽取的检查对象名单和检查结果记录，由执法检查人员签字后存档并在招标网公布。任何单位和个人对公布的检查对象名单和检查结果记录信息有异议的，可以在招标网或通过其他书面形式向实施检查的主管部门或商务部提出，并提供相关证明材料。经核实，异议情况属实的，由主管部门更正相关信息后重新公布。

第十二条　主管部门应当依法履行监管职责，对检查发现的违法行为，要依法处理，依法公告处罚结果。对不属于主管部门职权范围的事项，依法依纪移送其他部门处理。

第十三条　主管部门实施检查不得妨碍被检查机构正常的经营活动，不得收受被检查机构给予的财物或者其他好处。

第十四条　各主管部门应当及时就当年开展"双随机、一公开"监管工作情况进行总结，并于当年12月5日前将总结报告通过招标网报商务部，同时于次年1月15日前将加盖单位公章的书面材料报商务部。

第十五条　商务部建立全国机电产品国际招标投标信用档案，"双随机"抽查结果纳入信用档案。

第十六条　本细则自发布之日起施行。

附件：

机电产品国际招标投标随机抽查事项清单

序号	事项名称	抽查内容		抽查依据
1	招标代理机构检查	1. 从事招标代理业务的营业场所和相应资金情况。		1. 招标投标法第二章。
		2. 招标代理专业人员情况。		2. 条例第二章。
		3. 招标代理机构注册及注册信息变更情况。		3. 1号令第三章。
		4. 招标代理行为。		4. 5号令。
2	招标投标活动检查	招标	1. 招标方式。	1. 招标投标法第二章。
			2. 招标组织形式。	2. 条例第二章。
			3. 招标委托合同。	3. 1号令第三章。

序号	事项名称	抽查内容		抽查依据
2	招标投标活动检查	招标	4. 资格预审公告、招标公告或投标邀请书。	
			5. 资格预审文件、招标文件。	
		投标	1. 投标人资格。	1. 招标投标法第三章。 2. 条例第三章。 3. 1号令第四章。
			2. 资格预审文件或招标文件异议提出及答复情况。	
			3. 投标文件包装、密封和送达情况。	
			4. 联合体组成情况。	
			5. 投标保证金提交情况。	
			6. 有无串通投标、以他人名义投标或者以其他方式弄虚作假的行为。	
		开标和评标	1. 开标情况。	1. 招标投标法第四章。 2. 条例第四章。 3. 1号令第五章。
			2. 开标异议提出及答复情况。	
			3. 评标委员会组建情况。	
			4. 评标专家选取情况。	
			5. 评标情况。	
		评标结果公示和中标	1. 评标结果公示。	1. 招标投标法第四章。 2. 条例第四章。 3. 1号令第六章。
			2. 评标结果异议提出及答复情况。	
			3. 确定中标人。	
			4. 中标结果公告。	
			5. 中标通知书。	
			6. 合同签订和履行情况。	
			7. 招标、投标、评标情况依法上报及存档情况。	

注：《中华人民共和国招标投标法》简称招标投标法，《中华人民共和国招标投标法实施条例》简称条例，《机电产品国际招标投标实施办法（试行）》（商务部令2014年第1号）简称1号令，《机电产品国际招标代理机构监督管理办法（试行）》（商务部令2016年第5号）简称5号令。

四

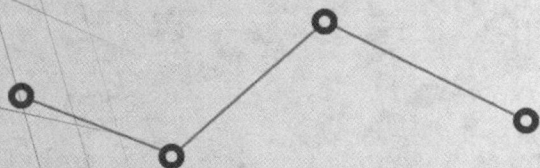

政府采购

政府采购货物和服务招标投标管理办法

（2017 年 7 月 11 日财政部令第 87 号公布）

第一章　总　　则

第一条　为了规范政府采购当事人的采购行为，加强对政府采购货物和服务招标投标活动的监督管理，维护国家利益、社会公共利益和政府采购招标投标活动当事人的合法权益，依据《中华人民共和国政府采购法》（以下简称政府采购法）、《中华人民共和国政府采购法实施条例》（以下简称政府采购法实施条例）和其他有关法律法规规定，制定本办法。

第二条　本办法适用于在中华人民共和国境内开展政府采购货物和服务（以下简称货物服务）招标投标活动。

第三条　货物服务招标分为公开招标和邀请招标。

公开招标，是指采购人依法以招标公告的方式邀请非特定的供应商参加投标的采购方式。

邀请招标，是指采购人依法从符合相应资格条件的供应商中随机抽取 3 家以上供应商，并以投标邀请书的方式邀请其参加投标的采购方式。

第四条　属于地方预算的政府采购项目，省、自治区、直辖市人民政府根据实际情况，可以确定分别适用于本行政区域省级、设区的市级、县级公开招标数额标准。

第五条　采购人应当在货物服务招标投标活动中落实节约能源、保护环境、扶持不发达地区和少数民族地区、促进中小企业发展等政府采购政策。

第六条　采购人应当按照行政事业单位内部控制规范要求，建立健全本单位政府采购内部控制制度，在编制政府采购预算和实施计划、确定采购需求、组织采购活动、履约验收、答复询问质疑、配合投诉处理及监督检查等重点环节加强内部控制管理。

采购人不得向供应商索要或者接受其给予的赠品、回扣或者与采购无关的其他商品、服务。

第七条　采购人应当按照财政部制定的《政府采购品目分类目录》确定采购项目属性。按照《政府采购品目分类目录》无法确定的，按照有利于采购项目实施的原则确定。

第八条　采购人委托采购代理机构代理招标的，采购代理机构应当在采购人委托的范围内依法开展采购活动。

采购代理机构及其分支机构不得在所代理的采购项目中投标或者代理投标，不得为所代理的采购项目的投标人参加本项目提供投标咨询。

第二章　招　　标

第九条　未纳入集中采购目录的政府采购项目，采购人可以自行招标，也可以委托采购代理机构在委托的范围内代理招标。

采购人自行组织开展招标活动的，应当符合下列条件：

（一）有编制招标文件、组织招标的能力和条件；

（二）有与采购项目专业性相适应的专业人员。

第十条　采购人应当对采购标的的市场技术或者服务水平、供应、价格等情况进行市场调查，根据调查情况、资产配置标准等科学、合理地确定采购需求，进行价格测算。

第十一条　采购需求应当完整、明确，包括以下内容：

（一）采购标的需实现的功能或者目标，以及为落实政府采购政策需满足的要求；

（二）采购标的需执行的国家相关标准、行业标准、地方标准或者其他标准、规范；

（三）采购标的需满足的质量、安全、技术规格、物理特性等要求；

（四）采购标的的数量、采购项目交付或者实施的时间和地点；

（五）采购标的需满足的服务标准、期限、效率等要求；

（六）采购标的的验收标准；

（七）采购标的的其他技术、服务等要求。

第十二条　采购人根据价格测算情况，可以在采购预算额度内合理设定最高限价，但不得设定最低限价。

第十三条　公开招标公告应当包括以下主要内容：

（一）采购人及其委托的采购代理机构的名称、地址和联系方法；

（二）采购项目的名称、预算金额，设定最高限价的，还应当公开最高限价；

（三）采购人的采购需求；

（四）投标人的资格要求；

（五）获取招标文件的时间期限、地点、方式及招标文件售价；

（六）公告期限；

（七）投标截止时间、开标时间及地点；

（八）采购项目联系人姓名和电话。

第十四条　采用邀请招标方式的，采购人或者采购代理机构应当通过以下方式产生符合资格条件的供应商名单，并从中随机抽取 3 家以上供应商向其发出投标邀请书：

（一）发布资格预审公告征集；

（二）从省级以上人民政府财政部门（以下简称财政部门）建立的供应商库中选取；

（三）采购人书面推荐。

采用前款第一项方式产生符合资格条件供应商名单的，采购人或者采购代理机构应当按照资格预审文件载明的标准和方法，对潜在投标人进行资格预审。

采用第一款第二项或者第三项方式产生符合资格条件供应商名单的，备选的符合资格条件供应商总数不得少于拟随机抽取供应商总数的两倍。

随机抽取是指通过抽签等能够保证所有符合资格条件供应商机会均等的方式选定供应商。随机抽取供应商时，应当有不少于两名采购人工作人员在场监督，并形成书面记录，随采购文件一并存档。

投标邀请书应当同时向所有受邀请的供应商发出。

第十五条 资格预审公告应当包括以下主要内容：

（一）本办法第十三条第一至四项、第六项和第八项内容；

（二）获取资格预审文件的时间期限、地点、方式；

（三）提交资格预审申请文件的截止时间、地点及资格预审日期。

第十六条 招标公告、资格预审公告的公告期限为 5 个工作日。公告内容应当以省级以上财政部门指定媒体发布的公告为准。公告期限自省级以上财政部门指定媒体最先发布公告之日起算。

第十七条 采购人、采购代理机构不得将投标人的注册资本、资产总额、营业收入、从业人员、利润、纳税额等规模条件作为资格要求或者评审因素，也不得通过将除进口货物以外的生产厂家授权、承诺、证明、背书等作为资格要求，对投标人实行差别待遇或者歧视待遇。

第十八条 采购人或者采购代理机构应当按照招标公告、资格预审公告或者投标邀请书规定的时间、地点提供招标文件或者资格预审文件，提供期限自招标公告、资格预审公告发布之日起计算不得少于 5 个工作日。提供期限届满后，获取招标文件或者资格预审文件的潜在投标人不足 3 家的，可以顺延提供期限，并予公告。

公开招标进行资格预审的，招标公告和资格预审公告可以合并发布，招标文件应当向所有通过资格预审的供应商提供。

第十九条 采购人或者采购代理机构应当根据采购项目的实施要求，在招标公告、资格预审公告或者投标邀请书中载明是否接受联合体投标。如未载明，不得拒绝联合体投标。

第二十条 采购人或者采购代理机构应当根据采购项目的特点和采购需求编制招标文件。招标文件应当包括以下主要内容：

（一）投标邀请；

（二）投标人须知（包括投标文件的密封、签署、盖章要求等）；

（三）投标人应当提交的资格、资信证明文件；

（四）为落实政府采购政策，采购标的需满足的要求，以及投标人须提供的证明材料；

（五）投标文件编制要求、投标报价要求和投标保证金交纳、退还方式以及不予退还投标保证金的情形；

（六）采购项目预算金额，设定最高限价的，还应当公开最高限价；

（七）采购项目的技术规格、数量、服务标准、验收等要求，包括附件、图纸等；

（八）拟签订的合同文本；

（九）货物、服务提供的时间、地点、方式；

（十）采购资金的支付方式、时间、条件；

（十一）评标方法、评标标准和投标无效情形；

（十二）投标有效期；

（十三）投标截止时间、开标时间及地点；

（十四）采购代理机构代理费用的收取标准和方式；

（十五）投标人信用信息查询渠道及截止时点、信用信息查询记录和证据留存的具体方式、信用信息的使用规则等；

（十六）省级以上财政部门规定的其他事项。

对于不允许偏离的实质性要求和条件，采购人或者采购代理机构应当在招标文件中规定，并以醒目的方式标明。

第二十一条 采购人或者采购代理机构应当根据采购项目的特点和采购需求编制资格预审文件。资格预审文件应当包括以下主要内容：

（一）资格预审邀请；

（二）申请人须知；

（三）申请人的资格要求；

（四）资格审核标准和方法；

（五）申请人应当提供的资格预审申请文件的内容和格式；

（六）提交资格预审申请文件的方式、截止时间、地点及资格审核日期；

（七）申请人信用信息查询渠道及截止时点、信用信息查询记录和证据留存的具体方式、信用信息的使用规则等内容；

（八）省级以上财政部门规定的其他事项。

资格预审文件应当免费提供。

第二十二条 采购人、采购代理机构一般不得要求投标人提供样品，仅凭书面方式不能准确描述采购需求或者需要对样品进行主观判断以确认是否满足采购需求等特殊情况除外。

要求投标人提供样品的，应当在招标文件中明确规定样品制作的标准和要求、是否需要随样品提交相关检测报告、样品的评审方法以及评审标准。需要随样品提交检测报告的，还应当规定检测机构的要求、检测内容等。

采购活动结束后，对于未中标人提供的样品，应当及时退还或者经未中标人同意后自行处理；对于中标人提供的样品，应当按照招标文件的规定进行保管、封存，并作为履约验收的参考。

第二十三条　投标有效期从提交投标文件的截止之日起算。投标文件中承诺的投标有效期应当不少于招标文件中载明的投标有效期。投标有效期内投标人撤销投标文件的，采购人或者采购代理机构可以不退还投标保证金。

第二十四条　招标文件售价应当按照弥补制作、邮寄成本的原则确定，不得以营利为目的，不得以招标采购金额作为确定招标文件售价的依据。

第二十五条　招标文件、资格预审文件的内容不得违反法律、行政法规、强制性标准、政府采购政策，或者违反公开透明、公平竞争、公正和诚实信用原则。

有前款规定情形，影响潜在投标人投标或者资格预审结果的，采购人或者采购代理机构应当修改招标文件或者资格预审文件后重新招标。

第二十六条　采购人或者采购代理机构可以在招标文件提供期限截止后，组织已获取招标文件的潜在投标人现场考察或者召开开标前答疑会。

组织现场考察或者召开答疑会的，应当在招标文件中载明，或者在招标文件提供期限截止后以书面形式通知所有获取招标文件的潜在投标人。

第二十七条　采购人或者采购代理机构可以对已发出的招标文件、资格预审文件、投标邀请书进行必要的澄清或者修改，但不得改变采购标的和资格条件。澄清或者修改应当在原公告发布媒体上发布澄清公告。澄清或者修改的内容为招标文件、资格预审文件、投标邀请书的组成部分。

澄清或者修改的内容可能影响投标文件编制的，采购人或者采购代理机构应当在投标截止时间至少15日前，以书面形式通知所有获取招标文件的潜在投标人；不足15日的，采购人或者采购代理机构应当顺延提交投标文件的截止时间。

澄清或者修改的内容可能影响资格预审申请文件编制的，采购人或者采购代理机构应当在提交资格预审申请文件截止时间至少3日前，以书面形式通知所有获取资格预审文件的潜在投标人；不足3日的，采购人或者采购代理机构应当顺延提交资格预审申请文件的截止时间。

第二十八条　投标截止时间前，采购人、采购代理机构和有关人员不得向他人透露已获取招标文件的潜在投标人的名称、数量以及可能影响公平竞争的有关招标投标的其他情况。

第二十九条　采购人、采购代理机构在发布招标公告、资格预审公告或者发出投标邀请书后，除因重大变故采购任务取消情况外，不得擅自终止招标活动。

终止招标的，采购人或者采购代理机构应当及时在原公告发布媒体上发布终止公告，以书面形式通知已经获取招标文件、资格预审文件或者被邀请的潜在投标人，并将项目实施情况和采购任务取消原因报告本级财政部门。已经收取招标文件费用或者投标保证金的，采购人或者采购代理机构应当在终止采购活动后5个工作日内，退还所收取的招标文件费用和所收取的投标保证金及其在银行产生的孳息。

第三章 投 标

第三十条 投标人，是指响应招标、参加投标竞争的法人、其他组织或者自然人。

第三十一条 采用最低评标价法的采购项目，提供相同品牌产品的不同投标人参加同一合同项下投标的，以其中通过资格审查、符合性审查且报价最低的参加评标；报价相同的，由采购人或者采购人委托评标委员会按照招标文件规定的方式确定一个参加评标的投标人，招标文件未规定的采取随机抽取方式确定，其他投标无效。

使用综合评分法的采购项目，提供相同品牌产品且通过资格审查、符合性审查的不同投标人参加同一合同项下投标的，按一家投标人计算，评审后得分最高的同品牌投标人获得中标人推荐资格；评审得分相同的，由采购人或者采购人委托评标委员会按照招标文件规定的方式确定一个投标人获得中标人推荐资格，招标文件未规定的采取随机抽取方式确定，其他同品牌投标人不作为中标候选人。

非单一产品采购项目，采购人应当根据采购项目技术构成、产品价格比重等合理确定核心产品，并在招标文件中载明。多家投标人提供的核心产品品牌相同的，按前两款规定处理。

第三十二条 投标人应当按照招标文件的要求编制投标文件。投标文件应当对招标文件提出的要求和条件作出明确响应。

第三十三条 投标人应当在招标文件要求提交投标文件的截止时间前，将投标文件密封送达投标地点。采购人或者采购代理机构收到投标文件后，应当如实记载投标文件的送达时间和密封情况，签收保存，并向投标人出具签收回执。任何单位和个人不得在开标前开启投标文件。

逾期送达或者未按照招标文件要求密封的投标文件，采购人、采购代理机构应当拒收。

第三十四条 投标人在投标截止时间前，可以对所递交的投标文件进行补充、修改或者撤回，并书面通知采购人或者采购代理机构。补充、修改的内容应当按照招标文件要求签署、盖章、密封后，作为投标文件的组成部分。

第三十五条 投标人根据招标文件的规定和采购项目的实际情况，拟在中标后将中标项目的非主体、非关键性工作分包的，应当在投标文件中载明分包承担主体，分包承担主体应当具备相应资质条件且不得再次分包。

第三十六条 投标人应当遵循公平竞争的原则，不得恶意串通，不得妨碍其他投标人的竞争行为，不得损害采购人或者其他投标人的合法权益。

在评标过程中发现投标人有上述情形的，评标委员会应当认定其投标无效，并书面报告本级财政部门。

第三十七条 有下列情形之一的，视为投标人串通投标，其投标无效：

（一）不同投标人的投标文件由同一单位或者个人编制；

（二）不同投标人委托同一单位或者个人办理投标事宜；

（三）不同投标人的投标文件载明的项目管理成员或者联系人员为同一人；

（四）不同投标人的投标文件异常一致或者投标报价呈规律性差异；

（五）不同投标人的投标文件相互混装；

（六）不同投标人的投标保证金从同一单位或者个人的账户转出。

第三十八条 投标人在投标截止时间前撤回已提交的投标文件的，采购人或者采购代理机构应当自收到投标人书面撤回通知之日起5个工作日内，退还已收取的投标保证金，但因投标人自身原因导致无法及时退还的除外。

采购人或者采购代理机构应当自中标通知书发出之日起5个工作日内退还未中标人的投标保证金，自采购合同签订之日起5个工作日内退还中标人的投标保证金或者转为中标人的履约保证金。

采购人或者采购代理机构逾期退还投标保证金的，除应当退还投标保证金本金外，还应当按中国人民银行同期贷款基准利率上浮20%后的利率支付超期资金占用费，但因投标人自身原因导致无法及时退还的除外。

第四章　开标、评标

第三十九条 开标应当在招标文件确定的提交投标文件截止时间的同一时间进行。开标地点应当为招标文件中预先确定的地点。

采购人或者采购代理机构应当对开标、评标现场活动进行全程录音录像。录音录像应当清晰可辨，音像资料作为采购文件一并存档。

第四十条 开标由采购人或者采购代理机构主持，邀请投标人参加。评标委员会成员不得参加开标活动。

第四十一条 开标时，应当由投标人或者其推选的代表检查投标文件的密封情况；经确认无误后，由采购人或者采购代理机构工作人员当众拆封，宣布投标人名称、投标价格和招标文件规定的需要宣布的其他内容。

投标人不足3家的，不得开标。

第四十二条 开标过程应当由采购人或者采购代理机构负责记录，由参加开标的各投标人代表和相关工作人员签字确认后随采购文件一并存档。

投标人代表对开标过程和开标记录有疑义，以及认为采购人、采购代理机构相关工作人员有需要回避的情形的，应当场提出询问或者回避申请。采购人、采购代理机构对投标人代表提出的询问或者回避申请应当及时处理。

投标人未参加开标的，视同认可开标结果。

第四十三条　公开招标数额标准以上的采购项目，投标截止后投标人不足 3 家或者通过资格审查或符合性审查的投标人不足 3 家的，除采购任务取消情形外，按照以下方式处理：

（一）招标文件存在不合理条款或者招标程序不符合规定的，采购人、采购代理机构改正后依法重新招标；

（二）招标文件没有不合理条款、招标程序符合规定，需要采用其他采购方式采购的，采购人应当依法报财政部门批准。

第四十四条　公开招标采购项目开标结束后，采购人或者采购代理机构应当依法对投标人的资格进行审查。

合格投标人不足 3 家的，不得评标。

第四十五条　采购人或者采购代理机构负责组织评标工作，并履行下列职责：

（一）核对评审专家身份和采购人代表授权函，对评审专家在政府采购活动中的职责履行情况予以记录，并及时将有关违法违规行为向财政部门报告；

（二）宣布评标纪律；

（三）公布投标人名单，告知评审专家应当回避的情形；

（四）组织评标委员会推选评标组长，采购人代表不得担任组长；

（五）在评标期间采取必要的通讯管理措施，保证评标活动不受外界干扰；

（六）根据评标委员会的要求介绍政府采购相关政策法规、招标文件；

（七）维护评标秩序，监督评标委员会依照招标文件规定的评标程序、方法和标准进行独立评审，及时制止和纠正采购人代表、评审专家的倾向性言论或者违法违规行为；

（八）核对评标结果，有本办法第六十四条规定情形的，要求评标委员会复核或者书面说明理由，评标委员会拒绝的，应予记录并向本级财政部门报告；

（九）评审工作完成后，按照规定向评审专家支付劳务报酬和异地评审差旅费，不得向评审专家以外的其他人员支付评审劳务报酬；

（十）处理与评标有关的其他事项。

采购人可以在评标前说明项目背景和采购需求，说明内容不得含有歧视性、倾向性意见，不得超出招标文件所述范围。说明应当提交书面材料，并随采购文件一并存档。

第四十六条　评标委员会负责具体评标事务，并独立履行下列职责：

（一）审查、评价投标文件是否符合招标文件的商务、技术等实质性要求；

（二）要求投标人对投标文件有关事项作出澄清或者说明；

（三）对投标文件进行比较和评价；

（四）确定中标候选人名单，以及根据采购人委托直接确定中标人；

（五）向采购人、采购代理机构或者有关部门报告评标中发现的违法行为。

第四十七条　评标委员会由采购人代表和评审专家组成，成员人数应当为 5 人以上单数，其中评审专家不得少于成员总数的三分之二。

采购项目符合下列情形之一的，评标委员会成员人数应当为 7 人以上单数：

（一）采购预算金额在 1000 万元以上；

（二）技术复杂；

（三）社会影响较大。

评审专家对本单位的采购项目只能作为采购人代表参与评标，本办法第四十八条第二款规定情形除外。采购代理机构工作人员不得参加由本机构代理的政府采购项目的评标。

评标委员会成员名单在评标结果公告前应当保密。

第四十八条　采购人或者采购代理机构应当从省级以上财政部门设立的政府采购评审专家库中，通过随机方式抽取评审专家。

对技术复杂、专业性强的采购项目，通过随机方式难以确定合适评审专家的，经主管预算单位同意，采购人可以自行选定相应专业领域的评审专家。

第四十九条　评标中因评标委员会成员缺席、回避或者健康等特殊原因导致评标委员会组成不符合本办法规定的，采购人或者采购代理机构应当依法补足后继续评标。被更换的评标委员会成员所作出的评标意见无效。

无法及时补足评标委员会成员的，采购人或者采购代理机构应当停止评标活动，封存所有投标文件和开标、评标资料，依法重新组建评标委员会进行评标。原评标委员会所作出的评标意见无效。

采购人或者采购代理机构应当将变更、重新组建评标委员会的情况予以记录，并随采购文件一并存档。

第五十条　评标委员会应当对符合资格的投标人的投标文件进行符合性审查，以确定其是否满足招标文件的实质性要求。

第五十一条　对于投标文件中含义不明确、同类问题表述不一致或者有明显文字和计算错误的内容，评标委员会应当以书面形式要求投标人作出必要的澄清、说明或者补正。

投标人的澄清、说明或者补正应当采用书面形式，并加盖公章，或者由法定代表人或其授权的代表签字。投标人的澄清、说明或者补正不得超出投标文件的范围或者改变投标文件的实质性内容。

第五十二条　评标委员会应当按照招标文件中规定的评标方法和标准，对符合性审查合格的投标文件进行商务和技术评估，综合比较与评价。

第五十三条　评标方法分为最低评标价法和综合评分法。

第五十四条　最低评标价法，是指投标文件满足招标文件全部实质性要求，且投标报价最低的投标人为中标候选人的评标方法。

技术、服务等标准统一的货物服务项目，应当采用最低评标价法。

采用最低评标价法评标时，除了算术修正和落实政府采购政策需进行的价格扣除外，不能对投标人的投标价格进行任何调整。

第五十五条　综合评分法，是指投标文件满足招标文件全部实质性要求，且按照评审因素的量化指标评审得分最高的投标人为中标候选人的评标方法。

评审因素的设定应当与投标人所提供货物服务的质量相关，包括投标报价、技术或者服务水平、履约能力、售后服务等。资格条件不得作为评审因素。评审因素应当在招标文件中规定。

评审因素应当细化和量化，且与相应的商务条件和采购需求对应。商务条件和采购需求指标有区间规定的，评审因素应当量化到相应区间，并设置各区间对应的不同分值。

评标时，评标委员会各成员应当独立对每个投标人的投标文件进行评价，并汇总每个投标人的得分。

货物项目的价格分值占总分值的比重不得低于 30%；服务项目的价格分值占总分值的比重不得低于 10%。执行国家统一定价标准和采用固定价格采购的项目，其价格不列为评审因素。

价格分应当采用低价优先法计算，即满足招标文件要求且投标价格最低的投标报价为评标基准价，其价格分为满分。其他投标人的价格分统一按照下列公式计算：

投标报价得分＝（评标基准价/投标报价）×100

评标总得分＝F1×A1＋F2×A2＋……＋Fn×An

F1、F2……Fn 分别为各项评审因素的得分；

A1、A2、……An　分别为各项评审因素所占的权重（A1＋A2＋……＋An＝1）。

评标过程中，不得去掉报价中的最高报价和最低报价。

因落实政府采购政策进行价格调整的，以调整后的价格计算评标基准价和投标报价。

第五十六条　采用最低评标价法的，评标结果按投标报价由低到高顺序排列。投标报价相同的并列。投标文件满足招标文件全部实质性要求且投标报价最低的投标人为排名第一的中标候选人。

第五十七条　采用综合评分法的，评标结果按评审后得分由高到低顺序排列。得分相同的，按投标报价由低到高顺序排列。得分且投标报价相同的并列。投标文件满足招标文件全部实质性要求，且按照评审因素的量化指标评审得分最高的投标人为排名第一的中标候选人。

第五十八条　评标委员会根据全体评标成员签字的原始评标记录和评标结果编写评标报告。评标报告应当包括以下内容：

（一）招标公告刊登的媒体名称、开标日期和地点；

（二）投标人名单和评标委员会成员名单；

（三）评标方法和标准；

（四）开标记录和评标情况及说明，包括无效投标人名单及原因；

（五）评标结果，确定的中标候选人名单或者经采购人委托直接确定的中标人；

（六）其他需要说明的情况，包括评标过程中投标人根据评标委员会要求进行的澄清、说明或者补正，评标委员会成员的更换等。

第五十九条 投标文件报价出现前后不一致的，除招标文件另有规定外，按照下列规定修正：

（一）投标文件中开标一览表（报价表）内容与投标文件中相应内容不一致的，以开标一览表（报价表）为准；

（二）大写金额和小写金额不一致的，以大写金额为准；

（三）单价金额小数点或者百分比有明显错位的，以开标一览表的总价为准，并修改单价；

（四）总价金额与按单价汇总金额不一致的，以单价金额计算结果为准。

同时出现两种以上不一致的，按照前款规定的顺序修正。修正后的报价按照本办法第五十一条第二款的规定经投标人确认后产生约束力，投标人不确认的，其投标无效。

第六十条 评标委员会认为投标人的报价明显低于其他通过符合性审查投标人的报价，有可能影响产品质量或者不能诚信履约的，应当要求其在评标现场合理的时间内提供书面说明，必要时提交相关证明材料；投标人不能证明其报价合理性的，评标委员会应当将其作为无效投标处理。

第六十一条 评标委员会成员对需要共同认定的事项存在争议的，应当按照少数服从多数的原则作出结论。持不同意见的评标委员会成员应当在评标报告上签署不同意见及理由，否则视为同意评标报告。

第六十二条 评标委员会及其成员不得有下列行为：

（一）确定参与评标至评标结束前私自接触投标人；

（二）接受投标人提出的与投标文件不一致的澄清或者说明，本办法第五十一条规定的情形除外；

（三）违反评标纪律发表倾向性意见或者征询采购人的倾向性意见；

（四）对需要专业判断的主观评审因素协商评分；

（五）在评标过程中擅离职守，影响评标程序正常进行的；

（六）记录、复制或者带走任何评标资料；

（七）其他不遵守评标纪律的行为。

评标委员会成员有前款第一至五项行为之一的，其评审意见无效，并不得获取评审劳务报酬和报销异地评审差旅费。

第六十三条　投标人存在下列情况之一的，投标无效：

（一）未按照招标文件的规定提交投标保证金的；

（二）投标文件未按招标文件要求签署、盖章的；

（三）不具备招标文件中规定的资格要求的；

（四）报价超过招标文件中规定的预算金额或者最高限价的；

（五）投标文件含有采购人不能接受的附加条件的；

（六）法律、法规和招标文件规定的其他无效情形。

第六十四条　评标结果汇总完成后，除下列情形外，任何人不得修改评标结果：

（一）分值汇总计算错误的；

（二）分项评分超出评分标准范围的；

（三）评标委员会成员对客观评审因素评分不一致的；

（四）经评标委员会认定评分畸高、畸低的。

评标报告签署前，经复核发现存在以上情形之一的，评标委员会应当当场修改评标结果，并在评标报告中记载；评标报告签署后，采购人或者采购代理机构发现存在以上情形之一的，应当组织原评标委员会进行重新评审，重新评审改变评标结果的，书面报告本级财政部门。

投标人对本条第一款情形提出质疑的，采购人或者采购代理机构可以组织原评标委员会进行重新评审，重新评审改变评标结果的，应当书面报告本级财政部门。

第六十五条　评标委员会发现招标文件存在歧义、重大缺陷导致评标工作无法进行，或者招标文件内容违反国家有关强制性规定的，应当停止评标工作，与采购人或者采购代理机构沟通并作书面记录。采购人或者采购代理机构确认后，应当修改招标文件，重新组织采购活动。

第六十六条　采购人、采购代理机构应当采取必要措施，保证评标在严格保密的情况下进行。除采购人代表、评标现场组织人员外，采购人的其他工作人员以及与评标工作无关的人员不得进入评标现场。

有关人员对评标情况以及在评标过程中获悉的国家秘密、商业秘密负有保密责任。

第六十七条　评标委员会或者其成员存在下列情形导致评标结果无效的，采购人、采购代理机构可以重新组建评标委员会进行评标，并书面报告本级财政部门，但采购合同已经履行的除外：

（一）评标委员会组成不符合本办法规定的；

（二）有本办法第六十二条第一至五项情形的；

（三）评标委员会及其成员独立评标受到非法干预的；

（四）有政府采购法实施条例第七十五条规定的违法行为的。

有违法违规行为的原评标委员会成员不得参加重新组建的评标委员会。

第五章 中标和合同

第六十八条 采购代理机构应当在评标结束后2个工作日内将评标报告送采购人。

采购人应当自收到评标报告之日起5个工作日内，在评标报告确定的中标候选人名单中按顺序确定中标人。中标候选人并列的，由采购人或者采购人委托评标委员会按照招标文件规定的方式确定中标人；招标文件未规定的，采取随机抽取的方式确定。

采购人自行组织招标的，应当在评标结束后5个工作日内确定中标人。

采购人在收到评标报告5个工作日内未按评标报告推荐的中标候选人顺序确定中标人，又不能说明合法理由的，视同按评标报告推荐的顺序确定排名第一的中标候选人为中标人。

第六十九条 采购人或者采购代理机构应当自中标人确定之日起2个工作日内，在省级以上财政部门指定的媒体上公告中标结果，招标文件应当随中标结果同时公告。

中标结果公告内容应当包括采购人及其委托的采购代理机构的名称、地址、联系方式，项目名称和项目编号，中标人名称、地址和中标金额，主要中标标的的名称、规格型号、数量、单价、服务要求，中标公告期限以及评审专家名单。

中标公告期限为1个工作日。

邀请招标采购人采用书面推荐方式产生符合资格条件的潜在投标人的，还应当将所有被推荐供应商名单和推荐理由随中标结果同时公告。

在公告中标结果的同时，采购人或者采购代理机构应当向中标人发出中标通知书；对未通过资格审查的投标人，应当告知其未通过的原因；采用综合评分法评审的，还应当告知未中标人本人的评审得分与排序。

第七十条 中标通知书发出后，采购人不得违法改变中标结果，中标人无正当理由不得放弃中标。

第七十一条 采购人应当自中标通知书发出之日起30日内，按照招标文件和中标人投标文件的规定，与中标人签订书面合同。所签订的合同不得对招标文件确定的事项和中标人投标文件作实质性修改。

采购人不得向中标人提出任何不合理的要求作为签订合同的条件。

第七十二条 政府采购合同应当包括采购人与中标人的名称和住所、标的、数量、质量、价款或者报酬、履行期限及地点和方式、验收要求、违约责任、解决争议的方法等内容。

第七十三条 采购人与中标人应当根据合同的约定依法履行合同义务。

政府采购合同的履行、违约责任和解决争议的方法等适用《中华人民共和国合同法》。

第七十四条 采购人应当及时对采购项目进行验收。采购人可以邀请参加本项目的其他投标人或者第三方机构参与验收。参与验收的投标人或者第三方机构的意见作为验收书的参考资料一并存档。

第七十五条　采购人应当加强对中标人的履约管理，并按照采购合同约定，及时向中标人支付采购资金。对于中标人违反采购合同约定的行为，采购人应当及时处理，依法追究其违约责任。

第七十六条　采购人、采购代理机构应当建立真实完整的招标采购档案，妥善保存每项采购活动的采购文件。

第六章　法　律　责　任

第七十七条　采购人有下列情形之一的，由财政部门责令限期改正；情节严重的，给予警告，对直接负责的主管人员和其他直接责任人员由其行政主管部门或者有关机关依法给予处分，并予以通报；涉嫌犯罪的，移送司法机关处理：

（一）未按照本办法的规定编制采购需求的；

（二）违反本办法第六条第二款规定的；

（三）未在规定时间内确定中标人的；

（四）向中标人提出不合理要求作为签订合同条件的。

第七十八条　采购人、采购代理机构有下列情形之一的，由财政部门责令限期改正，情节严重的，给予警告，对直接负责的主管人员和其他直接责任人员，由其行政主管部门或者有关机关给予处分，并予通报；采购代理机构有违法所得的，没收违法所得，并可以处以不超过违法所得 3 倍、最高不超过 3 万元的罚款，没有违法所得的，可以处以 1 万元以下的罚款：

（一）违反本办法第八条第二款规定的；

（二）设定最低限价的；

（三）未按照规定进行资格预审或者资格审查的；

（四）违反本办法规定确定招标文件售价的；

（五）未按规定对开标、评标活动进行全程录音录像的；

（六）擅自终止招标活动的；

（七）未按照规定进行开标和组织评标的；

（八）未按照规定退还投标保证金的；

（九）违反本办法规定进行重新评审或者重新组建评标委员会进行评标的；

（十）开标前泄露已获取招标文件的潜在投标人的名称、数量或者其他可能影响公平竞争的有关招标投标情况的；

（十一）未妥善保存采购文件的；

（十二）其他违反本办法规定的情形。

第七十九条　有本办法第七十七条、第七十八条规定的违法行为之一，经改正后仍然影响或者可能影响中标结果的，依照政府采购法实施条例第七十一条规定处理。

第八十条　政府采购当事人违反本办法规定，给他人造成损失的，依法承担民事责任。

第八十一条　评标委员会成员有本办法第六十二条所列行为之一的，由财政部门责令限期改正；情节严重的，给予警告，并对其不良行为予以记录。

第八十二条　财政部门应当依法履行政府采购监督管理职责。财政部门及其工作人员在履行监督管理职责中存在懒政怠政、滥用职权、玩忽职守、徇私舞弊等违法违纪行为的，依照政府采购法、《中华人民共和国公务员法》、《中华人民共和国行政监察法》、政府采购法实施条例等国家有关规定追究相应责任；涉嫌犯罪的，移送司法机关处理。

第七章　附　　则

第八十三条　政府采购货物服务电子招标投标、政府采购货物中的进口机电产品招标投标有关特殊事宜，由财政部另行规定。

第八十四条　本办法所称主管预算单位是指负有编制部门预算职责，向本级财政部门申报预算的国家机关、事业单位和团体组织。

第八十五条　本办法规定按日计算期间的，开始当天不计入，从次日开始计算。期限的最后一日是国家法定节假日的，顺延到节假日后的次日为期限的最后一日。

第八十六条　本办法所称的"以上"、"以下"、"内"、"以内"，包括本数；所称的"不足"，不包括本数。

第八十七条　各省、自治区、直辖市财政部门可以根据本办法制定具体实施办法。

第八十八条　本办法自 2017 年 10 月 1 日起施行。财政部 2004 年 8 月 11 日发布的《政府采购货物和服务招标投标管理办法》（财政部令第 18 号）同时废止。

政府采购非招标采购方式管理办法

（2013 年 12 月 19 日财政部令第 74 号公布）

第一章　总　　则

第一条　为了规范政府采购行为，加强对采用非招标采购方式采购活动的监督管理，维护国家利益、社会公共利益和政府采购当事人的合法权益，依据《中华人民共和国政府采购法》（以下简称政府采购法）和其他法律、行政法规的有关规定，制定本办法。

第二条 采购人、采购代理机构采用非招标采购方式采购货物、工程和服务的，适用本办法。

本办法所称非招标采购方式，是指竞争性谈判、单一来源采购和询价采购方式。

竞争性谈判是指谈判小组与符合资格条件的供应商就采购货物、工程和服务事宜进行谈判，供应商按照谈判文件的要求提交响应文件和最后报价，采购人从谈判小组提出的成交候选人中确定成交供应商的采购方式。

单一来源采购是指采购人从某一特定供应商处采购货物、工程和服务的采购方式。

询价是指询价小组向符合资格条件的供应商发出采购货物询价通知书，要求供应商一次报出不得更改的价格，采购人从询价小组提出的成交候选人中确定成交供应商的采购方式。

第三条 采购人、采购代理机构采购以下货物、工程和服务之一的，可以采用竞争性谈判、单一来源采购方式采购；采购货物的，还可以采用询价采购方式：

（一）依法制定的集中采购目录以内，且未达到公开招标数额标准的货物、服务；

（二）依法制定的集中采购目录以外、采购限额标准以上，且未达到公开招标数额标准的货物、服务；

（三）达到公开招标数额标准、经批准采用非公开招标方式的货物、服务；

（四）按照招标投标法及其实施条例必须进行招标的工程建设项目以外的政府采购工程。

第二章 一 般 规 定

第四条 达到公开招标数额标准的货物、服务采购项目，拟采用非招标采购方式的，采购人应当在采购活动开始前，报经主管预算单位同意后，向设区的市、自治州以上人民政府财政部门申请批准。

第五条 根据本办法第四条申请采用非招标采购方式采购的，采购人应当向财政部门提交以下材料并对材料的真实性负责：

（一）采购人名称、采购项目名称、项目概况等项目基本情况说明；

（二）项目预算金额、预算批复文件或者资金来源证明；

（三）拟申请采用的采购方式和理由。

第六条 采购人、采购代理机构应当按照政府采购法和本办法的规定组织开展非招标采购活动，并采取必要措施，保证评审在严格保密的情况下进行。

任何单位和个人不得非法干预、影响评审过程和结果。

第七条 竞争性谈判小组或者询价小组由采购人代表和评审专家共 3 人以上单数组成，其中评审专家人数不得少于竞争性谈判小组或者询价小组成员总数的 2/3。采购人不得以评审专家身份参加本部门或本单位采购项目的评审。采购代理机构人员不得参加本机构代理的采购项目的评审。

达到公开招标数额标准的货物或者服务采购项目，或者达到招标规模标准的政府采购工程，竞争性谈判小组或者询价小组应当由 5 人以上单数组成。

采用竞争性谈判、询价方式采购的政府采购项目，评审专家应当从政府采购评审专家库内相关专业的专家名单中随机抽取。技术复杂、专业性强的竞争性谈判采购项目，通过随机方式难以确定合适的评审专家的，经主管预算单位同意，可以自行选定评审专家。技术复杂、专业性强的竞争性谈判采购项目，评审专家中应当包含 1 名法律专家。

第八条 竞争性谈判小组或者询价小组在采购活动过程中应当履行下列职责：

（一）确认或者制定谈判文件、询价通知书；

（二）从符合相应资格条件的供应商名单中确定不少于 3 家的供应商参加谈判或者询价；

（三）审查供应商的响应文件并作出评价；

（四）要求供应商解释或者澄清其响应文件；

（五）编写评审报告；

（六）告知采购人、采购代理机构在评审过程中发现的供应商的违法违规行为。

第九条 竞争性谈判小组或者询价小组成员应当履行下列义务：

（一）遵纪守法，客观、公正、廉洁地履行职责；

（二）根据采购文件的规定独立进行评审，对个人的评审意见承担法律责任；

（三）参与评审报告的起草；

（四）配合采购人、采购代理机构答复供应商提出的质疑；

（五）配合财政部门的投诉处理和监督检查工作。

第十条 谈判文件、询价通知书应当根据采购项目的特点和采购人的实际需求制定，并经采购人书面同意。采购人应当以满足实际需求为原则，不得擅自提高经费预算和资产配置等采购标准。

谈判文件、询价通知书不得要求或者标明供应商名称或者特定货物的品牌，不得含有指向特定供应商的技术、服务等条件。

第十一条 谈判文件、询价通知书应当包括供应商资格条件、采购邀请、采购方式、采购预算、采购需求、采购程序、价格构成或者报价要求、响应文件编制要求、提交响应文件截止时间及地点、保证金交纳数额和形式、评定成交的标准等。

谈判文件除本条第一款规定的内容外，还应当明确谈判小组根据与供应商谈判情况可能实质性变动的内容，包括采购需求中的技术、服务要求以及合同草案条款。

第十二条 采购人、采购代理机构应当通过发布公告、从省级以上财政部门建立的供应商库中随机抽取或者采购人和评审专家分别书面推荐的方式邀请不少于 3 家符合相应资格条件的供应商参与竞争性谈判或者询价采购活动。

符合政府采购法第二十二条第一款规定条件的供应商可以在采购活动开始前加入供应商库。财政部门不得对供应商申请入库收取任何费用，不得利用供应商库进行地区和行业封锁。

采取采购人和评审专家书面推荐方式选择供应商的，采购人和评审专家应当各自出具书面推荐意见。采购人推荐供应商的比例不得高于推荐供应商总数的50%。

第十三条 供应商应当按照谈判文件、询价通知书的要求编制响应文件，并对其提交的响应文件的真实性、合法性承担法律责任。

第十四条 采购人、采购代理机构可以要求供应商在提交响应文件截止时间之前交纳保证金。保证金应当采用支票、汇票、本票、网上银行支付或者金融机构、担保机构出具的保函等非现金形式交纳。保证金数额应当不超过采购项目预算的2%。

供应商为联合体的，可以由联合体中的一方或者多方共同交纳保证金，其交纳的保证金对联合体各方均具有约束力。

第十五条 供应商应当在谈判文件、询价通知书要求的截止时间前，将响应文件密封送达指定地点。在截止时间后送达的响应文件为无效文件，采购人、采购代理机构或者谈判小组、询价小组应当拒收。

供应商在提交询价响应文件截止时间前，可以对所提交的响应文件进行补充、修改或者撤回，并书面通知采购人、采购代理机构。补充、修改的内容作为响应文件的组成部分。补充、修改的内容与响应文件不一致的，以补充、修改的内容为准。

第十六条 谈判小组、询价小组在对响应文件的有效性、完整性和响应程度进行审查时，可以要求供应商对响应文件中含义不明确、同类问题表述不一致或者有明显文字和计算错误的内容等作出必要的澄清、说明或者更正。供应商的澄清、说明或者更正不得超出响应文件的范围或者改变响应文件的实质性内容。

谈判小组、询价小组要求供应商澄清、说明或者更正响应文件应当以书面形式作出。供应商的澄清、说明或者更正应当由法定代表人或其授权代表签字或者加盖公章。由授权代表签字的，应当附法定代表人授权书。供应商为自然人的，应当由本人签字并附身份证明。

第十七条 谈判小组、询价小组应当根据评审记录和评审结果编写评审报告，其主要内容包括：

（一）邀请供应商参加采购活动的具体方式和相关情况，以及参加采购活动的供应商名单；

（二）评审日期和地点，谈判小组、询价小组成员名单；

（三）评审情况记录和说明，包括对供应商的资格审查情况、供应商响应文件评审情况、谈判情况、报价情况等；

（四）提出的成交候选人的名单及理由。

评审报告应当由谈判小组、询价小组全体人员签字认可。谈判小组、询价小组成员对评审报告有异议的，谈判小组、询价小组按照少数服从多数的原则推荐成交候选人，采购程序继续进行。对评审报告有异议的谈判小组、询价小组成员，应当在报告上签署不同意见并说明理由，由谈判小组、询价小组书面记录相关情况。谈判小组、询价小组成员拒绝在报告上签字又不书面说明其不同意见和理由的，视为同意评审报告。

第十八条 采购人或者采购代理机构应当在成交供应商确定后 2 个工作日内，在省级以上财政部门指定的媒体上公告成交结果，同时向成交供应商发出成交通知书，并将竞争性谈判文件、询价通知书随成交结果同时公告。成交结果公告应当包括以下内容：

（一）采购人和采购代理机构的名称、地址和联系方式；

（二）项目名称和项目编号；

（三）成交供应商名称、地址和成交金额；

（四）主要成交标的的名称、规格型号、数量、单价、服务要求；

（五）谈判小组、询价小组成员名单及单一来源采购人员名单。

采用书面推荐供应商参加采购活动的，还应当公告采购人和评审专家的推荐意见。

第十九条 采购人与成交供应商应当在成交通知书发出之日起 30 日内，按照采购文件确定的合同文本以及采购标的、规格型号、采购金额、采购数量、技术和服务要求等事项签订政府采购合同。

采购人不得向成交供应商提出超出采购文件以外的任何要求作为签订合同的条件，不得与成交供应商订立背离采购文件确定的合同文本以及采购标的、规格型号、采购金额、采购数量、技术和服务要求等实质性内容的协议。

第二十条 采购人或者采购代理机构应当在采购活动结束后及时退还供应商的保证金，但因供应商自身原因导致无法及时退还的除外。未成交供应商的保证金应当在成交通知书发出后 5 个工作日内退还，成交供应商的保证金应当在采购合同签订后 5 个工作日内退还。

有下列情形之一的，保证金不予退还：

（一）供应商在提交响应文件截止时间后撤回响应文件的；

（二）供应商在响应文件中提供虚假材料的；

（三）除因不可抗力或谈判文件、询价通知书认可的情形以外，成交供应商不与采购人签订合同的；

（四）供应商与采购人、其他供应商或者采购代理机构恶意串通的；

（五）采购文件规定的其他情形。

第二十一条 除资格性审查认定错误和价格计算错误外，采购人或者采购代理机构不得以任何理由组织重新评审。采购人、采购代理机构发现谈判小组、询价小组未按照采购文件规定的评定成交的标准进行评审的，应当重新开展采购活动，并同时书面报告本级财政部门。

第二十二条 除不可抗力等因素外，成交通知书发出后，采购人改变成交结果，或者成交供应商拒绝签订政府采购合同的，应当承担相应的法律责任。

成交供应商拒绝签订政府采购合同的，采购人可以按照本办法第三十六条第二款、第四十九条第二款规定的原则确定其他供应商作为成交供应商并签订政府采购合同，也可以重新开展采购活动。拒绝签订政府采购合同的成交供应商不得参加对该项目重新开展的采购活动。

第二十三条 在采购活动中因重大变故，采购任务取消的，采购人或者采购代理机构应当终止采购活动，通知所有参加采购活动的供应商，并将项目实施情况和采购任务取消原因报送本级财政部门。

第二十四条 采购人或者采购代理机构应当按照采购合同规定的技术、服务等要求组织对供应商履约的验收，并出具验收书。验收书应当包括每一项技术、服务等要求的履约情况。大型或者复杂的项目，应当邀请国家认可的质量检测机构参加验收。验收方成员应当在验收书上签字，并承担相应的法律责任。

第二十五条 谈判小组、询价小组成员以及与评审工作有关的人员不得泄露评审情况以及评审过程中获悉的国家秘密、商业秘密。

第二十六条 采购人、采购代理机构应当妥善保管每项采购活动的采购文件。采购文件包括采购活动记录、采购预算、谈判文件、询价通知书、响应文件、推荐供应商的意见、评审报告、成交供应商确定文件、单一来源采购协商情况记录、合同文本、验收证明、质疑答复、投诉处理决定以及其他有关文件、资料。采购文件可以电子档案方式保存。

采购活动记录至少应当包括下列内容：

（一）采购项目类别、名称；

（二）采购项目预算、资金构成和合同价格；

（三）采购方式，采用该方式的原因及相关说明材料；

（四）选择参加采购活动的供应商的方式及原因；

（五）评定成交的标准及确定成交供应商的原因；

（六）终止采购活动的，终止的原因。

第三章　竞争性谈判

第二十七条 符合下列情形之一的采购项目，可以采用竞争性谈判方式采购：

（一）招标后没有供应商投标或者没有合格标的，或者重新招标未能成立的；

（二）技术复杂或者性质特殊，不能确定详细规格或者具体要求的；

（三）非采购人所能预见的原因或者非采购人拖延造成采用招标所需时间不能满足用户紧急需要的；

（四）因艺术品采购、专利、专有技术或者服务的时间、数量事先不能确定等原因不能事先计算出价格总额的。

公开招标的货物、服务采购项目，招标过程中提交投标文件或者经评审实质性响应招标文件要求的供应商只有两家时，采购人、采购代理机构按照本办法第四条经本级财政部门批准后可以与该两家供应商进行竞争性谈判采购，采购人、采购代理机构应当根据招标文件中的采购需求编制谈判文件，成立谈判小组，由谈判小组对谈判文件进行确认。符合本款情形的，本办法第三十三条、第三十五条中规定的供应商最低数量可以为两家。

第二十八条　符合本办法第二十七条第一款第一项情形和第二款情形，申请采用竞争性谈判采购方式时，除提交本办法第五条第一至三项规定的材料外，还应当提交下列申请材料：

（一）在省级以上财政部门指定的媒体上发布招标公告的证明材料；

（二）采购人、采购代理机构出具的对招标文件和招标过程是否有供应商质疑及质疑处理情况的说明；

（三）评标委员会或者3名以上评审专家出具的招标文件没有不合理条款的论证意见。

第二十九条　从谈判文件发出之日起至供应商提交首次响应文件截止之日止不得少于3个工作日。

提交首次响应文件截止之日前，采购人、采购代理机构或者谈判小组可以对已发出的谈判文件进行必要的澄清或者修改，澄清或者修改的内容作为谈判文件的组成部分。澄清或者修改的内容可能影响响应文件编制的，采购人、采购代理机构或者谈判小组应当在提交首次响应文件截止之日3个工作日前，以书面形式通知所有接收谈判文件的供应商，不足3个工作日的，应当顺延提交首次响应文件截止之日。

第三十条　谈判小组应当对响应文件进行评审，并根据谈判文件规定的程序、评定成交的标准等事项与实质性响应谈判文件要求的供应商进行谈判。未实质性响应谈判文件的响应文件按无效处理，谈判小组应当告知有关供应商。

第三十一条　谈判小组所有成员应当集中与单一供应商分别进行谈判，并给予所有参加谈判的供应商平等的谈判机会。

第三十二条　在谈判过程中，谈判小组可以根据谈判文件和谈判情况实质性变动采购需求中的技术、服务要求以及合同草案条款，但不得变动谈判文件中的其他内容。实质性变动的内容，须经采购人代表确认。

对谈判文件作出的实质性变动是谈判文件的有效组成部分，谈判小组应当及时以书面形式同时通知所有参加谈判的供应商。

供应商应当按照谈判文件的变动情况和谈判小组的要求重新提交响应文件，并由其法定代表人或授权代表签字或者加盖公章。由授权代表签字的，应当附法定代表人授权书。供应商为自然人的，应当由本人签字并附身份证明。

第三十三条 谈判文件能够详细列明采购标的的技术、服务要求的，谈判结束后，谈判小组应当要求所有继续参加谈判的供应商在规定时间内提交最后报价，提交最后报价的供应商不得少于 3 家。

谈判文件不能详细列明采购标的的技术、服务要求，需经谈判由供应商提供最终设计方案或解决方案的，谈判结束后，谈判小组应当按照少数服从多数的原则投票推荐 3 家以上供应商的设计方案或者解决方案，并要求其在规定时间内提交最后报价。

最后报价是供应商响应文件的有效组成部分。

第三十四条 已提交响应文件的供应商，在提交最后报价之前，可以根据谈判情况退出谈判。采购人、采购代理机构应当退还退出谈判的供应商的保证金。

第三十五条 谈判小组应当从质量和服务均能满足采购文件实质性响应要求的供应商中，按照最后报价由低到高的顺序提出 3 名以上成交候选人，并编写评审报告。

第三十六条 采购代理机构应当在评审结束后 2 个工作日内将评审报告送采购人确认。

采购人应当在收到评审报告后 5 个工作日内，从评审报告提出的成交候选人中，根据质量和服务均能满足采购文件实质性响应要求且最后报价最低的原则确定成交供应商，也可以书面授权谈判小组直接确定成交供应商。采购人逾期未确定成交供应商且不提出异议的，视为确定评审报告提出的最后报价最低的供应商为成交供应商。

第三十七条 出现下列情形之一的，采购人或者采购代理机构应当终止竞争性谈判采购活动，发布项目终止公告并说明原因，重新开展采购活动：

（一）因情况变化，不再符合规定的竞争性谈判采购方式适用情形的；

（二）出现影响采购公正的违法、违规行为的；

（三）在采购过程中符合竞争要求的供应商或者报价未超过采购预算的供应商不足 3 家的，但本办法第二十七条第二款规定的情形除外。

第四章　单一来源采购

第三十八条 属于政府采购法第三十一条第一项情形，且达到公开招标数额的货物、服务项目，拟采用单一来源采购方式的，采购人、采购代理机构在按照本办法第四条报财政部门批准之前，应当在省级以上财政部门指定媒体上公示，并将公示情况一并报财政部门。公示期不得少于 5 个工作日，公示内容应当包括：

（一）采购人、采购项目名称和内容；

（二）拟采购的货物或者服务的说明；

（三）采用单一来源采购方式的原因及相关说明；

（四）拟定的唯一供应商名称、地址；

（五）专业人员对相关供应商因专利、专有技术等原因具有唯一性的具体论证意见，以及专业人员的姓名、工作单位和职称；

（六）公示的期限；

（七）采购人、采购代理机构、财政部门的联系地址、联系人和联系电话。

第三十九条 任何供应商、单位或者个人对采用单一来源采购方式公示有异议的，可以在公示期内将书面意见反馈给采购人、采购代理机构，并同时抄送相关财政部门。

第四十条 采购人、采购代理机构收到对采用单一来源采购方式公示的异议后，应当在公示期满后5个工作日内，组织补充论证，论证后认为异议成立的，应当依法采取其他采购方式；论证后认为异议不成立的，应当将异议意见、论证意见与公示情况一并报相关财政部门。

采购人、采购代理机构应当将补充论证的结论告知提出异议的供应商、单位或者个人。

第四十一条 采用单一来源采购方式采购的，采购人、采购代理机构应当组织具有相关经验的专业人员与供应商商定合理的成交价格并保证采购项目质量。

第四十二条 单一来源采购人员应当编写协商情况记录，主要内容包括：

（一）依据本办法第三十八条进行公示的，公示情况说明；

（二）协商日期和地点，采购人员名单；

（三）供应商提供的采购标的成本、同类项目合同价格以及相关专利、专有技术等情况说明；

（四）合同主要条款及价格商定情况。

协商情况记录应当由采购全体人员签字认可。对记录有异议的采购人员，应当签署不同意见并说明理由。采购人员拒绝在记录上签字又不书面说明其不同意见和理由的，视为同意。

第四十三条 出现下列情形之一的，采购人或者采购代理机构应当终止采购活动，发布项目终止公告并说明原因，重新开展采购活动：

（一）因情况变化，不再符合规定的单一来源采购方式适用情形的；

（二）出现影响采购公正的违法、违规行为的；

（三）报价超过采购预算的。

第五章 询 价

第四十四条 询价采购需求中的技术、服务等要求应当完整、明确，符合相关法律、行政法规和政府采购政策的规定。

第四十五条 从询价通知书发出之日起至供应商提交响应文件截止之日止不得少

于 3 个工作日。

提交响应文件截止之日前，采购人、采购代理机构或者询价小组可以对已发出的询价通知书进行必要的澄清或者修改，澄清或者修改的内容作为询价通知书的组成部分。澄清或者修改的内容可能影响响应文件编制的，采购人、采购代理机构或者询价小组应当在提交响应文件截止之日 3 个工作日前，以书面形式通知所有接收询价通知书的供应商，不足 3 个工作日的，应当顺延提交响应文件截止之日。

第四十六条 询价小组在询价过程中，不得改变询价通知书所确定的技术和服务等要求、评审程序、评定成交的标准和合同文本等事项。

第四十七条 参加询价采购活动的供应商，应当按照询价通知书的规定一次报出不得更改的价格。

第四十八条 询价小组应当从质量和服务均能满足采购文件实质性响应要求的供应商中，按照报价由低到高的顺序提出 3 名以上成交候选人，并编写评审报告。

第四十九条 采购代理机构应当在评审结束后 2 个工作日内将评审报告送采购人确认。

采购人应当在收到评审报告后 5 个工作日内，从评审报告提出的成交候选人中，根据质量和服务均能满足采购文件实质性响应要求且报价最低的原则确定成交供应商，也可以书面授权询价小组直接确定成交供应商。采购人逾期未确定成交供应商且不提出异议的，视为确定评审报告提出的最后报价最低的供应商为成交供应商。

第五十条 出现下列情形之一的，采购人或者采购代理机构应当终止询价采购活动，发布项目终止公告并说明原因，重新开展采购活动：

（一）因情况变化，不再符合规定的询价采购方式适用情形的；

（二）出现影响采购公正的违法、违规行为的；

（三）在采购过程中符合竞争要求的供应商或者报价未超过采购预算的供应商不足 3 家的。

第六章 法 律 责 任

第五十一条 采购人、采购代理机构有下列情形之一的，责令限期改正，给予警告；有关法律、行政法规规定处以罚款的，并处罚款；涉嫌犯罪的，依法移送司法机关处理：

（一）未按照本办法规定在指定媒体上发布政府采购信息的；

（二）未按照本办法规定组成谈判小组、询价小组的；

（三）在询价采购过程中与供应商进行协商谈判的；

（四）未按照政府采购法和本办法规定的程序和要求确定成交候选人的；

（五）泄露评审情况以及评审过程中获悉的国家秘密、商业秘密。

采购代理机构有前款情形之一，情节严重的，暂停其政府采购代理机构资格 3 至 6 个月；情节特别严重或者逾期不改正的，取消其政府采购代理机构资格。

第五十二条 采购人有下列情形之一的，责令限期改正，给予警告；有关法律、行政法规规定处以罚款的，并处罚款：

（一）未按照政府采购法和本办法的规定采用非招标采购方式的；

（二）未按照政府采购法和本办法的规定确定成交供应商的；

（三）未按照采购文件确定的事项签订政府采购合同，或者与成交供应商另行订立背离合同实质性内容的协议的；

（四）未按规定将政府采购合同副本报本级财政部门备案的。

第五十三条 采购人、采购代理机构有本办法第五十一条、第五十二条规定情形之一，且情节严重或者拒不改正的，其直接负责的主管人员和其他直接责任人员属于国家机关工作人员的，由任免机关或者监察机关依法给予处分，并予通报。

第五十四条 成交供应商有下列情形之一的，责令限期改正，情节严重的，列入不良行为记录名单，在 1 至 3 年内禁止参加政府采购活动，并予以通报：

（一）未按照采购文件确定的事项签订政府采购合同，或者与采购人另行订立背离合同实质性内容的协议的；

（二）成交后无正当理由不与采购人签订合同的；

（三）拒绝履行合同义务的。

第五十五条 谈判小组、询价小组成员有下列行为之一的，责令改正，给予警告；有关法律、行政法规规定处以罚款的，并处罚款；涉嫌犯罪的，依法移送司法机关处理：

（一）收受采购人、采购代理机构、供应商、其他利害关系人的财物或者其他不正当利益的；

（二）泄露评审情况以及评审过程中获悉的国家秘密、商业秘密的；

（三）明知与供应商有利害关系而不依法回避的；

（四）在评审过程中擅离职守，影响评审程序正常进行的；

（五）在评审过程中有明显不合理或者不正当倾向性的；

（六）未按照采购文件规定的评定成交的标准进行评审的。

评审专家有前款情形之一，情节严重的，取消其政府采购评审专家资格，不得再参加任何政府采购项目的评审，并在财政部门指定的政府采购信息发布媒体上予以公告。

第五十六条 有本办法第五十一条、第五十二条、第五十五条违法行为之一，并且影响或者可能影响成交结果的，应当按照下列情形分别处理：

（一）未确定成交供应商的，终止本次采购活动，依法重新开展采购活动；

（二）已确定成交供应商但采购合同尚未履行的，撤销合同，从合格的成交候选人中另行确定成交供应商，没有合格的成交候选人的，重新开展采购活动；

（三）采购合同已经履行的，给采购人、供应商造成损失的，由责任人依法承担赔偿责任。

第五十七条 政府采购当事人违反政府采购法和本办法规定，给他人造成损失的，应当依照有关民事法律规定承担民事责任。

第五十八条 任何单位或者个人非法干预、影响评审过程或者结果的，责令改正；该单位责任人或者个人属于国家机关工作人员的，由任免机关或者监察机关依法给予处分。

第五十九条 财政部门工作人员在实施监督管理过程中违法干预采购活动或者滥用职权、玩忽职守、徇私舞弊的，依法给予处分；涉嫌犯罪的，依法移送司法机关处理。

第七章 附　　则

第六十条 本办法所称主管预算单位是指负有编制部门预算职责，向同级财政部门申报预算的国家机关、事业单位和团体组织。

第六十一条 各省、自治区、直辖市人民政府财政部门可以根据本办法制定具体实施办法。

第六十二条 本办法自 2014 年 2 月 1 日起施行。

政府采购竞争性磋商采购方式管理暂行办法

（财库〔2014〕214 号，2014 年 12 月 31 日财政部发布）

第一章 总　　则

第一条 为了规范政府采购行为，维护国家利益、社会公共利益和政府采购当事人的合法权益，依据《中华人民共和国政府采购法》（以下简称政府采购法）第二十六条第一款第六项规定，制定本办法。

第二条 本办法所称竞争性磋商采购方式，是指采购人、政府采购代理机构通过组建竞争性磋商小组（以下简称磋商小组）与符合条件的供应商就采购货物、工程和服务事宜进行磋商，供应商按照磋商文件的要求提交响应文件和报价，采购人从磋商小组评审后提出的候选供应商名单中确定成交供应商的采购方式。

第三条 符合下列情形的项目，可以采用竞争性磋商方式开展采购：

（一）政府购买服务项目；

（二）技术复杂或者性质特殊，不能确定详细规格或者具体要求的；

（三）因艺术品采购、专利、专有技术或者服务的时间、数量事先不能确定等原因不能事先计算出价格总额的；

（四）市场竞争不充分的科研项目，以及需要扶持的科技成果转化项目；

（五）按照招标投标法及其实施条例必须进行招标的工程建设项目以外的工程建设项目。

第二章 磋 商 程 序

第四条 达到公开招标数额标准的货物、服务采购项目，拟采用竞争性磋商采购方式的，采购人应当在采购活动开始前，报经主管预算单位同意后，依法向设区的市、自治州以上人民政府财政部门申请批准。

第五条 采购人、采购代理机构应当按照政府采购法和本办法的规定组织开展竞争性磋商，并采取必要措施，保证磋商在严格保密的情况下进行。

任何单位和个人不得非法干预、影响磋商过程和结果。

第六条 采购人、采购代理机构应当通过发布公告、从省级以上财政部门建立的供应商库中随机抽取或者采购人和评审专家分别书面推荐的方式邀请不少于3家符合相应资格条件的供应商参与竞争性磋商采购活动。

符合政府采购法第二十二条第一款规定条件的供应商可以在采购活动开始前加入供应商库。财政部门不得对供应商申请入库收取任何费用，不得利用供应商库进行地区和行业封锁。

采取采购人和评审专家书面推荐方式选择供应商的，采购人和评审专家应当各自出具书面推荐意见。采购人推荐供应商的比例不得高于推荐供应商总数的50%。

第七条 采用公告方式邀请供应商的，采购人、采购代理机构应当在省级以上人民政府财政部门指定的政府采购信息发布媒体发布竞争性磋商公告。竞争性磋商公告应当包括以下主要内容：

（一）采购人、采购代理机构的名称、地点和联系方法；

（二）采购项目的名称、数量、简要规格描述或项目基本概况介绍；

（三）采购项目的预算；

（四）供应商资格条件；

（五）获取磋商文件的时间、地点、方式及磋商文件售价；

（六）响应文件提交的截止时间、开启时间及地点；

（七）采购项目联系人姓名和电话。

第八条 竞争性磋商文件（以下简称磋商文件）应当根据采购项目的特点和采购人的实际需求制定，并经采购人书面同意。采购人应当以满足实际需求为原则，不得擅自提高经费预算和资产配置等采购标准。

磋商文件不得要求或者标明供应商名称或者特定货物的品牌，不得含有指向特定供应商的技术、服务等条件。

第九条 磋商文件应当包括供应商资格条件、采购邀请、采购方式、采购预算、采购需求、政府采购政策要求、评审程序、评审方法、评审标准、价格构成或者报价要求、响应文件编制要求、保证金交纳数额和形式以及不予退还保证金的情形、磋商过程中可能实质性变动的内容、响应文件提交的截止时间、开启时间及地点以及合同草案条款等。

第十条 从磋商文件发出之日起至供应商提交首次响应文件截止之日止不得少于10日。

磋商文件售价应当按照弥补磋商文件制作成本费用的原则确定，不得以营利为目的，不得以项目预算金额作为确定磋商文件售价依据。磋商文件的发售期限自开始之日起不得少于5个工作日。

提交首次响应文件截止之日前，采购人、采购代理机构或者磋商小组可以对已发出的磋商文件进行必要的澄清或者修改，澄清或者修改的内容作为磋商文件的组成部分。澄清或者修改的内容可能影响响应文件编制的，采购人、采购代理机构应当在提交首次响应文件截止时间至少5日前，以书面形式通知所有获取磋商文件的供应商；不足5日的，采购人、采购代理机构应当顺延提交首次响应文件截止时间。

第十一条 供应商应当按照磋商文件的要求编制响应文件，并对其提交的响应文件的真实性、合法性承担法律责任。

第十二条 采购人、采购代理机构可以要求供应商在提交响应文件截止时间之前交纳磋商保证金。磋商保证金应当采用支票、汇票、本票或者金融机构、担保机构出具的保函等非现金形式交纳。磋商保证金数额应当不超过采购项目预算的2%。供应商未按照磋商文件要求提交磋商保证金的，响应无效。

供应商为联合体的，可以由联合体中的一方或者多方共同交纳磋商保证金，其交纳的保证金对联合体各方均具有约束力。

第十三条 供应商应当在磋商文件要求的截止时间前，将响应文件密封送达指定地点。在截止时间后送达的响应文件为无效文件，采购人、采购代理机构或者磋商小组应当拒收。

供应商在提交响应文件截止时间前，可以对所提交的响应文件进行补充、修改或者撤回，并书面通知采购人、采购代理机构。补充、修改的内容作为响应文件的组成部分。补充、修改的内容与响应文件不一致的，以补充、修改的内容为准。

第十四条 磋商小组由采购人代表和评审专家共3人以上单数组成，其中评审专家人数不得少于磋商小组成员总数的2/3。采购人代表不得以评审专家身份参加本部门或本单位采购项目的评审。采购代理机构人员不得参加本机构代理的采购项目的评审。

采用竞争性磋商方式的政府采购项目，评审专家应当从政府采购评审专家库内相关专业的专家名单中随机抽取。符合本办法第三条第四项规定情形的项目，以及情况特殊、通过随机方式难以确定合适的评审专家的项目，经主管预算单位同意，可以自行选定评审专家。技术复杂、专业性强的采购项目，评审专家中应当包含 1 名法律专家。

第十五条 评审专家应当遵守评审工作纪律，不得泄露评审情况和评审中获悉的商业秘密。

磋商小组在评审过程中发现供应商有行贿、提供虚假材料或者串通等违法行为的，应当及时向财政部门报告。

评审专家在评审过程中受到非法干涉的，应当及时向财政、监察等部门举报。

第十六条 磋商小组成员应当按照客观、公正、审慎的原则，根据磋商文件规定的评审程序、评审方法和评审标准进行独立评审。未实质性响应磋商文件的响应文件按无效响应处理，磋商小组应当告知提交响应文件的供应商。

磋商文件内容违反国家有关强制性规定的，磋商小组应当停止评审并向采购人或者采购代理机构说明情况。

第十七条 采购人、采购代理机构不得向磋商小组中的评审专家作倾向性、误导性的解释或者说明。

采购人、采购代理机构可以视采购项目的具体情况，组织供应商进行现场考察或召开磋商前答疑会，但不得单独或分别组织只有一个供应商参加的现场考察和答疑会。

第十八条 磋商小组在对响应文件的有效性、完整性和响应程度进行审查时，可以要求供应商对响应文件中含义不明确、同类问题表述不一致或者有明显文字和计算错误的内容等作出必要的澄清、说明或者更正。供应商的澄清、说明或者更正不得超出响应文件的范围或者改变响应文件的实质性内容。

磋商小组要求供应商澄清、说明或者更正响应文件应当以书面形式作出。供应商的澄清、说明或者更正应当由法定代表人或其授权代表签字或者加盖公章。由授权代表签字的，应当附法定代表人授权书。供应商为自然人的，应当由本人签字并附身份证明。

第十九条 磋商小组所有成员应当集中与单一供应商分别进行磋商，并给予所有参加磋商的供应商平等的磋商机会。

第二十条 在磋商过程中，磋商小组可以根据磋商文件和磋商情况实质性变动采购需求中的技术、服务要求以及合同草案条款，但不得变动磋商文件中的其他内容。实质性变动的内容，须经采购人代表确认。

对磋商文件作出的实质性变动是磋商文件的有效组成部分，磋商小组应当及时以书面形式同时通知所有参加磋商的供应商。

供应商应当按照磋商文件的变动情况和磋商小组的要求重新提交响应文件，并由其法定代表人或授权代表签字或者加盖公章。由授权代表签字的，应当附法定代表人授权书。供应商为自然人的，应当由本人签字并附身份证明。

第二十一条　磋商文件能够详细列明采购标的的技术、服务要求的，磋商结束后，磋商小组应当要求所有实质性响应的供应商在规定时间内提交最后报价，提交最后报价的供应商不得少于 3 家。

磋商文件不能详细列明采购标的的技术、服务要求，需经磋商由供应商提供最终设计方案或解决方案的，磋商结束后，磋商小组应当按照少数服从多数的原则投票推荐 3 家以上供应商的设计方案或者解决方案，并要求其在规定时间内提交最后报价。

最后报价是供应商响应文件的有效组成部分。符合本办法第三条第四项情形的，提交最后报价的供应商可以为 2 家。❶

第二十二条　已提交响应文件的供应商，在提交最后报价之前，可以根据磋商情况退出磋商。采购人、采购代理机构应当退还退出磋商的供应商的磋商保证金。

第二十三条　经磋商确定最终采购需求和提交最后报价的供应商后，由磋商小组采用综合评分法对提交最后报价的供应商的响应文件和最后报价进行综合评分。

综合评分法，是指响应文件满足磋商文件全部实质性要求且按评审因素的量化指标评审得分最高的供应商为成交候选供应商的评审方法。

第二十四条　综合评分法评审标准中的分值设置应当与评审因素的量化指标相对应。磋商文件中没有规定的评审标准不得作为评审依据。

评审时，磋商小组各成员应当独立对每个有效响应的文件进行评价、打分，然后汇总每个供应商每项评分因素的得分。

综合评分法货物项目的价格分值占总分值的比重（即权值）为 30%至 60%，服务项目的价格分值占总分值的比重（即权值）为 10%至 30%。采购项目中含不同采购对象的，以占项目资金比例最高的采购对象确定其项目属性。符合本办法第三条第三项的规定和执行统一价格标准的项目，其价格不列为评分因素。有特殊情况需要在上述规定范围外设定价格分权重的，应当经本级人民政府财政部门审核同意。

综合评分法中的价格分统一采用低价优先法计算，即满足磋商文件要求且最后报价最低的供应商的价格为磋商基准价，其价格分为满分。其他供应商的价格分统一按照下列公式计算：

磋商报价得分＝（磋商基准价/最后磋商报价）×价格权值×100

---

❶　《财政部关于政府采购竞争性磋商采购方式管理暂行办法有关问题的补充通知》（财库〔2015〕124号）对《政府采购竞争性磋商采购方式管理暂行办法》（财库〔2014〕214 号）补充规定："采用竞争性磋商采购方式采购的政府购买服务项目（含政府和社会资本合作项目），在采购过程中符合要求的供应商（社会资本）只有 2 家的，竞争性磋商采购活动可以继续进行。采购过程中符合要求的供应商（社会资本）只有 1 家的，采购人（项目实施机构）或者采购代理机构应当终止竞争性磋商采购活动，发布项目终止公告并说明原因，重新开展采购活动。"

项目评审过程中，不得去掉最后报价中的最高报价和最低报价。

第二十五条　磋商小组应当根据综合评分情况，按照评审得分由高到低顺序推荐3名以上成交候选供应商，并编写评审报告。符合本办法第二十一条第三款情形的，可以推荐2家成交候选供应商。评审得分相同的，按照最后报价由低到高的顺序推荐。评审得分且最后报价相同的，按照技术指标优劣顺序推荐。

第二十六条　评审报告应当包括以下主要内容：

（一）邀请供应商参加采购活动的具体方式和相关情况；

（二）响应文件开启日期和地点；

（三）获取磋商文件的供应商名单和磋商小组成员名单；

（四）评审情况记录和说明，包括对供应商的资格审查情况、供应商响应文件评审情况、磋商情况、报价情况等；

（五）提出的成交候选供应商的排序名单及理由。

第二十七条　评审报告应当由磋商小组全体人员签字认可。磋商小组成员对评审报告有异议的，磋商小组按照少数服从多数的原则推荐成交候选供应商，采购程序继续进行。对评审报告有异议的磋商小组成员，应当在报告上签署不同意见并说明理由，由磋商小组书面记录相关情况。磋商小组成员拒绝在报告上签字又不书面说明其不同意见和理由的，视为同意评审报告。

第二十八条　采购代理机构应当在评审结束后2个工作日内将评审报告送采购人确认。

采购人应当在收到评审报告后5个工作日内，从评审报告提出的成交候选供应商中，按照排序由高到低的原则确定成交供应商，也可以书面授权磋商小组直接确定成交供应商。采购人逾期未确定成交供应商且不提出异议的，视为确定评审报告提出的排序第一的供应商为成交供应商。

第二十九条　采购人或者采购代理机构应当在成交供应商确定后2个工作日内，在省级以上财政部门指定的政府采购信息发布媒体上公告成交结果，同时向成交供应商发出成交通知书，并将磋商文件随成交结果同时公告。成交结果公告应当包括以下内容：

（一）采购人和采购代理机构的名称、地址和联系方式；

（二）项目名称和项目编号；

（三）成交供应商名称、地址和成交金额；

（四）主要成交标的的名称、规格型号、数量、单价、服务要求；

（五）磋商小组成员名单。

采用书面推荐供应商参加采购活动的，还应当公告采购人和评审专家的推荐意见。

第三十条　采购人与成交供应商应当在成交通知书发出之日起30日内，按照磋商文件确定的合同文本以及采购标的、规格型号、采购金额、采购数量、技术和服务要求等事项签订政府采购合同。

采购人不得向成交供应商提出超出磋商文件以外的任何要求作为签订合同的条件，不得与成交供应商订立背离磋商文件确定的合同文本以及采购标的、规格型号、采购金额、采购数量、技术和服务要求等实质性内容的协议。

第三十一条　采购人或者采购代理机构应当在采购活动结束后及时退还供应商的磋商保证金，但因供应商自身原因导致无法及时退还的除外。未成交供应商的磋商保证金应当在成交通知书发出后 5 个工作日内退还，成交供应商的磋商保证金应当在采购合同签订后 5 个工作日内退还。

有下列情形之一的，磋商保证金不予退还：

（一）供应商在提交响应文件截止时间后撤回响应文件的；

（二）供应商在响应文件中提供虚假材料的；

（三）除因不可抗力或磋商文件认可的情形以外，成交供应商不与采购人签订合同的；

（四）供应商与采购人、其他供应商或者采购代理机构恶意串通的；

（五）磋商文件规定的其他情形。

第三十二条　除资格性检查认定错误、分值汇总计算错误、分项评分超出评分标准范围、客观分评分不一致、经磋商小组一致认定评分畸高、畸低的情形外，采购人或者采购代理机构不得以任何理由组织重新评审。采购人、采购代理机构发现磋商小组未按照磋商文件规定的评审标准进行评审的，应当重新开展采购活动，并同时书面报告本级财政部门。

采购人或者采购代理机构不得通过对样品进行检测、对供应商进行考察等方式改变评审结果。

第三十三条　成交供应商拒绝签订政府采购合同的，采购人可以按照本办法第二十八条第二款规定的原则确定其他供应商作为成交供应商并签订政府采购合同，也可以重新开展采购活动。拒绝签订政府采购合同的成交供应商不得参加对该项目重新开展的采购活动。

第三十四条　出现下列情形之一的，采购人或者采购代理机构应当终止竞争性磋商采购活动，发布项目终止公告并说明原因，重新开展采购活动：

（一）因情况变化，不再符合规定的竞争性磋商采购方式适用情形的；

（二）出现影响采购公正的违法、违规行为的；

（三）除本办法第二十一条第三款规定的情形外，在采购过程中符合要求的供应商或者报价未超过采购预算的供应商不足 3 家的。

第三十五条　在采购活动中因重大变故，采购任务取消的，采购人或者采购代理机构应当终止采购活动，通知所有参加采购活动的供应商，并将项目实施情况和采购任务取消原因报送本级财政部门。

第三章 附 则

第三十六条 相关法律制度对政府和社会资本合作项目采用竞争性磋商采购方式另有规定的，从其规定。

第三十七条 本办法所称主管预算单位是指负有编制部门预算职责，向同级财政部门申报预算的国家机关、事业单位和团体组织。

第三十八条 本办法自发布之日起施行。

政府采购促进中小企业发展暂行办法

（财库〔2020〕46 号，2020 年 12 月 18 日财政部、工业和信息化部发布）

第一条 为了发挥政府采购的政策功能，促进中小企业健康发展，根据《中华人民共和国政府采购法》、《中华人民共和国中小企业促进法》等有关法律法规，制定本办法。

第二条 本办法所称中小企业，是指在中华人民共和国境内依法设立，依据国务院批准的中小企业划分标准确定的中型企业、小型企业和微型企业，但与大企业的负责人为同一人，或者与大企业存在直接控股、管理关系的除外。

符合中小企业划分标准的个体工商户，在政府采购活动中视同中小企业。

第三条 采购人在政府采购活动中应当通过加强采购需求管理，落实预留采购份额、价格评审优惠、优先采购等措施，提高中小企业在政府采购中的份额，支持中小企业发展。

第四条 在政府采购活动中，供应商提供的货物、工程或者服务符合下列情形的，享受本办法规定的中小企业扶持政策：

（一）在货物采购项目中，货物由中小企业制造，即货物由中小企业生产且使用该中小企业商号或者注册商标；

（二）在工程采购项目中，工程由中小企业承建，即工程施工单位为中小企业；

（三）在服务采购项目中，服务由中小企业承接，即提供服务的人员为中小企业依照《中华人民共和国劳动合同法》订立劳动合同的从业人员。

在货物采购项目中，供应商提供的货物既有中小企业制造货物，也有大型企业制造货物的，不享受本办法规定的中小企业扶持政策。

以联合体形式参加政府采购活动，联合体各方均为中小企业的，联合体视同中小企业。其中，联合体各方均为小微企业的，联合体视同小微企业。

第五条 采购人在政府采购活动中应当合理确定采购项目的采购需求，不得以企业注册资本、资产总额、营业收入、从业人员、利润、纳税额等规模条件和财务指标作为供应商的资格要求或者评审因素，不得在企业股权结构、经营年限等方面对中小企业实行差别待遇或者歧视待遇。

第六条 主管预算单位应当组织评估本部门及所属单位政府采购项目，统筹制定面向中小企业预留采购份额的具体方案，对适宜由中小企业提供的采购项目和采购包，预留采购份额专门面向中小企业采购，并在政府采购预算中单独列示。

符合下列情形之一的，可不专门面向中小企业预留采购份额：

（一）法律法规和国家有关政策明确规定优先或者应当面向事业单位、社会组织等非企业主体采购的；

（二）因确需使用不可替代的专利、专有技术，基础设施限制，或者提供特定公共服务等原因，只能从中小企业之外的供应商处采购的；

（三）按照本办法规定预留采购份额无法确保充分供应、充分竞争，或者存在可能影响政府采购目标实现的情形；

（四）框架协议采购项目；

（五）省级以上人民政府财政部门规定的其他情形。

除上述情形外，其他均为适宜由中小企业提供的情形。

第七条 采购限额标准以上，200万元以下的货物和服务采购项目、400万元以下的工程采购项目，适宜由中小企业提供的，采购人应当专门面向中小企业采购。

第八条 超过200万元的货物和服务采购项目、超过400万元的工程采购项目中适宜由中小企业提供的，预留该部分采购项目预算总额的30%以上专门面向中小企业采购，其中预留给小微企业的比例不低于60%。预留份额通过下列措施进行：

（一）将采购项目整体或者设置采购包专门面向中小企业采购；

（二）要求供应商以联合体形式参加采购活动，且联合体中中小企业承担的部分达到一定比例；

（三）要求获得采购合同的供应商将采购项目中的一定比例分包给一家或者多家中小企业。

组成联合体或者接受分包合同的中小企业与联合体内其他企业、分包企业之间不得存在直接控股、管理关系。

第九条 对于经主管预算单位统筹后未预留份额专门面向中小企业采购的采购项目，以及预留份额项目中的非预留部分采购包，采购人、采购代理机构应当对符合本办法规定的小微企业报价给予6%—10%（工程项目为3%—5%）的扣除，用扣除后的价格参加评审。适用招标投标法的政府采购工程建设项目，采用综合评估法但未采用低价优先法计算价格分的，评标时应当在采用原报价进行评分的基础上增加其价格得分的3%—5%作为其价格分。

接受大中型企业与小微企业组成联合体或者允许大中型企业向一家或者多家小微企业分包的采购项目，对于联合协议或者分包意向协议约定小微企业的合同份额占到合同总金额30%以上的，采购人、采购代理机构应当对联合体或者大中型企业的报价给予2%-3%（工程项目为1%—2%）的扣除，用扣除后的价格参加评审。适用招标投标法的政府采购工程建设项目，采用综合评估法但未采用低价优先法计算价格分的，评标时应当在采用原报价进行评分的基础上增加其价格得分的 1%—2%作为其价格分。组成联合体或者接受分包的小微企业与联合体内其他企业、分包企业之间存在直接控股、管理关系的，不享受价格扣除优惠政策。

价格扣除比例或者价格分加分比例对小型企业和微型企业同等对待，不作区分。具体采购项目的价格扣除比例或者价格分加分比例，由采购人根据采购标的相关行业平均利润率、市场竞争状况等，在本办法规定的幅度内确定。

第十条 采购人应当严格按照本办法规定和主管预算单位制定的预留采购份额具体方案开展采购活动。预留份额的采购项目或者采购包，通过发布公告方式邀请供应商后，符合资格条件的中小企业数量不足3家的，应当中止采购活动，视同未预留份额的采购项目或者采购包，按照本办法第九条有关规定重新组织采购活动。

第十一条 中小企业参加政府采购活动，应当出具本办法规定的《中小企业声明函》（附1），否则不得享受相关中小企业扶持政策。任何单位和个人不得要求供应商提供《中小企业声明函》之外的中小企业身份证明文件。

第十二条 采购项目涉及中小企业采购的，采购文件应当明确以下内容：

（一）预留份额的采购项目或者采购包，明确该项目或相关采购包专门面向中小企业采购，以及相关标的及预算金额；

（二）要求以联合体形式参加或者合同分包的，明确联合协议或者分包意向协议中中小企业合同金额应当达到的比例，并作为供应商资格条件；

（三）非预留份额的采购项目或者采购包，明确有关价格扣除比例或者价格分加分比例；

（四）规定依据本办法规定享受扶持政策获得政府采购合同的，小微企业不得将合同分包给大中型企业，中型企业不得将合同分包给大型企业；

（五）采购人认为具备相关条件的，明确对中小企业在资金支付期限、预付款比例等方面的优惠措施；

（六）明确采购标的对应的中小企业划分标准所属行业；

（七）法律法规和省级以上人民政府财政部门规定的其他事项。

第十三条 中标、成交供应商享受本办法规定的中小企业扶持政策的，采购人、采购代理机构应当随中标、成交结果公开中标、成交供应商的《中小企业声明函》。

适用招标投标法的政府采购工程建设项目，应当在公示中标候选人时公开中标候选人的《中小企业声明函》。

第十四条　对于通过预留采购项目、预留专门采购包、要求以联合体形式参加或者合同分包等措施签订的采购合同，应当明确标注本合同为中小企业预留合同。其中，要求以联合体形式参加采购活动或者合同分包的，应当将联合协议或者分包意向协议作为采购合同的组成部分。

第十五条　鼓励各地区、各部门在采购活动中允许中小企业引入信用担保手段，为中小企业在投标（响应）保证、履约保证等方面提供专业化服务。鼓励中小企业依法合规通过政府采购合同融资。

第十六条　政府采购监督检查、投诉处理及政府采购行政处罚中对中小企业的认定，由货物制造商或者工程、服务供应商注册登记所在地的县级以上人民政府中小企业主管部门负责。

中小企业主管部门应当在收到财政部门或者有关招标投标行政监督部门关于协助开展中小企业认定函后10个工作日内做出书面答复。

第十七条　各地区、各部门应当对涉及中小企业采购的预算项目实施全过程绩效管理，合理设置绩效目标和指标，落实扶持中小企业有关政策要求，定期开展绩效监控和评价，强化绩效评价结果应用。

第十八条　主管预算单位应当自2022年起向同级财政部门报告本部门上一年度面向中小企业预留份额和采购的具体情况，并在中国政府采购网公开预留项目执行情况（附2）。未达到本办法规定的预留份额比例的，应当作出说明。

第十九条　采购人未按本办法规定为中小企业预留采购份额，采购人、采购代理机构未按照本办法规定要求实施价格扣除或者价格分加分的，属于未按照规定执行政府采购政策，依照《中华人民共和国政府采购法》等国家有关规定追究法律责任。

第二十条　供应商按照本办法规定提供声明函内容不实的，属于提供虚假材料谋取中标、成交，依照《中华人民共和国政府采购法》等国家有关规定追究相应责任。

适用招标投标法的政府采购工程建设项目，投标人按照本办法规定提供声明函内容不实的，属于弄虚作假骗取中标，依照《中华人民共和国招标投标法》等国家有关规定追究相应责任。

第二十一条　财政部门、中小企业主管部门及其工作人员在履行职责中违反本办法规定及存在其他滥用职权、玩忽职守、徇私舞弊等违法违纪行为的，依照《中华人民共和国政府采购法》、《中华人民共和国公务员法》、《中华人民共和国监察法》、《中华人民共和国政府采购法实施条例》等国家有关规定追究相应责任；涉嫌犯罪的，依法移送有关国家机关处理。

第二十二条　对外援助项目、国家相关资格或者资质管理制度另有规定的项目，不适用本办法。

第二十三条　关于视同中小企业的其他主体的政府采购扶持政策，由财政部会同有关部门另行规定。

第二十四条　省级财政部门可以会同中小企业主管部门根据本办法的规定制定具体实施办法。

第二十五条　本办法自 2021 年 1 月 1 日起施行。《财政部 工业和信息化部关于印发〈政府采购促进中小企业发展暂行办法〉的通知》（财库〔2011〕181 号）同时废止。

　　附：1.　中小企业声明函（略）

　　　　2.　面向中小企业预留项目执行情况公告（略）

政府采购进口产品管理办法

（财库〔2007〕119 号，2007 年 12 月 27 日财政部发布）

第一章　总　　则

第一条　为了贯彻落实《国务院关于实施〈国家中长期科学和技术发展规划纲要（2006—2020 年）〉若干配套政策的通知》（国发〔2006〕6 号），推动和促进自主创新政府采购政策的实施，规范进口产品政府采购行为，根据《中华人民共和国政府采购法》等法律法规规定，制定本办法❶。

第二条　国家机关、事业单位和团体组织（以下统称采购人）使用财政性资金以直接进口或委托方式采购进口产品（包括已进入中国境内的进口产品）的活动，适用本办法。

第三条　本办法所称进口产品是指通过中国海关报关验放进入中国境内且产自关境外的产品。

第四条　政府采购应当采购本国产品，确需采购进口产品的，实行审核管理。

第五条　采购人采购进口产品时，应当坚持有利于本国企业自主创新或消化吸收核心技术的原则，优先购买向我方转让技术、提供培训服务及其他补偿贸易措施的产品。

第六条　设区的市、自治州以上人民政府财政部门（以下简称为财政部门）应当依法开展政府采购进口产品审核活动，并实施监督管理。

第二章　审　核　管　理

第七条　采购人需要采购的产品在中国境内无法获取或者无法以合理的商业条件

---

❶　另参见《财政部办公厅关于政府采购进口产品管理有关问题的通知》（财办库〔2008〕248 号），该文件就适用《政府采购进口产品管理办法》涉及的适用范围、关境和海关特殊监管区域产品认定、已在境内多次流转进口产品认定、行业主管部门意见、采购执行、政府集中采购执行、论证专家、论证专家、文件执行时间衔接等问题作出具体规定。

获取，以及法律法规另有规定确需采购进口产品的，应当在获得财政部门核准后，依法开展政府采购活动。

第八条　采购人报财政部门审核时，应当出具以下材料：

（一）《政府采购进口产品申请表》（详见附1）；

（二）关于鼓励进口产品的国家法律法规政策文件复印件；

（三）进口产品所属行业的设区的市、自治州以上主管部门出具的《政府采购进口产品所属行业主管部门意见》（详见附2）；

（四）专家组出具的《政府采购进口产品专家论证意见》（详见附3）。

第九条　采购人拟采购的进口产品属于国家法律法规政策明确规定鼓励进口产品的，在报财政部门审核时，应当出具第八条第（一）款、第（二）款材料。

第十条　采购人拟采购的进口产品属于国家法律法规政策明确规定限制进口产品的，在报财政部门审核时，应当出具第八条第（一）款、第（三）款和第（四）款材料。

采购人拟采购国家限制进口的重大技术装备和重大产业技术的，应当出具发展改革委的意见。采购人拟采购国家限制进口的重大科学仪器和装备的，应当出具科技部的意见。

第十一条　采购人拟采购其他进口产品的，在报财政部门审核时，应当出具第八条第（一）款材料，并同时出具第（三）款或者第（四）款材料。

第十二条　本办法所称专家组应当由五人以上的单数组成，其中，必须包括一名法律专家，产品技术专家应当为非本单位并熟悉该产品的专家。

采购人代表不得作为专家组成员参与论证。

第十三条　参与论证的专家不得作为采购评审专家参与同一项目的采购评审工作。

第三章　采　购　管　理

第十四条　政府采购进口产品应当以公开招标为主要方式。因特殊情况需要采用公开招标以外的采购方式的，按照政府采购有关规定执行。

第十五条　采购人及其委托的采购代理机构在采购进口产品的采购文件中应当载明优先采购向我国企业转让技术、与我国企业签订消化吸收再创新方案的供应商的进口产品。

第十六条　采购人因产品的一致性或者服务配套要求，需要继续从原供应商处添购原有采购项目的，不需要重新审核，但添购资金总额不超过原合同采购金额的10%。

第十七条　政府采购进口产品合同履行中，采购人确需追加与合同标的相同的产品，在不改变合同其他条款的前提下，且所有补充合同的采购金额不超过原合同采购金额的10%的，可以与供应商协商签订补充合同，不需要重新审核。

第十八条　政府采购进口产品合同应当将维护国家利益和社会公共利益作为必备

条款。合同履行过程中出现危害国家利益和社会公共利益问题的，采购人应当立即终止合同。

第十九条　采购人或者其委托的采购代理机构应当依法加强对进口产品的验收工作，防止假冒伪劣产品。

第二十条　采购人申请支付进口产品采购资金时，应当出具政府采购进口产品相关材料和财政部门的审核文件。否则不予支付资金。

第四章　监　督　检　查

第二十一条　采购人未获得财政部门采购进口产品核准，有下列情形之一的，责令限期改正，并给予警告，对直接负责的主管人员和其他直接责任人员，由其行政主管部门或者有关机关给予处分，并予通报：

（一）擅自采购进口产品的；

（二）出具不实申请材料的；

（三）违反本办法规定的其他情形。

第二十二条　采购代理机构在代理政府采购进口产品业务中有违法行为的，给予警告，可以按照有关法律规定并处罚款；情节严重的，可以依法取消其进行相关业务的资格；构成犯罪的，依法追究刑事责任。

第二十三条　供应商有下列情形之一的，处以采购金额5‰以上10‰以下的罚款，列入不良行为记录名单，在1-3年内禁止参加政府采购活动，有违法所得的，并处没收违法所得，情节严重的，由工商行政管理机关吊销营业执照；涉嫌犯罪的，移送司法机关处理：

（一）提供虚假材料谋取中标、成交的；

（二）采取不正当手段诋毁、排挤其他供应商的；

（三）与采购人、其他供应商或者采购代理机构恶意串通的；

（四）向采购人、采购代理机构行贿或者提供其他不正当利益的；

（五）在招标采购过程中与采购人进行协商谈判的；

（六）拒绝有关部门监督检查或者提供虚假情况的。

供应商有前款第（一）至（五）项情形之一的，中标、成交无效。

第二十四条　专家出具不实论证意见的，按照有关法律规定追究法律责任。

第五章　附　　　则

第二十五条　采购人采购进口产品的，应当同时遵守国家其他有关法律法规的规定。涉及进口机电产品招标投标的，应当按照国际招标有关办法执行。

第二十六条　本办法未作出规定的，按照政府采购有关规定执行。

第二十七条　涉及国家安全和秘密的项目不适用本办法。

第二十八条　本办法自印发之日起施行。

政府购买服务管理办法

（2020 年 1 月 3 日财政部令第 102 号公布）

第一章　总　　则

第一条　为规范政府购买服务行为，促进转变政府职能，改善公共服务供给，根据《中华人民共和国预算法》《中华人民共和国政府采购法》《中华人民共和国合同法》等法律、行政法规的规定，制定本办法。

第二条　本办法所称政府购买服务，是指各级国家机关将属于自身职责范围且适合通过市场化方式提供的服务事项，按照政府采购方式和程序，交由符合条件的服务供应商承担，并根据服务数量和质量等因素向其支付费用的行为。

第三条　政府购买服务应当遵循预算约束、以事定费、公开择优、诚实信用、讲求绩效原则。

第四条　财政部负责制定全国性政府购买服务制度，指导和监督各地区、各部门政府购买服务工作。

县级以上地方人民政府财政部门负责本行政区域政府购买服务管理。

第二章　购买主体和承接主体

第五条　各级国家机关是政府购买服务的购买主体。

第六条　依法成立的企业、社会组织（不含由财政拨款保障的群团组织），公益二类和从事生产经营活动的事业单位，农村集体经济组织，基层群众性自治组织，以及具备条件的个人可以作为政府购买服务的承接主体。

第七条　政府购买服务的承接主体应当符合政府采购法律、行政法规规定的条件。

购买主体可以结合购买服务项目的特点规定承接主体的具体条件，但不得违反政府采购法律、行政法规，以不合理的条件对承接主体实行差别待遇或者歧视待遇。

第八条　公益一类事业单位、使用事业编制且由财政拨款保障的群团组织，不作为政府购买服务的购买主体和承接主体。

第三章　购买内容和目录

第九条　政府购买服务的内容包括政府向社会公众提供的公共服务，以及政府履职所需辅助性服务。

第十条　以下各项不得纳入政府购买服务范围：

（一）不属于政府职责范围的服务事项；

（二）应当由政府直接履职的事项；

（三）政府采购法律、行政法规规定的货物和工程，以及将工程和服务打包的项目；

（四）融资行为；

（五）购买主体的人员招、聘用，以劳务派遣方式用工，以及设置公益性岗位等事项；

（六）法律、行政法规以及国务院规定的其他不得作为政府购买服务内容的事项。

第十一条　政府购买服务的具体范围和内容实行指导性目录管理，指导性目录依法予以公开。

第十二条　政府购买服务指导性目录在中央和省两级实行分级管理，财政部和省级财政部门分别制定本级政府购买服务指导性目录，各部门在本级指导性目录范围内编制本部门政府购买服务指导性目录。

省级财政部门根据本地区情况确定省以下政府购买服务指导性目录的编制方式和程序。

第十三条　有关部门应当根据经济社会发展实际、政府职能转变和基本公共服务均等化、标准化的要求，编制、调整指导性目录。

编制、调整指导性目录应当充分征求相关部门意见，根据实际需要进行专家论证。

第十四条　纳入政府购买服务指导性目录的服务事项，已安排预算的，可以实施政府购买服务。

第四章　购买活动的实施

第十五条　政府购买服务应当突出公共性和公益性，重点考虑、优先安排与改善民生密切相关，有利于转变政府职能、提高财政资金绩效的项目。

政府购买的基本公共服务项目的服务内容、水平、流程等标准要素，应当符合国家基本公共服务标准相关要求。

第十六条　政府购买服务项目所需资金应当在相关部门预算中统筹安排，并与中期财政规划相衔接，未列入预算的项目不得实施。

购买主体在编报年度部门预算时，应当反映政府购买服务支出情况。政府购买服务支出应当符合预算管理有关规定。

第十七条　购买主体应当根据购买内容及市场状况、相关供应商服务能力和信用状况等因素，通过公平竞争择优确定承接主体。

第十八条　购买主体向个人购买服务，应当限于确实适宜实施政府购买服务并且由个人承接的情形，不得以政府购买服务名义变相用工。

第十九条　政府购买服务项目采购环节的执行和监督管理，包括集中采购目录及标准、采购政策、采购方式和程序、信息公开、质疑投诉、失信惩戒等，按照政府采购法律、行政法规和相关制度执行。

第二十条　购买主体实施政府购买服务项目绩效管理，应当开展事前绩效评估，定期对所购服务实施情况开展绩效评价，具备条件的项目可以运用第三方评价评估。

财政部门可以根据需要，对部门政府购买服务整体工作开展绩效评价，或者对部门实施的资金金额和社会影响大的政府购买服务项目开展重点绩效评价。

第二十一条　购买主体及财政部门应当将绩效评价结果作为承接主体选择、预算安排和政策调整的重要依据。

第五章　合同及履行

第二十二条　政府购买服务合同的签订、履行、变更，应当遵循《中华人民共和国合同法》的相关规定。

第二十三条　购买主体应当与确定的承接主体签订书面合同，合同约定的服务内容应当符合本办法第九条、第十条的规定。

政府购买服务合同应当明确服务的内容、期限、数量、质量、价格，资金结算方式，各方权利义务事项和违约责任等内容。

政府购买服务合同应当依法予以公告。

第二十四条　政府购买服务合同履行期限一般不超过1年；在预算保障的前提下，对于购买内容相对固定、连续性强、经费来源稳定、价格变化幅度小的政府购买服务项目，可以签订履行期限不超过3年的政府购买服务合同。

第二十五条　购买主体应当加强政府购买服务项目履约管理，开展绩效执行监控，及时掌握项目实施进度和绩效目标实现情况，督促承接主体严格履行合同，按照合同约定向承接主体支付款项。

第二十六条　承接主体应当按照合同约定提供服务，不得将服务项目转包给其他主体。

第二十七条　承接主体应当建立政府购买服务项目台账，依照有关规定或合同约定记录保存并向购买主体提供项目实施相关重要资料信息。

第二十八条 承接主体应当严格遵守相关财务规定，规范管理和使用政府购买服务项目资金。

承接主体应当配合相关部门对资金使用情况进行监督检查与绩效评价。

第二十九条 承接主体可以依法依规使用政府购买服务合同向金融机构融资。

购买主体不得以任何形式为承接主体的融资行为提供担保。

第六章 监督管理和法律责任

第三十条 有关部门应当建立健全政府购买服务监督管理机制。购买主体和承接主体应当自觉接受财政监督、审计监督、社会监督以及服务对象的监督。

第三十一条 购买主体、承接主体及其他政府购买服务参与方在政府购买服务活动中，存在违反政府采购法律法规行为的，依照政府采购法律法规予以处理处罚；存在截留、挪用和滞留资金等财政违法行为的，依照《中华人民共和国预算法》《财政违法行为处罚处分条例》等法律法规追究法律责任；涉嫌犯罪的，移送司法机关处理。

第三十二条 财政部门、购买主体及其工作人员，存在违反本办法规定的行为，以及滥用职权、玩忽职守、徇私舞弊等违法违纪行为的，按照《中华人民共和国预算法》《中华人民共和国公务员法》《中华人民共和国监察法》《财政违法行为处罚处分条例》等国家有关规定追究相应责任；涉嫌犯罪的，移送司法机关处理。

第七章 附 则

第三十三条 党的机关、政协机关、民主党派机关、承担行政职能的事业单位和使用行政编制的群团组织机关使用财政性资金购买服务的，参照本办法执行。

第三十四条 涉密政府购买服务项目的实施，按照国家有关规定执行。

第三十五条 本办法自 2020 年 3 月 1 日起施行。财政部、民政部、工商总局 2014 年 12 月 15 日颁布的《政府购买服务管理办法（暂行）》（财综〔2014〕96 号）同时废止。

政务信息系统政府采购管理暂行办法

（财库〔2017〕210 号，2017 年 12 月 26 日财政部发布）

第一条 为了推进政务信息系统政府采购工作规范高效开展，根据国家电子政务总体部署和《国务院办公厅关于印发政务信息系统整合共享实施方案的通知》（国办发〔2017〕39 号）有关要求，制定本办法。

第二条　本办法所称政务信息系统是指由政府投资建设、政府和社会企业联合建设、政府向社会购买服务或需要政府运行维护的，用于支撑政务部门履行管理和服务职能的各类信息系统，包括执行政务信息处理的计算机、软件和外围设备等货物和服务。

前款所称政务部门是指中共中央、全国人大、国务院、全国政协、最高法院、最高检察院及中央和国家机关各部门，各级地方党委、人大、政府、政协、法院、检察院及其直属各部门（单位）。

第三条　政务信息系统政府采购工作由各相关政务部门（以下简称采购人）负责统一规划和具体实施，各级财政部门依法履行政府采购监管职责。

第四条　采购人应当按照可行性研究报告、初步设计报告、预算审批时核准的内容和实际工作需要确定政务信息系统采购需求（以下简称采购需求）并组织采购。

采购需求应当科学合理、明确细化，包括项目名称、采购人、预算金额、经费渠道、运行维护要求、数据共享要求、安全审查和保密要求、等级保护要求、分级保护要求、需落实的政府采购政策和履约验收方案等内容。

第五条　采购需求应当符合法律法规，满足国家、行业相关标准的要求，鼓励使用市场自主制定的团体标准。

专业性强、技术要求较高的政务信息系统，可以邀请行业专家或者第三方专业机构参与需求制定工作。采购人和实际使用者或受益者分离的项目，在制定需求时，应当征求实际使用者或受益者的意见。

第六条　采购需求应当落实政务信息系统整合共享要求，符合政务信息共享标准体系，确保相关系统能够按照规定接入国家共享数据交换平台。采购需求要与现有系统功能协调一致，避免重复建设。

采购需求应当体现公共数据开放有关要求，推动原始性、可机器读取、可供社会化再利用的数据集向社会开放。

第七条　采购需求应当落实国家支持云计算的政策要求，推动政务服务平台集约化建设管理。不含国家秘密、面向社会主体提供服务的政务信息系统，原则上应当采用云计算模式进行建设。

采购需求应当包括相关设备、系统和服务支持互联网协议第六版（IPv6）的技术要求。

第八条　采购需求应当落实国家密码管理有关法律法规、政策和标准规范的要求，同步规划、同步建设、同步运行密码保障系统并定期进行评估。

第九条　政务信息系统采用招标方式采购的，应当采用综合评分法；采用非招标方式采购的，应当采用竞争性磋商或单一来源采购方式。

除单一来源采购方式外，政务信息系统采购货物的，价格分值占总分值比重应当为30%；采购服务的，价格分值占总分值比重应当为10%。无法确定项目属于货物或服务的，由采购人按照有利于采购项目实施的原则确定项目属性。

第十条 采购人应当指派熟悉情况的工作人员作为采购人代表参加评标委员会或者竞争性磋商小组，参与政务信息系统采购活动的评审。

第十一条 政务信息系统采购评审中，评标委员会或者竞争性磋商小组认为供应商报价明显低于其他合格供应商的报价，有可能影响产品质量或者不能诚信履约的，应当要求其在评审现场合理时间内提供书面说明，必要时提供相关证明材料；供应商不能证明其报价合理性的，评标委员会或竞争性磋商小组应当将其作为无效投标或者无效响应处理。

第十二条 采购人应当按照国家有关规定组织政务信息系统项目验收，根据项目特点制定完整的项目验收方案。验收方案应当包括项目所有功能的实现情况、密码应用和安全审查情况、信息系统共享情况、维保服务等采购文件和采购合同规定的内容，必要时可以邀请行业专家、第三方机构或相关主管部门参与验收。

第十三条 采购人可以聘请第三方专业机构制定针对政务信息系统的质量保障方案，对相关供应商的进度计划、阶段成果和服务质量进行监督，形成项目整改报告和绩效评估报告，必要时邀请行业专家或相关主管部门评审论证。质量保障相关情况应当作为项目验收的依据。

第十四条 具有多个服务期的政务信息系统，可以根据每期工作目标进行分期验收。为社会公众服务的政务信息系统，应当将公众意见或者使用反馈情况作为验收的重要参考依据。采购人和实际使用者或受益者分离的政务信息系统，履约验收时应当征求实际使用者或受益者的意见。

第十五条 政务信息系统的项目验收结果应当作为选择本项目后续运行维护供应商的重要参考。

第十六条 在年度预算能够保障的前提下，采购人可以与政务信息系统运行维护供应商签订不超过三年履行期限的政府采购合同。

第十七条 本办法从 2018 年 1 月 1 日起施行。

政府和社会资本合作项目政府采购管理办法

（财库〔2014〕215 号，2014 年 12 月 31 日财政部发布）

第一章 总 则

第一条 为了规范政府和社会资本合作项目政府采购（以下简称 PPP 项目采购）行为，维护国家利益、社会公共利益和政府采购当事人的合法权益，依据《中华人民共和国政府采购法》（以下简称政府采购法）和有关法律、行政法规、部门规章，制定本办法。

第二条 本办法所称 PPP 项目采购，是指政府为达成权利义务平衡、物有所值的 PPP 项目合同，遵循公开、公平、公正和诚实信用原则，按照相关法规要求完成 PPP 项目识别和准备等前期工作后，依法选择社会资本合作者的过程。PPP 项目实施机构（采购人）在项目实施过程中选择合作社会资本（供应商），适用本办法。

第三条 PPP 项目实施机构可以委托政府采购代理机构办理 PPP 项目采购事宜。PPP 项目咨询服务机构从事 PPP 项目采购业务的，应当按照政府采购代理机构管理的有关要求及时进行网上登记。

第二章 采 购 程 序

第四条 PPP 项目采购方式包括公开招标、邀请招标、竞争性谈判、竞争性磋商和单一来源采购。项目实施机构应当根据 PPP 项目的采购需求特点，依法选择适当的采购方式。公开招标主要适用于采购需求中核心边界条件和技术经济参数明确、完整、符合国家法律法规及政府采购政策，且采购过程中不作更改的项目。

第五条 PPP 项目采购应当实行资格预审。项目实施机构应当根据项目需要准备资格预审文件，发布资格预审公告，邀请社会资本和与其合作的金融机构参与资格预审，验证项目能否获得社会资本响应和实现充分竞争。

第六条 资格预审公告应当在省级以上人民政府财政部门指定的政府采购信息发布媒体上发布。资格预审合格的社会资本在签订 PPP 项目合同前资格发生变化的，应当通知项目实施机构。

资格预审公告应当包括项目授权主体、项目实施机构和项目名称、采购需求、对社会资本的资格要求、是否允许联合体参与采购活动、是否限定参与竞争的合格社会资本的数量及限定的方法和标准，以及社会资本提交资格预审申请文件的时间和地点。提交资格预审申请文件的时间自公告发布之日起不得少于 15 个工作日。

第七条 项目实施机构、采购代理机构应当成立评审小组，负责 PPP 项目采购的资格预审和评审工作。评审小组由项目实施机构代表和评审专家共 5 人以上单数组成，其中评审专家人数不得少于评审小组成员总数的 2/3。评审专家可以由项目实施机构自行选定，但评审专家中至少应当包含 1 名财务专家和 1 名法律专家。项目实施机构代表不得以评审专家身份参加项目的评审。

第八条 项目有 3 家以上社会资本通过资格预审的，项目实施机构可以继续开展采购文件准备工作；项目通过资格预审的社会资本不足 3 家的，项目实施机构应当在调整资格预审公告内容后重新组织资格预审；项目经重新资格预审后合格社会资本仍不够 3 家的，可以依法变更采购方式。

资格预审结果应当告知所有参与资格预审的社会资本，并将资格预审的评审报告提交财政部门（政府和社会资本合作中心）备案。

第九条 项目采购文件应当包括采购邀请、竞争者须知（包括密封、签署、盖章要求等）、竞争者应当提供的资格、资信及业绩证明文件、采购方式、政府对项目实施机构的授权、实施方案的批复和项目相关审批文件、采购程序、响应文件编制要求、提交响应文件截止时间、开启时间及地点、保证金交纳数额和形式、评审方法、评审标准、政府采购政策要求、PPP 项目合同草案及其他法律文本、采购结果确认谈判中项目合同可变的细节，以及是否允许未参加资格预审的供应商参与竞争并进行资格后审等内容。项目采购文件中还应当明确项目合同必须报请本级人民政府审核同意，在获得同意前项目合同不得生效。

采用竞争性谈判或者竞争性磋商采购方式的，项目采购文件除上款规定的内容外，还应当明确评审小组根据与社会资本谈判情况可能实质性变动的内容，包括采购需求中的技术、服务要求以及项目合同草案条款。

第十条 项目实施机构应当在资格预审公告、采购公告、采购文件、项目合同中列明采购本国货物和服务、技术引进和转让等政策要求，以及对社会资本参与采购活动和履约保证的担保要求。

第十一条 项目实施机构应当组织社会资本进行现场考察或者召开采购前答疑会，但不得单独或者分别组织只有一个社会资本参加的现场考察和答疑会。项目实施机构可以视项目的具体情况，组织对符合条件的社会资本的资格条件进行考察核实。

第十二条 评审小组成员应当按照客观、公正、审慎的原则，根据资格预审公告和采购文件规定的程序、方法和标准进行资格预审和独立评审。已进行资格预审的，评审小组在评审阶段可以不再对社会资本进行资格审查。允许进行资格后审的，由评审小组在响应文件评审环节对社会资本进行资格审查。

评审小组成员应当在资格预审报告和评审报告上签字，对自己的评审意见承担法律责任。对资格预审报告或者评审报告有异议的，应当在报告上签署不同意见，并说明理由，否则视为同意资格预审报告和评审报告。

评审小组发现采购文件内容违反国家有关强制性规定的，应当停止评审并向项目实施机构说明情况。

第十三条 评审专家应当遵守评审工作纪律，不得泄露评审情况和评审中获悉的国家秘密、商业秘密。

评审小组在评审过程中发现社会资本有行贿、提供虚假材料或者串通等违法行为的，应当及时向财政部门报告。

评审专家在评审过程中受到非法干涉的，应当及时向财政、监察等部门举报。

第十四条 PPP 项目采购评审结束后，项目实施机构应当成立专门的采购结果确认谈判工作组，负责采购结果确认前的谈判和最终的采购结果确认工作。

采购结果确认谈判工作组成员及数量由项目实施机构确定，但应当至少包括财政预算管理部门、行业主管部门代表，以及财务、法律等方面的专家。涉及价格管理、环境保护的 PPP 项目，谈判工作组还应当包括价格管理、环境保护行政执法机关代表。评审小组成员可以作为采购结果确认谈判工作组成员参与采购结果确认谈判。

第十五条 采购结果确认谈判工作组应当按照评审报告推荐的候选社会资本排名，依次与候选社会资本及与其合作的金融机构就项目合同中可变的细节问题进行项目合同签署前的确认谈判，率先达成一致的候选社会资本即为预中标、成交社会资本。

第十六条 确认谈判不得涉及项目合同中不可谈判的核心条款，不得与排序在前但已终止谈判的社会资本进行重复谈判。

第十七条 项目实施机构应当在预中标、成交社会资本确定后 10 个工作日内，与预中标、成交社会资本签署确认谈判备忘录，并将预中标、成交结果和根据采购文件、响应文件及有关补遗文件和确认谈判备忘录拟定的项目合同文本在省级以上人民政府财政部门指定的政府采购信息发布媒体上进行公示，公示期不得少于 5 个工作日。项目合同文本应当将预中标、成交社会资本响应文件中的重要承诺和技术文件等作为附件。项目合同文本涉及国家秘密、商业秘密的内容可以不公示。

第十八条 项目实施机构应当在公示期满无异议后 2 个工作日内，将中标、成交结果在省级以上人民政府财政部门指定的政府采购信息发布媒体上进行公告，同时发出中标、成交通知书。

中标、成交结果公告内容应当包括：项目实施机构和采购代理机构的名称、地址和联系方式；项目名称和项目编号；中标或者成交社会资本的名称、地址、法人代表；中标或者成交标的名称、主要中标或者成交条件（包括但不限于合作期限、服务要求、项目概算、回报机制）等；评审小组和采购结果确认谈判工作组成员名单。

第十九条 项目实施机构应当在中标、成交通知书发出后 30 日内，与中标、成交社会资本签订经本级人民政府审核同意的 PPP 项目合同。

需要为 PPP 项目设立专门项目公司的，待项目公司成立后，由项目公司与项目实施机构重新签署 PPP 项目合同，或者签署关于继承 PPP 项目合同的补充合同。

第二十条 项目实施机构应当在 PPP 项目合同签订之日起 2 个工作日内，将 PPP 项目合同在省级以上人民政府财政部门指定的政府采购信息发布媒体上公告，但 PPP 项目合同中涉及国家秘密、商业秘密的内容除外。

第二十一条 项目实施机构应当在采购文件中要求社会资本交纳参加采购活动的保证金和履约保证金。社会资本应当以支票、汇票、本票或者金融机构、担保机构出具的保函等非现金形式交纳保证金。参加采购活动的保证金数额不得超过项目预算金额的 2%。履约保证金的数额不得超过 PPP 项目初始投资总额或者资产评估值的 10%，无固定资产投资或者投资额不大的服务型 PPP 项目，履约保证金的数额不得超过平均 6 个月服务收入额。

第三章　争议处理和监督检查

第二十二条　参加 PPP 项目采购活动的社会资本对采购活动的询问、质疑和投诉，依照有关政府采购法律制度规定执行。

项目实施机构和中标、成交社会资本在 PPP 项目合同履行中发生争议且无法协商一致的，可以依法申请仲裁或者提起民事诉讼。

第二十三条　各级人民政府财政部门应当加强对 PPP 项目采购活动的监督检查，依法处理采购活动中的违法违规行为。

第二十四条　PPP 项目采购有关单位和人员在采购活动中出现违法违规行为的，依照政府采购法及有关法律法规追究法律责任。

第四章　附　　　则

第二十五条　本办法自发布之日起施行。

政府采购评审专家管理办法

（财库〔2016〕198 号，2016 年 11 月 18 日财政部发布）

第一章　总　　　则

第一条　为加强政府采购评审活动管理，规范政府采购评审专家（以下简称评审专家）评审行为，根据《中华人民共和国政府采购法》（以下简称《政府采购法》）、《中华人民共和国政府采购法实施条例》（以下简称《政府采购法实施条例》）等法律法规及有关规定，制定本办法。

第二条　本办法所称评审专家，是指经省级以上人民政府财政部门选聘，以独立身份参加政府采购评审，纳入评审专家库管理的人员。评审专家选聘、解聘、抽取、使用、监督管理适用本办法。

第三条　评审专家实行统一标准、管用分离、随机抽取的管理原则。

第四条　财政部负责制定全国统一的评审专家专业分类标准和评审专家库建设标准，建设管理国家评审专家库。

省级人民政府财政部门负责建设本地区评审专家库并实行动态管理，与国家评审专家库互联互通、资源共享。

各级人民政府财政部门依法履行对评审专家的监督管理职责。

第二章 评审专家选聘与解聘

第五条 省级以上人民政府财政部门通过公开征集、单位推荐和自我推荐相结合的方式选聘评审专家。

第六条 评审专家应当具备以下条件：

（一）具有良好的职业道德，廉洁自律，遵纪守法，无行贿、受贿、欺诈等不良信用记录；

（二）具有中级专业技术职称或同等专业水平且从事相关领域工作满8年，或者具有高级专业技术职称或同等专业水平；

（三）熟悉政府采购相关政策法规；

（四）承诺以独立身份参加评审工作，依法履行评审专家工作职责并承担相应法律责任的中国公民；

（五）不满70周岁，身体健康，能够承担评审工作；

（六）申请成为评审专家前三年内，无本办法第二十九条规定的不良行为记录。

对评审专家数量较少的专业，前款第（二）项、第（五）项所列条件可以适当放宽。

第七条 符合本办法第六条规定条件，自愿申请成为评审专家的人员（以下简称申请人），应当提供以下申请材料：

（一）个人简历、本人签署的申请书和承诺书；

（二）学历学位证书、专业技术职称证书或者具有同等专业水平的证明材料；

（三）证明本人身份的有效证件；

（四）本人认为需要申请回避的信息；

（五）省级以上人民政府财政部门规定的其他材料。

第八条 申请人应当根据本人专业或专长申报评审专业。

第九条 省级以上人民政府财政部门对申请人提交的申请材料、申报的评审专业和信用信息进行审核，符合条件的选聘为评审专家，纳入评审专家库管理。

第十条 评审专家工作单位、联系方式、专业技术职称、需要回避的信息等发生变化的，应当及时向相关省级以上人民政府财政部门申请变更相关信息。

第十一条 评审专家存在以下情形之一的，省级以上人民政府财政部门应当将其解聘：

（一）不符合本办法第六条规定条件；

（二）本人申请不再担任评审专家；

（三）存在本办法第二十九条规定的不良行为记录；

（四）受到刑事处罚。

第三章　评审专家抽取与使用

　　第十二条　采购人或者采购代理机构应当从省级以上人民政府财政部门设立的评审专家库中随机抽取评审专家。

　　评审专家库中相关专家数量不能保证随机抽取需要的，采购人或者采购代理机构可以推荐符合条件的人员，经审核选聘入库后再随机抽取使用。

　　第十三条　技术复杂、专业性强的采购项目，通过随机方式难以确定合适评审专家的，经主管预算单位同意，采购人可以自行选定相应专业领域的评审专家。

　　自行选定评审专家的，应当优先选择本单位以外的评审专家。

　　第十四条　除采用竞争性谈判、竞争性磋商方式采购，以及异地评审的项目外，采购人或者采购代理机构抽取评审专家的开始时间原则上不得早于评审活动开始前2个工作日。

　　第十五条　采购人或者采购代理机构应当在评审活动开始前宣布评审工作纪律，并将记载评审工作纪律的书面文件作为采购文件一并存档。

　　第十六条　评审专家与参加采购活动的供应商存在下列利害关系之一的，应当回避：

　　（一）参加采购活动前三年内，与供应商存在劳动关系，或者担任过供应商的董事、监事，或者是供应商的控股股东或实际控制人；

　　（二）与供应商的法定代表人或者负责人有夫妻、直系血亲、三代以内旁系血亲或者近姻亲关系；

　　（三）与供应商有其他可能影响政府采购活动公平、公正进行的关系。

　　评审专家发现本人与参加采购活动的供应商有利害关系的，应当主动提出回避。采购人或者采购代理机构发现评审专家与参加采购活动的供应商有利害关系的，应当要求其回避。

　　除本办法第十三条规定的情形外，评审专家对本单位的政府采购项目只能作为采购人代表参与评审活动。

　　各级财政部门政府采购监督管理工作人员，不得作为评审专家参与政府采购项目的评审活动。

　　第十七条　出现评审专家缺席、回避等情形导致评审现场专家数量不符合规定的，采购人或者采购代理机构应当及时补抽评审专家，或者经采购人主管预算单位同意自行选定补足评审专家。无法及时补足评审专家的，采购人或者采购代理机构应当立即停止评审工作，妥善保存采购文件，依法重新组建评标委员会、谈判小组、询价小组、磋商小组进行评审。

　　第十八条　评审专家应当严格遵守评审工作纪律，按照客观、公正、审慎的原则，根据采购文件规定的评审程序、评审方法和评审标准进行独立评审。

评审专家发现采购文件内容违反国家有关强制性规定或者采购文件存在歧义、重大缺陷导致评审工作无法进行时，应当停止评审并向采购人或者采购代理机构书面说明情况。

评审专家应当配合答复供应商的询问、质疑和投诉等事项，不得泄露评审文件、评审情况和在评审过程中获悉的商业秘密。

评审专家发现供应商具有行贿、提供虚假材料或者串通等违法行为的，应当及时向财政部门报告。

评审专家在评审过程中受到非法干预的，应当及时向财政、监察等部门举报。

第十九条 评审专家应当在评审报告上签字，对自己的评审意见承担法律责任。对需要共同认定的事项存在争议的，按照少数服从多数的原则做出结论。对评审报告有异议的，应当在评审报告上签署不同意见并说明理由，否则视为同意评审报告。

第二十条 评审专家名单在评审结果公告前应当保密。评审活动完成后，采购人或者采购代理机构应当随中标、成交结果一并公告评审专家名单，并对自行选定的评审专家做出标注。

各级财政部门、采购人和采购代理机构有关工作人员不得泄露评审专家的个人情况。

第二十一条 采购人或者采购代理机构应当于评审活动结束后5个工作日内，在政府采购信用评价系统中记录评审专家的职责履行情况。

评审专家可以在政府采购信用评价系统中查询本人职责履行情况记录，并就有关情况作出说明。

省级以上人民政府财政部门可根据评审专家履职情况等因素设置阶梯抽取概率。

第二十二条 评审专家应当于评审活动结束后5个工作日内，在政府采购信用评价系统中记录采购人或者采购代理机构的职责履行情况。

第二十三条 集中采购目录内的项目，由集中采购机构支付评审专家劳务报酬；集中采购目录外的项目，由采购人支付评审专家劳务报酬。

第二十四条 省级人民政府财政部门应当根据实际情况，制定本地区评审专家劳务报酬标准。中央预算单位参照本单位所在地或评审活动所在地标准支付评审专家劳务报酬。

第二十五条 评审专家参加异地评审的，其往返的城市间交通费、住宿费等实际发生的费用，可参照采购人执行的差旅费管理办法相应标准向采购人或集中采购机构凭据报销。

第二十六条 评审专家未完成评审工作擅自离开评审现场，或者在评审活动中有违法违规行为的，不得获取劳务报酬和报销异地评审差旅费。评审专家以外的其他人员不得获取评审劳务报酬。

第四章 评审专家监督管理

第二十七条 评审专家未按照采购文件规定的评审程序、评审方法和评审标准进行独立评审或者泄露评审文件、评审情况的，由财政部门给予警告，并处 2000 元以上 2 万元以下的罚款；影响中标、成交结果的，处 2 万元以上 5 万元以下的罚款，禁止其参加政府采购评审活动。

评审专家与供应商存在利害关系未回避的，处 2 万元以上 5 万元以下的罚款，禁止其参加政府采购评审活动。

评审专家收受采购人、采购代理机构、供应商贿赂或者获取其他不正当利益，构成犯罪的，依法追究刑事责任；尚不构成犯罪的，处 2 万元以上 5 万元以下的罚款，禁止其参加政府采购评审活动。

评审专家有上述违法行为的，其评审意见无效；有违法所得的，没收违法所得；给他人造成损失的，依法承担民事责任。

第二十八条　采购人、采购代理机构发现评审专家有违法违规行为的，应当及时向采购人本级财政部门报告。

第二十九条　申请人或评审专家有下列情形的，列入不良行为记录：

（一）未按照采购文件规定的评审程序、评审方法和评审标准进行独立评审；

（二）泄露评审文件、评审情况；

（三）与供应商存在利害关系未回避；

（四）收受采购人、采购代理机构、供应商贿赂或者获取其他不正当利益；

（五）提供虚假申请材料；

（六）拒不履行配合答复供应商询问、质疑、投诉等法定义务；

（七）以评审专家身份从事有损政府采购公信力的活动。

第三十条　采购人或者采购代理机构未按本办法规定抽取和使用评审专家的，依照《政府采购法》及有关法律法规追究法律责任。

第三十一条　财政部门工作人员在评审专家管理工作中存在滥用职权、玩忽职守、徇私舞弊等违法违纪行为的，依照《政府采购法》《公务员法》《行政监察法》《政府采购法实施条例》等国家有关规定追究相应责任；涉嫌犯罪的，移送司法机关处理。

第五章　附　　则

第三十二条　参加评审活动的采购人代表、采购人依法自行选定的评审专家管理参照本办法执行。

第三十三条　国家对评审专家抽取、选定另有规定的，从其规定。

第三十四条　各省级人民政府财政部门，可以根据本办法规定，制定具体实施办法。

第三十五条　本办法由财政部负责解释。

第三十六条　本办法自 2017 年 1 月 1 日起施行。财政部、监察部 2003 年 11 月

17 日发布的《政府采购评审专家管理办法》（财库〔2003〕119 号）同时废止。

政府采购信息发布管理办法

（2019 年 11 月 27 日财政部令第 101 号公布）

第一条 为了规范政府采购信息发布行为，提高政府采购透明度，根据《中华人民共和国政府采购法》《中华人民共和国政府采购法实施条例》等有关法律、行政法规，制定本办法。

第二条 政府采购信息发布，适用本办法。

第三条 本办法所称政府采购信息，是指依照政府采购有关法律制度规定应予公开的公开招标公告、资格预审公告、单一来源采购公示、中标（成交）结果公告、政府采购合同公告等政府采购项目信息，以及投诉处理结果、监督检查处理结果、集中采购机构考核结果等政府采购监管信息。

第四条 政府采购信息发布应当遵循格式规范统一、渠道相对集中、便于查找获得的原则。

第五条 财政部指导和协调全国政府采购信息发布工作，并依照政府采购法律、行政法规有关规定，对中央预算单位的政府采购信息发布活动进行监督管理。

地方各级人民政府财政部门（以下简称财政部门）对本级预算单位的政府采购信息发布活动进行监督管理。

第六条 财政部对中国政府采购网进行监督管理。省级（自治区、直辖市、计划单列市）财政部门对中国政府采购网省级分网进行监督管理。

第七条 政府采购信息应当按照财政部规定的格式编制。

第八条 中央预算单位政府采购信息应当在中国政府采购网发布，地方预算单位政府采购信息应当在所在行政区域的中国政府采购网省级分网发布。

除中国政府采购网及其省级分网以外，政府采购信息可以在省级以上财政部门指定的其他媒体同步发布。

第九条 财政部门、采购人和其委托的采购代理机构（以下统称发布主体）应当对其提供的政府采购信息的真实性、准确性、合法性负责。

中国政府采购网及其省级分网和省级以上财政部门指定的其他媒体（以下统称指定媒体）应当对其收到的政府采购信息发布的及时性、完整性负责。

第十条 发布主体发布政府采购信息不得有虚假和误导性陈述，不得遗漏依法必须公开的事项。

第十一条 发布主体应当确保其在不同媒体发布的同一政府采购信息内容一致。

在不同媒体发布的同一政府采购信息内容、时间不一致的，以在中国政府采购网或者其省级分网发布的信息为准。同时在中国政府采购网和省级分网发布的，以在中国政府采购网上发布的信息为准。

第十二条　指定媒体应当采取必要措施，对政府采购信息发布主体的身份进行核验。

第十三条　指定媒体应当及时发布收到的政府采购信息。

中国政府采购网或者其省级分网应当自收到政府采购信息起 1 个工作日内发布。

第十四条　指定媒体应当加强安全防护，确保发布的政府采购信息不被篡改、不遗漏，不得擅自删除或者修改信息内容。

第十五条　指定媒体应当向发布主体免费提供信息发布服务，不得向市场主体和社会公众收取信息查阅费用。

第十六条　采购人或者其委托的采购代理机构未依法在指定媒体上发布政府采购项目信息的，依照政府采购法实施条例第六十八条追究法律责任。

采购人或者其委托的采购代理机构存在其他违反本办法规定行为的，由县级以上财政部门依法责令限期改正，给予警告，对直接负责的主管人员和其他直接责任人员，建议其行政主管部门或者有关机关依法依规处理，并予通报。

第十七条　指定媒体违反本办法规定的，由实施指定行为的省级以上财政部门依法责令限期改正，对直接负责的主管人员和其他直接责任人员，建议其行政主管部门或者有关机关依法依规处理，并予通报。

第十八条　财政部门及其工作人员在政府采购信息发布活动中存在懒政怠政、滥用职权、玩忽职守、徇私舞弊等违法违纪行为的，依照《中华人民共和国政府采购法》《中华人民共和国公务员法》《中华人民共和国监察法》《中华人民共和国政府采购法实施条例》等国家有关规定追究相应责任；涉嫌犯罪的，依法移送有关国家机关处理。

第十九条　涉密政府采购项目信息发布，依照国家有关规定执行。

第二十条　省级财政部门可以根据本办法制定具体实施办法。

第二十一条　本办法自 2020 年 3 月 1 日起施行。财政部 2004 年 9 月 11 日颁布实施的《政府采购信息公告管理办法》（财政部令第 19 号）同时废止。

政府采购质疑和投诉办法

（2017 年 12 月 26 日财政部令第 94 号公布）

第一章　总　　则

第一条　为了规范政府采购质疑和投诉行为，保护参加政府采购活动当事人的合法权益，根据《中华人民共和国政府采购法》《中华人民共和国政府采购法实施条例》

和其他有关法律法规规定，制定本办法。

第二条 本办法适用于政府采购质疑的提出和答复、投诉的提起和处理。

第三条 政府采购供应商（以下简称供应商）提出质疑和投诉应当坚持依法依规、诚实信用原则。

第四条 政府采购质疑答复和投诉处理应当坚持依法依规、权责对等、公平公正、简便高效原则。

第五条 采购人负责供应商质疑答复。采购人委托采购代理机构采购的，采购代理机构在委托授权范围内作出答复。

县级以上各级人民政府财政部门（以下简称财政部门）负责依法处理供应商投诉。

第六条 供应商投诉按照采购人所属预算级次，由本级财政部门处理。

跨区域联合采购项目的投诉，采购人所属预算级次相同的，由采购文件事先约定的财政部门负责处理，事先未约定的，由最先收到投诉的财政部门负责处理；采购人所属预算级次不同的，由预算级次最高的财政部门负责处理。

第七条 采购人、采购代理机构应当在采购文件中载明接收质疑函的方式、联系部门、联系电话和通讯地址等信息。

县级以上财政部门应当在省级以上财政部门指定的政府采购信息发布媒体公布受理投诉的方式、联系部门、联系电话和通讯地址等信息。

第八条 供应商可以委托代理人进行质疑和投诉。其授权委托书应当载明代理人的姓名或者名称、代理事项、具体权限、期限和相关事项。供应商为自然人的，应当由本人签字；供应商为法人或者其他组织的，应当由法定代表人、主要负责人签字或者盖章，并加盖公章。

代理人提出质疑和投诉，应当提交供应商签署的授权委托书。

第九条 以联合体形式参加政府采购活动的，其投诉应当由组成联合体的所有供应商共同提出。

第二章　质疑提出与答复

第十条 供应商认为采购文件、采购过程、中标或者成交结果使自己的权益受到损害的，可以在知道或者应知其权益受到损害之日起 7 个工作日内，以书面形式向采购人、采购代理机构提出质疑。

采购文件可以要求供应商在法定质疑期内一次性提出针对同一采购程序环节的质疑。

第十一条 提出质疑的供应商（以下简称质疑供应商）应当是参与所质疑项目采购活动的供应商。

潜在供应商已依法获取其可质疑的采购文件的，可以对该文件提出质疑。对采购文件提出质疑的，应当在获取采购文件或者采购文件公告期限届满之日起7个工作日内提出。

第十二条 供应商提出质疑应当提交质疑函和必要的证明材料。质疑函应当包括下列内容：

（一）供应商的姓名或者名称、地址、邮编、联系人及联系电话；

（二）质疑项目的名称、编号；

（三）具体、明确的质疑事项和与质疑事项相关的请求；

（四）事实依据；

（五）必要的法律依据；

（六）提出质疑的日期。

供应商为自然人的，应当由本人签字；供应商为法人或者其他组织的，应当由法定代表人、主要负责人，或者其授权代表签字或者盖章，并加盖公章。

第十三条 采购人、采购代理机构不得拒收质疑供应商在法定质疑期内发出的质疑函，应当在收到质疑函后7个工作日内作出答复，并以书面形式通知质疑供应商和其他有关供应商。

第十四条 供应商对评审过程、中标或者成交结果提出质疑的，采购人、采购代理机构可以组织原评标委员会、竞争性谈判小组、询价小组或者竞争性磋商小组协助答复质疑。

第十五条 质疑答复应当包括下列内容：

（一）质疑供应商的姓名或者名称；

（二）收到质疑函的日期、质疑项目名称及编号；

（三）质疑事项、质疑答复的具体内容、事实依据和法律依据；

（四）告知质疑供应商依法投诉的权利；

（五）质疑答复人名称；

（六）答复质疑的日期。

质疑答复的内容不得涉及商业秘密。

第十六条 采购人、采购代理机构认为供应商质疑不成立，或者成立但未对中标、成交结果构成影响的，继续开展采购活动；认为供应商质疑成立且影响或者可能影响中标、成交结果的，按照下列情况处理：

（一）对采购文件提出的质疑，依法通过澄清或者修改可以继续开展采购活动的，澄清或者修改采购文件后继续开展采购活动；否则应当修改采购文件后重新开展采购活动。

（二）对采购过程、中标或者成交结果提出的质疑，合格供应商符合法定数量时，可以从合格的中标或者成交候选人中另行确定中标、成交供应商的，应当依法另行确定中标、成交供应商；否则应当重新开展采购活动。

质疑答复导致中标、成交结果改变的，采购人或者采购代理机构应当将有关情况书面报告本级财政部门。

第三章 投 诉 提 起

第十七条 质疑供应商对采购人、采购代理机构的答复不满意，或者采购人、采购代理机构未在规定时间内作出答复的，可以在答复期满后 15 个工作日内向本办法第六条规定的财政部门提起投诉。

第十八条 投诉人投诉时，应当提交投诉书和必要的证明材料，并按照被投诉采购人、采购代理机构（以下简称被投诉人）和与投诉事项有关的供应商数量提供投诉书的副本。投诉书应当包括下列内容：

（一）投诉人和被投诉人的姓名或者名称、通讯地址、邮编、联系人及联系电话；

（二）质疑和质疑答复情况说明及相关证明材料；

（三）具体、明确的投诉事项和与投诉事项相关的投诉请求；

（四）事实依据；

（五）法律依据；

（六）提起投诉的日期。

投诉人为自然人的，应当由本人签字；投诉人为法人或者其他组织的，应当由法定代表人、主要负责人，或者其授权代表签字或者盖章，并加盖公章。

第十九条 投诉人应当根据本办法第七条第二款规定的信息内容，并按照其规定的方式提起投诉。

投诉人提起投诉应当符合下列条件：

（一）提起投诉前已依法进行质疑；

（二）投诉书内容符合本办法的规定；

（三）在投诉有效期限内提起投诉；

（四）同一投诉事项未经财政部门投诉处理；

（五）财政部规定的其他条件。

第二十条 供应商投诉的事项不得超出已质疑事项的范围，但基于质疑答复内容提出的投诉事项除外。

第四章 投 诉 处 理

第二十一条 财政部门收到投诉书后，应当在 5 个工作日内进行审查，审查后按照下列情况处理：

（一）投诉书内容不符合本办法第十八条规定的，应当在收到投诉书 5 个工作日内一次性书面通知投诉人补正。补正通知应当载明需要补正的事项和合理的补正期限。未按照补正期限进行补正或者补正后仍不符合规定的，不予受理。

（二）投诉不符合本办法第十九条规定条件的，应当在 3 个工作日内书面告知投诉人不予受理，并说明理由。

（三）投诉不属于本部门管辖的，应当在 3 个工作日内书面告知投诉人向有管辖权的部门提起投诉。

（四）投诉符合本办法第十八条、第十九条规定的，自收到投诉书之日起即为受理，并在收到投诉后 8 个工作日内向被投诉人和其他与投诉事项有关的当事人发出投诉答复通知书及投诉书副本。

第二十二条　被投诉人和其他与投诉事项有关的当事人应当在收到投诉答复通知书及投诉书副本之日起 5 个工作日内，以书面形式向财政部门作出说明，并提交相关证据、依据和其他有关材料。

第二十三条　财政部门处理投诉事项原则上采用书面审查的方式。财政部门认为有必要时，可以进行调查取证或者组织质证。

财政部门可以根据法律、法规规定或者职责权限，委托相关单位或者第三方开展调查取证、检验、检测、鉴定。

质证应当通知相关当事人到场，并制作质证笔录。质证笔录应当由当事人签字确认。

第二十四条　财政部门依法进行调查取证时，投诉人、被投诉人以及与投诉事项有关的单位及人员应当如实反映情况，并提供财政部门所需要的相关材料。

第二十五条　应当由投诉人承担举证责任的投诉事项，投诉人未提供相关证据、依据和其他有关材料的，视为该投诉事项不成立；被投诉人未按照投诉答复通知书要求提交相关证据、依据和其他有关材料的，视同其放弃说明权利，依法承担不利后果。

第二十六条　财政部门应当自收到投诉之日起 30 个工作日内，对投诉事项作出处理决定。

第二十七条　财政部门处理投诉事项，需要检验、检测、鉴定、专家评审以及需要投诉人补正材料的，所需时间不计算在投诉处理期限内。

前款所称所需时间，是指财政部门向相关单位、第三方、投诉人发出相关文书、补正通知之日至收到相关反馈文书或材料之日。

财政部门向相关单位、第三方开展检验、检测、鉴定、专家评审的，应当将所需时间告知投诉人。

第二十八条　财政部门在处理投诉事项期间，可以视具体情况书面通知采购人和采购代理机构暂停采购活动，暂停采购活动时间最长不得超过 30 日。

采购人和采购代理机构收到暂停采购活动通知后应当立即中止采购活动，在法定的暂停期限结束前或者财政部门发出恢复采购活动通知前，不得进行该项采购活动。

第二十九条　投诉处理过程中，有下列情形之一的，财政部门应当驳回投诉：

（一）受理后发现投诉不符合法定受理条件；

（二）投诉事项缺乏事实依据，投诉事项不成立；

（三）投诉人捏造事实或者提供虚假材料；

（四）投诉人以非法手段取得证明材料。证据来源的合法性存在明显疑问，投诉人无法证明其取得方式合法的，视为以非法手段取得证明材料。

第三十条　财政部门受理投诉后，投诉人书面申请撤回投诉的，财政部门应当终止投诉处理程序，并书面告知相关当事人。

第三十一条　投诉人对采购文件提起的投诉事项，财政部门经查证属实的，应当认定投诉事项成立。经认定成立的投诉事项不影响采购结果的，继续开展采购活动；影响或者可能影响采购结果的，财政部门按照下列情况处理：

（一）未确定中标或者成交供应商的，责令重新开展采购活动。

（二）已确定中标或者成交供应商但尚未签订政府采购合同的，认定中标或者成交结果无效，责令重新开展采购活动。

（三）政府采购合同已经签订但尚未履行的，撤销合同，责令重新开展采购活动。

（四）政府采购合同已经履行，给他人造成损失的，相关当事人可依法提起诉讼，由责任人承担赔偿责任。

第三十二条　投诉人对采购过程或者采购结果提起的投诉事项，财政部门经查证属实的，应当认定投诉事项成立。经认定成立的投诉事项不影响采购结果的，继续开展采购活动；影响或者可能影响采购结果的，财政部门按照下列情况处理：

（一）未确定中标或者成交供应商的，责令重新开展采购活动。

（二）已确定中标或者成交供应商但尚未签订政府采购合同的，认定中标或者成交结果无效。合格供应商符合法定数量时，可以从合格的中标或者成交候选人中另行确定中标或者成交供应商的，应当要求采购人依法另行确定中标、成交供应商；否则责令重新开展采购活动。

（三）政府采购合同已经签订但尚未履行的，撤销合同。合格供应商符合法定数量时，可以从合格的中标或者成交候选人中另行确定中标或者成交供应商的，应当要求采购人依法另行确定中标、成交供应商；否则责令重新开展采购活动。

（四）政府采购合同已经履行，给他人造成损失的，相关当事人可依法提起诉讼，由责任人承担赔偿责任。

投诉人对废标行为提起的投诉事项成立的，财政部门应当认定废标行为无效。

第三十三条　财政部门作出处理决定，应当制作投诉处理决定书，并加盖公章。投诉处理决定书应当包括下列内容：

（一）投诉人和被投诉人的姓名或者名称、通讯地址等；

（二）处理决定查明的事实和相关依据，具体处理决定和法律依据；

（三）告知相关当事人申请行政复议的权利、行政复议机关和行政复议申请期限，以及提起行政诉讼的权利和起诉期限；

（四）作出处理决定的日期。

第三十四条　财政部门应当将投诉处理决定书送达投诉人和与投诉事项有关的当事人，并及时将投诉处理结果在省级以上财政部门指定的政府采购信息发布媒体上公告。

投诉处理决定书的送达，参照《中华人民共和国民事诉讼法》关于送达的规定执行。

第三十五条　财政部门应当建立投诉处理档案管理制度，并配合有关部门依法进行的监督检查。

第五章　法　律　责　任

第三十六条　采购人、采购代理机构有下列情形之一的，由财政部门责令限期改正；情节严重的，给予警告，对直接负责的主管人员和其他直接责任人员，由其行政主管部门或者有关机关给予处分，并予通报：

（一）拒收质疑供应商在法定质疑期内发出的质疑函；

（二）对质疑不予答复或者答复与事实明显不符，并不能作出合理说明；

（三）拒绝配合财政部门处理投诉事宜。

第三十七条　投诉人在全国范围 12 个月内三次以上投诉查无实据的，由财政部门列入不良行为记录名单。

投诉人有下列行为之一的，属于虚假、恶意投诉，由财政部门列入不良行为记录名单，禁止其 1 至 3 年内参加政府采购活动：

（一）捏造事实；

（二）提供虚假材料；

（三）以非法手段取得证明材料。证据来源的合法性存在明显疑问，投诉人无法证明其取得方式合法的，视为以非法手段取得证明材料。

第三十八条　财政部门及其工作人员在履行投诉处理职责中违反本办法规定及存在其他滥用职权、玩忽职守、徇私舞弊等违法违纪行为的，依照《中华人民共和国政府采购法》《中华人民共和国公务员法》《中华人民共和国行政监察法》《中华人民共和国政府采购法实施条例》等国家有关规定追究相应责任；涉嫌犯罪的，依法移送司法机关处理。

第六章　附　　　则

第三十九条　质疑函和投诉书应当使用中文。质疑函和投诉书的范本，由财政部制定。

第四十条 相关当事人提供外文书证或者外国语视听资料的，应当附有中文译本，由翻译机构盖章或者翻译人员签名。

相关当事人向财政部门提供的在中华人民共和国领域外形成的证据，应当说明来源，经所在国公证机关证明，并经中华人民共和国驻该国使领馆认证，或者履行中华人民共和国与证据所在国订立的有关条约中规定的证明手续。

相关当事人提供的在香港特别行政区、澳门特别行政区和台湾地区内形成的证据，应当履行相关的证明手续。

第四十一条 财政部门处理投诉不得向投诉人和被投诉人收取任何费用。但因处理投诉发生的第三方检验、检测、鉴定等费用，由提出申请的供应商先行垫付。投诉处理决定明确双方责任后，按照"谁过错谁负担"的原则由承担责任的一方负担；双方都有责任的，由双方合理分担。

第四十二条 本办法规定的期间开始之日，不计算在期间内。期间届满的最后一日是节假日的，以节假日后的第一日为期间届满的日期。期间不包括在途时间，质疑和投诉文书在期满前交邮的，不算过期。

本办法规定的"以上""以下"均含本数。

第四十三条 对在质疑答复和投诉处理过程中知悉的国家秘密、商业秘密、个人隐私和依法不予公开的信息，财政部门、采购人、采购代理机构等相关知情人应当保密。

第四十四条 省级财政部门可以根据本办法制定具体实施办法。

第四十五条 本办法自 2018 年 3 月 1 日起施行。财政部 2004 年 8 月 11 日发布的《政府采购供应商投诉处理办法》（财政部令第 20 号）同时废止。

政府采购代理机构管理暂行办法

（财库〔2018〕2 号，2018 年 1 月 4 日财政部发布）

第一章 总 则

第一条 为加强政府采购代理机构监督管理，促进政府采购代理机构规范发展，根据《中华人民共和国政府采购法》《中华人民共和国政府采购法实施条例》等法律法规，制定本办法。

第二条 本办法所称政府采购代理机构（以下简称代理机构）是指集中采购机构以外、受采购人委托从事政府采购代理业务的社会中介机构。

第三条 代理机构的名录登记、从业管理、信用评价及监督检查适用本办法。

第四条 各级人民政府财政部门（以下简称财政部门）依法对代理机构从事政府采购代理业务进行监督管理。

第五条 财政部门应当加强对代理机构的政府采购业务培训，不断提高代理机构专业化水平。鼓励社会力量开展培训，增强代理机构业务能力。

第二章 名 录 登 记

第六条 代理机构实行名录登记管理。省级财政部门依托中国政府采购网省级分网（以下简称省级分网）建立政府采购代理机构名录（以下简称名录）。名录信息全国共享并向社会公开。

第七条 代理机构应当通过工商登记注册地（以下简称注册地）省级分网填报以下信息申请进入名录，并承诺对信息真实性负责：

（一）代理机构名称、统一社会信用代码、办公场所地址、联系电话等机构信息；

（二）法定代表人及专职从业人员有效身份证明等个人信息；

（三）内部监督管理制度；

（四）在自有场所组织评审工作的，应当提供评审场所地址、监控设备设施情况；

（五）省级财政部门要求提供的其他材料。

登记信息发生变更的，代理机构应当在信息变更之日起 10 个工作日内自行更新。

第八条 代理机构登记信息不完整的，财政部门应当及时告知其完善登记资料；代理机构登记信息完整清晰的，财政部门应当及时为其开通相关政府采购管理交易系统信息发布、专家抽取等操作权限。

第九条 代理机构在其注册地省级行政区划以外从业的，应当向从业地财政部门申请开通政府采购管理交易系统相关操作权限，从业地财政部门不得要求其重复提交登记材料，不得强制要求其在从业地设立分支机构。

第十条 代理机构注销时，应当向相关采购人移交档案，并及时向注册地所在省级财政部门办理名录注销手续。

第三章 从 业 管 理

第十一条 代理机构代理政府采购业务应当具备以下条件：

（一）具有独立承担民事责任的能力；

（二）建立完善的政府采购内部监督管理制度；

（三）拥有不少于 5 名熟悉政府采购法律法规、具备编制采购文件和组织采购活动等相应能力的专职从业人员；

（四）具备独立办公场所和代理政府采购业务所必需的办公条件；

（五）在自有场所组织评审工作的，应当具备必要的评审场地和录音录像等监控设备设施并符合省级人民政府规定的标准。

第十二条　采购人应当根据项目特点、代理机构专业领域和综合信用评价结果，从名录中自主择优选择代理机构。

任何单位和个人不得以摇号、抽签、遴选等方式干预采购人自行选择代理机构。

第十三条　代理机构受采购人委托办理采购事宜，应当与采购人签订委托代理协议，明确采购代理范围、权限、期限、档案保存、代理费用收取方式及标准、协议解除及终止、违约责任等具体事项，约定双方权利义务。

第十四条　代理机构应当严格按照委托代理协议的约定依法依规开展政府采购代理业务，相关开标及评审活动应当全程录音录像，录音录像应当清晰可辨，音像资料作为采购文件一并存档。

第十五条　代理费用可以由中标、成交供应商支付，也可由采购人支付。由中标、成交供应商支付的，供应商报价应当包含代理费用。代理费用超过分散采购限额标准的，原则上由中标、成交供应商支付。

代理机构应当在采购文件中明示代理费用收取方式及标准，随中标、成交结果一并公开本项目收费情况，包括具体收费标准及收费金额等。

第十六条　采购人和代理机构在委托代理协议中约定由代理机构负责保存采购文件的，代理机构应当妥善保存采购文件，不得伪造、变造、隐匿或者销毁采购文件。采购文件的保存期限为从采购结束之日起至少十五年。

采购文件可以采用电子档案方式保存。采用电子档案方式保存采购文件的，相关电子档案应当符合《中华人民共和国档案法》《中华人民共和国电子签名法》等法律法规的要求。

第四章　信用评价及监督检查

第十七条　财政部门负责组织开展代理机构综合信用评价工作。采购人、供应商和评审专家根据代理机构的从业情况对代理机构的代理活动进行综合信用评价。综合信用评价结果应当全国共享。

第十八条　采购人、评审专家应当在采购活动或评审活动结束后 5 个工作日内，在政府采购信用评价系统中记录代理机构的职责履行情况。

供应商可以在采购活动结束后 5 个工作日内，在政府采购信用评价系统中记录代理机构的职责履行情况。

代理机构可以在政府采购信用评价系统中查询本机构的职责履行情况，并就有关情况作出说明。

第十九条　财政部门应当建立健全定向抽查和不定向抽查相结合的随机抽查机

制。对存在违法违规线索的政府采购项目开展定向检查；对日常监管事项，通过随机抽取检查对象、随机选派执法检查人员等方式开展不定向检查。

财政部门可以根据综合信用评价结果合理优化对代理机构的监督检查频次。

第二十条 财政部门应当依法加强对代理机构的监督检查，监督检查包括以下内容：

（一）代理机构名录信息的真实性；

（二）委托代理协议的签订和执行情况；

（三）采购文件编制与发售、评审组织、信息公告发布、评审专家抽取及评价情况；

（四）保证金收取及退还情况，中标或者成交供应商的通知情况；

（五）受托签订政府采购合同、协助采购人组织验收情况；

（六）答复供应商质疑、配合财政部门处理投诉情况；

（七）档案管理情况；

（八）其他政府采购从业情况。

第二十一条 对代理机构的监督检查结果应当在省级以上财政部门指定的政府采购信息发布媒体向社会公开。

第二十二条 受到财政部门禁止代理政府采购业务处罚的代理机构，应当及时停止代理业务，已经签订委托代理协议的项目，按下列情况分别处理：

（一）尚未开始执行的项目，应当及时终止委托代理协议；

（二）已经开始执行的项目，可以终止的应当及时终止，确因客观原因无法终止的应当妥善做好善后工作。

第二十三条 代理机构及其工作人员违反政府采购法律法规的行为，依照政府采购法律法规进行处理；涉嫌犯罪的，依法移送司法机关处理。

代理机构的违法行为给他人造成损失的，依法承担民事责任。

第二十四条 财政部门工作人员在代理机构管理中存在滥用职权、玩忽职守、徇私舞弊等违法违纪行为的，依照《中华人民共和国政府采购法》《中华人民共和国公务员法》《中华人民共和国行政监察法》《中华人民共和国政府采购法实施条例》等国家有关规定追究相关责任；涉嫌犯罪的，依法移送司法机关处理。

第五章　附　　则

第二十五条 政府采购行业协会按照依法制定的章程开展活动，加强代理机构行业自律。

第二十六条 省级财政部门可根据本办法规定制定具体实施办法。

第二十七条 本办法自 2018 年 3 月 1 日施行。

五

其他项目招标

招标拍卖挂牌出让国有建设用地使用权规定

（2007 年 9 月 28 日国土资源部令第 39 号公布）

第一条 为规范国有建设用地使用权出让行为，优化土地资源配置，建立公开、公平、公正的土地使用制度，根据《中华人民共和国物权法》、《中华人民共和国土地管理法》、《中华人民共和国城市房地产管理法》和《中华人民共和国土地管理法实施条例》，制定本规定。

第二条 在中华人民共和国境内以招标、拍卖或者挂牌出让方式在土地的地表、地上或者地下设立国有建设用地使用权的，适用本规定。

本规定所称招标出让国有建设用地使用权，是指市、县人民政府国土资源行政主管部门（以下简称出让人）发布招标公告，邀请特定或者不特定的自然人、法人和其他组织参加国有建设用地使用权投标，根据投标结果确定国有建设用地使用权人的行为。

本规定所称拍卖出让国有建设用地使用权，是指出让人发布拍卖公告，由竞买人在指定时间、地点进行公开竞价，根据出价结果确定国有建设用地使用权人的行为。

本规定所称挂牌出让国有建设用地使用权，是指出让人发布挂牌公告，按公告规定的期限将拟出让宗地的交易条件在指定的土地交易场所挂牌公布，接受竞买人的报价申请并更新挂牌价格，根据挂牌期限截止时的出价结果或者现场竞价结果确定国有建设用地使用权人的行为。

第三条 招标、拍卖或者挂牌出让国有建设用地使用权，应当遵循公开、公平、公正和诚信的原则。

第四条 工业、商业、旅游、娱乐和商品住宅等经营性用地以及同一宗地有两个以上意向用地者的，应当以招标、拍卖或者挂牌方式出让。

前款规定的工业用地包括仓储用地，但不包括采矿用地。

第五条 国有建设用地使用权招标、拍卖或者挂牌出让活动，应当有计划地进行。

市、县人民政府国土资源行政主管部门根据经济社会发展计划、产业政策、土地利用总体规划、土地利用年度计划、城市规划和土地市场状况，编制国有建设用地使用权出让年度计划，报经同级人民政府批准后，及时向社会公开发布。

第六条 市、县人民政府国土资源行政主管部门应当按照出让年度计划，会同城市规划等有关部门共同拟订拟招标拍卖挂牌出让地块的出让方案，报经市、县人民政府批准后，由市、县人民政府国土资源行政主管部门组织实施。

前款规定的出让方案应当包括出让地块的空间范围、用途、年限、出让方式、时间和其他条件等。

第七条　出让人应当根据招标拍卖挂牌出让地块的情况，编制招标拍卖挂牌出让文件。

招标拍卖挂牌出让文件应当包括出让公告、投标或者竞买须知、土地使用条件、标书或者竞买申请书、报价单、中标通知书或者成交确认书、国有建设用地使用权出让合同文本。

第八条　出让人应当至少在投标、拍卖或者挂牌开始日前 20 日，在土地有形市场或者指定的场所、媒介发布招标、拍卖或者挂牌公告，公布招标拍卖挂牌出让宗地的基本情况和招标拍卖挂牌的时间、地点。

第九条　招标拍卖挂牌公告应当包括下列内容：

（一）出让人的名称和地址；

（二）出让宗地的面积、界址、空间范围、现状、使用年期、用途、规划指标要求；

（三）投标人、竞买人的资格要求以及申请取得投标、竞买资格的办法；

（四）索取招标拍卖挂牌出让文件的时间、地点和方式；

（五）招标拍卖挂牌时间、地点、投标挂牌期限、投标和竞价方式等；

（六）确定中标人、竞得人的标准和方法；

（七）投标、竞买保证金；

（八）其他需要公告的事项。

第十条　市、县人民政府国土资源行政主管部门应当根据土地估价结果和政府产业政策综合确定标底或者底价。

标底或者底价不得低于国家规定的最低价标准。

确定招标标底，拍卖和挂牌的起叫价、起始价、底价，投标、竞买保证金，应当实行集体决策。

招标标底和拍卖挂牌的底价，在招标开标前和拍卖挂牌出让活动结束之前应当保密。

第十一条　中华人民共和国境内外的自然人、法人和其他组织，除法律、法规另有规定外，均可申请参加国有建设用地使用权招标拍卖挂牌出让活动。

出让人在招标拍卖挂牌出让公告中不得设定影响公平、公正竞争的限制条件。挂牌出让的，出让公告中规定的申请截止时间，应当为挂牌出让结束日前 2 天。对符合招标拍卖挂牌公告规定条件的申请人，出让人应当通知其参加招标拍卖挂牌活动。

第十二条　市、县人民政府国土资源行政主管部门应当为投标人、竞买人查询拟出让土地的有关情况提供便利。

第十三条　投标、开标依照下列程序进行：

（一）投标人在投标截止时间前将标书投入标箱。招标公告允许邮寄标书的，投标人可以邮寄，但出让人在投标截止时间前收到的方为有效。

标书投入标箱后，不可撤回。投标人应当对标书和有关书面承诺承担责任。

（二）出让人按照招标公告规定的时间、地点开标，邀请所有投标人参加。由投标人或者其推选的代表检查标箱的密封情况，当众开启标箱，点算标书。投标人少于三人的，出让人应当终止招标活动。投标人不少于三人的，应当逐一宣布投标人名称、投标价格和投标文件的主要内容。

（三）评标小组进行评标。评标小组由出让人代表、有关专家组成，成员人数为五人以上的单数。

评标小组可以要求投标人对投标文件作出必要的澄清或者说明，但是澄清或者说明不得超出投标文件的范围或者改变投标文件的实质性内容。

评标小组应当按照招标文件确定的评标标准和方法，对投标文件进行评审。

（四）招标人根据评标结果，确定中标人。

按照价高者得的原则确定中标人的，可以不成立评标小组，由招标主持人根据开标结果，确定中标人。

第十四条　对能够最大限度地满足招标文件中规定的各项综合评价标准，或者能够满足招标文件的实质性要求且价格最高的投标人，应当确定为中标人。

第十五条　拍卖会依照下列程序进行：

（一）主持人点算竞买人；

（二）主持人介绍拍卖宗地的面积、界址、空间范围、现状、用途、使用年期、规划指标要求、开工和竣工时间以及其他有关事项；

（三）主持人宣布起叫价和增价规则及增价幅度。没有底价的，应当明确提示；

（四）主持人报出起叫价；

（五）竞买人举牌应价或者报价；

（六）主持人确认该应价或者报价后继续竞价；

（七）主持人连续三次宣布同一应价或者报价而没有再应价或者报价的，主持人落槌表示拍卖成交；

（八）主持人宣布最高应价或者报价者为竞得人。

第十六条　竞买人的最高应价或者报价未达到底价时，主持人应当终止拍卖。

拍卖主持人在拍卖中可以根据竞买人竞价情况调整拍卖增价幅度。

第十七条　挂牌依照以下程序进行：

（一）在挂牌公告规定的挂牌起始日，出让人将挂牌宗地的面积、界址、空间范围、现状、用途、使用年期、规划指标要求、开工时间和竣工时间、起始价、增价规则及增价幅度等，在挂牌公告规定的土地交易场所挂牌公布；

（二）符合条件的竞买人填写报价单报价；

（三）挂牌主持人确认该报价后，更新显示挂牌价格；

（四）挂牌主持人在挂牌公告规定的挂牌截止时间确定竞得人。

第十八条　挂牌时间不得少于 10 日。挂牌期间可根据竞买人竞价情况调整增价幅度。

第十九条　挂牌截止应当由挂牌主持人主持确定。挂牌期限届满，挂牌主持人现场宣布最高报价及其报价者，并询问竞买人是否愿意继续竞价。有竞买人表示愿意继续竞价的，挂牌出让转入现场竞价，通过现场竞价确定竞得人。挂牌主持人连续三次报出最高挂牌价格，没有竞买人表示愿意继续竞价的，按照下列规定确定是否成交：

（一）在挂牌期限内只有一个竞买人报价，且报价不低于底价，并符合其他条件的，挂牌成交；

（二）在挂牌期限内有两个或者两个以上的竞买人报价的，出价最高者为竞得人；报价相同的，先提交报价单者为竞得人，但报价低于底价者除外；

（三）在挂牌期限内无应价者或者竞买人的报价均低于底价或者均不符合其他条件的，挂牌不成交。

第二十条　以招标、拍卖或者挂牌方式确定中标人、竞得人后，中标人、竞得人支付的投标、竞买保证金，转作受让地块的定金。出让人应当向中标人发出中标通知书或者与竞得人签订成交确认书。

中标通知书或者成交确认书应当包括出让人和中标人或者竞得人的名称，出让标的，成交时间、地点、价款以及签订国有建设用地使用权出让合同的时间、地点等内容。

中标通知书或者成交确认书对出让人和中标人或者竞得人具有法律效力。出让人改变竞得结果，或者中标人、竞得人放弃中标宗地、竞得宗地的，应当依法承担责任。

第二十一条　中标人、竞得人应当按照中标通知书或者成交确认书约定的时间，与出让人签订国有建设用地使用权出让合同。中标人、竞得人支付的投标、竞买保证金抵作土地出让价款；其他投标人、竞买人支付的投标、竞买保证金，出让人必须在招标拍卖挂牌活动结束后 5 个工作日内予以退还，不计利息。

第二十二条　招标拍卖挂牌活动结束后，出让人应在 10 个工作日内将招标拍卖挂牌出让结果在土地有形市场或者指定的场所、媒介公布。

出让人公布出让结果，不得向受让人收取费用。

第二十三条　受让人依照国有建设用地使用权出让合同的约定付清全部土地出让价款后，方可申请办理土地登记，领取国有建设用地使用权证书。

未按出让合同约定缴清全部土地出让价款的，不得发放国有建设用地使用权证书，也不得按出让价款缴纳比例分割发放国有建设用地使用权证书。

第二十四条　应当以招标拍卖挂牌方式出让国有建设用地使用权而擅自采用协议方式出让的，对直接负责的主管人员和其他直接责任人员依法给予处分；构成犯罪的，依法追究刑事责任。

第二十五条　中标人、竞得人有下列行为之一的，中标、竞得结果无效；造成损失的，应当依法承担赔偿责任：

（一）提供虚假文件隐瞒事实的；

（二）采取行贿、恶意串通等非法手段中标或者竞得的。

第二十六条　国土资源行政主管部门的工作人员在招标拍卖挂牌出让活动中玩忽职守、滥用职权、徇私舞弊的，依法给予处分；构成犯罪的，依法追究刑事责任。

第二十七条　以招标拍卖挂牌方式租赁国有建设用地使用权的，参照本规定执行。

第二十八条　本规定自 2007 年 11 月 1 日起施行。

前期物业管理招标投标管理暂行办法

（建住房〔2003〕130 号，2003 年 6 月 26 日建设部发布）

第一章　总　　则

第一条　为了规范前期物业管理招标投标活动，保护招标投标当事人的合法权益，促进物业管理市场的公平竞争，制定本办法。

第二条　前期物业管理，是指在业主、业主大会选聘物业管理企业之前，由建设单位选聘物业管理企业实施的物业管理。

建设单位通过招投标的方式选聘具有相应资质的物业管理企业和行政主管部门对物业管理招投标活动实施监督管理，适用本办法。

第三条　住宅及同一物业管理区域内非住宅的建设单位，应当通过招投标的方式选聘具有相应资质的物业管理企业；投标人少于 3 个或者住宅规模较小的，经物业所在地的区、县人民政府房地产行政主管部门批准，可以采用协议方式选聘具有相应资质的物业管理企业。

国家提倡其他物业的建设单位通过招投标的方式，选聘具有相应资质的物业管理企业。

第四条　前期物业管理招标投标应当遵循公开、公平、公正和诚实信用的原则。

第五条　国务院建设行政主管部门负责全国物业管理招标投标活动的监督管理。

省、自治区人民政府建设行政主管部门负责本行政区域内物业管理招标投标活动的监督管理。

直辖市、市、县人民政府房地产行政主管部门负责本行政区域内物业管理招标投标活动的监督管理。

第六条　任何单位和个人不得违反法律、行政法规规定，限制或者排斥具备投标资格的物业管理企业参加投标，不得以任何方式非法干涉物业管理招标投标活动。

第二章 招 标

第七条 本办法所称招标人是指依法进行前期物业管理招标的物业建设单位。

前期物业管理招标由招标人依法组织实施。招标人不得以不合理条件限制或者排斥潜在投标人，不得对潜在投标人实行歧视待遇，不得对潜在投标人提出与招标物业管理项目实际要求不符的过高的资格等要求。

第八条 前期物业管理招标分为公开招标和邀请招标。

招标人采取公开招标方式的，应当在公共媒介上发布招标公告，并同时在中国住宅与房地产信息网和中国物业管理协会网上发布免费招标公告。

招标公告应当载明招标人的名称和地址，招标项目的基本情况以及获取招标文件的办法等事项。

招标人采取邀请招标方式的，应当向 3 个以上物业管理企业发出投标邀请书，投标邀请书应当包含前款规定的事项。

第九条 招标人可以委托招标代理机构办理招标事宜；有能力组织和实施招标活动的，也可以自行组织实施招标活动。

物业管理招标代理机构应当在招标人委托的范围内办理招标事宜，并遵守本办法对招标人的有关规定。

第十条 招标人应当根据物业管理项目的特点和需要，在招标前完成招标文件的编制。

招标文件应包括以下内容：

（一）招标人及招标项目简介，包括招标人名称、地址、联系方式、项目基本情况、物业管理用房的配备情况等；

（二）物业管理服务内容及要求，包括服务内容、服务标准等；

（三）对投标人及投标书的要求，包括投标人的资格、投标书的格式、主要内容等；

（四）评标标准和评标方法；

（五）招标活动方案，包括招标组织机构、开标时间及地点等；

（六）物业服务合同的签订说明；

（七）其他事项的说明及法律法规规定的其他内容。

第十一条 招标人应当在发布招标公告或者发出投标邀请书的 10 日前，提交以下材料报物业项目所在地的县级以上地方人民政府房地产行政主管部门备案：

（一）与物业管理有关的物业项目开发建设的政府批件；

（二）招标公告或者招标邀请书；

（三）招标文件；

（四）法律、法规规定的其他材料。

房地产行政主管部门发现招标有违反法律、法规规定的，应当及时责令招标人改正。

第十二条 公开招标的招标人可以根据招标文件的规定，对投标申请人进行资格预审。

实行投标资格预审的物业管理项目，招标人应当在招标公告或者投标邀请书中载明资格预审的条件和获取资格预审文件的办法。

资格预审文件一般应当包括资格预审申请书格式、申请人须知，以及需要投标申请人提供的企业资格文件、业绩、技术装备、财务状况和拟派出的项目负责人与主要管理人员的简历、业绩等证明材料。

第十三条 经资格预审后，公开招标的招标人应当向资格预审合格的投标申请人发出资格预审合格通知书，告知获取招标文件的时间、地点和方法，并同时向资格不合格的投标申请人告知资格预审结果。

在资格预审合格的投标申请人过多时，可以由招标人从中选择不少于 5 家资格预审合格的投标申请人。

第十四条 招标人应当确定投标人编制投标文件所需要的合理时间。公开招标的物业管理项目，自招标文件发出之日起至投标人提交投标文件截止之日止，最短不得少于 20 日。

第十五条 招标人对已发出的招标文件进行必要的澄清或者修改的，应当在招标文件要求提交投标文件截止时间至少 15 日前，以书面形式通知所有的招标文件收受人。该澄清或者修改的内容为招标文件的组成部分。

第十六条 招标人根据物业管理项目的具体情况，可以组织潜在的投标申请人踏勘物业项目现场，并提供隐蔽工程图纸等详细资料。对投标申请人提出的疑问应当予以澄清并以书面形式发送给所有的招标文件收受人。

第十七条 招标人不得向他人透露已获取招标文件的潜在投标人的名称、数量以及可能影响公平竞争的有关招标投标的其他情况。

招标人设有标底的，标底必须保密。

第十八条 在确定中标人前，招标人不得与投标人就投标价格、投标方案等实质内容进行谈判。

第十九条 通过招标投标方式选择物业管理企业的，招标人应当按照以下规定时限完成物业管理招标投标工作：

（一）新建现售商品房项目应当在现售前 30 日完成；

（二）预售商品房项目应当在取得《商品房预售许可证》之前完成；

（三）非出售的新建物业项目应当在交付使用前 90 日完成。

第三章　投　　标

第二十条　本办法所称投标人是指响应前期物业管理招标、参与投标竞争的物业管理企业。

投标人应当具有相应的物业管理企业资质和招标文件要求的其他条件。

第二十一条　投标人对招标文件有疑问需要澄清的，应当以书面形式向招标人提出。

第二十二条　投标人应当按照招标文件的内容和要求编制投标文件，投标文件应当对招标文件提出的实质性要求和条件作出响应。

投标文件应当包括以下内容：

（一）投标函；

（二）投标报价；

（三）物业管理方案；

（四）招标文件要求提供的其他材料。

第二十三条　投标人应当在招标文件要求提交投标文件的截止时间前，将投标文件密封送达投标地点。招标人收到投标文件后，应当向投标人出具标明签收人和签收时间的凭证，并妥善保存投标文件。在开标前，任何单位和个人均不得开启投标文件。在招标文件要求提交投标文件的截止时间后送达的投标文件，为无效的投标文件，招标人应当拒收。

第二十四条　投标人在招标文件要求提交投标文件的截止时间前，可以补充、修改或者撤回已提交的投标文件，并书面通知招标人。补充、修改的内容为投标文件的组成部分，并应当按照本办法第二十三条的规定送达、签收和保管。在招标文件要求提交投标文件的截止时间后送达的补充或者修改的内容无效。

第二十五条　投标人不得以他人名义投标或者以其他方式弄虚作假，骗取中标。

投标人不得相互串通投标，不得排挤其他投标人的公平竞争，不得损害招标人或者其他投标人的合法权益。

投标人不得与招标人串通投标，损害国家利益、社会公共利益或者他人的合法权益。

禁止投标人以向招标人或者评标委员会成员行贿等不正当手段谋取中标。

第四章　开标、评标和中标

第二十六条　开标应当在招标文件确定的提交投标文件截止时间的同一时间公开进行；开标地点应当为招标文件中预先确定的地点。

第二十七条　开标由招标人主持，邀请所有投标人参加。开标应当按照下列规定进行：

由投标人或者其推选的代表检查投标文件的密封情况，也可以由招标人委托的公证机构进行检查并公证。经确认无误后，由工作人员当众拆封，宣读投标人名称、投标价格和投标文件的其他主要内容。

招标人在招标文件要求提交投标文件的截止时间前收到的所有投标文件，开标时都应当当众予以拆封。

开标过程应当记录，并由招标人存档备查。

第二十八条　评标由招标人依法组建的评标委员会负责。

评标委员会由招标人代表和物业管理方面的专家组成，成员为 5 人以上单数，其中招标人代表以外的物业管理方面的专家不得少于成员总数的三分之二。

评标委员会的专家成员，应当由招标人从房地产行政主管部门建立的专家名册中采取随机抽取的方式确定。

与投标人有利害关系的人不得进入相关项目的评标委员会。

第二十九条　房地产行政主管部门应当建立评标的专家名册。省、自治区、直辖市人民政府房地产行政主管部门可以将专家数量少的城市的专家名册予以合并或者实行专家名册计算机联网。

房地产行政主管部门应当对进入专家名册的专家进行有关法律和业务培训，对其评标能力、廉洁公正等进行综合考评，及时取消不称职或者违法违规人员的评标专家资格。被取消评标专家资格的人员，不得再参加任何评标活动。

第三十条　评标委员会成员应当认真、公正、诚实、廉洁地履行职责。

评标委员会成员不得与任何投标人或者与招标结果有利害关系的人进行私下接触，不得收受投标人、中介人、其他利害关系人的财物或者其他好处。

评标委员会成员和与评标活动有关的工作人员不得透露对投标文件的评审和比较、中标候选人的推荐情况以及与评标有关的其他情况。

前款所称与评标活动有关的工作人员，是指评标委员会成员以外的因参与评标监督工作或者事务性工作而知悉有关评标情况的所有人员。

第三十一条　评标委员会可以用书面形式要求投标人对投标文件中含义不明确的内容作必要的澄清或者说明。投标人应当采用书面形式进行澄清或者说明，其澄清或者说明不得超出投标文件的范围或者改变投标文件的实质性内容。

第三十二条　在评标过程中召开现场答辩会的，应当事先在招标文件中说明，并注明所占的评分比重。

评标委员会应当按照招标文件的评标要求，根据标书评分、现场答辩等情况进行综合评标。

除了现场答辩部分外，评标应当在保密的情况下进行。

第三十三条　评标委员会应当按照招标文件确定的评标标准和方法，对投标文件进行评审和比较，并对评标结果签字确认。

第三十四条　评标委员会经评审，认为所有投标文件都不符合招标文件要求的，可以否决所有投标。

依法必须进行招标的物业管理项目的所有投标被否决的，招标人应当重新招标。

第三十五条　评标委员会完成评标后，应当向招标人提出书面评标报告，阐明评标委员会对各投标文件的评审和比较意见，并按照招标文件规定的评标标准和评标方法，推荐不超过3名有排序的合格的中标候选人。

招标人应当按照中标候选人的排序确定中标人。当确定中标的中标候选人放弃中标或者因不可抗力提出不能履行合同的，招标人可以依序确定其他中标候选人为中标人。

第三十六条　招标人应当在投标有效期截止时限30日前确定中标人。投标有效期应当在招标文件中载明。

第三十七条　招标人应当向中标人发出中标通知书，同时将中标结果通知所有未中标的投标人，并应当返还其投标书。

招标人应当自确定中标人之日起15日内，向物业项目所在地的县级以上地方人民政府房地产行政主管部门备案。备案资料应当包括开标评标过程、确定中标人的方式及理由、评标委员会的评标报告、中标人的投标文件等资料。委托代理招标的，还应当附招标代理委托合同。

第三十八条　招标人和中标人应当自中标通知书发出之日起30日内，按照招标文件和中标人的投标文件订立书面合同；招标人和中标人不得再行订立背离合同实质性内容的其他协议。

第三十九条　招标人无正当理由不与中标人签订合同，给中标人造成损失的，招标人应当给予赔偿。

第五章　附　　则

第四十条　投标人和其他利害关系人认为招标投标活动不符合本办法有关规定的，有权向招标人提出异议，或者依法向有关部门投诉。

第四十一条　招标文件或者投标文件使用两种以上语言文字的，必须有一种是中文；如对不同文本的解释发生异议的，以中文文本为准。用文字表示的数额与数字表示的金额不一致的，以文字表示的金额为准。

第四十二条　本办法第三条规定住宅规模较小的，经物业所在地的区、县人民政府房地产行政主管部门批准，可以采用协议方式选聘物业管理企业的，其规模标准由省、自治区、直辖市人民政府房地产行政主管部门确定。

第四十三条　业主和业主大会通过招投标的方式选聘具有相应资质的物业管理企业的，参照本办法执行。

第四十四条　本办法自 2003 年 9 月 1 日起施行。

委托会计师事务所审计招标规范

（财会〔2006〕2 号，2006 年 1 月 26 日财政部发布）

第一条　为了规范招标委托会计师事务所（以下简称事务所）从事审计业务的活动，促进注册会计师行业的公平竞争，保护招标单位和投标事务所的合法权益，根据《中华人民共和国招标投标法》、《中华人民共和国注册会计师法》及相关法律，制定本规范。

第二条　招标单位采用招标方式委托事务所从事审计业务的，应当遵守《中华人民共和国招标投标法》，并符合本规范的规定。

第三条　招标投标活动应当遵循公开、公平、公正和诚实信用的原则。

任何单位和个人不得违反法律、行政法规规定，限制或者排斥事务所参加投标，不得以任何方式非法干涉招标投标活动。

事务所通过投标承接和执行审计业务的，应当遵守审计准则和职业道德规范，严格按照业务约定书履行义务、完成中标项目。

第四条　招标委托事务所从事审计业务，按照下列程序进行：

（一）招标，包括确定招标方式、发布招标公告（公开招标方式下）或发出投标邀请书（邀请招标方式下）、编制招标文件、向潜在投标事务所发出招标文件；

（二）开标；

（三）评标；

（四）确定中标事务所，发出中标通知书，与中标事务所签订业务约定书。

第五条　招标单位一般应当采用公开招标方式委托事务所。

对于符合下列情形之一的招标项目，可以采用邀请招标方式：

（一）具有特殊性，只能从有限范围的事务所中选择的；

（二）具有突发性，按公开招标程序无法在规定时间内完成委托事宜的。

第六条　采用公开招标方式的，应当发布招标公告。采用邀请招标方式的，应当向 3 家以上事务所发出投标邀请书。

招标公告和投标邀请书应当载明招标单位的名称和地址、招标项目的性质、数量、实施地点和时间以及获取招标文件的办法等事项。

第七条　招标单位可以根据招标项目本身的要求，在招标公告或者投标邀请书中，要求潜在投标事务所提供有关资质证明文件和业绩情况，并对潜在投标事务所进行资格审查。

在资格审查过程中，招标单位应当充分利用财政部门和注册会计师协会公开的行业信息，并执行财政部有关审计的管理规定。

第八条 招标单位应当根据招标项目的特点和需要编制招标文件。招标文件应当包括下列内容：

（一）招标项目介绍；

（二）对投标事务所资格审查的标准；

（三）投标报价要求；

（四）评标标准；

（五）拟签订业务约定书的主要条款。

第九条 招标单位应当在招标文件中详细披露便于投标事务所确定工作量、制定工作方案、提出合理报价、编制投标文件的招标项目信息，包括被审计单位的组织架构、所处行业、业务类型、地域分布、财务信息（如资产规模及结构、负债水平、年业务收入水平、其他相关财务指标）等。

第十条 招标单位应当根据招标项目要求，综合考虑投标事务所的工作方案、人员配备、相关工作经验、职业道德记录和质量控制水平、商务响应程度、报价等方面，合理确定评审内容、设定评审标准、设计各项评审内容分值占总分值的权重。投标事务所报价分值的权重不应高于20%。

评标标准的具体设计可以参考所附《评审内容及其权重设计参考表》。

第十一条 招标项目需要确定工期的，招标单位应当考虑注册会计师行业服务的特殊性，合理确定事务所完成相应工作的工期，并在招标文件中载明。

第十二条 招标单位可以根据招标项目的具体情况，组织潜在投标事务所座谈、答疑。潜在投标事务所需要查询招标项目详细资料的，招标单位应当在可能的情况下提供便利。

第十三条 招标单位在做出投标事务所编制投标文件的时限要求时，应当考虑注册会计师行业服务的特殊性，自招标文件开始发出之日起至投标事务所提交投标文件截止之日止，一般不得少于20日。

第十四条 招标单位应当公开进行开标，并邀请所有投标事务所参加。

第十五条 招标单位应当组建评标委员会，由评标委员会负责评标。

评标委员会由招标单位的代表和熟悉注册会计师行业的专家组成，与投标单位有利害关系的人不得进入相关项目的评标委员会。

评标委员会成员（以下简称评委）人数应当为5人以上单数，其中熟悉注册会计师行业的专家一般不应少于成员总数的2/3。

评委名单在中标结果确定前应当保密。

第十六条 招标单位应当采取必要的措施，保证评标在严格保密的情况下进行。

任何单位和个人不得非法干预、影响评标的过程和结果。

第十七条 评委应当依据评标标准对投标事务所进行评分。

评标委员会应当按照各投标事务所得分高低次序排出名次，并根据名次推荐中标候选事务所。

第十八条 评标委员会完成评标后，应当向招标单位提出书面评标报告。

招标单位应当根据评标委员会提出的书面评标报告和推荐的中标候选事务所确定中标事务所。招标单位也可以授权评标委员会直接确定中标事务所。

第十九条 中标事务所确定后，招标单位应当向中标事务所发出中标通知书，同时将中标结果通知所有未中标的投标事务所。

第二十条 招标单位应当自中标通知书发出之日起 30 日内，以招标文件和中标事务所投标文件的内容为依据，与中标事务所签订业务约定书。

招标单位不得向中标事务所提出改变招标项目实质性内容、提高招标项目的技术要求、降低支付委托费用等要求，不得以各种名目向中标事务所索要回扣。

招标单位不得与中标事务所再行订立背离业务约定书实质性内容的其他协议。

第二十一条 财政部和各省、自治区、直辖市财政部门应当对审计招标投标活动进行监督，对审计招标投标活动中的违法违规行为予以制止并依法进行处理。

第二十二条 招标单位招标委托事务所从事其他鉴证业务和相关服务业务的，参照执行本规范。

第二十三条 本规范由财政部负责解释。

第二十四条 本规范自 2006 年 3 月 1 日起施行。

附表：评审内容及其权重设计参考表（略）

道路旅客运输班线经营权招标投标办法

（2008 年 7 月 22 日交通运输部令 2008 年第 8 号公布）

第一章　总　　则

第一条 为规范道路旅客运输班线经营权招标投标活动，公平配置道路旅客运输班线资源，引导道路旅客运输经营者提高运输安全水平和服务质量，保护社会公共利益和招标投标当事人的合法权益，依据《中华人民共和国招标投标法》、《中华人民共和国道路运输条例》及相关规定，制定本办法。

第二条 本办法适用于以招标投标的方式进行道路旅客运输班线（含定线旅游客运班线）经营权许可的活动。

本办法所称道路旅客运输班线经营权招标投标（以下简称客运班线招标投标），是指道路运输管理机构在不实行班线经营权有偿使用或者竞价的前提下，通过公开招标，对参加投标的道路旅客运输经营者（以下简称客运经营者）的质量信誉情况、企业规模、运力结构和经营该客运班线的安全保障措施、服务质量承诺、运营方案等因素进行综合评价，择优确定客运班线经营者的许可方式。

第三条 客运班线招标投标应当遵循公开、公平、公正和诚信的原则。

第四条 国家鼓励通过招标投标的方式配置客运班线经营权。

第五条 交通运输部主管全国客运班线招标投标工作。

县级以上人民政府交通运输主管部门负责组织领导本行政区域的客运班线招标投标工作。

县级以上道路运输管理机构负责具体实施客运班线招标投标工作。

第二章　招　　　标

第六条 县级以上道路运输管理机构根据《中华人民共和国道路运输条例》规定的许可权限，对下列客运班线经营权可以采取招标投标的方式进行许可，并作为招标人组织开展招标工作：

（一）在确定被许可人之前，同一条客运班线有 3 个以上申请人申请的；

（二）根据道路运输发展规划和市场需求，道路运输管理机构决定开通的干线公路客运班线，或者在原干线公路客运线路上投放新的运力；

（三）根据双边或者多边政府协定开通的国际道路客运班线；

（四）已有的客运班线经营期限到期，原经营者不具备延续经营资格条件，需要重新许可的。

第七条 招标人可以将两条以上客运班线经营权作为一个招标项目进行招标投标。

第八条 客运班线招标投标应当采用公开招标方式，招标公告和招标结果应当向社会公布。

第九条 相关省级道路运输管理机构协商确定实施省际客运班线招标投标的，可以采取联合招标、各自分别招标等方式进行。一省不实行招标投标的，不影响另外一省实行招标投标。按照本办法的规定进行招标投标确定的经营者，相关道路运输管理机构应当予以认可，并按规定办理相关手续。

采取联合招标的，班线起讫地省级道路运输管理机构为共同招标人，由双方协商办理招标事宜。

第十条 通过招标投标方式许可的客运班线经营权的经营期限为 4 年到 8 年，新开发的客运班线经营权的经营期限为 6 年到 8 年，具体期限由招标人确定。

第十一条 对确定以招标投标方式进行行政许可的客运班线，在招标投标工作没有开始之前，申请人提出申请的，许可机关应当告知申请人该客运班线将以招标投标方式进行许可，并在 6 个月内完成招标投标工作。

第十二条 招标人可以自行选择具备法定条件的招标代理机构，委托其办理招标事宜。各地道路运输行业协会组织可以接受招标人的委托，具体承担与招标投标有关的事务性工作。

招标人具备相应能力的，可以自行办理招标事宜。任何单位和个人不得强制其委托招标代理机构办理招标事宜。

第十三条 对确定以招标投标方式实行行政许可的客运班线，招标人应当在其指定的报纸、网络等媒介上发布招标公告。招标公告应当包括以下内容：

（一）招标人名称、地址和联系方式；

（二）招标项目内容、要求和经营期限；

（三）中标人数量；

（四）投标人的资格条件；

（五）报名的方式、地点和截止时间等要求；

（六）报名时所需提交的材料和要求；

（七）其他需要公告的事项。

招标公告要求报名时所需提交的材料应当包括本办法第二十四条规定的内容。

第十四条 招标人应当根据有关规定和招标项目的特点、需要编制招标文件，招标文件应当包括下列内容：

（一）投标人须知；

（二）招标项目内容、要求和经营期限；

（三）中标人数量；

（四）投标文件的内容和编制要求；

（五）投标人参加投标所需提交的材料及要求。所需提交材料应当包括《道路旅客运输及客运站管理规定》要求的可行性报告、进站方案、运输服务质量承诺书；

（六）需提交投标文件的正副本数量以及提交要求、方式、地点和截止时间；

（七）缴纳履约保证金的要求及处置方法；

（八）开标的时间、地点；

（九）评分标准；

（十）中标合同文本；

（十一）其他应当说明的事项。

第十五条 招标人不得违背《道路旅客运输及客运站管理规定》的规定，提高、增设或者降低、减少条件限制投标人，也不得对投标人实行地域限制。

招标人不得限制投标人之间的竞争，不得强制投标人组成联合体共同投标。

第十六条 客运班线招标投标评分标准总分为 200 分，包括标前分 80 分和评标分

120 分。标前分的评分标准见附件。评标分中应当包括安全保障措施、车辆站场设施、运营方案、经营方式、服务承诺、服务质量保障措施等内容，具体评分项目和分值设置由省级道路运输管理机构根据下列要求设定：

（一）有利于引导客运经营者加强管理、规范经营；

（二）有利于引导客运经营者提高运输安全水平、服务水平和承担社会责任；

（三）有利于引导客运经营者节能减排；

（四）有利于引导客运经营者提高车辆技术装备水平；

（五）有利于促进规模化、集约化、公司化经营。

第十七条 招标人应当确定不少于 10 日的时间作为投标人的报名时间，该期间自招标公告发布之日起至报名截止日止。

第十八条 招标人应当根据投标人报名时提交的材料对投标人的资格条件进行审查。对其中已具备招标项目所要求的许可条件的，发售招标文件。

第十九条 招标人应当确定不少于 30 日的时间作为投标人编制投标文件所需要的时间，该期间自招标文件发售截止之日起至投标人提交投标文件截止之日止。

第二十条 在招标文件要求的提交投标文件截止时间后送达的投标文件，招标人应当拒收。

第二十一条 客运班线招标投标所发生的费用，应纳入各级运管机构正常的工作经费计划。

第三章　投　　　标

第二十二条 投标人是响应招标，参加投标竞争的已具备或者拟申请招标项目所要求的道路客运经营范围的公民、法人或者其他组织。

第二十三条 两个以上法人或者其他组织可以组成一个联合体，以一个投标人的身份投标。联合体各方均应当符合第二十二条规定的条件，并不得再独立或者以筹建其他联合体的形式参加同一招标项目的投标。

联合体各方应当签订共同投标协议，约定各方拟承担的工作和责任，明确在中标后是否联合成立新的经营实体，并将共同投标协议连同投标文件一并提交招标人。

第二十四条 投标人应当在招标公告规定的期限内向招标人报名，并按照招标公告的要求提交以下材料：

（一）资格预审材料：包括《道路旅客运输及客运站管理规定》要求的除可行性报告、进站方案、运输服务质量承诺书之外的其他申请客运班线许可的材料。不具备招标项目所要求的道路客运经营范围的，应当同时提出申请，相关申请材料一并提交。

（二）标前分评定材料：包括最近两年企业客运质量信誉考核情况、自有营运客车数量、高级客车数量以及相关证明材料。

招标人已经准确掌握投标人上述有关情况的，可以不再要求投标人报送相应材料。

第二十五条 通过资格预审的投标人购买招标文件后，应当按照招标文件的要求编制投标文件。投标文件及相关材料由投标人的法定代表人签字并加盖单位印章，进行密封，并在招标文件要求提交投标文件的截止时间前，将投标文件送达指定地点。招标人收到投标文件后，应当签收保存。任何人和单位不得在开标之前开启。

投标文件正本、副本的内容应当保持一致。

联合体参加投标的投标文件及相关材料由各方法定代表人共同签字并加盖各方印章。

正在筹建成立经营实体的申请人的投标文件及相关材料由筹建负责人签字，不需加盖单位印章。

第二十六条 投标人在编制投标文件过程中，如果对招标文件的内容存有疑问，可以在领取投标文件之日起 10 日内以书面形式要求招标人进行解释。招标人在研究所有投标人提出的问题后，在提交投标文件截止时间至少 15 日前，以书面形式进行必要澄清或者修改，并发至所有投标人。澄清或者修改的内容作为招标文件的补充部分，与招标文件具有同等效力。

第二十七条 在提交投标文件截止时间前，投标人可以对已提交的投标文件进行修改、补充，也可以撤回投标文件，并书面通知招标人。

修改、补充的内容为投标文件的组成部分。修改、补充的内容应当在提交投标文件截止时间前按照第二十五条的规定提交给招标人。

第二十八条 投标人不得相互串通或者与招标人串通投标，不得排挤其他投标人的公平竞争。不得以他人名义投标或者以其他方式弄虚作假，骗取中标。

第二十九条 到提交投标文件截止时间止，投标人为 3 个以上的，按本办法规定进行开标和评标；投标人不足 3 个的，招标人可以重新组织招标或者按照有关规定进行许可。

第四章　开标、评标和中标

第三十条 省级道路运输管理机构应当建立客运班线招标投标评审专家库，公布并定期调整评审专家。评审专家应当具备下列条件之一：

（一）各级交通运输主管部门、道路运输管理机构从事客货运输、财务、安全、技术管理工作 5 年以上并具备大专以上学历的工作人员；

（二）道路运输企业、高等院校、科研机构和道路运输中介组织中从事道路运输领域的管理、财务、安全、技术或者研究工作 8 年以上，并具有相应专业高级职称或者具有同等专业水平的人员。

第三十一条　招标人应当在开标前委派 1 名招标人代表并从评审专家库中随机抽取一定数量的评审专家组成评标委员会进行评标，评标委员会的成员人数应当为 5 人以上单数。评委名单在中标结果确定前应当保密。评委与投标人有利害关系的，不得进入本次评标委员会，已经进入的应当更换。

第三十二条　两个以上省级道路运输管理机构联合招标的，评标委员会由相关省级道路运输管理机构分别从各自的评审专家库中抽取的评审专家组成，每省的评审专家数量由相关方共同商定，每省应当各派 1 名招标人代表，但招标人代表总数不得超过评委总数的三分之一。

第三十三条　招标人应当在开标前对已取得招标文件的投标人提供的标前分评定材料进行核实，并完成标前分的评定工作。

第三十四条　开标应当在招标文件确定的提交投标文件截止时间的同一时间公开进行。开标地点应当为招标文件中预先确定的地点。

第三十五条　开标由招标人主持，邀请所有投标人的法定代表人（筹建负责人）或者其委托代理人参加。

第三十六条　开标时，由投标人或者其推选的代表检查所有投标文件的密封情况，也可以由招标人委托的公证机构检查并公证；经确认无误后，由工作人员当场拆封全部投标文件，并宣读投标人名称和投标文件的主要内容。

招标投标开标过程应当记录，并存档备查。

第三十七条　开标后，招标人应当组织评标委员会进行评标。评标必须在严格保密的条件下进行，禁止任何单位和个人非法干预、影响评标的过程和结果。评标过程应当遵守下列要求：

（一）评标场所必须具有保密条件；

（二）只允许评委、招标人指定的工作人员参加；

（三）所有参加评标的人员不得携带通讯工具；

（四）评标场所内不设电话机和上网的计算机。

第三十八条　在开标和评标过程中，有下列情况之一的，应当认定为废标：

（一）投标文件不符合招标文件规定的实质性要求，或者因缺乏相关内容而无法进行评标的；

（二）投标文件未按招标文件规定的要求正确署名与盖章的；

（三）投标文件附有招标人无法接受的条件的；

（四）投标文件的内容及有关材料不是真实有效的；

（五）投标文件正、副本的内容不符，影响评标的。

在排除废标后，投标人为 3 个以上的，继续进行招标投标工作；投标人不足 3 个的，招标人可以重新组织招标投标或者按有关规定进行许可。

第三十九条　评标委员会应当按以下程序进行评标：

（一）审查投标文件及相关材料，并对不明确的内容进行质询；

（二）招标人或者招标代理机构根据评委质询意见，要求投标人对投标文件中不明确的内容进行必要澄清和说明，但澄清和说明不得超出投标文件的范围或者改变投标文件的实质性内容；

（三）认定是否存在废标；

（四）评委按照招标文件确定的评分标准和方法，客观公正的评定投标人的评标分，并对所提出的评审意见承担个人责任。如果招标项目由两条以上客运班线组成，则分别确定每条客运班线的评标分后，取所有客运班线评标分的算术平均值为投标人在该招标项目的评标分；

（五）评委对招标人评定的标前分进行复核确认；

（六）在评委评定的评标分中，去掉一个最高分和一个最低分后，取算术平均值作为投标人在该招标项目的最终评标分。最终评标分加上标前分，作为投标人的评标总分；

（七）按照评标总分由高到低的原则推荐中标候选人和替补中标候选人。替补中标候选人为多个的，应当明确替补顺序。评标总分分数相同且影响评标结果的确定时，由评委现场投票表决确定中标候选人、替补中标候选人；

（八）出具书面评标报告，并经全体评委签字后，提交招标人。

第四十条　招标人、招标代理机构的工作人员和评委不得私下接触投标人，不得收受投标人的财物或者其他好处，在开标前不得向他人透露投标人提交的资格预审材料的有关内容，在任何时候不得透露对投标文件的评审和比较意见、中标候选人的推荐情况以及评标的其他情况，严禁发生任何可能影响公正评标的行为。

招标人或者监察部门发现评标委员会在评标过程中有不公正的行为时，可以向评标委员会提出质疑，评标委员会应当进行解释。经调查确有不公正行为的，由招标人另行组织评标委员会重新评标和确定中标人。

第四十一条　招标人应当根据评标委员会提交的书面评标报告和推荐意见确定中标人和替补中标人。

确定中标人后，招标人应当在 7 日内向中标人发出中标通知书，并将中标结果书面通知替补中标人和其他投标人。

第四十二条　招标人和中标人应当在中标通知书发出之日起 30 日内，签订中标合同并按照有关规定办理许可手续。

第四十三条　中标合同不得对招标文件及中标人的承诺进行实质性改变，并应当作为中标人取得的道路客运班线经营行政许可决定书的附件。

中标合同的违约责任条款内容不得与《中华人民共和国道路运输条例》中已明确的相应处罚规定相违背。

第四十四条　招标文件要求中标人缴纳履约保证金或者提交其开户银行出具的履

约保函的，中标人应当于签订中标合同的同时予以缴纳或者提交。由于中标人原因逾期不签订中标合同或者不按要求缴纳履约保证金、提交履约保函的，视为自动放弃中标资格，其中标资格由替补中标人取得（替补中标人为多个的，按替补顺序依次替补，后同），并按上述规定办理有关手续。

招标人向中标人收取的履约保证金不得超过中标人所投入车辆购置价格的3%，且中标人交纳履约保证金（不含履约保函）达到30万元之后，如果再次中标取得其他客运班线经营权，不再向该招标人交纳履约保证金。

第四十五条 两个以上法人或者其他组织组成的联合体中标但不成立新的经营实体的，联合体各方应当共同与招标人签订中标合同，就中标项目向招标人承担连带责任。招标人应当根据中标合同分别为联合体各方办理道路客运班线经营行政许可手续，并分别颁发相关许可证件。

第四十六条 中标人在投标时申请招标项目所要求的道路客运经营范围的，道路运输管理机构应当按照有关规定予以办理客运经营许可的有关手续。

第四十七条 中标人不得转让中标的客运班线经营权，可以将中标客运班线经营权授予其分公司经营，但不得委托其子公司经营。

第四十八条 中标人注册地不在中标客运班线起点或者终点的，应当在起点县级以上城市注册分公司进行经营，注册地运管机构应当按照有关规定予以办理有关注册手续。

第四十九条 中标人应当在中标合同约定的时限内按中标方案投入运营。

第五章　监督和考核

第五十条 招标投标活动全过程应当自觉接受投标人、监察部门、交通运输主管部门、上级道路运输管理机构和社会的监督。交通运输主管部门和上级道路运输管理机构发现正在进行的招标投标活动严重违反相关法律、行政法规和本办法规定的，应当责令招标人中止招标活动。

第五十一条 招标人、评标委员会评委、招标工作人员、招标代理机构、投标人有违法违纪行为的，应当按《中华人民共和国招标投标法》的规定进行处理。

第五十二条 投标人有下列行为之一，投标无效；已经中标的，中标无效，中标资格由替补中标人取得。给招标人或者其他投标人造成损失的，依法承担赔偿责任。

（一）在投标过程中弄虚作假的；

（二）与投标人或者评标委员会评委相互串通，事先商定投标方案或者合谋使特定人中标的；

（三）向招标人或者评标委员会成员行贿或者提供其他不正当利益的。

第五十三条　已经提交投标文件的投标人在提交投标文件截止时间后无正当理由放弃投标的，在评定当年客运质量信誉等级时，每发生一次从总分中扣除30分。如果投标人在异地投标的，招标人应当将此情况通报投标人所在地道路运输管理机构。

第五十四条　招标人和中标人应当根据双方签订的中标合同履行各自的权利和义务。

招标人应当对中标人履行承诺情况进行定期或者不定期的检查，发现中标人不遵守服务质量承诺、不规范经营或者存在重大安全隐患的，应当要求中标人进行整改。整改不合格的，招标人依据中标合同的约定可以从履约保证金中扣除相应数额的违约金，直至收回该客运班线或者该客运车辆的经营权。

第五十五条　道路运输管理机构对中标人缴纳的履约保证金应当专户存放，不得挪用。

道路运输管理机构依据中标合同从履约保证金中扣除的相应数额的违约金，应当按照财务管理的相关规定进行管理。

道路运输管理机构按照合同约定从中标人履约保证金中扣除违约金后，中标人应当在招标人规定的时间内补交。逾期不交的，道路运输管理机构可以依据中标合同进行处理。

合同履行完毕后，道路运输管理机构应当及时将剩余的履约保证金本息归还中标人。

第五十六条　道路运输管理机构应当按照国家有关法律、行政法规和规章对中标人在经营期内的违法行为处以相应行政处罚。

第六章　附　　则

第五十七条　本办法自2009年1月1日起施行。

附件：

道路旅客运输班线经营权招标投标标前分评分标准

	考核项目	分值	记　分　标　准
标前分 （80分）	上年度企业客运质量信誉等级	20分	AAA级的，得满分；AA级，得14分；A级，得7分；B级，不得分；因成立不久尚未评定本年度质量信誉等级的企业得10分。
	再上一年度企业客运质量信誉等级	20分	AAA级的，得满分；AA级，得14分；A级，得7分；B级，不得分；因成立不久未评定本年度质量信誉等级的企业得10分。

标前分 （80分）	考核项目	分值	记 分 标 准
	企业规模	20分	企业自有营运客车数量高出许可条件要求数量，每高出1辆车得0.1分，最高不超过20分。
	运力结构	20分	企业自有营运客车中的高级客车比例为1%，得0.2分。在此基础上，每增加1%，加0.2分，依次类推。

注：

1. 两个以上法人或者其他组织组成的联合体投标但不成立新的经营实体的，投标人的企业客运质量信誉等级、车辆规模、运力结构按联合各方中最低的计算。

2. 在评定标前分时，如果上年度企业客运质量信誉等级评定工作尚未完成，应当按照上年度之前两年的企业客运质量信誉等级评定标前分。

3. 投标人在投标之前未从事道路客运经营的，标前分按30分计。

4. 营运客车系指企业上年度末企业在册的营运客车总数，包括客运班车、客运包车、旅游客车，但不包括出租汽车、租赁客车和城市公共客车。

5. 运力结构中企业自有客车中的高级客车比例保留到个位，个位之后四舍五入。

探矿权采矿权招标拍卖挂牌管理办法（试行）

（国土资发〔2003〕197号，2003年6月11日国土资源部发布）

第一章 总 则

第一条 为完善探矿权采矿权有偿取得制度，规范探矿权采矿权招标拍卖挂牌活动，维护国家对矿产资源的所有权，保护探矿权人、采矿权人合法权益，根据《中华人民共和国矿产资源法》、《矿产资源勘查区块登记管理办法》和《矿产资源开采登记管理办法》，制定本办法。

第二条 探矿权采矿权招标拍卖挂牌活动，按照颁发勘查许可证、采矿许可证的法定权限，由县级以上人民政府国土资源行政主管部门（以下简称主管部门）负责组织实施。

第三条 本办法所称探矿权采矿权招标，是指主管部门发布招标公告，邀请特定或者不特定的投标人参加投标，根据投标结果确定探矿权采矿权中标人的活动。

本办法所称探矿权采矿权拍卖，是指主管部门发布拍卖公告，由竞买人在指定的时间、地点进行公开竞价，根据出价结果确定探矿权采矿权竞得人的活动。

本办法所称探矿权采矿权挂牌，是指主管部门发布挂牌公告，在挂牌公告规定的期限和场所接受竞买人的报价申请并更新挂牌价格，根据挂牌期限截止时的出价结果确定探矿权采矿权竞得人的活动。

第四条 探矿权采矿权招标拍卖挂牌活动，应当遵循公开、公平、公正和诚实信用的原则。

第五条 国土资源部负责全国探矿权采矿权招标拍卖挂牌活动的监督管理。

上级主管部门负责监督下级主管部门的探矿权采矿权招标拍卖挂牌活动。

第六条 主管部门工作人员在探矿权采矿权招标拍卖挂牌活动中玩忽职守、滥用职权、徇私舞弊的，依法给予行政处分。

第二章 范　围

第七条 新设探矿权有下列情形之一的，主管部门应当以招标拍卖挂牌的方式授予：

（一）国家出资勘查并已探明可供进一步勘查的矿产地；

（二）探矿权灭失的矿产地；

（三）国家和省两级矿产资源勘查专项规划划定的勘查区块；

（四）主管部门规定的其他情形。

第八条 新设采矿权有下列情形之一的，主管部门应当以招标拍卖挂牌的方式授予：

（一）国家出资勘查并已探明可供开采的矿产地；

（二）采矿权灭失的矿产地；

（三）探矿权灭失的可供开采的矿产地；

（四）主管部门规定无需勘查即可直接开采的矿产；

（五）国土资源部、省级主管部门规定的其他情形。

第九条 符合本办法第七条、第八条规定的范围，有下列情形之一的，主管部门应当以招标的方式授予探矿权采矿权：

（一）国家出资的勘查项目；

（二）矿产资源储量规模为大型的能源、金属矿产地；

（三）共伴生组分多、综合利用技术水平要求高的矿产地；

（四）对国民经济具有重要价值的矿区；

（五）根据法律法规、国家政策规定可以新设探矿权采矿权的环境敏感地区和未达到国家规定的环境质量标准的地区。

第十条 有下列情形之一的，主管部门不得以招标拍卖挂牌的方式授予：

（一）探矿权人依法申请其勘查区块范围内的采矿权；

（二）符合矿产资源规划或者矿区总体规划的矿山企业的接续矿区、已设采矿权的矿区范围上下部需要统一开采的区域；

（三）为国家重点基础设施建设项目提供建筑用矿产；

（四）探矿权采矿权权属有争议；

（五）法律法规另有规定以及主管部门规定因特殊情形不适于以招标拍卖挂牌方式授予的。

第十一条 违反本办法第七条、第八条、第九条和第十条的规定授予探矿权采矿权的，由上级主管部门责令限期改正；逾期不改正的，对直接负责的主管人员和其他直接责任人员依法给予行政处分。

第三章 实 施

第一节 一 般 规 定

第十二条 探矿权采矿权招标拍卖挂牌活动，应当有计划地进行。

主管部门应当根据矿产资源规划、矿产资源勘查专项规划、矿区总体规划、国家产业政策以及市场供需情况，按照颁发勘查许可证、采矿许可证的法定权限，编制探矿权采矿权招标拍卖挂牌年度计划，报上级主管部门备案。

第十三条 上级主管部门可以委托下级主管部门组织探矿权采矿权招标拍卖挂牌的具体工作，勘查许可证、采矿许可证由委托机关审核颁发。

受委托的主管部门不得再委托下级主管部门组织探矿权采矿权招标拍卖挂牌的具体工作。

第十四条 主管部门应当根据探矿权采矿权招标拍卖挂牌年度计划和《外商投资产业指导目录》，编制招标拍卖挂牌方案；招标拍卖挂牌方案，县级以上地方主管部门可以根据实际情况报同级人民政府组织审定。

第十五条 主管部门应当根据招标拍卖挂牌方案，编制招标拍卖挂牌文件。

招标拍卖挂牌文件，应当包括招标拍卖挂牌公告、标书、竞买申请书、报价单、矿产地的地质报告、矿产资源开发利用和矿山环境保护要求、成交确认书等。

第十六条 招标标底、拍卖挂牌底价，由主管部门依规定委托有探矿权采矿权评估资质的评估机构或者采取询价、类比等方式进行评估，并根据评估结果和国家产业政策等综合因素集体决定。

在招标拍卖挂牌活动结束之前，招标标底、拍卖挂牌底价须保密，且不得变更。

第十七条 招标拍卖挂牌公告应当包括下列内容：

（一）主管部门的名称和地址；

（二）拟招标拍卖挂牌的勘查区块、开采矿区的简要情况；

（三）申请探矿权采矿权的资质条件以及取得投标人、竞买人资格的要求；

（四）获取招标拍卖挂牌文件的办法；

（五）招标拍卖挂牌的时间、地点；

（六）投标或者竞价方式；

（七）确定中标人或者竞得人的标准和方法；

（八）投标、竞买保证金及其缴纳方式和处置方式；

（九）其他需要公告的事项。

第十八条　主管部门应当依规定对投标人、竞买人进行资格审查。对符合资质条件和资格要求的，应当通知投标人、竞买人参加招标拍卖挂牌活动以及缴纳投标、竞买保证金的时间和地点。

第十九条　投标人、竞买人按照通知要求的时间和地点缴纳投标、竞买保证金后，方可参加探矿权采矿权招标拍卖挂牌活动；逾期未缴纳的，视为放弃。

第二十条　以招标拍卖挂牌方式确定中标人、竞得人后，主管部门应当与中标人、竞得人签订成交确认书。中标人、竞得人逾期不签订的，中标、竞得结果无效，所缴纳的投标、竞买保证金不予退还。

成交确认书应当包括下列内容：

（一）主管部门和中标人、竞得人的名称、地址；

（二）成交时间、地点；

（三）中标、竞得的勘查区块、开采矿区的简要情况；

（四）探矿权采矿权价款；

（五）探矿权采矿权价款的缴纳时间、方式；

（六）矿产资源开发利用和矿山环境保护要求；

（七）办理登记时间；

（八）主管部门和中标人、竞得人约定的其他事项。

成交确认书具有合同效力。

第二十一条　主管部门应当在颁发勘查许可证、采矿许可证前一次性收取探矿权采矿权价款。探矿权采矿权价款数额较大的，经上级主管部门同意可以分期收取。

探矿权采矿权价款的使用和管理按照有关规定执行。

第二十二条　中标人、竞得人缴纳的投标、竞买保证金，可以抵作价款。其他投标人、竞买人缴纳的投标、竞买保证金，主管部门须在招标拍卖挂牌活动结束后5个工作日内予以退还，不计利息。

第二十三条　招标拍卖挂牌活动结束后，主管部门应当在10个工作日内将中标、竞得结果在指定的场所、媒介公布。

第二十四条　中标人、竞得人提供虚假文件隐瞒事实、恶意串通、向主管部门或者评标委员会及其成员行贿或者采取其他非法手段中标或者竞得的，中标、竞得结果无效，所缴纳的投标、竞买保证金不予退还。

第二十五条　主管部门应当按照成交确认书所约定的时间为中标人、竞得人办理登记，颁发勘查许可证、采矿许可证，并依法保护中标人、竞得人的合法权益。

第二十六条　主管部门在签订成交确认书后，改变中标、竞得结果或者未依法办理勘查许可证、采矿许可证的，由上级主管部门责令限期改正，对直接负责的主管人员和其他直接责任人员依法给予行政处分；给中标人、竞得人造成损失的，中标人、竞得人可以依法申请行政赔偿。

第二十七条　主管部门负责建立招标拍卖挂牌的档案，档案包括投标人、评标委员会、中标人、竞买人和竞得人的基本情况、招标拍卖挂牌过程、中标、竞得结果等。

第二节　招　　标

第二十八条　探矿权采矿权招标的，投标人不得少于三人。

投标人少于三人，属采矿权招标的，主管部门应当依照本办法重新组织招标；属探矿权招标的，主管部门可以以挂牌方式授予探矿权。

第二十九条　主管部门应当确定投标人编制投标文件所需的合理时间；但是自招标文件发出之日起至投标人提交投标文件截止之日，最短不得少于 30 日。

第三十条　投标、开标依照下列程序进行：

（一）投标人按照招标文件的要求编制投标文件，在提交投标文件截止之日前，将投标文件密封后送达指定地点，并附具对投标文件承担责任的书面承诺。

在提交投标文件截止之日前，投标人可以补充、修改但不得撤回投标文件。补充、修改的内容作为投标文件的组成部分。

（二）主管部门签收投标文件后，在开标之前不得开启；对在提交投标文件的截止之日后送达的，不予受理。

（三）开标应当在招标文件确定的时间、地点公开进行。开标由主管部门主持，邀请全部投标人参加。

开标时，由投标人或者其推选的代表检查投标文件的密封情况，当众拆封，宣读投标人名称、投标价格和投标文件的主要内容。

（四）评标由主管部门组建的评标委员会负责。评标委员会应当按照招标文件确定的评标标准和方法，对投标文件进行评审。评审时，可以要求投标人对投标文件作出必要的澄清或者说明，但该澄清或者说明不得超出投标文件的范围或者改变投标文件的实质内容。

评标委员会完成评标后，应当提出书面评标报告和中标候选人，报主管部门确定中标人；主管部门也可委托评标委员会直接确定中标人。评标委员会经评审，认为所有的投标文件都不符合招标文件要求的，可以否决所有的投标。

第三十一条　评标委员会成员人数为五人以上单数，由主管部门根据拟招标的探矿权采矿权确定，有关技术、经济方面的专家不得少于成员总数的三分之二。

在中标结果公布前，评标委员会成员名单须保密。

第三十二条　评标委员会成员收受投标人的财物或其他好处的，或者向他人透露标底或有关其他情况的，主管部门应当取消其担任评标委员会成员的资格。

第三十三条　确定的中标人应当符合下列条件之一：

（一）能够最大限度地满足招标文件中规定的各项综合评价标准；

（二）能够满足招标文件的实质性要求，并且经评审的投标价格最高，但投标价格低于标底的除外。

第三十四条　中标人确定后，主管部门应当通知中标人在接到通知之日起5日内签订成交确认书，并同时将中标结果通知所有投标人。

第三节　拍　　卖

第三十五条　探矿权采矿权拍卖的，竞买人不得少于三人。少于三人的，主管部门应当停止拍卖。

第三十六条　探矿权采矿权拍卖的，主管部门应当于拍卖日20日前发布拍卖公告。

第三十七条　拍卖会依照下列程序进行：

（一）拍卖主持人点算竞买人；

（二）拍卖主持人介绍拟拍卖的勘查区块、开采矿区的简要情况；

（三）宣布拍卖规则和注意事项；

（四）主持人报出起叫价；

（五）竞买人应价。

第三十八条　无底价的，拍卖主持人应当在拍卖前予以说明；有底价的，竞买人的最高应价未达到底价的，该应价不发生效力，拍卖主持人应当停止拍卖。

第三十九条　竞买人的最高应价经拍卖主持人落槌表示拍卖成交，拍卖主持人宣布该最高应价的竞买人为竞得人。

主管部门和竞得人应当当场签订成交确认书。

第四节　挂　　牌

第四十条　探矿权采矿权挂牌的，主管部门应当于挂牌起始日20日前发布挂牌公告。

第四十一条　探矿权采矿权挂牌的，主管部门应当在挂牌起始日，将起始价、增价规则、增价幅度、挂牌时间等，在挂牌公告指定的场所挂牌公布。

挂牌时间不得少于10个工作日。

第四十二条　竞买人的竞买保证金在挂牌期限截止前缴纳的，方可填写报价单报价。主管部门受理其报价并确认后，更新挂牌价格。

第四十三条　挂牌期间，主管部门可以根据竞买人的竞价情况调整增价幅度。

第四十四条　挂牌期限届满，主管部门按照下列规定确定是否成交：

（一）在挂牌期限内只有一个竞买人报价，且报价高于底价的，挂牌成交；

（二）在挂牌期限内有两个或者两个以上的竞买人报价的，出价最高者为竞得人；报价相同的，先提交报价单者为竞得人，但报价低于底价者除外；

（三）在挂牌期限内无人竞买或者竞买人的报价低于底价的，挂牌不成交。

在挂牌期限截止前 30 分钟仍有竞买人要求报价的，主管部门应当以当时挂牌价为起始价进行现场竞价，出价最高且高于底价的竞买人为竞得人。

第四十五条　挂牌成交的，主管部门和竞得人应当当场签订成交确认书。

第四章　附　　则

第四十六条　本办法自 2003 年 8 月 1 日施行。

本办法发布前制定的有关文件的内容与本办法的规定不一致的，按照本办法规定执行。

国有金融企业集中采购管理暂行规定

（财金〔2018〕9 号，2018 年 2 月 5 日财政部发布）

第一章　总　　则

第一条　为规范国有金融企业集中采购行为，加强对采购支出的管理，提高采购资金的使用效益，根据国家有关法律、行政法规和部门规章，制定本规定。

第二条　国有金融企业实施集中采购适用本规定。

本规定所称国有金融企业，包括所有获得金融业务许可证的国有企业，以及国有金融控股公司、国有担保公司和其他金融类国有企业。按现行法律法规实行会员制的金融交易场所参照本规定执行。

本规定所称集中采购，是指国有金融企业以合同方式有偿取得纳入集中采购范围的货物、工程和服务的行为。

第三条　国有金融企业集中采购应当遵循公开、公平、公正、诚实信用和效益原则。

第四条　国有金融企业开展集中采购活动应符合国家有关规定，建立统一管理、分级授权、相互制约的内部管理体制，切实维护企业和国家整体利益。

第五条　国有金融企业集中采购应优先采购节能环保产品。

第二章　组　织　管　理

第六条　国有金融企业应建立健全集中采购决策管理职能与操作执行职能相分离的管理体制。

第七条　国有金融企业应成立集中采购管理委员会，成员由企业相关负责人以及财务、法律等相关业务部门负责人组成，负责对公司集中采购活动进行决策管理。国有金融企业纪检、监察、审计等部门人员可列席集中采购管理委员会会议。

国有金融企业集中采购管理委员会的主要职责包括：

（一）审定企业内部集中采购管理办法等制度规定；

（二）确定企业集中采购目录及限额标准；

（三）审定采购计划并审查采购计划的执行情况；

（四）审议对业务活动和发展有较大影响的采购事项；

（五）采购活动中涉及的其他重要管理和监督事宜。

第八条 国有金融企业可指定具体业务部门或根据实际设立集中采购日常管理机构，具体实施集中采购活动。根据集中采购项目具体情况，国有金融企业可自行采购或委托外部代理机构办理采购事宜。

第九条 国有金融企业采用公开招标、邀请招标方式采购的，应依法组建评标委员会负责采购项目评审。采用竞争性谈判、竞争性磋商、询价等非招标方式采购的，应参照政府采购的相关要求并结合本单位实际，成立谈判、磋商或询价小组。

第十条 国有金融企业总部可建立或联合建立集中采购项目评审专家库。评审专家成员由国有金融企业财务、技术等内部专业人员，以及相关技术、经济等方面的外部专家组成。如不具备上述建库条件的企业，应合理使用招标代理机构等外部的评审专家库。

第十一条 一般采购项目从评审专家库中随机抽取选定评审专家，对技术复杂、专业性强或者有特殊要求的采购项目，通过随机抽取方式难以确定合适评审专家的，可由国有金融企业按程序自行选定。

第三章 制 度 建 设

第十二条 国有金融企业可参考省级以上人民政府定期发布的集中采购目录及标准，结合企业实际情况，制定本企业的集中采购目录及限额标准。

第十三条 国有金融企业应依据国家有关法律法规和本规定，制定企业内部集中采购管理办法。

第十四条 国有金融企业内部集中采购管理办法，应至少包括以下内容：

（一）明确公司集中采购范围，以及不同采购方式的具体适用情形；

（二）实施集中采购的具体程序，包括编制采购计划、采购项目立项、编制采购需求、实施采购、签订合同、采购验收、资金结算、档案管理等；

（三）明确集中采购活动的内部监督检查主体及职责；

（四）对违法违规和违反职业道德等人员和单位的处理处罚措施等。

第十五条 国有金融企业应当建立健全内部监督管理制度，加强对集中采购的内部控制和监督检查，切实防范采购过程中的差错和舞弊行为。

第十六条 国有金融企业应建立相互监督、相互制约的采购活动决策和执行程序，并明确具体采购项目经办人员与负责采购合同审核、验收人员的职责权限，做到相互分离。

第十七条 国有金融企业应对分支机构的集中采购行为做好业务指导和管理。

第四章 采 购 方 式

第十八条 国有金融企业集中采购可以采用公开招标、邀请招标、竞争性谈判、竞争性磋商、单一来源采购、询价，以及有关管理部门认定的其他采购方式。

第十九条 对纳入集中采购范围的采购项目，国有金融企业原则上应优先采用公开招标或邀请招标的方式。需要采用非招标采购方式的，应符合本规定要求，并在采购活动开始前，按企业内部集中采购管理规定报批。

第二十条 符合下列情形之一的集中采购项目，可以采用邀请招标方式采购：

（一）具有特殊性，只能从有限范围的供应商处采购的；

（二）采用公开招标方式的费用占该采购项目总价值的比例过大的；

（三）企业内部集中采购管理办法列明的其他适用情形。

第二十一条 符合下列情形之一的集中采购项目，可以采用竞争性谈判方式采购：

（一）招标后没有供应商投标或者没有合格标的或者重新招标未能成立的；

（二）技术复杂或者性质特殊，不能确定详细规格或者具体要求的；

（三）采用招标所需时间不能满足用户紧急需要的；

（四）不能事先计算出价格总额的；

（五）企业内部集中采购管理办法列明的其他适用情形。

第二十二条 符合下列情形之一的集中采购项目，可以采用竞争性磋商方式采购：

（一）购买服务项目；

（二）技术复杂或者性质特殊，不能确定详细规格或者具体要求的；

（三）因专利、专有技术或者服务的时间、数量事先不能确定等原因不能事先计算出价格总额的；

（四）市场竞争不充分的科研项目；

（五）按照招标投标法及其实施条例必须进行招标的工程建设项目以外的工程建设项目；

（六）企业内部集中采购管理办法列明的其他适用情形。

第二十三条 符合下列情形之一的集中采购项目，可以采用单一来源方式采购：

（一）只能从唯一供应商处采购的；

（二）发生了不可预见的紧急情况不能从其他供应商处采购的；

（三）必须保证原有采购项目一致性或者服务配套的要求，需要再次向原供应商采购的；

（四）企业内部集中采购管理办法列明的其他适用情形。

第二十四条 集中采购项目符合货物规格、标准统一，现货货源充足且价格变化幅度小等条件的，经企业内部集中采购管理办法列明，可以采用询价方式采购。

第五章 采 购 管 理

第二十五条 国有金融企业应按采购计划实施集中采购，并纳入年度预算管理。计划外的集中采购事项，应按企业内部相关规定报批。采购计划的重大调整，应按程序报集中采购管理委员会审议。

第二十六条 国有金融企业不得将应当以公开招标方式采购的项目化整为零或者以其他任何方式规避公开招标采购。

第二十七条 国有金融企业根据中标或成交结果签订采购合同，采购合同应经内部法律部门或法律中介机构审核。

第二十八条 国有金融企业要做好集中采购信息公开工作，通过企业网站、招标代理机构网站或省级以上人民政府财政部门指定的政府采购信息公开媒体等公开渠道，向社会披露公开招标和非公开招标的采购项目信息，涉及国家秘密、商业秘密的内容除外。

采用公开招标方式的，应当按规定发布招标公告、资格预审公告，公示中标候选人、中标结果等全流程信息。中标结果公示内容包括但不限于招标项目名称、招标人、招标代理机构、招标公告日期、中标人、中标内容及价格等基本要素。招标公告及中标结果应在同一渠道公开。

采用非公开招标方式的，应在采购合同签订之日起 3 个工作日内，公告成交结果，包括但不限于采购内容、采购方式、候选供应商、中选供应商、合同确定的采购数量、采购价格等基本要素。

第六章 监 督 检 查

第二十九条 国有金融企业应认真执行本规定，在年度财务报告中披露对企业成本、费用影响重大的集中采购事项，自觉接受财政、审计等相关部门的监督检查。

第三十条 对国有金融企业实施的招标等集中采购活动，投标商及相关方认为有任何违法违规问题的，可按规定向国有金融企业的主管财政机关以及国家有关部门投诉。

第三十一条　企业采购当事人不得互相串通损害企业利益、国家利益、社会公共利益和其他当事人的合法权益。

第三十二条　对采购当事人泄露标底等应当保密的与采购活动有关的情况和资料以及其他违反有关法律、行政法规和本规定的行为，依法追究责任。

第七章　附　　则

第三十三条　国有金融企业使用国际组织、外国政府、外国法人以及其他组织和个人的贷款或者赠款进行采购，贷款或赠款人对采购方式有约定的，可从其约定，但不得损害国家利益和社会公共利益。

第三十四条　本规定自 2018 年 3 月 1 日起施行。《关于加强国有金融企业集中采购管理的若干规定》（财金〔2001〕209 号）同时废止。

医疗机构药品集中采购工作规范

（卫规财发〔2010〕64 号，2010 年 7 月 7 日卫生部、国务院纠风办、发展改革委、监察部、财政部、工商总局、食品药品监管局发布）

第一章　总　　则

第一条　为进一步规范药品集中采购工作，明确药品集中采购当事人的行为规范，依据有关法律法规，制定本规范。

第二条　本规范适用于参加医疗机构药品集中采购活动的药品集中采购机构、医疗机构和药品生产经营企业。

第三条　县级及县级以上人民政府、国有企业（含国有控股企业）等举办的非营利性医疗机构必须参加医疗机构药品集中采购工作。鼓励其他医疗机构参加药品集中采购活动。

第四条　实行以政府主导、以省（区、市）为单位的医疗机构网上药品集中采购工作。医疗机构和药品生产经营企业购销药品必须通过各省（区、市）政府建立的非营利性药品集中采购平台开展采购，实行统一组织、统一平台和统一监管。执行国家基本药物政策药品的采购规范性文件另行制定。

第五条　医疗机构药品集中采购必须坚持质量优先、价格合理的原则，做好药品的评价工作。

第六条　坚持公开、公平、公正的原则，确保不同地区、不同所有制的药品生产经营企业平等参与，公平竞争，禁止任何形式的地方保护。

第七条 药品集中采购机构、医疗机构和药品生产经营企业等各方当事人，在医疗机构药品集中采购活动中享有平等权利并承担相应义务。

第八条 依照本规范必须进行集中采购的药品，有下列情形之一的，不实行集中采购：

（一）因战争、自然灾害等，需进行紧急采购的；

（二）发生重大疫情、重大事故等，需进行紧急采购的；

（三）卫生部和省级人民政府认定的其他情形。

第二章　药品集中采购机构

第九条 各省（区、市）人民政府负责成立由相关部门组成的药品集中采购工作领导机构、管理机构和工作机构，建立非营利性药品集中采购平台。

第十条 药品集中采购工作领导机构由省（区、市）人民政府分管领导牵头，卫生、纠风、发展改革（物价）、财政、监察、工商行政管理、食品药品监督管理等部门组成。药品集中采购工作领导机构负责制定本省（区、市）医疗机构药品集中采购工作的实施意见和监督管理办法，并监督执行，研究药品集中采购工作的重大问题，协调并督促各部门按照各自职责做好集中采购相关工作。

第十一条 卫生行政部门牵头组织药品集中采购工作，汇总并提出本地区有关医疗机构集中采购药品的品种、规格和数量，负责对医疗机构执行集中采购结果和履行采购合同情况进行监督检查。

第十二条 纠风、监察部门负责对药品集中采购工作的监督，受理有关药品集中采购的检举和投诉，对违纪违规行为及时进行调查处理。具体办法另行制定。❶

第十三条 价格管理部门负责对企业递交的价格文件、按集中采购价格和规定加价政策确定的集中采购药品零售价格进行审核，并对价格执行情况进行监督检查。

第十四条 工商行政管理部门负责对参加药品集中采购的药品生产经营企业提供的营业执照信息进行核对，对药品集中采购过程中的不正当竞争行为进行调查处理。

第十五条 食品药品监督管理部门负责对参加药品集中采购的药品生产经营企业及其申报药品的资质及有关证明文件进行审核，对入围药品的质量进行监督检查，提供药品质量和药品生产经营企业不良记录等信息，加大对明显低于成本投标药品质量的监督检查力度。

第十六条 财政部门负责安排药品集中采购工作所需必要的工作经费。

---

❶ 参见《药品集中采购监督管理办法》（国纠办发〔2010〕6 号，2010 年 6 月 2 日国务院纠正行业不正之风办公室、卫生部、国家发展和改革委员会、监察部、财政部、国家工商行政管理总局、国家食品药品监督管理局发布）。

第十七条　药品集中采购工作管理机构设在卫生行政部门，要明确承办日常事务的处室。纠风、物价、药监等相关部门可确定专人参加管理机构工作，具体组成由各省（区、市）确定。其主要职责是制定规则、组织管理、监督检查。

（一）按照药品集中采购工作领导机构的要求，编制采购目录，确定采购方式；

（二）组织、协调、推动全省（区、市）的药品集中采购工作；

（三）依据实施意见制定实施细则、工作制度、工作程序和工作纪律等，并组织实施；

（四）组建并管理全省（区、市）药品集中采购专家库；

（五）指导、管理并监督集中采购工作机构按照规定程序，公开、公平、公正地开展药品集中采购工作；

（六）指导并监督各市（地）集中采购管理部门开展集中采购相关工作，加强对各市（地）执行情况的督促检查，将各项指标完成情况作为对市（地）目标考核的重要内容；

（七）审核药品集中采购工作机构报送的采购文件及集中采购结果等；

（八）组织对医疗机构和药品生产经营企业的履约情况进行监督检查；

（九）负责调查、处理相关投诉和举报；

（十）在集中采购工作结束后15个工作日内，将集中采购结果上传至卫生部全国药品集中采购信息交流平台；

（十一）向药品集中采购工作领导机构负责并报告工作；

（十二）承办药品集中采购工作领导机构交办的其他事项。

第十八条　药品集中采购工作机构原则上设在卫生行政部门，也可根据本地实际依托政府采购工作机构，接受药品集中采购工作管理机构的领导，负责全省（区、市）药品集中采购工作的具体实施。其主要职责是具体操作、提供服务、维护平台。

（一）依据实施细则，编制药品集中采购工作文件（须使用国家药品编码），报药品集中采购工作管理机构审核并公布；

（二）受理企业及药品相关资质证明文件、工商资质证明材料和价格文件等，并提请有关部门进行审核；

（三）具体协助组织实施药品评价、品种遴选等工作；

（四）提请药品集中采购工作管理机构审定并公告集中采购结果；

（五）组织医疗机构与药品生产经营企业按集中采购结果签订药品购销合同，并协助药品集中采购工作管理机构监督合同的执行；

（六）负责本省（区、市）医疗机构药品集中采购平台的技术管理、网络安全、数据和设备的维护，提供相关的服务和技术支持；

（七）为医疗机构和药品生产经营企业提供咨询服务；

（八）定期统计分析本省（区、市）医疗机构和药品生产经营企业网上药品采购、配送、回款情况，做好网上监控；

（九）及时维护和管理药品生产经营企业及集中采购药品的基础信息；

（十）根据食品药品监督管理部门提供的药品质量、药品不良反应、企业不良记录等信息，按规定及时作出相应处理；

（十一）及时报送药品集中采购工作管理机构要求的信息和统计资料，组织相关的业务技术培训；

（十二）协助调查和处理相关申投诉和举报；

（十三）向本省（区、市）药品集中采购工作管理机构负责并报告工作；

（十四）承办药品集中采购工作管理机构交办的其他事项。

第十九条 药品集中采购平台是政府建立的非营利性药品集中采购、监督管理平台。政府拥有平台的所有权和使用权。采购平台要做到安全可靠、功能完善、数据齐全、监管严密。采购平台设置在药品集中采购工作机构内，不得单独设置。

第二十条 药品集中采购平台应当具备以下功能：

（一）进行药品集中采购各个环节、各类信息的公示；

（二）开展网上药品评价；

（三）提供药品采购载体和网络技术支持；

（四）向采购双方提供与集中采购相关的信息查询和服务；

（五）准确汇总动态采购数据和统计分析数据；

（六）实现网上采购动态监管；

（七）药品集中采购工作管理机构的其他要求。

第二十一条 市（地）、县级人民政府负责本级药品集中采购的监督管理工作。

（一）建立健全药品集中采购工作的管理体制，确定专门人员、落实工作经费；

（二）负责组织本辖区内医疗机构与药品生产经营企业按照互惠互利的原则签订购销合同；

（三）加强对本辖区内医疗机构药品集中采购的指导、督促、现场检查和处理；

（四）负责收集上报本地区医疗机构集中采购药品的相关信息；

（五）承办上级药品集中采购工作领导机构和管理机构交办的其他事项。

第三章 制度建设

第二十二条 药品集中采购工作领导机构组成部门要按照职责分工，认真履行职能，及时沟通联系，主动协调配合，不得相互推诿，共同推动药品集中采购工作。

第二十三条 药品集中采购工作管理机构和工作机构要加强自身建设，为医疗机构和药品生产经营企业提供服务。

第二十四条 健全和完善各项规章制度。建立健全药品集中采购工作领导机构工作制度、联席会议制度和药品集中采购工作管理机构、工作机构的监督管理制度和关键岗位定期轮换制度。

第二十五条　建立药品集中采购各环节特别是关键环节的工作流程、监督制度和多重复核制度，使每个环节和程序都处于监督之下。

第二十六条　加强药品集中采购网络管理，建立药品集中采购平台监督管理的各项规章制度，落实责任制，确保网络数据的安全。

第二十七条　加强对药品集中采购工作人员的廉洁自律教育和日常管理。严肃工作纪律，严禁以权谋私。参加药品集中采购工作的所有工作人员，不得以任何理由和方式收取生产经营企业的财物或牟取其他不正当利益；不得进行任何形式的违规操作；不得参加任何医药企业、社会团体以任何名义组织的有关药品采购管理的活动和成立的相关组织；不得从事代理药品销售。

第二十八条　药品集中采购工作管理机构要设立举报电话、开通电子邮箱等并向社会公布，保证医疗机构、药品生产经营企业以及社会公众对工作人员履行职责的情况进行监督。

第四章　医　疗　机　构

第二十九条　医疗机构应当按照卫生行政部门规定建立药物与治疗学委员会（组）。医院药物与治疗学委员会（组）要根据有关规定，在省级集中采购入围药品目录范围内组织遴选本院使用的药品目录。

第三十条　医疗机构必须通过政府建立的非营利性药品集中采购平台采购药品。

第三十一条　医疗机构应当在规定时间内，根据本单位的药品使用目录，编制采购计划，签订采购合同，明确采购品种和数量。

第三十二条　医疗机构原则上不得购买药品集中采购入围药品目录外的药品。有特殊需要的，须经省级药品集中采购工作管理机构审批同意。

第三十三条　医疗机构应当执行价格主管部门公布的集中采购药品零售价格。

第三十四条　医疗机构应当按照不低于上年度药品实际使用量的80%，向省级药品集中采购工作管理部门申报当年采购数量。

第三十五条　医疗机构应当严格按照《合同法》的规定签订药品购销合同，明确品种、规格、数量、价格、回款时间、履约方式、违约责任等内容，合同周期一般至少一年。合同采购数量应当与医疗机构上报的计划采购数量相符。如合同采购数量不能满足临床用药需要，可以签订追加合同。有条件的省（区、市）可同时签订电子合同备查，接受社会和有关部门监督。

第三十六条　医疗机构按照合同购销药品，不得进行"二次议价"。严格对药品采购发票进行审核，防止标外采购、违价采购或从非规定渠道采购药品。

第三十七条 医疗机构应当严格按照合同约定的时间回款，回款时间从货到之日起最长不超过 60 天。无正当理由未按合同规定时间回款的，应当支付一定比例的违约金，具体由省级药品集中采购工作管理机构确定。

第三十八条 医疗机构在药品集中采购活动中，不得有下列行为：

（一）不参加药品集中采购活动，或以其他任何方式规避集中采购活动；

（二）提供虚假的药品采购历史资料；

（三）不按照规定要求同药品生产经营企业签订药品购销合同；

（四）不按购销合同采购药品，擅自采购非入围药品替代入围药品，不按时结算货款或者其他不履行合同义务的行为；

（五）药品购销合同签订后，再同企业订立背离合同实质性内容的其他协议，牟取其他不正当利益；

（六）不执行价格主管部门制定的集中采购药品零售价格；

（七）不按照规定向卫生行政部门报送集中采购履约情况报表；

（八）其他违反法律法规的行为。

第五章　药品生产经营企业

第三十九条 药品集中采购实行药品生产企业直接投标。药品生产企业设立的仅销售本公司产品的商业公司、境外产品国内总代理可视同生产企业。集团公司所属全资及控股子公司的产品参加投标的，应当允许以集团公司名义进行，并提供相应证明材料。

药品生产企业必须委托本企业的工作人员，持法人委托书在内的生产企业证明文件等材料办理相关集中采购手续。对委托其他企业人员（或个人）办理集中采购相关手续的，由此而产生的一切法律责任由生产企业承担。

第四十条 参加药品集中采购活动的药品生产经营企业应当具备以下基本条件：

（一）药品生产经营企业必须依法取得相应的资质证书，参加集中采购的产品必须具备相应的资质证书；

（二）信誉良好；

（三）具有履行合同必须具备的药品供应保障能力；

（四）参加集中采购活动近两年内，在生产或经营活动中无严重违法违规记录；

（五）法律法规规定的其他条件。

各省（区、市）不得以不合理的条件加大企业负担，对生产经营企业实行差别待遇或者歧视。

第四十一条 参加药品集中采购活动的生产企业应当按照集中采购文件的要求，按时提供真实、有效、合法的委托书、药品和企业资质证明文件及保证供应承诺函，在药品集中采购平台上如实申报相关信息。

第四十二条 负责配送的药品生产经营企业应当具备在药品集中采购平台上进行销售的条件，按规定和要求进行订单确认、备货、配送，保证上网医疗机构的用药需要。

第四十三条 药品生产经营企业必须提供合法生产的药品，并按照药品购销合同规定的通用名、剂型、规格、包装、品牌、价格和效期等及时供货，不得提供集中采购入围药品目录外的药品。药品生产经营企业未按合同生产、供应药品的，应当支付一定比例的违约金，具体由省级药品集中采购工作管理机构确定。

第四十四条 集中采购药品的配送费用包含在集中采购价格之内。

第四十五条 入围药品可以由生产企业直接配送，也可以委托药品经营企业配送。生产企业委托配送的，应当充分考虑配送企业的实际配送能力和配送业绩以及医疗机构对其服务质量、服务信誉的认同程度等。

第四十六条 原则上每种药品只允许委托配送一次，但在一个地区可以委托多家进行配送。如果被委托企业不能直接完成配送任务，可再委托另一家药品经营企业配送，并报省级药品集中采购工作管理机构备案，但不得提高药品的采购价格。

第四十七条 药品生产经营企业在药品集中采购活动中，不得有下列行为：

（一）进行虚假宣传、商业贿赂等不正当竞争行为；

（二）以低于成本的价格恶意投标，扰乱市场秩序；

（三）相互串通报价，妨碍公平竞争；

（四）向集中采购机构、医疗机构或者个人行贿，牟取不正当利益；

（五）提供虚假证明文件，或者以其他方式弄虚作假；

（六）在规定期限内不签订药品购销合同或者不履行合同义务；

（七）其他违反法律法规及有关规定的行为。

第六章　药品集中采购目录和采购方式

第四十八条 各省（区、市）集中采购管理机构负责编制本行政区域内医疗机构药品集中采购目录。

纳入目录的药品均使用通用名，并应当包括该通用名下的相关剂型、规格。

第四十九条 国家实行特殊管理的麻醉药品和第一类精神药品不纳入药品集中采购目录。第二类精神药品、医疗放射药品、医疗毒性药品、原料药、中药材和中药饮片等药品可不纳入药品集中采购目录。

医疗机构使用上述药品以外的其他药品必须全部纳入集中采购目录。

第五十条 对纳入集中采购目录的药品，实行公开招标、邀请招标和直接采购等方式进行采购。各省（区、市）可结合实际情况，确定药品集中采购方式。

公开招标，是指以招标公告的方式，邀请不特定的药品生产企业投标的采购方式。

邀请招标，是指以投标邀请书的方式，邀请特定的药品生产企业投标的采购方式。

直接采购，是指医疗机构按照价格部门规定的价格或历史成交价格直接向符合资质的药品生产企业购买药品的采购方式。

第五十一条 对通过公开招标采购能够成交的药品，原则上不得进行邀请招标采购。对采购量较小、潜在投标人较少或者无投标的，可以进行邀请招标采购。部分廉价常用药，经多次集中采购价格已基本稳定，可以进行直接采购。直接采购具体品种和办法由省级药品集中采购工作管理机构确定。

第七章 药品集中采购程序

第五十二条 药品集中采购主要按以下程序实施：

（一）制定药品集中采购实施细则和集中采购文件等，并公开征求意见；

（二）发布药品集中采购公告和集中采购文件；

（三）接受企业咨询，企业准备并提交相关资质证明文件，企业同时提供国家食品药品监督管理局为所申报药品赋予的编码；

（四）相关部门对企业递交的材料进行审核；

（五）公示审核结果，接受企业咨询和申诉，并及时回复；

（六）组织药品评价和遴选，确定入围企业及其产品；

（七）将集中采购结果报药品集中采购工作管理机构审核；

（八）对药品集中采购结果进行公示；

（九）受理企业申诉并及时处理；

（十）价格主管部门按照集中采购价格审核入围药品零售价格；

（十一）公布入围品种、药品采购价格及零售价格；

（十二）医疗机构确认纳入本单位药品购销合同的品种及采购数量；

（十三）医疗机构与药品生产企业或受委托的药品经营企业签订药品购销合同并开展采购活动。

第五十三条 药品集中采购文件主要包括集中采购药品目录（范围）、药品评价办法、企业应当提交的资质证明文件、药品配送方法、网上药品采购与使用原则、药品质量要求、采购工作监督等内容。

第五十四条 药品集中采购公告应当通过网络或报刊等媒介发布。公告应当载明药品集中采购工作机构、地址、采购范围以及获取集中采购文件的办法等。

第五十五条 省级药品集中采购工作机构应当合理确定药品生产企业准备资质证明文件和网上申报所需要的时间。自公告发布之日起至提交资质证明文件的截止之日止，原则上不得少于15个工作日。

第五十六条　药品生产企业应当按照公告要求，在截止时间前将申报文件送达指定地点。在截止时间前，可以补充、修改或者撤回已提交的申报文件。补充修改的内容为申报文件的组成部分。

第五十七条　药品生产企业必须如实在药品集中采购平台上申报企业和药品的资质证明材料，并提交纸质资质证明材料。网上申报信息与递交的纸质资质证明材料必须一致，不一致的以递交的纸质材料为准。相关部门审核通过的材料，提交药品集中采购工作机构，作为实施集中采购的依据。

第五十八条　资质审核完成后，在药品集中采购平台上公示，并接受企业咨询和书面申诉，公示期一般不少于 3 个工作日。

第五十九条　对企业的书面申诉，药品集中采购工作机构应当做好登记、回执、分类汇总，提请相关部门按照有关规定处理，并将有关情况报送管理机构。对合理的申诉要及时予以采信。对于实施细则中不能解决的问题，应当提交药品集中采购工作管理机构或组织专家进行研究，处理及研究结果应当及时回复。

第六十条　药品集中采购的周期原则上不少于一年。对在采购期内新上市的产品，可建立增补或备案采购流程，具体由各省（区、市）药品集中采购管理部门确定。

第六十一条　价格主管部门应当在药品集中采购价格上报后的 20 个工作日内，审核集中采购品种的零售价格并向社会公布。

医疗机构自价格主管部门公布药品零售价格之日起，30 个工作日内执行新的采购价格和零售价格。

第八章　药品集中采购评价方法

第六十二条　药品评价可参考价格主管部门按质论价的原则进行。按照上述原则评价药品时，不同类别药品之间价格可有合理的差别。

第六十三条　建立科学的药品集中采购评价方法。

（一）坚持"质量优先、价格合理"的原则，科学开展药品评价；

（二）加大质量分权重，并考虑临床疗效、质量和科技水平等因素；

（三）鼓励药品研发创新，药品价格要有利于促进企业提高创新力，研究开发新产品和新技术；

（四）以循证原则综合评价药品的质量、价格、服务和信誉等，择优选择入围药品；

（五）坚持为满足各级各类医疗机构临床用药需要服务，充分考虑各级各类医疗机构的用药差异，满足人民群众多样化的用药需求。

第六十四条　在确定入围率时，应当全面分析投标品种数量，并考虑本地社会经济发展差异，以及省（区、市）地域范围等因素。评审时，应当充分考虑临床常用剂型规格和合理用药的需要。

第六十五条 集中采购时应当充分考虑药品的临床疗效、药品的质量和科技水平，对申报药品实行综合评价。

（一）综合评价要素应当包括药品质量、药品价格、服务和信誉等。将每个评价要素量化为若干个评价指标并形成指标体系，根据各项指标的重要程度进行百分制定量加权。

（二）评价要素量化后形成的指标体系，应当全面反映医疗机构对药品集中采购的要求，对社会和企业公开。

综合评价的指标体系按照以上要求由各省（区、市）药品集中采购工作管理机构确定。

第六十六条 综合评价时，确定评分权重应当遵循以下原则：

（一）质量要素实际权重一般不应当低于总分的 50%；

（二）价格要素实际权重不应当低于总分的 30%；

（三）服务和信誉要素实际权重应当不超过总分权重的 20%。

在以上评价中，主观分权重不超过总分的 25%。

第六十七条 根据药品集中采购的方式，按照国家差比价规则确定药品集中采购价格。各省（区、市）要制定并公布确定药品集中采购价格的标准、方法和程序，整个过程应当公开、透明，接受各方监督。

第九章 专家库建设和管理

第六十八条 建立药品集中采购专家库，并按照专业实行分类管理。

专家库应当包括药学和不同级别医疗机构的医学专家等。医学专家包括临床医学各学科及亚专业的专家，药学专家包括西药学、中药学和药品管理专家。

进入专家库的专家应当具备以下基本条件：

（一）熟悉国家有关法律、法规、政策；

（二）有良好的政治素质和职业道德，遵纪守法；

（三）具有大学本科或同等以上学历；

（四）具有副高级专业技术职称或同等专业水平，并从事相关领域工作三年以上；

（五）熟悉本专业领域国内外技术水平和发展动向。

第六十九条 专家库专家承担药品集中采购评标、议价和对企业申诉的讨论等工作。专家应当客观公正地履行职责，遵守职业道德，对所提出的评审意见负责，并承担相应的责任。

评审意见应当以药品疗效和安全性为依据，并记录在案，严禁以专家个人意愿确定入围品种。专家不得私下接触企业，不得收受企业的财物或者其他好处。

第七十条　根据药品的类别，由药品集中采购工作管理机构从专家库中按照专家类别随机抽取产生，并组成专家委员会。药学和医学专家原则上按照 3:2 的比例确定，同时考虑不同级别医疗机构的专家参与。

从抽取专家到开始工作的时间一般不得超过 24 小时。在抽取专家的同时，应当抽取足够数量的备选专家，在专家因故缺席时及时予以替补。

专家名单一经抽取确定，必须严格保密。如有泄密，除追究当事人责任外，应当报告监督机构并重新在专家库中抽取专家。

第七十一条　实行公开招标采购的专家委员会人数应当为 13 人以上单数，实行邀请招标和直接采购的专家委员会人数应当为 7 人以上单数。

第七十二条　专家委员会的专家不得参加与本人有利害关系的项目评标。如与药品生产经营企业有利害关系的专家应当主动申请回避。有下列情形之一的应当回避：

（一）专家在药品生产经营企业任职、兼职或者持有股份的；

（二）专家任职单位与药品生产经营企业为同一法人代表的；

（三）专家近亲属在药品生产经营企业担任领导职务的；

（四）有其他利害关系，可能影响公正参与药品集中采购工作的。

专家知晓本人与药品生产经营企业存在利害关系但不主动回避的，药品集中采购工作管理机构应当取消其专家资格，通报专家所在单位，且当次评审结果无效。

第七十三条　药品集中采购监督部门应当采取必要措施，保证评标过程在严格保密的情况下进行。任何单位和个人不得非法干预、影响评标的过程和结果。

第十章　监督管理与申诉

第七十四条　药品集中采购工作管理机构要通过药品集中采购平台提供的网上监管系统，对采购双方的购销行为实行实时监控，对医疗机构采购药品的品种、数量、价格、加价率、回款、使用和药品生产经营企业参与投标、配送等情况进行动态监管。定期或不定期现场检查分析医疗机构实际药品采购、使用和回款情况，并与网上采购情况进行对比分析，使药品采购全过程公开透明、真实有效。

第七十五条　各级卫生行政部门对医疗机构药品集中采购的执行情况实行定期考核，纳入目标管理及医疗机构等级评审和复查工作中，并向社会公布，接受社会监督。

第七十六条　建立药品生产经营企业不良记录公示制度。对在药品购销活动中存在的不正当竞争、商业贿赂行为，以及提供虚假、过期资质证明材料、不按合同提供药品的行为进行不良记录公示，规范企业行为。

第七十七条　建立健全信息安全保障措施、管理制度和突发事件应急预案，确保网上药品集中采购数据安全和完整。严格遵守保密制度，杜绝涉密文件、资料、数据在平台上运行。设定专人负责，严格权限管理。严格密码、口令管理。建立严格的数据备份制度，数据保存期限不得少于 3 年。

第七十八条　建立健全企业申诉机制，通过多种渠道听取企业意见，及时解决企业合理诉求，不断改进和完善药品集中采购办法。制定企业申诉、受理管理办法和程序。

建立专人接待和接受企业书面申诉、多部门专人定期负责处理企业申诉机制。按照申诉内容，如有必要的，由药品集中采购管理机构分层分类随机抽取专家进行讨论。企业当面陈述理由，专家现场讨论投票，可邀请人大代表、政协委员和消费者代表全程参与和监督。

第十一章　不良记录管理

第七十九条　实行药品生产经营企业不良记录动态管理制度。药品生产经营企业有下列行为之一的，列入不良记录并网上公示，取消该企业所有产品的入围资格，药品集中采购管理机构自取消之日起两年内不得接受其任何产品集中采购申请，全省（区、市）医疗机构两年内不得以任何形式采购其产品，原签订的购销合同终止。

（一）经执法执纪机关认定，在药品购销活动中存在商业贿赂行为的；

（二）提供虚假、无效文件的；

（三）以其他方式弄虚作假，骗取入围的。

第八十条　药品生产经营企业有下列行为之一的，列入不良记录并网上公示，取消该企业所有产品的入围资格，药品集中采购管理机构自取消之日起两年内不得接受其任何产品集中采购申请，全省（区、市）医疗机构两年内不得以任何形式采购其产品，原签订的购销合同终止。

（一）以低于成本的价格恶意投标，扰乱市场秩序的；

（二）对入围产品擅自涨价或变相涨价的；

（三）不配送或不按时配送入围药品，造成医疗机构临床用药短缺的；

（四）经医疗机构验收确认，配送的药品规格、包装与入围规格、包装不一致并不同意更换的；

（五）以其他非入围药品取代入围药品进行配送的；

（六）药品集中采购工作管理机构规定的其他情形。

第八十一条　医疗机构有下列行为之一的，除追究当事人的责任外，视其情节追究主管领导的责任。涉嫌犯罪的，移交司法机关依法处理。

（一）不参加药品集中采购活动，以其他任何方式规避集中采购活动的；

（二）提供虚假的药品采购历史资料的；

（三）不按照规定同药品企业签订药品购销合同的；

（四）不按购销合同采购药品，擅自采购非入围药品替代入围药品，不按时结算货款或者其他不履行合同义务的行为的；

（五）药品购销合同签订后，再同企业订立背离合同实质性内容的其他协议，牟取其他不正当利益的；

（六）不执行价格主管部门审核的集中采购药品临时零售价的；

（七）收受药品生产经营企业钱物或其他利益的；

（八）其他违反法律法规的行为。

第十二章　附　　则

第八十二条　军队、武警部队医疗机构药品集中采购办法，由中国人民解放军卫生主管部门制定。

第八十三条　本规范由卫生部会同相关部门负责解释。

第八十四条　本规范自发布之日起施行。《医疗机构药品集中招标采购工作规范（试行）》（卫规财发〔2001〕308号）同时废止。以前所发药品集中采购文件与本规范不一致的，按照本规范规定执行。

六

招 标 监 督 管 理

工程建设项目招标投标活动投诉处理办法

（2004 年 6 月 21 日国家发展和改革委员会、建设部、铁道部、交通部、信息产业部、水利部、中国民用航空总局令第 11 号公布，根据 2013 年 3 月 11 日国家发展改革委等九部委令第 23 号修订）

第一条　为保护国家利益、社会公共利益和招标投标当事人的合法权益，建立公平、高效的工程建设项目招标投标活动投诉处理机制，根据《中华人民共和国招标投标法》、《中华人民共和国招标投标法实施条例》，制定本办法。

第二条　本办法适用于工程建设项目招标投标活动的投诉及其处理活动。

前款所称招标投标活动，包括招标、投标、开标、评标、中标以及签订合同等各阶段。

第三条　投标人或者其他利害关系人认为招标投标活动不符合法律、法规和规章规定的，有权依法向有关行政监督部门投诉。

前款所称其他利害关系人是指投标人以外的，与招标项目或者招标活动有直接和间接利益关系的法人、其他组织和自然人。

第四条　各级发展改革、工业和信息化、住房城乡建设、水利、交通运输、铁道、商务、民航等招标投标活动行政监督部门，依照《国务院办公厅印发国务院有关部门实施招标投标活动行政监督的职责分工的意见的通知》（国办发〔2000〕34 号）和地方各级人民政府规定的职责分工，受理投诉并依法做出处理决定。

对国家重大建设项目（含工业项目）招标投标活动的投诉，由国家发展改革委受理并依法做出处理决定。对国家重大建设项目招标投标活动的投诉，有关行业行政监督部门已经收到的，应当通报国家发展改革委，国家发展改革委不再受理。

第五条　行政监督部门处理投诉时，应当坚持公平、公正、高效原则，维护国家利益、社会公共利益和招标投标当事人的合法权益。

第六条　行政监督部门应当确定本部门内部负责受理投诉的机构及其电话、传真、电子信箱和通讯地址，并向社会公布。

第七条　投诉人投诉时，应当提交投诉书。投诉书应当包括下列内容：

（一）投诉人的名称、地址及有效联系方式；

（二）被投诉人的名称、地址及有效联系方式；

（三）投诉事项的基本事实；

（四）相关请求及主张；

（五）有效线索和相关证明材料。

对招标投标法实施条例规定应先提出异议的事项进行投诉的，应当附提出异议的证明文件。已向有关行政监督部门投诉的，应当一并说明。

投诉人是法人的，投诉书必须由其法定代表人或者授权代表签字并盖章；其他组织或者自然人投诉的，投诉书必须由其主要负责人或者投诉人本人签字，并附有效身份证明复印件。

投诉书有关材料是外文的，投诉人应当同时提供其中文译本。

第八条 投诉人不得以投诉为名排挤竞争对手，不得进行虚假、恶意投诉，阻碍招标投标活动的正常进行。

第九条 投诉人认为招标投标活动不符合法律行政法规规定的，可以在知道或者应当知道之日起十日内提出书面投诉。依照有关行政法规提出异议的，异议答复期间不计算在内。

第十条 投诉人可以自己直接投诉，也可以委托代理人办理投诉事务。代理人办理投诉事务时，应将授权委托书连同投诉书一并提交给行政监督部门。授权委托书应当明确有关委托代理权限和事项。

第十一条 行政监督部门收到投诉书后，应当在三个工作日内进行审查，视情况分别做出以下处理决定：

（一）不符合投诉处理条件的，决定不予受理，并将不予受理的理由书面告知投诉人；

（二）对符合投诉处理条件，但不属于本部门受理的投诉，书面告知投诉人向其他行政监督部门提出投诉；

对于符合投诉处理条件并决定受理的，收到投诉书之日即为正式受理。

第十二条 有下列情形之一的投诉，不予受理：

（一）投诉人不是所投诉招标投标活动的参与者，或者与投诉项目无任何利害关系；

（二）投诉事项不具体，且未提供有效线索，难以查证的；

（三）投诉书未署具投诉人真实姓名、签字和有效联系方式的；以法人名义投诉的，投诉书未经法定代表人签字并加盖公章的；

（四）超过投诉时效的；

（五）已经作出处理决定，并且投诉人没有提出新的证据的；

（六）投诉事项应先提出异议没有提出异议、已进入行政复议或行政诉讼程序的。

第十三条 行政监督部门负责投诉处理的工作人员，有下列情形之一的，应当主动回避：

（一）近亲属是被投诉人、投诉人，或者是被投诉人、投诉人的主要负责人；

（二）在近三年内本人曾经在被投诉人单位担任高级管理职务；

（三）与被投诉人、投诉人有其他利害关系，可能影响对投诉事项公正处理的。

第十四条 行政监督部门受理投诉后，应当调取、查阅有关文件，调查、核实有关情况。

对情况复杂、涉及面广的重大投诉事项，有权受理投诉的行政监督部门可以会同其他有关的行政监督部门进行联合调查，共同研究后由受理部门做出处理决定。

第十五条 行政监督部门调查取证时，应当由两名以上行政执法人员进行，并做笔录，交被调查人签字确认。

第十六条 在投诉处理过程中，行政监督部门应当听取被投诉人的陈述和申辩，必要时可通知投诉人和被投诉人进行质证。

第十七条 行政监督部门负责处理投诉的人员应当严格遵守保密规定，对于在投诉处理过程中所接触到的国家秘密、商业秘密应当予以保密，也不得将投诉事项透露给与投诉无关的其他单位和个人。

第十八条 行政监督部门处理投诉，有权查阅、复制有关文件、资料，调查有关情况，相关单位和人员应当予以配合。必要时，行政监督部门可以责令暂停招标投标活动。

对行政监督部门依法进行的调查，投诉人、被投诉人以及评标委员会成员等与投诉事项有关的当事人应当予以配合，如实提供有关资料及情况，不得拒绝、隐匿或者伪报。

第十九条 投诉处理决定做出前，投诉人要求撤回投诉的，应当以书面形式提出并说明理由，由行政监督部门视以下情况，决定是否准予撤回：

（一）已经查实有明显违法行为的，应当不准撤回，并继续调查直至做出处理决定；

（二）撤回投诉不损害国家利益、社会公共利益或者其他当事人合法权益的，应当准予撤回，投诉处理过程终止。投诉人不得以同一事实和理由再提出投诉。

第二十条 行政监督部门应当根据调查和取证情况，对投诉事项进行审查，按照下列规定做出处理决定：

（一）投诉缺乏事实根据或者法律依据的，或者投诉人捏造事实、伪造材料或者以非法手段取得证明材料进行投诉的，驳回投诉；

（二）投诉情况属实，招标投标活动确实存在违法行为的，依据《中华人民共和国招标投标法》、《中华人民共和国招标投标法实施条例》及其他有关法规、规章做出处罚。

第二十一条 负责受理投诉的行政监督部门应当自受理投诉之日起三十个工作日内，对投诉事项做出处理决定，并以书面形式通知投诉人、被投诉人和其他与投诉处理结果有关的当事人。需要检验、检测、鉴定、专家评审的，所需时间不计算在内。

第二十二条 投诉处理决定应当包括下列主要内容：

（一）投诉人和被投诉人的名称、住址；

（二）投诉人的投诉事项及主张；

（三）被投诉人的答辩及请求；

（四）调查认定的基本事实；

（五）行政监督部门的处理意见及依据。

第二十三条 行政监督部门应当建立投诉处理档案并做好保存和管理工作，接受有关方面的监督检查。

第二十四条 行政监督部门在处理投诉过程中，发现被投诉人单位直接负责的主管人员和其他直接责任人员有违法、违规或者违纪行为的，应当建议其行政主管机关、纪检监察部门给予处分；情节严重构成犯罪的，移送司法机关处理。

对招标代理机构有违法行为，且情节严重的，依法暂停直至取消招标代理资格。

第二十五条 当事人对行政监督部门的投诉处理决定不服或者行政监督部门逾期未做处理的，可以依法申请行政复议或者向人民法院提起行政诉讼。

第二十六条 投诉人故意捏造事实、伪造证明材料或者以非法手段取得证明材料进行投诉，给他人造成损失的，依法承担赔偿责任。

第二十七条 行政监督部门工作人员在处理投诉过程中徇私舞弊、滥用职权或者玩忽职守，对投诉人打击报复的，依法给予行政处分；构成犯罪的，依法追究刑事责任。

第二十八条 行政监督部门在处理投诉过程中，不得向投诉人和被投诉人收取任何费用。

第二十九条 对于性质恶劣、情节严重的投诉事项，行政监督部门可以将投诉处理结果在有关媒体上公布，接受舆论和公众监督。

第三十条 本办法由国家发展改革委会同国务院有关部门解释。

第三十一条 本办法自 2004 年 8 月 1 日起施行。

招标投标违法行为记录公告暂行办法

（发改法规〔2008〕1531 号，2008 年 6 月 18 日国家发展和改革委员会、工业和信息化部、监察部、财政部、住房和城乡建设部、交通运输部、铁道部、水利部、商务部、国务院法制办发布）

第一章　总　　则

第一条 为贯彻《国务院办公厅关于进一步规范招投标活动的若干意见》（国办发〔2004〕56 号），促进招标投标信用体系建设，健全招标投标失信惩戒机制，规范招标投标当事人行为，根据《招标投标法》等相关法律规定，制定本办法。

第二条 对招标投标活动当事人的招标投标违法行为记录进行公告，适用本办法。

本办法所称招标投标活动当事人是指招标人、投标人、招标代理机构以及评标委员会成员。

本办法所称招标投标违法行为记录，是指有关行政主管部门在依法履行职责过程中，对招标投标当事人违法行为所作行政处理决定的记录。

第三条 国务院有关行政主管部门按照规定的职责分工，建立各自的招标投标违法行为记录公告平台，并负责公告平台的日常维护。

国家发展改革委会同国务院其他有关行政主管部门制定公告平台管理方面的综合性政策和相关规定。

省级人民政府有关行政主管部门按照规定的职责分工，建立招标投标违法行为记录公告平台，并负责公告平台的日常维护。

第四条 招标投标违法行为记录的公告应坚持准确、及时、客观的原则。

第五条 招标投标违法行为记录公告不得公开涉及国家秘密、商业秘密、个人隐私的记录。但是，经权利人同意公开或者行政机关认为不公开可能对公共利益造成重大影响的涉及商业秘密、个人隐私的违法行为记录，可以公开。

第二章　违法行为记录的公告

第六条 国务院有关行政主管部门和省级人民政府有关行政主管部门（以下简称"公告部门"）应自招标投标违法行为行政处理决定作出之日起 20 个工作日内对外进行记录公告。

省级人民政府有关行政主管部门公告的招标投标违法行为行政处理决定应同时抄报相应国务院行政主管部门。

第七条 对招标投标违法行为所作出的以下行政处理决定应给予公告：

（一）警告；

（二）罚款；

（三）没收违法所得；

（四）暂停或者取消招标代理资格；

（五）取消在一定时期内参加依法必须进行招标的项目的投标资格；

（六）取消担任评标委员会成员的资格；

（七）暂停项目执行或追回已拨付资金；

（八）暂停安排国家建设资金；

（九）暂停建设项目的审查批准；

（十）行政主管部门依法作出的其他行政处理决定。

第八条 违法行为记录公告的基本内容为：被处理招标投标当事人名称（或姓名）、违法行为、处理依据、处理决定、处理时间和处理机关等。

公告部门可将招标投标违法行为行政处理决定书直接进行公告。

第九条 违法行为记录公告期限为六个月。公告期满后，转入后台保存。

依法限制招标投标当事人资质（资格）等方面的行政处理决定，所认定的限制期限长于六个月的，公告期限从其决定。

第十条 公告部门负责建立公告平台信息系统，对记录信息数据进行追加、修改、更新，并保证公告的违法行为记录与行政处理决定的相关内容一致。

公告平台信息系统应具备历史公告记录查询功能。

第十一条 公告部门应对公告记录所依据的招标投标违法行为行政处理决定书等材料妥善保管、留档备查。

第十二条 被公告的招标投标当事人认为公告记录与行政处理决定的相关内容不符的，可向公告部门提出书面更正申请，并提供相关证据。

公告部门接到书面申请后，应在5个工作日内进行核对。公告的记录与行政处理决定的相关内容不一致的，应当给予更正并告知申请人；公告的记录与行政处理决定的相关内容一致的，应当告知申请人。

公告部门在作出答复前不停止对违法行为记录的公告。

第十三条 行政处理决定在被行政复议或行政诉讼期间，公告部门依法不停止对违法行为记录的公告，但行政处理决定被依法停止执行的除外。

第十四条 原行政处理决定被依法变更或撤销的，公告部门应当及时对公告记录予以变更或撤销，并在公告平台上予以声明。

第三章　监　督　管　理

第十五条 有关行政主管部门应依法加强对招标投标违法行为记录被公告当事人的监督管理。

第十六条 招标投标违法行为记录公告应逐步实现互联互通、互认共用，条件成熟时建立统一的招标投标违法行为记录公告平台。

第十七条 公告的招标投标违法行为记录应当作为招标代理机构资格认定，依法必须招标项目资质审查、招标代理机构选择、中标人推荐和确定、评标委员会成员确定和评标专家考核等活动的重要参考。

第十八条 有关行政主管部门及其工作人员在违法行为记录的提供、收集和公告等工作中有玩忽职守、弄虚作假或者徇私舞弊等行为的，由其所在单位或者上级主管机关予以通报批评，并依纪依法追究直接责任人和有关领导的责任；构成犯罪的，移送司法机关依法追究刑事责任。

第四章　附　　则

第十九条　各省、自治区、直辖市发展改革部门可会同有关部门根据本办法制定具体实施办法。

第二十条　本办法由国家发展改革委会同国务院有关部门负责解释。

第二十一条　本办法自 2009 年 1 月 1 日起施行。

铁路建设工程招标投标监管暂行办法

（国铁工程监〔2016〕8 号，2016 年 2 月 25 日国家铁路局发布）

第一章　总　　则

第一条　为加强和规范铁路建设工程招标投标监督管理工作，依据《中华人民共和国招标投标法》、《中华人民共和国招标投标法实施条例》、《铁路安全管理条例》等有关法律法规和规章，制定本办法。❶

第二条　本办法适用于国家铁路局、地区铁路监督管理局（含北京铁路督察室，下同）依法实施的铁路建设工程招标投标监督管理工作。

第三条　铁路建设工程招标投标监督管理应依法、公平、公正进行，并接受社会监督。

第二章　监　督　管　理

第四条　国家铁路局负责铁路建设工程招标投标行业监督管理，指导、协调地区铁路监督管理局铁路建设工程招标投标监督管理工作，管理铁路建设工程评标专家库，对地方政府有关部门铁路建设工程招标投标监管工作予以行业指导。

第五条　地区铁路监督管理局负责辖区内铁路建设工程招标投标行业监督管理工作，监督国务院投资主管部门审批（核准、备案）的铁路建设项目招标投标，通报或报告辖区内铁路建设工程招标投标违法违规行为和相关监管信息，分析铁路建设工程招标投标相关情况；联系地方政府有关部门并提供行业指导。

第六条　涉及跨越地区铁路监督管理局监管辖区的铁路建设项目的招标投标监督，原则上由项目法人注册地所在的地区铁路监督管理局承担；情况特殊的，由国家铁路局指定。

---

❶　另参见《铁路建设工程评标专家库及评标专家管理办法》（国铁工程监〔2017〕27 号，2017 年 4 月 20 日国家铁路局发布）。

第三章 监 管 方 式

第七条 铁路建设工程招标投标监管方式主要包括监督检查、投诉处理、办理备案、行政处罚、记录公告等方式。

第八条 监督检查包括专项检查、抽查，并以抽查方式为主。地区铁路监督管理局应制定监督检查计划，合理确定抽查比例和频次，随机确定检查人员和检查对象，依法开展监督检查工作。

第九条 地区铁路监督管理局开展监督检查可以联合有关行政监管部门共同进行，必要时可聘请有关专家、邀请建设项目上级管理部门参加。

第十条 地区铁路监督管理局应为依法必须进行招标的铁路建设项目招标人办理自行招标备案手续、提交招标投标情况书面报告提供便利条件，并告知所需提交的有关材料清单及相关事项。

第十一条 铁路建设工程招标投标投诉受理及调查，执行《工程建设项目招标投标活动投诉处理办法》（发改委等七部委令第 11 号）和国家铁路局有关规定。地区铁路监督管理局应当向社会公布受理铁路建设工程招标投标投诉的联系方式，并按规定受理、调查、处理投诉。

第十二条 地区铁路监督管理局依法开展监督检查及调查，监督人员应主动出示证件，并有权要求招标人、投标人、投诉人、被投诉人和评标委员会成员等有关当事人予以配合，如实提供相关资料及情况。

第十三条 地区铁路监督管理局应按规定对招标投标违法行为予以处罚，并按《招标投标违法行为记录公告暂行办法》（发改法规〔2008〕1531 号）及国家铁路局有关规定进行记录公告。

第十四条 监督人员应严格履行监管职责，不得非法干涉招标投标活动，对监督工作中知悉的招标投标信息和投诉信息等应依法予以保密。

第四章 监 管 内 容

第十五条 重点监督以下内容是否符合相关法律法规规章的规定：

1. 招标范围、招标方式、招标组织形式。
2. 资格预审文件、招标文件及公告。
3. 资格预审文件和招标文件发售。
4. 评标委员会（资格预审委员会）组成、专家抽取过程。
5. 开标时间、开标地点、开标程序、异议处理等。
6. 中标候选人公示、中标人确定及发放中标通知书、签订合同。

第十六条　首次办理自行招标备案接收的材料主要如下：

1．项目法人营业执照、法人证书或者项目法人组建文件；设立项目管理机构具体负责建设管理的，还应一并报送项目管理机构组建文件及其职责权限的证明文件。

2．具有与招标项目规模和复杂程度相适应的工程技术、概预算、财务和工程管理等方面专业技术人员的证明材料（职称证书、执业证书复印件和个人履历等）。

3．取得招标职业资格的专职招标业务人员的证明材料（3名以上招标师职业资格证件和个人招投标工作业绩）。

4．项目可研批复文件。

5．初步设计及概算批复文件。

6．各招标批次初步安排（时间、地点）。

后续备案只需接受前述所涉事项变化的有关材料。

第十七条　招标投标情况书面报告应包括以下主要内容：

1．招标范围。

2．招标方式和发布招标公告的媒介。

3．招标文件中投标人须知、技术条款、评标标准和方法、合同主要条款等内容。

4．评标委员会的组成和评标报告。

5．中标结果。

第五章　附　　　则

第十八条　省级地方人民政府按《国务院办公厅关于创新投资管理方式建立协同监管机制的若干意见》（国办发〔2015〕12号）组织实施的地方政府审批（核准）铁路建设项目招标投标监管工作，可参照本办法执行。

第十九条　本办法由国家铁路局工程监督管理司负责解释。

第二十条　本办法自2016年3月15日起施行，《铁路建设工程招标投标监管暂行办法》（国铁工程监〔2014〕6号）同时废止。

关于在招标投标活动中对失信被执行人
实施联合惩戒的通知

（法〔2016〕285号，2016年8月30日最高人民法院、国家发展和改革委员会、
工业和信息化部、住房和城乡建设部、交通运输部、水利部、商务部、
国家铁路局、中国民用航空局发布）

为贯彻党的十八届三中、四中、五中全会精神，落实《中央政法委关于切实解决

人民法院执行难问题的通知》（政法〔2005〕52 号）、《国务院关于促进市场公平竞争维护市场正常秩序的若干意见》（国发〔2014〕20 号）、《国务院关于印发社会信用体系建设规划纲要（2014—2020 年）的通知》（国发〔2014〕21 号）、《关于对失信被执行人实施联合惩戒的合作备忘录》（发改财金〔2016〕141 号）要求，加快推进社会信用体系建设，健全跨部门失信联合惩戒机制，促进招标投标市场健康有序发展，现就在招标投标活动中对失信被执行人实施联合惩戒的有关事项通知如下。

一、充分认识在招标投标活动中实施联合惩戒的重要性

诚实信用是招标投标活动的基本原则之一。在招标投标活动中对失信被执行人开展联合惩戒，有利于规范招标投标活动中当事人的行为，促进招标投标市场健康有序发展；有利于建立健全"一处失信，处处受限"的信用联合惩戒机制，推进社会信用体系建设；有利于维护司法权威，提升司法公信力，在全社会形成尊重司法、诚实守信的良好氛围。各有关单位要进一步提高认识，在招标投标活动中对失信被执行人实施联合惩戒，有效应用失信被执行人信息，推动招标投标活动规范、高效、透明。

二、联合惩戒对象

联合惩戒对象为被人民法院列为失信被执行人的下列人员：投标人、招标代理机构、评标专家以及其他招标从业人员。

三、失信被执行人信息查询内容及方式

（一）查询内容

失信被执行人（法人或者其他组织）的名称、统一社会信用代码（或组织机构代码）、法定代表人或者负责人姓名；失信被执行人（自然人）的姓名、性别、年龄、身份证号码；生效法律文书确定的义务和被执行人的履行情况；失信被执行人失信行为的具体情形；执行依据的制作单位和文号、执行案号、立案时间、执行法院；人民法院认为应当记载和公布的不涉及国家秘密、商业秘密、个人隐私的其他事项。

（二）推送及查询方式

最高人民法院将失信被执行人信息推送到全国信用信息共享平台和"信用中国"网站，并负责及时更新。

招标人、招标代理机构、有关单位应当通过"信用中国"网站（www.creditchina.gov.cn）或各级信用信息共享平台查询相关主体是否为失信被执行人，并采取必要方式做好失信被执行人信息查询记录和证据留存。投标人可通过"信用中国"网站查询相关主体是否为失信被执行人。

国家公共资源交易平台、中国招标投标公共服务平台、各省级信用信息共享平台通过全国信用信息共享平台共享失信被执行人信息，各省级公共资源交易平台通过国家公共资源交易平台共享失信被执行人信息，逐步实现失信被执行人信息推送、接收、查询、应用的自动化。

四、联合惩戒措施

各相关部门应依据《中华人民共和国民事诉讼法》《中华人民共和国招标投标法》《中华人民共和国招标投标法实施条例》《最高人民法院关于公布失信被执行人名单信息的若干规定》等相关法律法规，依法对失信被执行人在招标投标活动中采取限制措施。

（一）限制失信被执行人的投标活动

依法必须进行招标的工程建设项目，招标人应当在资格预审公告、招标公告、投标邀请书及资格预审文件、招标文件中明确规定对失信被执行人的处理方法和评标标准，在评标阶段，招标人或者招标代理机构、评标专家委员会应当查询投标人是否为失信被执行人，对属于失信被执行人的投标活动依法予以限制。

两个以上的自然人、法人或者其他组织组成一个联合体，以一个投标人的身份共同参加投标活动的，应当对所有联合体成员进行失信被执行人信息查询。联合体中有一个或一个以上成员属于失信被执行人的，联合体视为失信被执行人。

（二）限制失信被执行人的招标代理活动

招标人委托招标代理机构开展招标事宜的，应当查询其失信被执行人信息，鼓励优先选择无失信记录的招标代理机构。

（三）限制失信被执行人的评标活动

依法建立的评标专家库管理单位在对评标专家聘用审核及日常管理时，应当查询有关失信被执行人信息，不得聘用失信被执行人为评标专家。对评标专家在聘用期间成为失信被执行人的，应及时清退。

（四）限制失信被执行人招标从业活动

招标人、招标代理机构在聘用招标从业人员前，应当明确规定对失信被执行人的处理办法，查询相关人员的失信被执行人信息，对属于失信被执行人的招标从业人员应按照规定进行处理。

以上限制自失信被执行人从最高人民法院失信被执行人信息库中删除之时起终止。

五、工作要求

（一）有关单位要根据本《通知》，共同推动在招标投标活动中对失信被执行人开展联合惩戒工作，指导、督促各地、各部门落实联合惩戒工作要求，确保联合惩戒工作规范有序进行。

（二）有关单位应在规范招标投标活动中，建立相关单位和个人违法失信行为信用记录，通过全国信用信息共享平台、国家公共资源交易平台和中国招标投标公共服务平台实现信用信息交换共享和动态更新，并按照有关规定及时在"信用中国"网站予以公开。

（三）有关单位应当妥善保管失信被执行人信息，不得用于招标投标以外的事项，不得泄露企业经营秘密和相关个人隐私。

关于在政府采购活动中查询及使用
信用记录有关问题的通知

（财库〔2016〕125 号，2016 年 8 月 1 日财政部发布）

党中央有关部门，国务院各部委、各直属机构，全国人大常委会办公厅，全国政协办公厅，高法院，高检院，各民主党派中央，有关人民团体，中央国家机关政府采购中心，中共中央直属机关采购中心，全国人大机关采购中心，各省、自治区、直辖市、计划单列市财政厅（局）、政府采购中心，新疆生产建设兵团财务局、政府采购中心：

为落实《国务院关于印发社会信用体系建设规划纲要（2014—2020 年）的通知》（国发〔2014〕21 号）、《国务院关于建立完善守信联合激励和失信联合惩戒制度加快推进社会诚信体系建设的指导意见》（国发〔2016〕33 号）以及《国务院办公厅关于运用大数据加强对市场主体服务和监管的若干意见》（国办发〔2015〕51 号）有关要求，推进社会信用体系建设、健全守信激励失信约束机制，现就政府采购活动中查询及使用信用记录有关事项通知如下：

一、高度重视信用记录查询及使用工作

诚实信用是政府采购活动的基本原则之一。在政府采购活动中查询及使用信用记录，对参与政府采购活动的供应商、采购代理机构及评审专家进行守信激励、失信约束，是政府相关部门开展协同监管和联合惩戒的重要举措，对降低市场运行成本、改善营商环境、高效开展市场经济活动具有重要作用，有利于形成"一处违规、处处受限"的信用机制。

近年来，财政部与有关部门联合签署了《关于对重大税收违法案件当事人实施联合惩戒措施的合作备忘录》（发改财金〔2014〕3062 号）、《失信企业协同监管和联合惩戒合作备忘录》（发改财金〔2015〕2045 号）、《关于对违法失信上市公司相关责任主体实施联合惩戒的合作备忘录》（发改财金〔2015〕3062 号）、《关于对失信被执行人实施联合惩戒的合作备忘录》（发改财金〔2016〕141 号）、《关于对安全生产领域失信生产经营单位及其有关人员开展联合惩戒的合作备忘录》（发改财金〔2016〕1001号），依法限制相关失信主体参与政府采购活动。各地区各部门要进一步提高认识，推动建立政府采购活动信用记录查询及使用工作机制，加快建立政府采购信用评价制度，有效应用信用信息和信用报告，积极推进政府采购领域联合惩戒工作。

二、认真做好信用记录查询及使用工作

（一）总体要求。

各地区各部门应当按照社会信用体系建设有关要求，根据社会信用体系建设情况，创造条件将相关主体的信用记录作为供应商资格审查、采购代理机构委托、评审专家管理的重要依据。

（二）信用记录查询渠道。

各级财政部门、采购人、采购代理机构应当通过"信用中国"网站（www.creditchina. gov.cn）、中国政府采购网（www.ccgp.gov.cn）等渠道查询相关主体信用记录，并采取必要方式做好信用信息查询记录和证据留存，信用信息查询记录及相关证据应当与其他采购文件一并保存。

（三）信用记录的使用。

1．采购人或者采购代理机构应当在采购文件中明确信用信息查询的查询渠道及截止时点、信用信息查询记录和证据留存的具体方式、信用信息的使用规则等内容。采购人或者采购代理机构应当对供应商信用记录进行甄别，对列入失信被执行人、重大税收违法案件当事人名单、政府采购严重违法失信行为记录名单及其他不符合《中华人民共和国政府采购法》第二十二条规定条件的供应商，应当拒绝其参与政府采购活动。

两个以上的自然人、法人或者其他组织组成一个联合体，以一个供应商的身份共同参加政府采购活动的，应当对所有联合体成员进行信用记录查询，联合体成员存在不良信用记录的，视同联合体存在不良信用记录。

2．各级财政部门应当在评审专家选聘及日常管理中查询有关信用记录，对具有行贿、受贿、欺诈等不良信用记录的人员不得聘用为评审专家，已聘用的应当及时解聘。

依法自行选定评审专家的，采购人或者采购代理机构应当查询有关信用记录，不得选定具有行贿、受贿、欺诈等不良信用记录的人员。

3．采购人委托采购代理机构办理政府采购事宜的，应当查询其信用记录，优先选择无不良信用记录的采购代理机构。

4．采购人及采购代理机构应当妥善保管相关主体信用信息，不得用于政府采购以外事项。

三、工作要求

（一）各级财政部门和有关部门应当根据政府采购法及其实施条例相关规定，对参加政府采购活动的供应商、采购代理机构、评审专家的不良行为予以记录，并纳入统一的信用信息平台。

（二）各级财政部门应当切实加强政府采购信息化建设，做好相关技术保障，建立与相关信用信息平台的数据共享机制，逐步实现信用信息推送、接收、查询、应用的自动化。

（三）各地区各部门应当根据上述原则和要求，在政府采购活动中积极推进信用信息的共享和使用，研究制定符合本地本部门实际情况的具体操作程序和办法，落实相关工作要求，及时将信用信息使用情况反馈至财政部。

财政部

2016 年 8 月 1 日

国家发展改革委办公厅、市场监管总局办公厅关于进一步规范招标投标过程中企业经营资质资格审查工作的通知

（发改办法规〔2020〕727号，2020年9月22日国家发展改革委员会办公厅、市场监管总局办公厅发布）

各省、自治区、直辖市、新疆生产建设兵团发展改革委、市场监督管理局（厅、委）、招标投标指导协调工作牵头部门：

为贯彻落实《优化营商环境条例》要求，深化招标投标领域"放管服"改革，推进"证照分离"改革，依法保障企业经营自主权，破除招标投标领域各种隐性壁垒和不合理门槛，维护公平竞争的招标投标营商环境，现就进一步规范招标投标过程中企业经营资质资格审查有关要求通知如下：

一、进一步明确招标投标过程中对企业经营资质资格的审查标准

企业依法享有经营自主权，其经营范围由其章程确定，并依法按照相关标准办理经营范围登记，以向社会公示其主要经营活动内容。招标人在招标项目资格预审公告、资格预审文件、招标公告、招标文件中不得以营业执照记载的经营范围作为确定投标人经营资质资格的依据，不得将投标人营业执照记载的经营范围采用某种特定表述或者明确记载某个特定经营范围细项作为投标、加分或者中标条件，不得以招标项目超出投标人营业执照记载的经营范围为由认定其投标无效。招标项目对投标人经营资质资格有明确要求的，应当对其是否被准予行政许可、取得相关资质资格情况进行审查，不应以营业执照经营范围的审查代替，或以营业执照经营范围明确记载行政许可批准证件上的具体内容作为审查标准。

二、持续深化招标投标领域"放管服"改革

各地发展改革部门、招标投标指导协调工作牵头部门要加强指导协调，会同各有关行政监督部门，持续深化"放管服"改革，维护招标投标市场公平竞争。各有关行政监督部门要落实招标人主体责任，引导和监督招标人根据招标项目实际需要合理设定投标人资格条件，公平对待各类市场主体；按照规定的职责分工，强化事中事后监管，畅通投诉举报渠道，实施常态化的随机抽查，严厉打击各种不合理排斥或限制投标人的行为。加强改革创新，分领域探索简化淡化对投标人经营资质资格要求，逐步建立以业绩、信用、履约能力为核心的投标人资格审查制度。加快全面推广电子招标投标，推进招标投标信息资源互联共享，为改革提供坚实支撑。

三、落实"证照分离"改革要求做好企业登记工作

各地市场监管部门要认真落实国务院"证照分离"改革要求，稳步推动经营范围登记规范化工作，使用市场监管总局发布的经营范围规范表述目录办理相关业务，提

高经营范围登记的规范化、标准化水平，提高政策的透明度和可预期性，做好对企业和社会公众的说明和服务。要积极做好与各相关部门行政许可的信息共享和业务协同，推动各相关部门合理规范使用企业经营范围信息，减少对企业经营范围的行政强制性要求、限制或者变相限制。推动电子营业执照在招标投标领域的应用，降低企业交易成本。

四、形成各部门共同维护招标投标市场公平竞争的工作合力

各地发展改革部门、市场监管部门、招标投标指导协调工作牵头部门要会同各有关行政监督部门，以进一步规范招标投标过程中企业经营资质资格审查工作为契机，加强沟通协作，形成共同维护招标投标市场公平竞争的工作合力。市场监管部门要指导协调各有关部门严格落实公平竞争审查制度，防止起草制定含有不合理排斥或限制投标人内容的政策措施。发展改革部门、招标投标指导协调工作牵头部门以及各有关行政监督部门要将妨害公平竞争行为作为招标投标日常监管重点，加强与市场监管部门的工作衔接，建立投诉举报线索共享和执法协作机制，切实维护企业合法权益，营造良好的招标投标营商环境。

关于个体工商户、农民专业合作社依法参加招标投标的，相关工作要求参照此通知执行。

国家发展改革委员会办公厅　市场监管总局办公厅
2020 年 9 月 22 日